"十四五"高等职业教育
计算机类专业规划教材

SHANGWU DASHUJU FENXI
XIANGMUHUA JIAOCHENG

商务大数据分析
项目化教程

主　编◎卢山红　莫梦笔
副主编◎史蓉华　袁婷婷　张江英

中国铁道出版社有限公司
CHINA RAILWAY PUBLISHING HOUSE CO., LTD.

内 容 简 介

本书紧紧围绕应用型数据分析技术人才的培养，以应用为目的，以必需、够用为度，以讲清概念、强化应用为教学重点，同时，注重内容和体系的筛选，紧贴科技发展和生产工作的实际需求。

本书内容按照商务数据分析的流程而设定，以实用功能讲解为核心，包含理论知识和实际操作两个主要部分，共设 8 个项目 23 个任务，前期了解商务数据分析的概念，中期学习商品销售、客户情况、运营与市场的数据分析与相应技能，后期分析绘制的数据分析图表，撰写商务数据分析报告，由易到难，帮助学生在较短时间内掌握商务数据的分析技能。

本书适合作为职业院校财经商贸、计算机、大数据等专业数据分析课程的教材，授课教师可根据具体情况进行取舍，教学时可以根据不同的专业分层教学。本书也适合作为数据分析培训用书和数据分析爱好者的入门参考书。

图书在版编目（CIP）数据

商务大数据分析项目化教程/卢山红,莫梦笔主编.—北京:中国铁道出版社有限公司，2022.1

“十四五”高等职业教育计算机类专业规划教材

ISBN 978-7-113-28740-5

Ⅰ.①商… Ⅱ.①卢… ②莫… Ⅲ.①数据处理-应用-商务-经济分析-高等职业教育-教材 Ⅳ.①F7-39

中国版本图书馆CIP数据核字（2022）第000100号

书　　名：商务大数据分析项目化教程

作　　者：卢山红　莫梦笔

策　　划：曹莉群　　　**编辑部电话：**（010）51873202

责任编辑：刘丽丽　许　璐

封面设计：崔丽芳

责任校对：苗　丹

责任印制：樊启鹏

出版发行：中国铁道出版社有限公司（100054，北京市西城区右安门西街8号）

网　　址：http://www.tdpress.com/51eds/

印　　刷：三河市兴达印务有限公司

版　　次：2022年1月第1版　2022年1月第1次印刷

开　　本：787 mm×1 092 mm　1/16　**印张：**16　**字数：**332千

书　　号：ISBN 978-7-113-28740-5

定　　价：56.00元

前言

随着现代信息技术的不断发展，世界已跨入了互联网 + 大数据 + 人工智能时代。互联网中的数据正潜移默化地改变着人们的常规思维、工作和生活方式。电商、外卖、出行、支付等平台的兴起，深刻改变着人们的衣、食、住、行。本书以毕业学生创业的店铺视角为主线进行编写，注重 Excel 数据分析理念的阐述。

商业数据分析是个不断循环迭代的过程。通过数据的分析，聚焦讨论内容，抽丝剥茧，得到较为准确和标准的分析决策。在分析过程中使用清晰的数据源进行统计与分析数据，进而避免模糊地、感性地决策问题，达到准确判断的目的。当公司或店铺已经有了相对清晰的分析报告，数据由繁化简，可以根据分析出的用户画像，评估与制订相应的发展规划。

Excel 是本书操作部分的主要运用工具。由于具有直观的界面、较多的函数计算功能和图表工具，Excel 成为流行的表格数据处理软件之一。在电子表格软件领域，Excel 软件拥有较大的优势地位。使用 Excel 可以让学生更好地上手进行数据分析，这也是 Excel 软件的特点。

本书特色

本书依据商务数据分析的特点，针对性地讲解 Excel 实用的基础知识和技能，结合各类图表分析，让用户在做中学、学中做，真正掌握从分析做出图表，到生成分析报告的完整流程。

在每一个项目开始前，设置项目目标与项目描述。

✧ 项目目标：建立目标，了解内容框架，精准定位学习重点。

✧ 项目描述：用虚拟项目背景引入知识，更好地代入项目环境，模拟真实数据分析工作。

项目中的每一个任务主要包括以下几个部分：

✧ 学习目标：了解任务的具体工作内容，明确需要掌握的目标。

✧ 任务导入：引入具体的任务需求，明确在什么情况下要做什么事。

✧ 任务实施：具体任务内容与具体的操作步骤学习。

✧ 任务小结：总结这一任务所完成的内容，以及重点内容的分析。

✧ 实操演练：在任务完成后，进行相似操作的自主练习，巩固加深所学习的技能。

✧ 任务评价表：对学习成果进行评价，找出薄弱点，针对性地复习、掌握。

另外，部分任务中还有技能拓展，以作为补充材料。

通过本书的学习和实践，读者可以了解如何从简单使用数据成长为数据分析的高手，不仅是数据分析技术上的提升，更是数据分析理念上的变化。

编写团队

本书由卢山红、莫梦笔任主编，史蓉华、袁婷婷、张江英任副主编，火一青、冯琼娴、顾伟康、周若熹、姚晖、奚立川参与编写。

致谢

本书的编写参考了许多书籍，浏览了大量网络信息，对于这些书籍的编者和文章的作者在此一并表示感谢。

特别感谢合作企业——红亚教育科技(上海)有限公司资源中心在本书撰写过程中的大力支持。

由于数据分析技术正在迅速发展，书中难免会有纰漏和不足之处，敬请广大读者及专家批评指正。

编 者

2021 年 11 月

目录

项目一　初识商务数据分析 1

项目目标 1

项目描述 1

任务一　商务数据分析概述 1

学习目标 1

任务导入 2

任务实施 2

任务小结 5

实操演练 5

任务评价表 5

任务二　认识常用商务数据分析的方法与工具 6

学习目标 6

任务导入 6

任务实施 6

任务小结 9

实操演练 9

任务评价表 10

任务三　认识商务数据分析常用模型 10

学习目标 10

任务导入 10

任务实施 10

任务小结 15

实操演练 15

任务评价表 15

项目二　开启商务数据分析的大门 16

项目目标 16

项目描述 16

任务一　商务数据的导入 17

学习目标 17

任务导入 17

任务实施 17

技能拓展 25

任务小结 28

实操演练 28

任务评价表 29

任务二　数据的输入与编辑 29

学习目标 29

任务导入 29

任务实施 30

技能拓展 48

任务小结 50

实操演练 50

项目评论 51

任务三　表格的美化设置及打印 51

学习目标 51

任务导入 51

任务实施 52

技能拓展 66
任务小结 68
实操演练 68
任务评价表 69

项目三　商品销售分析 70

项目目标 70
项目描述 70
任务一　订单分析 71
学习目标 71
任务导入 71
任务实施 71
技能拓展 75
任务小结 76
实操演练 77
任务评价表 77
任务二　交易分析 77
学习目标 77
任务导入 77
任务实施 78
技能拓展 81
任务小结 83
实操演练 83
任务评价表 83
任务三　商品退换货分析 83
学习目标 83
任务导入 84
任务实施 84
技能拓展 91
任务小结 92
实操演练 92
任务评价表 92

项目四　客户情况分析 93

项目目标 93
项目描述 93
任务一　客户指标分析 94
学习目标 94
任务导入 94
任务实施 94
任务小结 103
实操演练 104
任务评价表 104
任务二　客户智能画像 104
学习目标 104
任务导入 104
任务实施 105
任务小结 119
实操演练 119
任务评价表 120
任务三　新老客户分析 120
学习目标 120
任务导入 120
任务实施 121
任务小结 152
实操演练 152
任务评价表 153

项目五　商务运营分析 154

项目目标 154
项目描述 154

任务一 流量数据分析……155
学习目标……155
任务导入……155
任务实施……155
任务小结……170
实操演练……171
任务评价表……171
任务二 商品数据分析……171
学习目标……171
任务导入……171
任务实施……172
任务小结……174
实操演练……174
任务评价表……174
任务三 供应链分析……175
学习目标……175
任务导入……175
任务实施……175
任务小结……180
实操演练……181
任务评价表……181

项目六 市场环境情况分析……182

项目目标……182
项目描述……182
任务一 行业环境分析……183
学习目标……183
任务导入……183
任务实施……183
任务小结……190
实操演练……190
任务评价表……190
任务二 渠道环境分析……191
学习目标……191
任务导入……191
任务实施……191
任务小结……202
实操演练……202
任务评价表……202
任务三 竞争环境分析……203
学习目标……203
任务导入……203
任务实施……203
任务小结……208
实操演练……208
任务评价表……209

项目七 运营活动分析……210

项目目标……210
项目描述……210
任务一 营销活动分析……210
学习目标……210
任务导入……211
任务实施……211
任务小结……217
实操演练……217
任务评价表……217
任务二 竞争对手排行分析……217
学习目标……217
任务导入……218

任务实施 218
任务小结 228
实操演练 228
任务评价表 228
任务三　内容运营分析 228
学习目标 228
任务导入 229
任务实施 229
任务小结 232
实操演练 232
任务评价表 233

项目八　商务数据分析报告 234

项目目标 234
项目描述 234
任务一　了解报告 234
学习目标 234
任务导入 235
任务实施 235
任务小结 238
实操演练 238
任务评价表 238
任务二　撰写报告 239
学习目标 239
任务导入 239
任务实施 239
任务小结 248
实操演练 248
任务评价表 248

项目一

初识商务数据分析

项目目标

- 掌握商务数据分析的概念。
- 掌握商务数据分析的方法。
- 掌握商务数据分析过程中常用的模型。

项目描述

小庄是一名刚入学的大学生，想要在毕业后进行自主创业，于是决定在创业之前先了解一下市场行情，做些准备工作。可是她学的是数字媒体专业，不知道应该如何了解市场。幸而她的好友小顾听了她的想法，准备给予她一点帮助。本着“授人以鱼，不如授人以渔”的想法，小顾决定教她一点商务数据分析的知识，以及这几年来自己电子商务数据分析的经验。

任务一　商务数据分析概述

学习目标

- 熟悉数据分析的概念。
- 熟悉数据分析的作用。
- 熟悉大数据的概念以及大数据的特点。
- 熟悉数据分析的主要流程。

任务导入

小顾拿了一本厚厚的电子商务教材过来，让小庄自己先学习一遍。

小顾："东西给你啦，你学会就能自己简单分析一下行情啦。"

小庄："这也太多了，我都没有商务数据分析的概念。你这么有经验，先给我说说什么是数据分析，为什么要进行数据分析呗。"

任务实施

一、了解商务数据分析

在学习整本书之前，我们首先要解答两个问题：什么是数据分析？为什么要进行数据分析？

首先，什么是数据分析？

数据分析是指收集、处理数据并获取信息的过程。具体是指在业务逻辑的基础上，运用简单有效的分析方法和合理的分析工具对获取的数据进行处理的过程。

例如，假设小乔是一名大学老师，在一次考试之后，他要通过 Excel 表格分别列出所有同学的各科成绩，并且对比同学们的各科成绩与上次考试的不同，这就是最简单的数据分析。

那么，为什么要进行数据分析？

数据分析的目的是把隐藏在一大批看来杂乱无章的数据中的信息集中、萃取和提炼出来，以找出所研究对象的内在规律。可帮助人们在实际生活中进行判断，从而做出适当的决定。

还是以小乔为例，小乔老师在考试后对比同学们的分数与上次考试分数的差距，他的目的是提取同学们各科的学习状况，帮助每一名同学进行针对性地提高。

现在我们学习了数据分析的概念和作用。那么什么是商务数据分析呢？

商务数据分析就是企业运用数据分析，发现好的发展方向、需要改进的不足之处和挖掘出企业隐藏的问题。商务数据分析的价值主要包含帮助领导层做出决策、预防风险和把握市场动向等。

数据分析在企业日常经营中可以起到如下三个方面的作用。

（1）现状分析：提供企业现阶段整体运营，以及企业各项业务的构成情况，包括各项业务的发展及变动情况。

（2）原因分析：发现企业存在问题的原因，并依据原因制订相应的解决方案。

（3）预测分析：对企业未来的发展趋势做出预测，便于企业制订运营计划。

例如，小明是一名淘宝零食店主，他根据后台数据，了解了目前店铺每月的总销售情况、各个种类零食当月的销售量和月同比增长率（指和上一个月相比的增长幅度）、购买的顾客的分析数据等。根据现有数据，他分析了当前店铺的运营状况是盈利还是亏损，哪种零食最受欢迎，哪种零食的受欢迎程度下降了，这就是现状分析。

假设小明发现每个月某品牌饮品的进货量远远大于销售量，导致大量积压在店铺，小明经过分析，发现该饮品不符合大众习惯口味，因此决定下个月减少该饮品的进货量，这就是原因分析。

小明又发现某品牌的薯片同比增长率逐月上升，说明该薯片很受欢迎，预测下个月将会卖出2万袋左右，因此小明决定提高下个月该薯片的进货量。同时根据目前店铺盈利情况，小明决定引入更多种类的零食，招聘两名员工帮助自己。这些都是预测分析。

二、商务数据分析的基础

我们还需要了解一下什么是大数据。因为目前大部分的商务数据分析都是在大数据的条件下进行的。同学们应该都听过“大数据”这个词汇，但是到底什么是大数据呢？

维基百科对大数据的定义：大数据是指无法在一定时间内用常规软件工具对其内容进行抓取、管理和处理的数据集合。大数据具有“5V”特点，指五个层面：数据量大（Volume）、数据类型多（Variety）、处理速度快（Velocity）、价值密度低（Value）和真实性（Veracity）。

大数据分析的理论核心就是数据挖掘。数据挖掘的各种算法基于不同的数据类型和格式，能更加科学地呈现出数据本身的特点，从而帮助人们更快速地处理大数据。阿姆斯特丹大学Yuri Demchenko等人提出的大数据体系框架如图1-1-1所示。

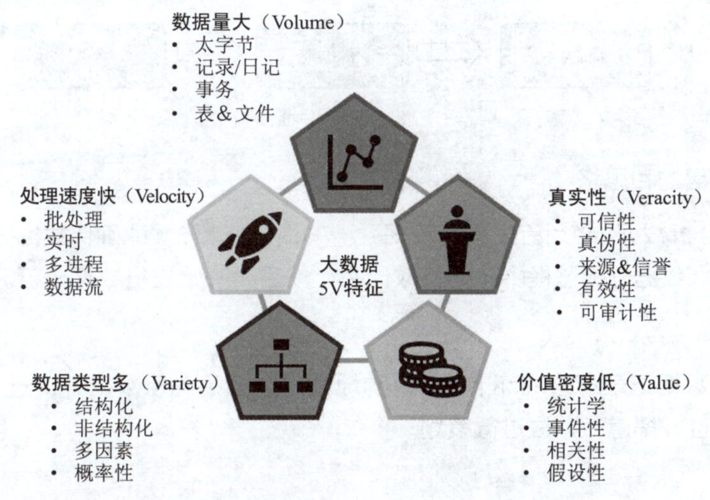

图1-1-1　大数据体系框架

除了大数据外，我们还需要了解数据可视化。

数据可视化是指将数据以图形图像形式表示，并利用数据分析和开发工具发现其中未知信息的处理过程。

例如，美团研究院《2018年密室行业消费洞察报告》中显示：“2018年中国密室商家运营团队规模在3人以下的占比为34.11%，3~10人的占比为42.72%，10~30人的占比为14.24%，30~100人的占比为6.62%，100人以上的占比为2.31%。”

针对这组数据，如果看文档，读者并不能直观、迅速地分析，需要仔细阅读。但是当我们将这组数据制作成环形饼图（见图1-1-2）后，就可以清晰地对比不同运营团队的规模占比，快速地做出分析。

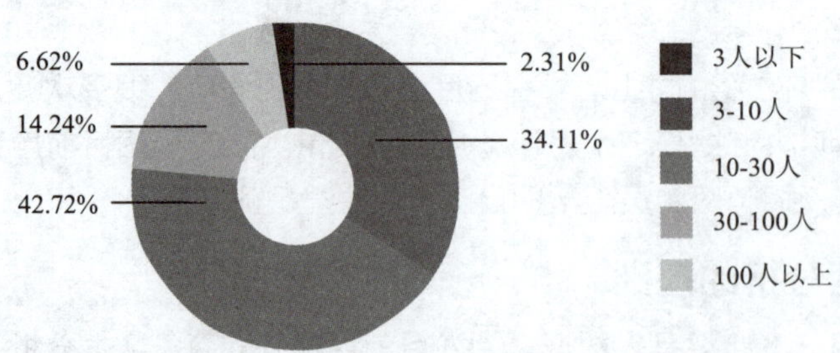

■ 图 1-1-2 2018 年中国密室商家运营团队规模

三、商务数据分析的主要流程

我们已经学习了商务数据分析的概念和作用，下面我们一起学习一下针对大数据的商务数据分析的主要流程，如图 1-1-3 所示。

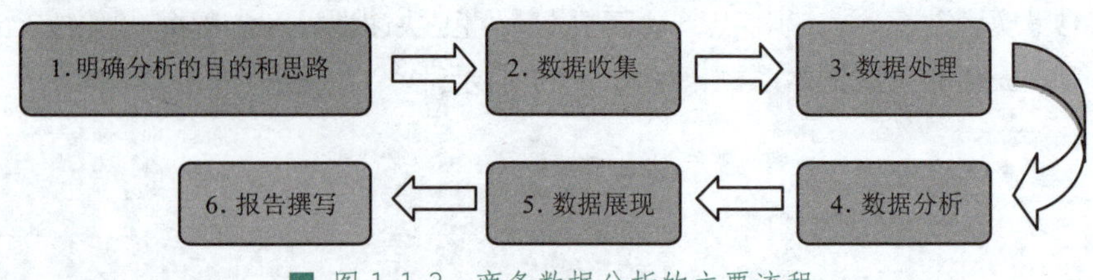

■ 图 1-1-3 商务数据分析的主要流程

1. 明确分析的目的和思路

要收集数据、分析数据，必须首先清楚数据分析的需求，这样才能确保数据分析过程的有效性。应该先冷静地思考在数据分析过程中想要获取什么，然后再开始进行数据分析。

2. 数据收集

数据收集是将数据记录下来的环节，有目的地收集数据是确保数据分析过程有效的基础，需要对收集数据的内容、渠道、方法进行策划。

3. 数据处理

数据的处理与集成主要是对已经采集到的数据进行适当的处理、清洗去噪以及进一步地集成存储。

4. 数据分析

数据分析是指将收集到的数据通过加工、整理和分析后，将其转化为信息的过程。数据分析是整个大数据处理流程里最核心的部分，因为在数据分析的过程中，会发现数据的价值所在。

5. 数据展现

对于身处大数据时代的广大客户来说，数据分析结果以文本形式或直接结果的方式呈现会让客户难以理解。因此可以考虑采用数据可视化技术、客户参与分析过程这两种方法来提升数据解释能力。

6. 报告撰写

商务数据分析报告是对整个数据分析过程的总结，是给企业决策者的一个参考报告，可以为决策者提供科学、严谨的决策依据。

任务小结

在本任务中，学习了商务数据分析的简单概念，了解了数据分析的五个层面：数据量大（Volume）、数据类型多（Variety）、处理速度快（Velocity）、价值密度低（Value）和真实性（Veracity）。最后，学习了商务数据分析流程的六大步骤：明确分析的目的和思路、数据收集、数据处理、数据分析、数据展现、报告撰写。

实操演练

一、填空题

1. 数据分析是指________、________并________的过程。

2. 大数据具有“5V”特点，指五个层面：________、________、________、________和________。

3. 商务数据分析就是企业运用________，发现好的________，需要改进的________和挖掘出________。

4. 大数据是指无法在一定时间内用常规软件工具对其内容进行________、________和________的数据集合。

二、简答题

1. 企业在日常经营中，进行数据分析可以起到哪三个方面的作用？

2. 针对大数据的商务数据分析的主要流程分为哪六步？

任务评价表

任务评价表					
评价内容		分值等级（评分）			
内容	分值（比重）	优秀	良好	合格	不合格
熟悉商务数据分析的概念	25 分（25%）	21~25(　　)	16~20(　　)	11~15(　　)	0~10(　　)
熟悉大数据的概念	25 分（25%）	21~25(　　)	16~20(　　)	11~15(　　)	0~10(　　)
熟悉商务数据分析的主要流程	50 分（50%）	42~50(　　)	31~41(　　)	16~30(　　)	0~15(　　)
综合分数（满分 100 分）					

注：括号内填写具体分值。

任务二　认识常用商务数据分析的方法与工具

学习目标

- 熟悉两种常规分析方法。
- 熟悉趋势分析的两个概念：同比增长、环比增长。
- 熟悉常用商务数据分析工具。

任务导入

小顾解释完商务数据分析的概念，感觉意犹未尽。

小顾："时间还早，我给你讲讲常用数据分析的方法吧。"

小庄："不光数据分析的方法，你还得和我说说有什么可以用的工具呀。"

任务实施

通过学习，了解了什么是商务数据分析，商务数据分析主要有哪些流程。下面我们一起学习商务数据分析的常用方法和工具。

当进行数据分析时，直接看数据是非常低效的，因此需要使用合理的分析方法，集中、萃取和提炼数据中的信息，才能简单、直观地发现隐藏在数据背后的信息，帮助企业进一步发展。

一般从分析方法的复杂度上来讲，可以将数据分析方法分为三个层级：常规分析方法、统计学分析方法和自建模型分析方法。本书基本上使用的是常规分析方法，所有高阶的分析方法在这里不作展开，有兴趣的读者可自行上网查阅。

一、常规分析方法

常规分析方法是最基础的分析方法。常规分析方法不对数据做抽象的处理，主要是直接呈现原始数据。常规分析方法多用于指标固定、具有周期性的分析主题。

常见的常规分析方法有两种：趋势分析和占比分析。

趋势分析法主要是分析基期和各期的各种指标的变化趋势。基期是正在分析的某段时间内的统计数据，其他各期则是其他相同长度时间内的统计数据。在进行趋势分析时常用到两个概念：同比增长、环比增长。同比一般是某一段时间内某个特定小时间的数据与上一段时间内的相同的某个特定小时间的数据的比值，如 2020 年 10 月的销售量与 2019 年 10 月的销售量的比。环比则指两个连续时间段内数据的变化比。如 2020 年 10 月与 2020 年 9 月的销售量的比。

占比分析则一般分析同一维度中的各个要素占比的排名。

假设小乔是一名果农，他想通过商务数据分析的常规方法来预测 2021 年苹果的种植规模。假定苹果的单价不变，2019 年、2020 年的销售量如图 1-2-1 所示。

现在小乔要计算 2020 年每月的同比、环比增长，以 3 月为例，同比增长 =（2020 年 3 月 -2019 年 3 月）/2019 年 3 月 *100%，环比增长 =（2020 年 3 月 -2020 年 2 月）/2020 年 2 月 *100%。结果如图 1-2-2 所示。同比增长为负数 / 正数说明该月销售量少于 / 多于去年该月销售量，环比增长为负数 / 正数说明该月销售量少于 / 多于上个月。

	A	B	C
1	月份	2019年销售量（箱）	2020年销售量（箱）
2	1月	250	193
3	2月	238	165
4	3月	199	167
5	4月	209	180
6	5月	210	198
7	6月	218	220
8	7月	229	247
9	8月	217	235
10	9月	222	224
11	10月	240	261
12	11月	211	272
13	12月	205	210

图 1-2-1　2019 年、2020 年销售量

	A	B	C	D	E
1	月份	2019年销售量（箱）	2020年销售量（箱）	同比增长	环比增长
2	1月	250	193	-29.53%	0.00%
3	2月	238	165	-44.24%	-14.51%
4	3月	199	167	-19.16%	1.21%
5	4月	209	180	-16.11%	7.78%
6	5月	210	198	-6.06%	10.00%
7	6月	218	220	0.91%	11.11%
8	7月	229	247	7.29%	12.27%
9	8月	217	235	7.66%	-4.86%
10	9月	222	224	0.89%	-4.68%
11	10月	240	261	8.05%	16.52%
12	11月	211	272	22.43%	4.21%
13	12月	205	210	2.38%	-22.79%

图 1-2-2　2020 年各月份同比、环比增长

现在小乔要分析 2020 年每月销售量的占比，以 3 月为例，3 月销售量占比 =（3 月销售量 /2020 年总销售量）*100%，可得到图 1-2-3。

综合图 1-2-2、图 1-2-3，可分析出：2020 年上半年苹果的销售量相比 2019 年出现大幅度下降，但是 2 月后逐月增加，每个月销售量都好于上个月；下半年销售量则比 2019 年要好，但是比起上个月销售量涨幅波动较大，有的月份销售量多于上个月，如 11 月，有的则少于上个月，如 12 月。2020 年销售量最好的两个月是 11 月和 10 月，约占总量的 20.75%。

	A	B	C
1	月份	2020年销售量（箱）	占比
2	1月	193	7.50%
3	2月	165	6.41%
4	3月	167	6.49%
5	4月	180	7.00%
6	5月	198	7.70%
7	6月	220	8.55%
8	7月	247	9.60%
9	8月	235	9.13%
10	9月	224	8.71%
11	10月	262	10.18%
12	11月	272	10.57%
13	12月	210	8.16%
14	总量	2573	100.00%

图 1-2-3　2020 年各月份销售量占比

二、常用商务数据分析工具

进行商务数据分析时要用到多种分析工具。目前常用的数据分析工具包括 Excel、SPSS、R 语言、Python 语言、Minilab、Google Charts API、水晶易表等，本书主要使用 Excel。下面介绍一下 Excel、SPSS 和 R 语言。其他工具读者可自行上网查阅。

1. Excel

Excel 是常用的数据分析工具，在作图方面也是一款优秀的软件，Excel 不需要一定的编程知识和矩阵知识，图表类型多样，图形精确、细致、美观，且操作灵活、快捷，图形随数据变化呈即改即现的效果，既能绘制简单图形，也能绘制较为复杂的专业图形。Excel 和 SPSS 之间可以进行数据、分析结果的相互调用。Excel 作为数据分析的入门级工具，是快速数据分析的理想工具，如图 1-2-4 所示。

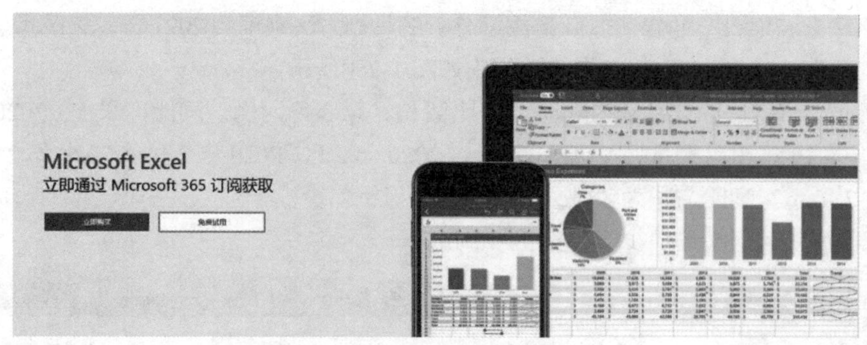

■ 图 1-2-4 Microsoft Excel 官网

2. SPSS

SPSS 是国际上公认的权威统计分析软件，广泛应用于自然科学与社会科学研究中。SPSS 和 R 语言相比，不具有编程基础的用户也可以操作，易学易用，可以快速得出数据分析结果。

SPSS 是世界上最早采用图形菜单驱动界面的统计软件，其最突出的特点就是不仅操作界面友好，而且输出结果美观。它几乎将所有的功能都以统一、规范的界面展现出来，使用 Windows 的窗口方式展示各种管理和分析数据方法的功能，对话框展示出各种功能选择项。用户只需要掌握一定的 Windows 操作技能，粗通统计分析原理，即可使用该软件特定的科研、工作等服务。SPSS 简单图表的作图界面如图 1-2-5 所示。

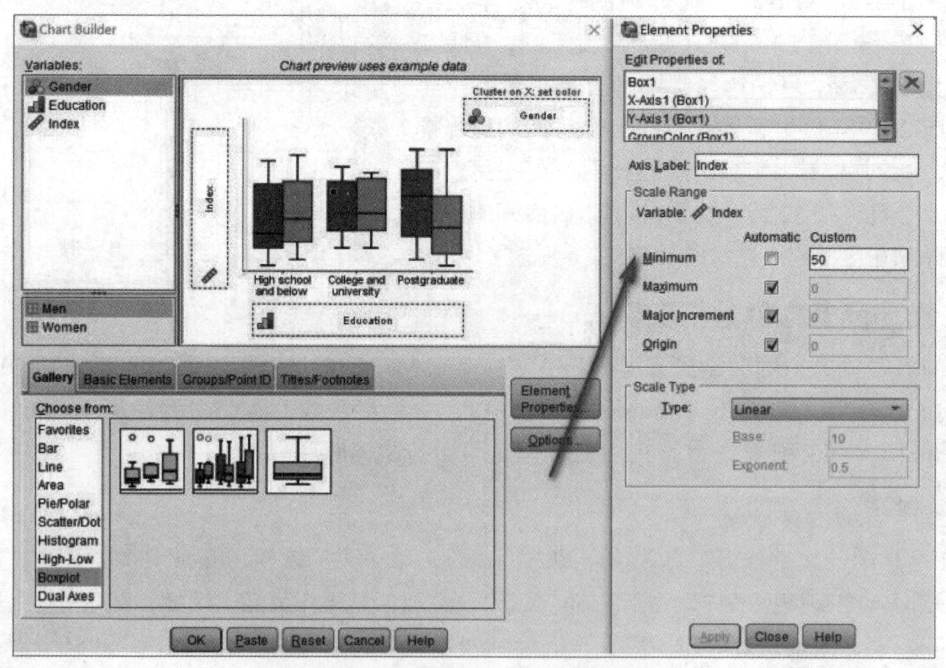

■ 图 1-2-5 SPSS 简单图表作图界面

3. R 语言

R 语言是世界领先的信息系统，是一个大型规模化的集成应用软件，具有完备的数据存

取、管理、分析和显示的功能。R 语言统计分析软件使用灵活方便、功能齐全，R 语言编程能力强且简单易学，其将数据处理和统计分析功能融为一体，已被广泛应用于医学、财经和社会科学领域。R 语言是一个开源项目，在很多操作系统上都可以免费使用，包括 Windows、Mac OS X 和 Linux。R 语言还在持续发展中，每天都在纳入新的功能。R 语言已经成了统计、预测分析和数据可视化的全球通用语言。它提供各种用于分析和理解数据的方法，从最基础的到最前沿的，无所不包。R 语言以能创建漂亮优雅的图形而闻名，但实际上它可以处理各种统计问题。基本的安装版本就提供了数以百计的数据管理、统计和图形函数。R 语言的集成开发环境如图 1-2-6 所示。

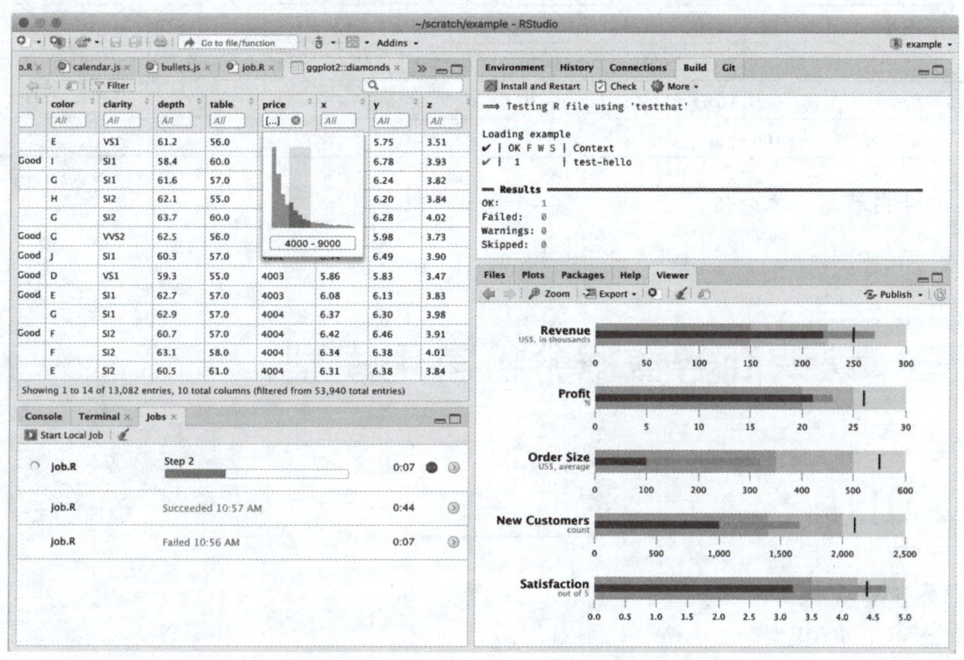

图 1-2-6　R 语言集成开发环境

任务小结

在本次任务中，学习了常规的分析方法：趋势分析和占比分析。趋势分析主要是分析基期和各期的各种指标的变化趋势；占比分析则一般分析一维度中的各个要素占比的排名。

最后了解了如今流行的部分数据分析软件及每种软件的使用环境与特点。

实操演练

一、填空题

1. 目前常用的数据分析工具包括______、______、______、______、______、______等。
2. Excel 和 SPSS 之间可以进行_____、_____的相互调用。

二、简答题

1. 数据分析方法分为哪三个层级？
2. 常见的常规分析方法有哪两种？

任务评价表

任务评价表					
评 价 内 容		分值等级（评分）			
内容	分值（比重）	优秀	良好	合格	不合格
熟悉趋势分析和占比分析	70 分（70%）	61~70（　　）	51~60（　　）	36~50（　　）	0~35（　　）
熟悉常用商务数据分析工具	30 分（30%）	26~30（　　）	18~25（　　）	11~17（　　）	0~10（　　）
综合分数（满分 100 分）					

注：括号内填写具体分值。

任务三　认识商务数据分析常用模型

学习目标

- 熟悉 SWOT 模型。
- 熟悉 4P、4C 模型。

任务导入

小庄在听完商务数据分析的概念、方法以及工具后，却是不经意间蹙起了眉头。

小庄：“可是我应该去分析些什么呢？”

小顾：“好人做到底，我来和你说说几个模型你就明白了。”

任务实施

一、SWOT 模型

SWOT 模型是商务数据分析的常用模型，即优势（S，Strengths）、劣势（W，Weaknesses）、机会（O，Opportunities）、威胁（T，Threats）。SWOT 模型针对性强，利于对企业进行综合性、概括性的分析。优势与劣势可以让企业分析自身情况，制订发展计划，扬长避短；机会与威胁可以让企业把握市场，了解竞争对手，实现自身的发展。

随着智能机时代的到来，人们的娱乐方式发生了极大的转变。越来越多的人使用手机作为闲暇时光主要的娱乐方式。在诸多手机 APP 中，短视频软件作为 2015 年后新兴的一种，以其内容生活化、使用便捷化、算法先进化等优势，广受各个年龄段人群的欢迎。下面我们以“抖音”短视频为例，来认识一下 SWOT 数据分析模型，看看数据是如何支撑新型商业模式的。

1. 优势（Strengths）

对于使用抖音的用户来说，其核心诉求主要是记录生活、休闲娱乐、消磨时间、信息获取，针对这些核心诉求，抖音的优势主要有三点：媒介、技术、核心价值。媒介，即可以生产制作门槛低、便于理解的短视频；技术即依靠先进的算法进行内容分发；核心价值即“记录美好生活”。在进行数据分析时，可以从这三方面的数据入手分析抖音的优势。

2. 劣势（Weaknesses）

目前来看，抖音的劣势主要有两点，一是审查难度大，二是内容质量良莠不齐。

审查方面，由于抖音每时每刻都会有大量的用户上传视频，给审查人员带来了巨大的挑战。抖音过于追求信息发布的即时性，因此容易导致对用户发布内容监管的疏忽。目前信息传播速度快，如果有不良信息出现在公众媒体上，很快就能传播开来，引起一系列连锁反应，同时可能被一些不法分子利用。因此抖音目前需要加强自身的审查力度，优化分级方法。

内容方面，抖音上传门槛较低，因此存在大量质量低下的内容，也存在视频抄袭、盗版等情况。此外，流量较大的用户发布视频，往往会导致大量的其他的用户跟风模仿，因此同质化倾向较严重。

3. 机会（Opportunities）

据 iiMedia 数据显示，国内直播电商市场规模从 2017 年的 190 亿元迅速增长至 2019 年的 4 338 亿元，2020 年新冠肺炎疫情的发生如同催化剂激发了电商直播行业的活力，市场规模相较于上年增长 121%，规模达 9610 亿元。中商产业研究院预计 2022 年中国电商直播市场规模将进一步上升至 15 073 亿元。2020 年上半年，由于新冠肺炎疫情的影响，全球经济出现大规模萎缩的情况，尤其是实体经济受影响很大。在这种情况下，电商直播带货模式兴起。

直播电商的兴起不但创造了大量的利润，提供了大量就业机会，同时也为短视频平台的发展提供了机会。早在 2018 年，抖音便已经上线了购物车功能，2019 年，抖音打通了京东、考拉等电商平台，支撑主播带货，同期推出了小程序电商。可以说抖音为电商带货布局已久。2020 年抖音直播高速发展，根据飞瓜数据：2019 年 12 月到 2020 年 5 月期间，抖音直播场均在线人数峰值月度趋势在 2020 年 1 月达到了顶峰，随后开始下降，但仍高于 2019 年；抖音直播带货商品总销售额最高的是美食饮品类，单个商品均价 43 元，总销售额 25.17 亿元。图 1-3-1 所示为抖音直播场均在线人数峰值月度趋势。图 1-3-2 所示为抖音直播带货商品总销售额 TOP10 类目。

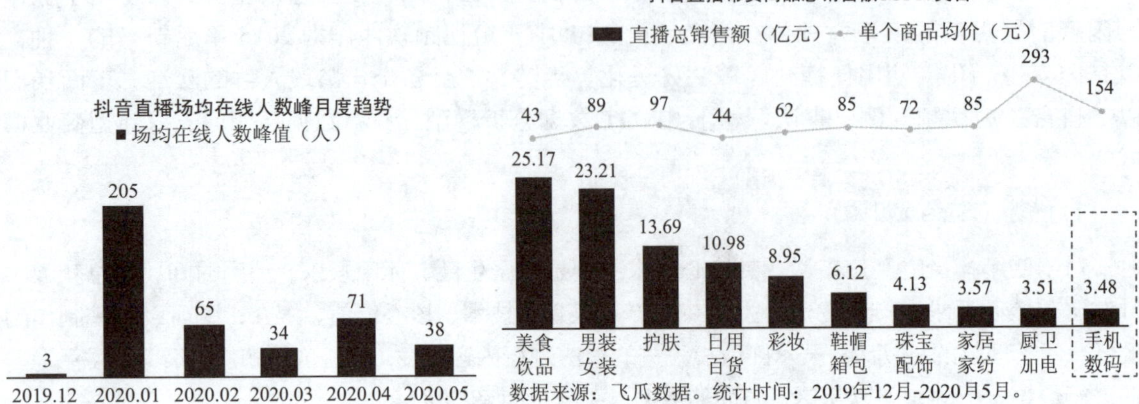

图 1-3-1　抖音直播场均在线人数峰值月度趋势　图 1-3-2　抖音直播带货商品总销售额 TOP10 类目

4. 威胁（Threats）

抖音主要面临的威胁是快手等其他短视频软件的竞争。抖音和快手都作为短视频软件，二者有近似之处。都是满足用户休闲娱乐、社交、信息分享、信息获取等内容消费需求的产品。其最大共性在于技术进步下媒介和算法的先进性。其不同之处在于价值观不同，抖音是“记录美好生活”，快手是“普惠公平”。因此二者的用户群体分布也有所不同。

图 1-3-3 所示为抖音、快手用户对比。根据统计的抖音快手直播数据，男性用户比女性用户更爱看短视频，抖音、快手的男性用户数量均高于女性用户数量；在年龄分布上，短视频用户均以年轻人为主，抖音 18~30 岁用户占比 46.4%，快手 18~30 岁用户占比 45.3%。而在年纪较大的用户之中，抖音用户占比多于快手用户，抖音 41 岁及以上的用户占比 19.8%，快手该年龄段用户占比 12.4%。在未成年人中，快手的用户占比则多于抖音，17 岁以下用户快手占比 20.4%，抖音占比 6.8%。从数据分析的角度说，这不能体现二者在各年龄段用户数量上的差异，因为二者的用户总数不同，但是这组数据可以分析二者自身在各个年龄段用户中的受欢迎程度。

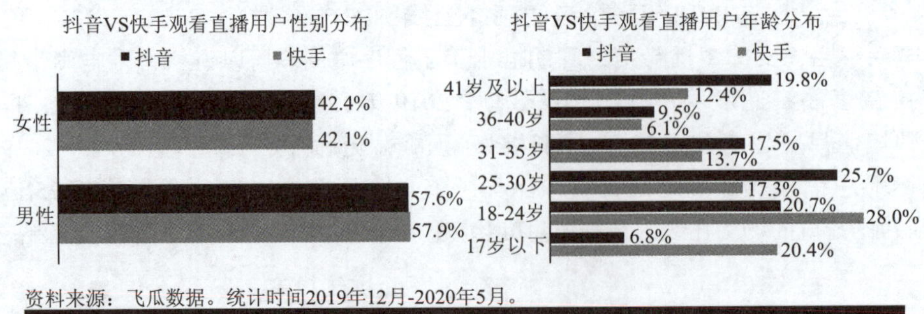

图 1-3-3　抖音快手用户对比

二、4P、4C 模型

4P 模型是一种营销策略模型，包括产品（Product）、价格（Price）、渠道（Place）、促销（Promotion）。从商家的角度，常常使用这 4 个维度来制订营销策略。

由于时代的快速发展，商家迎来了新的问题：传统的 4P 模型很难概括目前的客户需求。因此有人提出了以客户需求为导向的 4C 模型。4C 模型同样包括 4 个维度，即客户（Customer）、成本（Cost）、便利（Convenience）、沟通（Communication）。

4P 与 4C 模型并不是相互替代的关系，而是相互补充的关系。4C 模型更多地是以客户需求为 4P 模型的各个维度做出补充。

下面我们以华为手机为例，深化一下对 4P、4C 模型的理解。华为手机 4P、4C 要素见表 1-3-1。

表 1-3-1　华为手机 4P、4C 要素

4P、4C 要素	分析内容（针对华为手机）
产品 （Product）	产品（Product）是指企业提供给目标市场的实体货物、服务的集合。目前在华为官网上可以查到的华为手机主要有 HUAWEI Mate 系列、HUAWEI P 系列、HUAWEI nova 系列、华为畅享系列、华为麦芒系列
价格 （Price）	价格（Price）是指产品基本价格、佣金折扣等。根据目前华为商城的数据，华为手机在售的各个系列目前主要有 5 个价格区间。分别为 0~999 元（2 款）、1 000~1 999 元（13 款）、2 000~3 999 元（11 款）、4 000~5 999 元（5 款）、6 000 元以上（3 款） HUAWEI　手机 筛选　重置 系列：HUAWEI Mate系列、HUAWEI P 系列、HUAWEI nova系列、华为畅享系列、华为麦芒系列 价格：0-999、1000-1999、2000-3999、4000-5999、6000及以上
渠道 （Place）	渠道（Place）包括直接渠道和间接渠道。华为智能手机目前有两种销售方式：第一种是对运营商直销的销售模式，根据运营商的请求定制、研发出来的手机，随后运营商根据自身的销售渠道售卖手机；第二种模式是华为进行市场调查，了解手机市场需求和消费者需求，市场细分之后，创造了一个集服务、培训、销售于一体的周全的分销商供应平台
促销 （Promotion）	也可称为“推广”，包括企业利用各种载体进行宣传等活动，达到促进销售的目的。华为以降价促销、赠品促销、与运营商联合促销这三种方式为主。促销的目的就是用刺激的方式吸引消费者购买产品或改变首次购买的消费者原先在心中考虑的品牌顺序，将潜在消费者吸引过来。华为在营销与广告方面更是下了功夫。用平常人取代明星、访谈取代剧本台词、情感取代产品的广告，顺应时代流行的广告营销方式，容易引发客户的共鸣，通过市场调研和洞察，围绕目标人群的情感需求做文章

续表

4P、4C 要素	分析内容（针对华为手机）
客户 （Customer）	在客户（Customer）方面，根据极光大数据发布的 2019 年第三季度华为手机用户调查报告，华为 Mate 系列以及 P 系列的购买用户年龄段主要集中在 26 ～ 35 岁，用户群体偏向年轻化；至于 46 岁以上的用户虽然占比也有一部分，但相对还是较少一些。而且从发布的数据图来看，使用华为 Mate 系列的用户中，有 62% 为男性，38% 为女性，男性用户占据大多数，这也可能是由于华为 Mate 系列主打硬件性能、商务等方面的原因。而反观华为的 P 系列当中，男女比例比较均衡，这很有可能和华为 P 系列在拍摄技术方面的领先有关。从华为各系列手机用户画像中来看，华为麦芒系列男性用户相对更多，而 Nova 系列中女性用户更多，畅享系列男女比例相对均衡。不难看出，不同手机的定位对应了不同的消费人群。其中男性用户更喜欢硬件性能，而女性用户则偏向于拍照颜值方面 华为Mate系列用户画像 男 62.1%　女 37.9% 0~25岁 10.0% 26~35岁 46.8% 36~45岁 19.6% >46岁 23.6% 一线 16.7%　新一线 22.7%　二线 19.6%　三线 17.7%　四线 13.7%　五线及以下 9.6% 华为P系列用户画像 男 51.0%　女 49.0% 0~25岁 19.7% 26~35岁 45.9% 36~45岁 17.9% >46岁 16.6% 一线 15.3%　新一线 23.9%　二线 19.6%　三线 17.9%　四线 14.0%　五线及以下 9.3%
成本 （Cost）	成本（Cost）不单指代商家的生产成本，也同样包括客户愿意为该产品付出的成本。针对华为手机的 4C 成本维度，我们需要考虑的是：近年来不同用户群每年手机消费的平均金额、用户对华为手机的评价、购买意向等
便利（Convenience）	便利（Convenience）是企业在制订政策时，更多考虑客户的方便，为客户提供购物和使用便利。以 HUAWEI Mate 40Pro 为例，手机为用户提供了多种便利性功能，包括使用自主研发的芯片，极大提升了手机性能；各种手势识别，更多人机交互方式，为用户带来了先进的智能体验 5G 超级上行[5] 高速低时延 上传速率大幅提升，内容分享更快。 四网协同[6] 网络更流畅 智能进行网络融合加速或优选，下载速率更快，在线视频播放更流畅，游戏运行更稳定。 多重定位 精准导航 支持第三代北斗、GPS、伽利略、GLONASS、QZSS 等，多重卫星导航系统默契配合，定位精度更高，导航更可靠。 5G 天际通[7] 海外畅游 出国旅游、工作，无需换卡，天际通帮你畅享 5G 网络。 Wi-Fi 6+ 疾速联网 配合华为 Wi-Fi 6+ 路由器，信号覆盖距离更广，穿墙力更强，抗干扰更稳定。

续表

4P、4C 要素	分析内容（针对华为手机）
沟通（Communication）	与促销不同的是，沟通（Communication）是一个企业与用户双向的交流，以达到共赢的状态。华为官网为用户提供了丰富的服务支持功能，如常用功能查询、维修支持、软件支持等。同时用户也可以与人工客服联系，进行进一步的沟通交流。优质的服务支持连接了企业和用户，是华为手机发展生产的关键

任务小结

在本任务中，了解了 SWOT 模型：优势（S，Strengths）、劣势（W，Weaknesses）、机会（O，Opportunities）、威胁（T，Threats）。此为常规分析模型。之后又了解了 4P、4C 多维的营销策略模型，需要知道 4P 与 4C 的互补关系。

实操演练

一、填空题

1. SWOT 模型是商务数据分析的常用模型，即________、________、________、________。
2. 4P 模型是一种营销策略模型，包括________、________、________、________。
3. 4C 模型包括 4 个维度，即________、________、________、________。

任务评价表

任务评价表					
评 价 内 容		分值等级（评分）			
内容	分值（比重）	优秀	良好	合格	不合格
知道 SWOT 模型	50 分（50%）	42~50(　　)	31~41（　　）	16~30(　　)	0~15（　　）
知道 4P、4C 模型	50 分（50%）	42~50(　　)	31~41（　　）	16~30(　　)	0~15（　　）
综合分数（满分 100 分）					

注：括号内填写具体分值。

项目二

开启商务数据分析的大门

项目目标

- ◆ 熟练操作并更改工作表。
- ◆ 掌握批量输入、处理数据与表格。
- ◆ 掌握查找与替换表格内容。
- ◆ 掌握美化表格与字体格式。
- ◆ 掌握设置打印选项。

项目描述

小庄在听完小顾的描述后感觉热血澎湃，她跟着小顾学习了一段时间后，决定帮另一位正在开网店的好友小琳做网店的商务数据分析。通过一边学习一边应用，帮助小琳改善网店的运营情况，并且巩固自己学习的知识。小庄决定先帮助小琳一起导入并打印一份数据表，用以观察客户情况，决定双十一参与活动抽奖的客户名单。

注意：在处理数据前应建立副本并保留原始数据，以下项目中的数据皆已建立工作簿副本，因此不再在工作表中另行建立工作表副本。

任务一　商务数据的导入

学习目标

数据表预处理：

- 掌握创建与保存工作表。
- 掌握删除、插入、重命名工作表。
- 掌握移动、复制工作表以及设置工作表标签的颜色。
- 掌握插入、合并、隐藏单元格以及设置单元格大小。

任务导入

小琳打开了后台，千辛万苦地把线上店铺双十一的数据下载了下来。

小琳："小庄，我是不是得先把工作簿保存一下再处理呀。"

小庄："小顾说我们得把工作簿复制一下再处理，要保留原始数据，以免中间出错不能复原。"

任务实施

一、工作簿的创建与保存

1. 创建工作簿

Step 01：双击打开 Excel 图标启动程序。

Step 02：打开空白工作簿，选择"文件"→"新建"命令，单击"空白工作簿"，在右侧单击"创建"按钮即可创建表格，如图 2-1-1 所示。

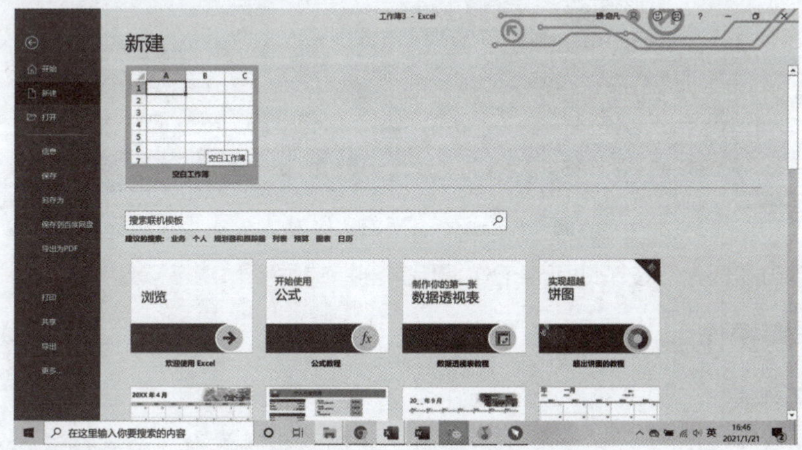

■ 图 2-1-1　新建工作簿

2. 保存工作簿

Step 01：创建并编辑工作簿后，选择“文件”→“另存为”→“浏览”命令，如图 2-1-2 所示。

Step 02：在打开的“另存为”对话框的地址框中进入要保存到的文件夹位置，然后在“文件名”文本框中输入要保存的文件名，如图 2-1-3 所示。

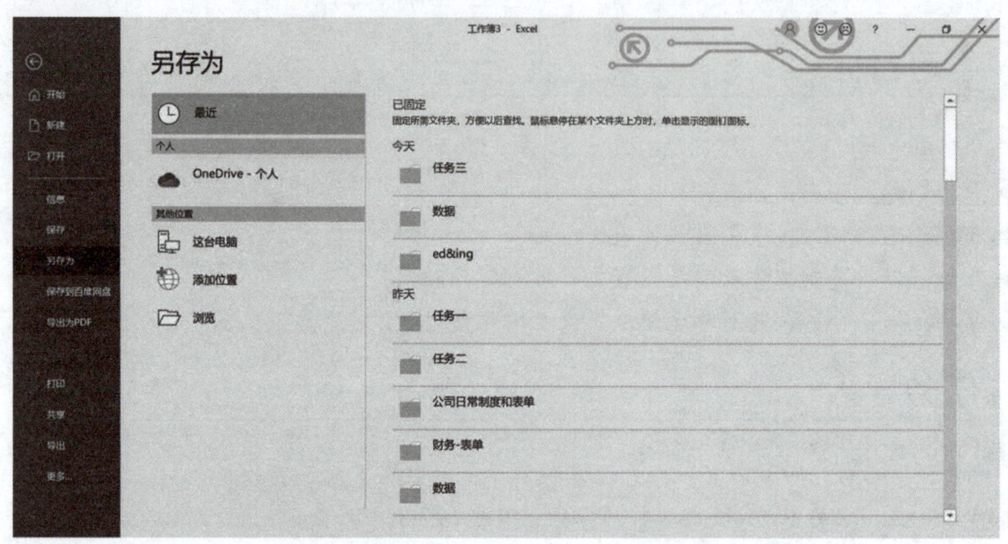

■ 图 2-1-2　“另存为”界面

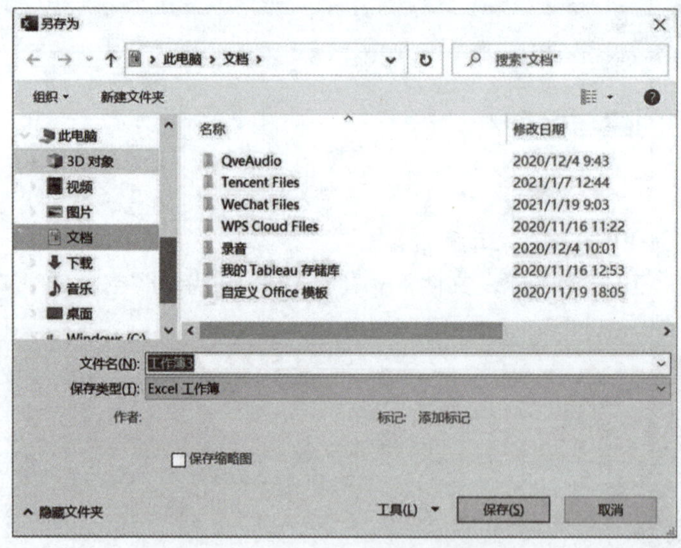

■ 图 2-1-3　“另存为”对话框

Step 03：单击“保存”按钮即可将工作簿保存到指定位置。

二、工作表操作

1. 重命名工作表

Step 01：右击 Sheet1 工作表标签，在弹出的快捷菜单中选择“重命名”命令，如图 2-1-4

所示。

Step 02：重新输入名称，如图 2-1-5 所示。

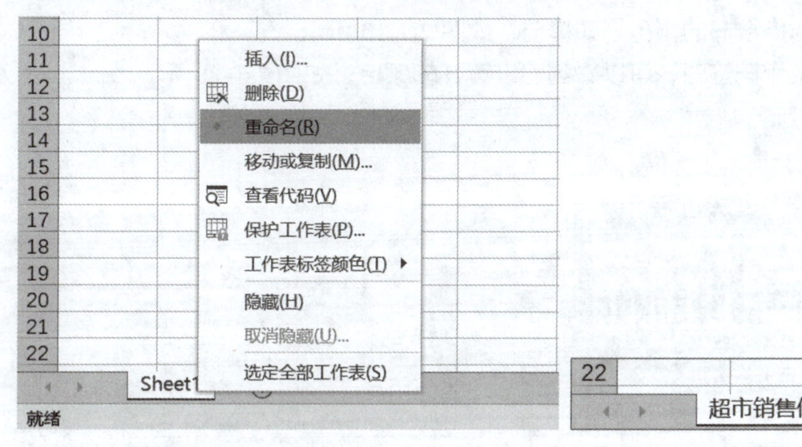

■ 图 2-1-4　“重命名”命令

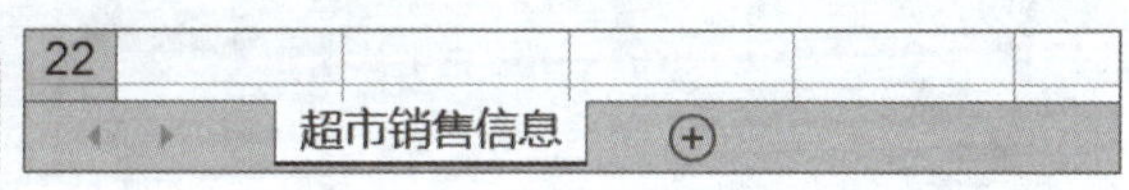

■ 图 2-1-5　输入名称

2. 插入新工作表

Step 01：单击工作表标签右侧的 ⊕ 按钮，如图 2-1-6 所示，即可在工作表的后面添加一张新的工作表，如图 2-1-7 所示。

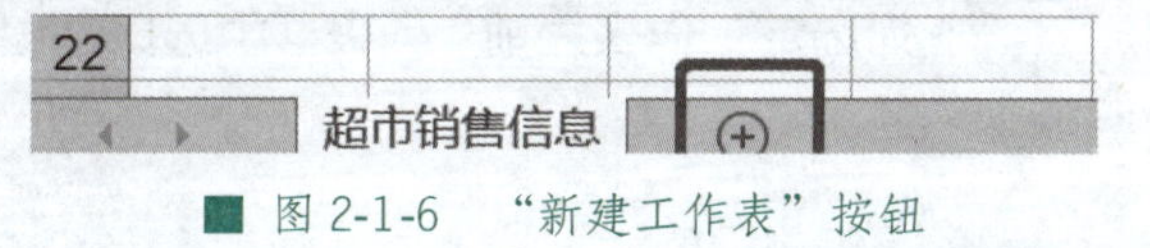

■ 图 2-1-6　“新建工作表”按钮

■ 图 2-1-7　新建的 Sheet2 工作表

3. 删除工作表

Step 01：右击需要删除的工作表标签，在弹出的菜单中选择“删除”命令，如图 2-1-8 所示。

Step 02：会弹出对话框会提示删除工作表及数据，单击“删除”按钮即可将其删除，如图 2-1-9 所示。

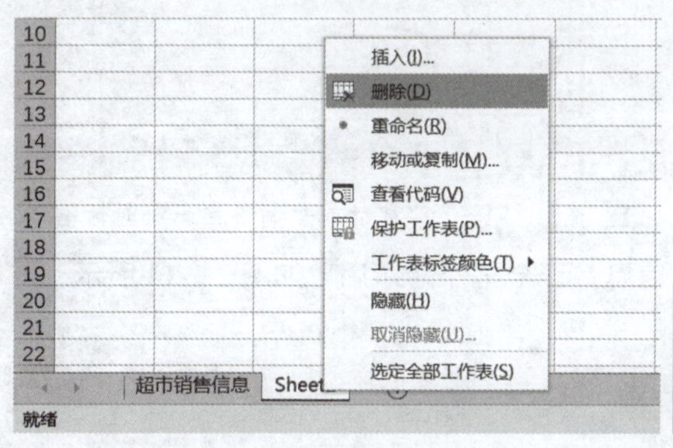

■ 图 2-1-8　选择“删除”命令

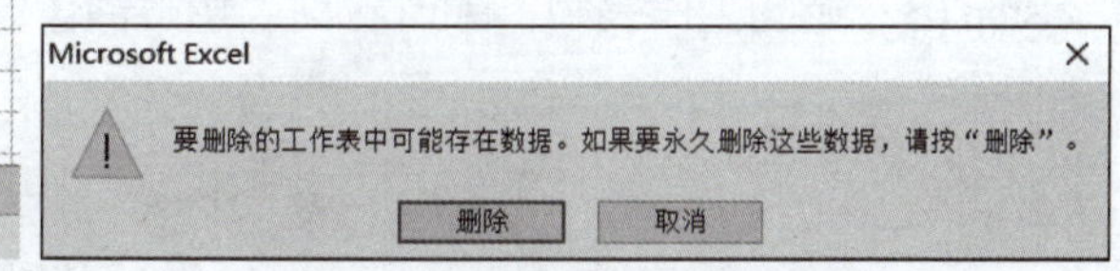

■ 图 2-1-9　删除提示对话框

4. 设置工作表标签颜色

Step 01：右击需要设置标签颜色的工作表标签，在弹出快捷菜单中选择“工作表标签颜色”命令，在弹出的颜色菜单中选择合适的颜色，如橙色，如图 2-1-10 所示。

Step 02：单击其他任意工作标签时，可以看到已设置好的颜色，如图 2-1-11 所示。

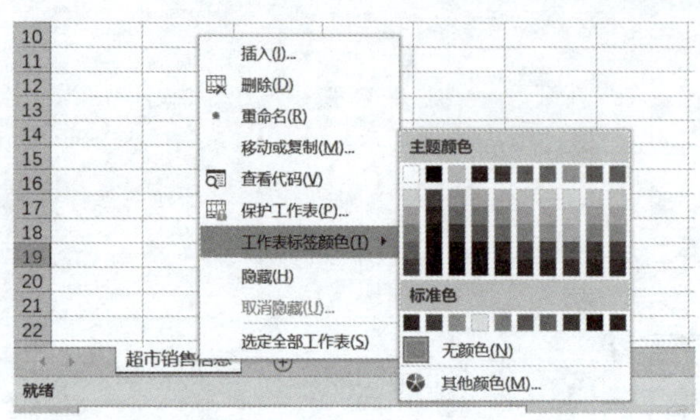

图 2-1-10 选择工作表标签颜色

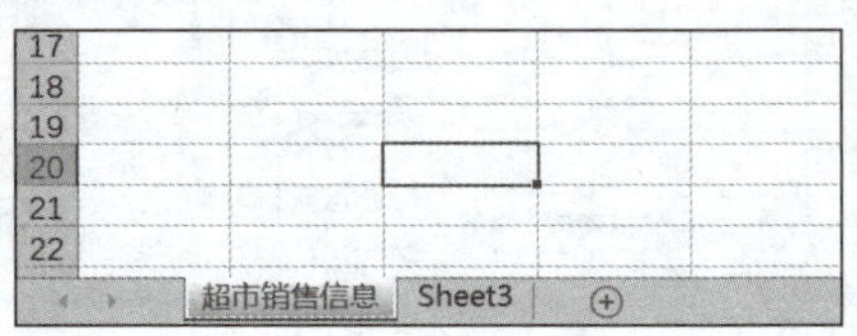

图 2-1-11 设置好颜色的工作表标签

5. 移动工作表到其他位置

Step 01: 右击需要移动的工作表标签,在弹出的快捷菜单中选择“移动或复制”命令,如图 2-1-12 所示。

Step 02：打开“移动或复制工作表”对话框，在“下列选定工作表之前”列表框中选择“（移至最后）”，单击“确定”按钮，如图 2-1-13 所示。

图 2-1-12 “移动或复制”命令

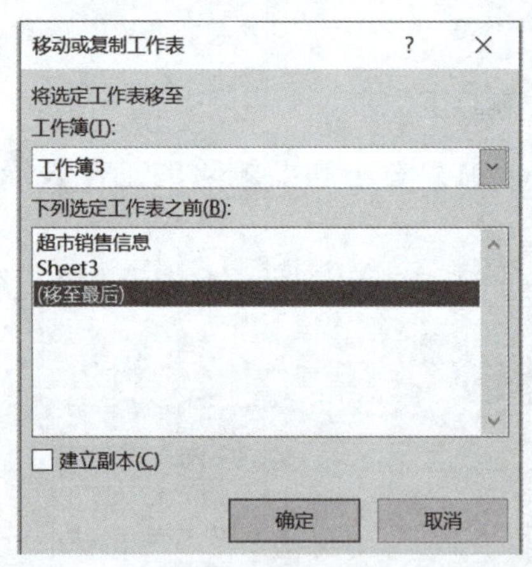

图 2-1-13 “移动或复制工作表”对话框

Step 03：返回工作表中，即可看到“超市销售信息”移至工作簿最后，如图 2-1-14 所示。

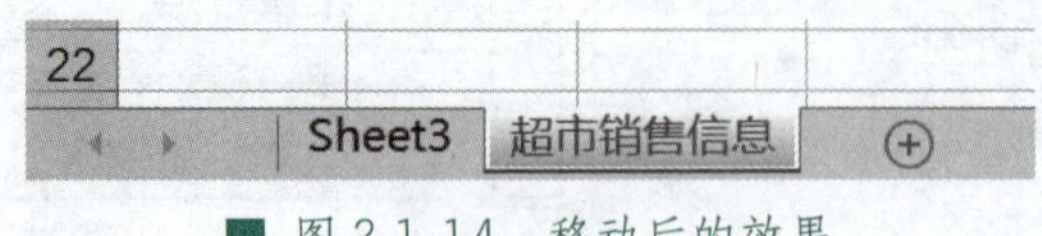

图 2-1-14 移动后的效果

6. 复制工作表

Step 01：右击需要复制的工作表标签，在弹出的快捷菜单中选择“移动或复制”命令。

Step 02：在打开的对话框的“下列选定工作表之前”列表框中选择“（移至最后）”，选中“建立副本”复选框，单击“确定”按钮，如图 2-1-15 所示。

Step 03：返回工作表中，即可看到在工作簿最后添加了一个名为“超市销售信息（2）”的工作表，如图 2-1-16 所示。

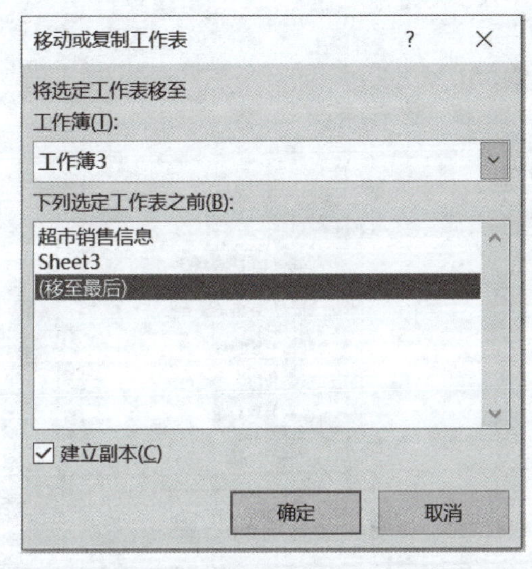

■ 图 2-1-15　“建立副本”复选框

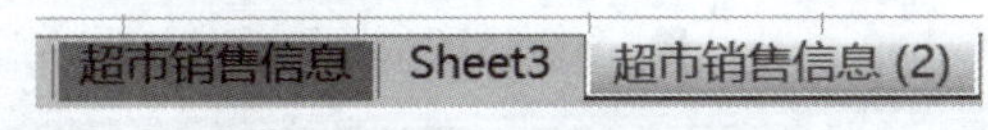

■ 图 2-1-16　复制工作表

三、单元格操作

1. 插入单元格

Step 01：打开“单元格操作”工作簿中选择“销售”，选中 C7 单元格，右击，在弹出的快捷菜单中选择“插入”命令，如图 1-1-17 所示。

Step 02：打开“插入”对话框，本例选中“活动单元格下移”单选按钮，如图 2-1-18 所示。

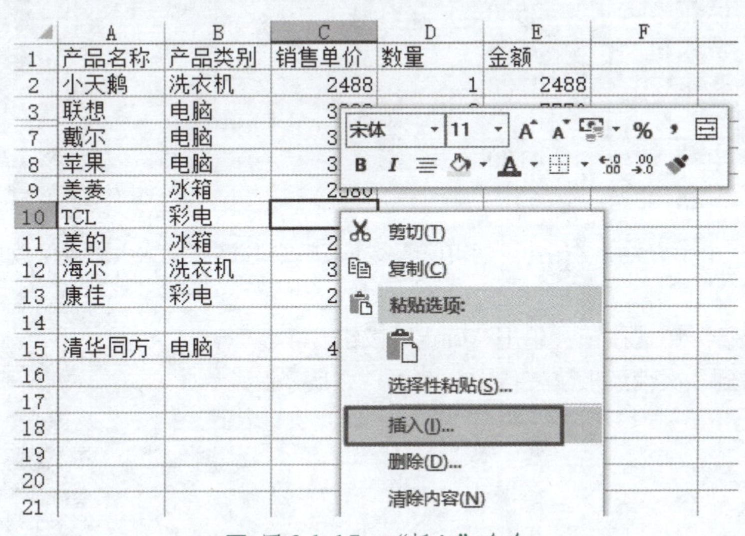

■ 图 2-1-17　“插入”命令

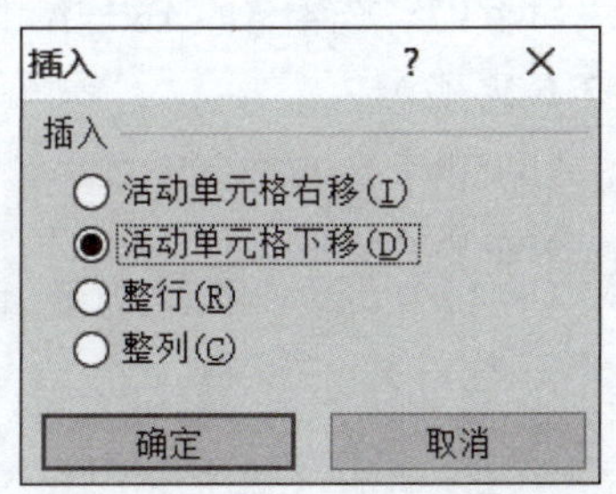

■ 图 2-1-18　“插入”对话框

Step 03：单击“确定”按钮，即可看到在 C7 单元格上方插入了空白单元格，如图 2-1-19 所示。

Step 04：选择 B11 单元格，右击，在弹出的快捷菜单中选择“插入”命令。

Step 05：在“插入”对话框中选中“整行”单选按钮，单击“确定”按钮，如图 2-1-20 所示。

	A	B	C	D	E
1	产品名称	产品类别	销售单价	数量	金额
2	小天鹅	洗衣机	2488	1	2488
3	联想	电脑	3888	2	7776
4	戴尔	电脑	3558	2	7116
5	苹果	电脑	3456	2	10368
6	美菱	冰箱	2580		
7	TCL	彩电			
8	美的	冰箱	2680		
9	海尔	洗衣机	3528		
10	康佳	彩电	2300		
11	清华同方	电脑	4120		
12					

图 2-1-19　插入后的效果

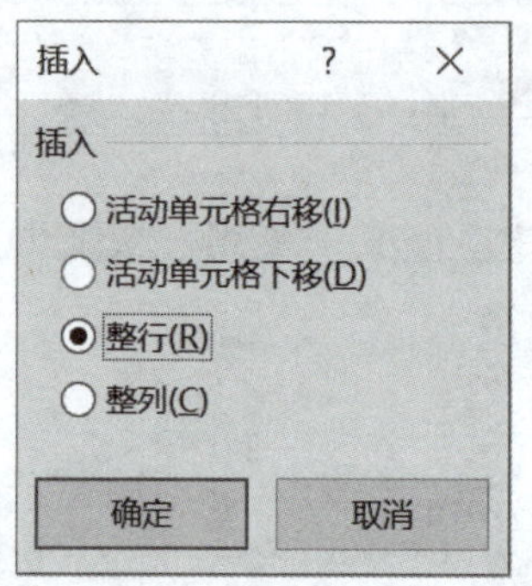

图 2-1-20　“整行”单选按钮

Step 06：返回工作表，即可看到选中单元格区域上方添加了一行，如图 2-1-21 所示。

	A	B	C	D	E
1	产品名称	产品类别	销售单价	数量	金额
2	小天鹅	洗衣机	2488	1	2488
3	联想	电脑	3888	2	7776
4	戴尔	电脑	3558	2	7116
5	苹果	电脑	3456	2	10368
6	美菱	冰箱	2580		
7	TCL	彩电			
8	美的	冰箱	2680		
9	海尔	洗衣机	3528		
10	康佳	彩电	2300		
11					
12	清华同方	电脑	4120		

图 2-1-21　添加一行

Step 07：选中 A4~A6 连续的三个单元格，右击，在弹出的快捷菜单中选择“插入”命令，如图 2-1-22 所示。

Step 08：在对话框中选择“整行”单选按钮，单击“确定”按钮。

Step 09：返回工作表，即可看到一次性添加了三行，如图 2-1-23 所示。

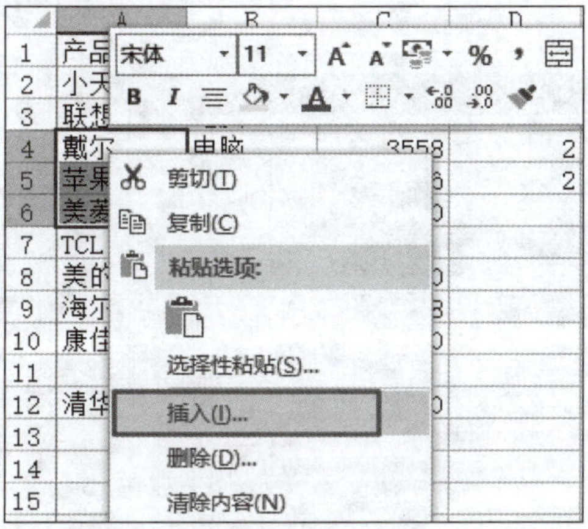

■ 图 2-1-22　连续的三个单元格

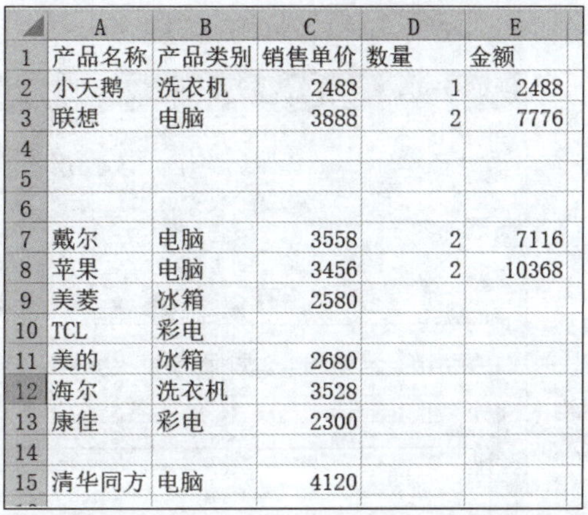

	A	B	C	D	E
1	产品名称	产品类别	销售单价	数量	金额
2	小天鹅	洗衣机	2488	1	2488
3	联想	电脑	3888	2	7776
4					
5					
6					
7	戴尔	电脑	3558	2	7116
8	苹果	电脑	3456	2	10368
9	美菱	冰箱	2580		
10	TCL	彩电			
11	美的	冰箱	2680		
12	海尔	洗衣机	3528		
13	康佳	彩电	2300		
14					
15	清华同方	电脑	4120		

■ 图 2-1-23　一次性添加三行

2. 合并单元格

Step 01：选中 A4~E6 单元格区域，在"开始"选项卡的"对齐方式"组中单击"合并后居中"按钮后，如图 2-1-24 所示。

Step 02：单击"合并后居中"按钮后，即可看到 A4~E6 单元格区域被合并为一个单元格，如图 2-1-25 所示。

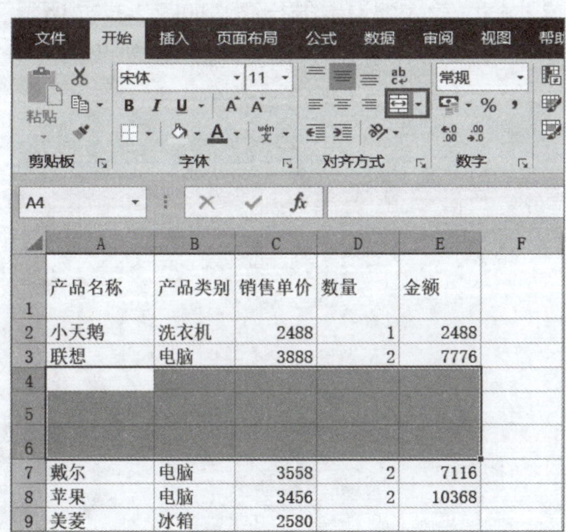

■ 图 2-1-24　"合并后居中"按钮

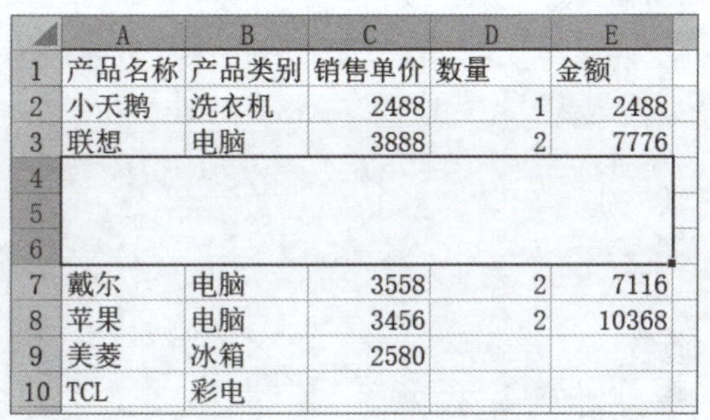

	A	B	C	D	E
1	产品名称	产品类别	销售单价	数量	金额
2	小天鹅	洗衣机	2488	1	2488
3	联想	电脑	3888	2	7776
4					
5					
6					
7	戴尔	电脑	3558	2	7116
8	苹果	电脑	3456	2	10368
9	美菱	冰箱	2580		
10	TCL	彩电			

■ 图 2-1-25　合并为一个单元格

3. 设置单元格大小

Step 01：将鼠标指针放置在行标签第一行的下框线上，当其变为上下箭头形状时，按住鼠标并向下拖动，将其拖至指定高度。

Step 02：将鼠标放置到列标签 A 列右框线区域，当鼠标为左右箭头形状时，按住鼠标并向右拖动，将其拖至指定宽度。

Step 03：选中需要调整行高的区域，在"开始"选项卡"单元格"组中单击"格式"下拉按钮，在下拉列表中选择“行高”命令，如图 2-1-26 所示。

■ 图 2-1-26　选择“行高”命令

Step 04：打开“行高”对话框，在“行高”文本框中输入要设置的行高，如图 2-1-27 所示。

Step 05：单击“确定”按钮，返回工作表，即可看到选中单元格区域行的高度已改变，如图 2-1-28 所示。

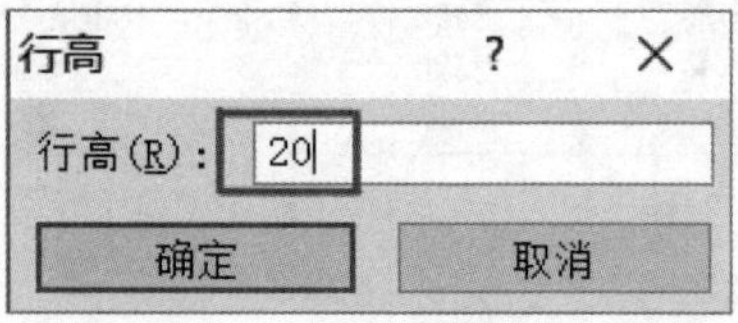

■ 图 2-1-27　“行高”对话框

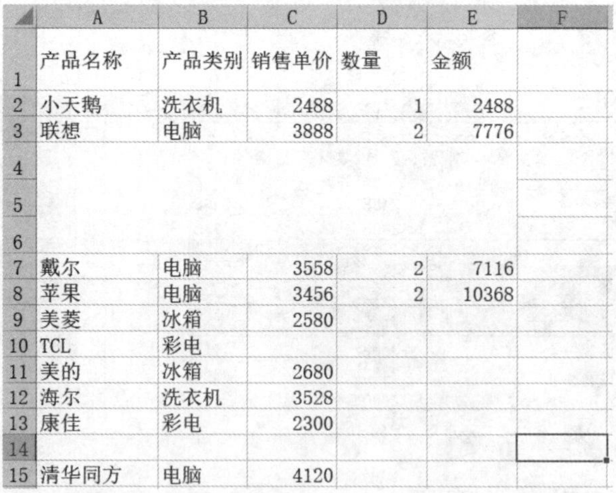

■ 图 2-1-28　改变后的单元格区域行的高度

4. 隐藏数据的行或列

Step 01：选中要隐藏的目标行，右击，在弹出的快捷菜单中选择“隐藏”命令，如图 2-1-29 所示。

Step 02：执行命令后即可隐藏选中的行，如图 2-1-30 所示。

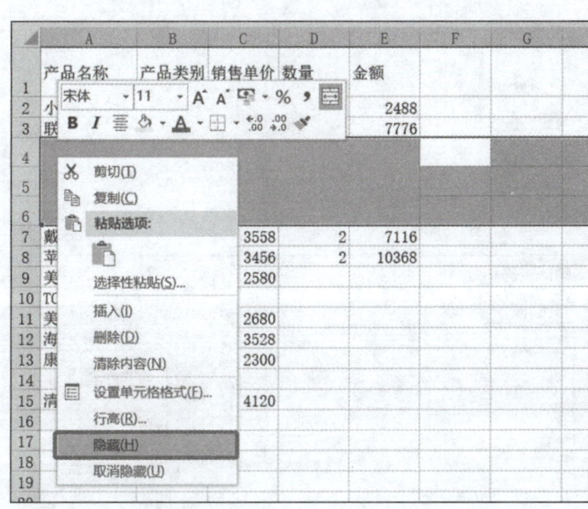

■ 图 2-1-29　“隐藏”命令

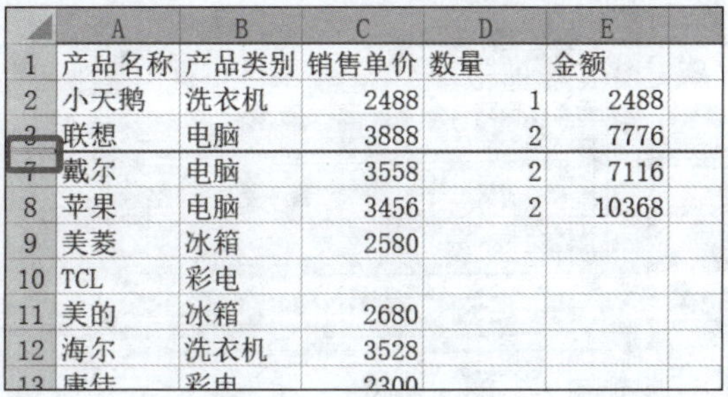

	A	B	C	D	E
1	产品名称	产品类别	销售单价	数量	金额
2	小天鹅	洗衣机	2488	1	2488
3	联想	电脑	3888	2	7776
7	戴尔	电脑	3558	2	7116
8	苹果	电脑	3456	2	10368
9	美菱	冰箱	2580		
10	TCL	彩电			
11	美的	冰箱	2680		
12	海尔	洗衣机	3528		
13	康佳	彩电	2300		

■ 图 2-1-30　隐藏行

技能拓展

保护工作表以及其结构、设置工作簿密码。

1. 保护工作表

Step 01：打开工作表，在“审阅”选项卡“保护”组中单击“保护工作表”按钮，如图 2-1-31 所示。

Step 02：打开“保护工作表”对话框，取消选中“选定锁定单元格”和“选定未锁定单元格”复选框，在“取消工作表保护时使用的密码”文本框中输入密码，如图 2-1-32 所示。

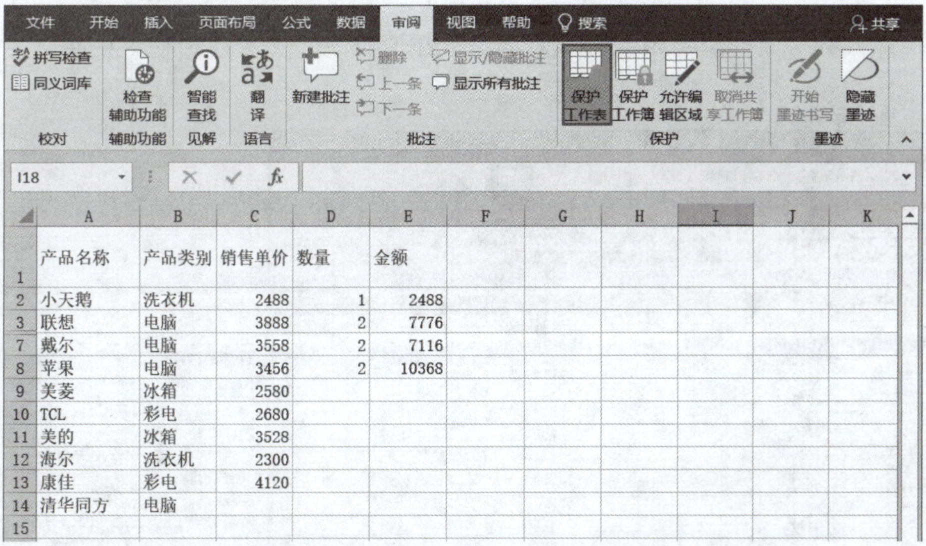

	A	B	C	D	E
1	产品名称	产品类别	销售单价	数量	金额
2	小天鹅	洗衣机	2488	1	2488
3	联想	电脑	3888	2	7776
7	戴尔	电脑	3558	2	7116
8	苹果	电脑	3456	2	10368
9	美菱	冰箱	2580		
10	TCL	彩电	2680		
11	美的	冰箱	3528		
12	海尔	洗衣机	2300		
13	康佳	彩电	4120		
14	清华同方	电脑			
15					

■ 图 2-1-31　单击“保护工作表”按钮

Step 03：单击“确定”按钮，打开“确认密码”对话框。在“重新输入密码”文本框中再次输入密码，如图 2-1-33 所示。

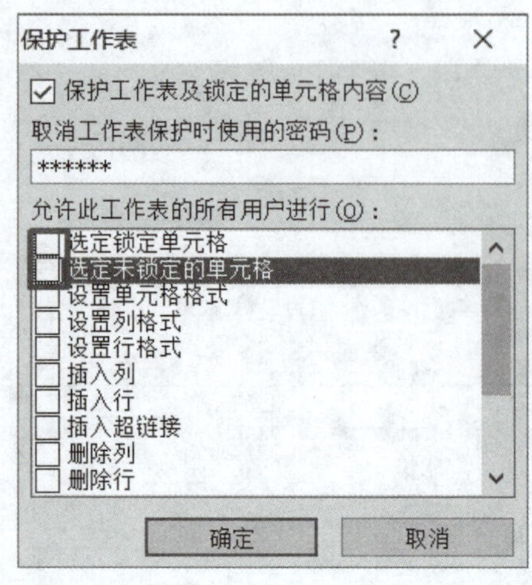

■ 图 2-1-32 “保护工作表”对话框

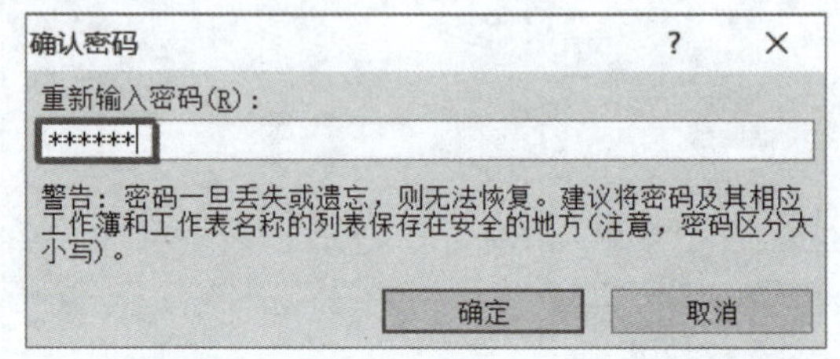

■ 图 2-1-33 “确认密码”对话框

Step 04：单击“确定”按钮，返回工作表，此时若对工作表进行编辑，系统将弹出图 2-1-34 所示的提示框，提示工作表已经受到保护，需要撤销工作表保护才可以编辑。

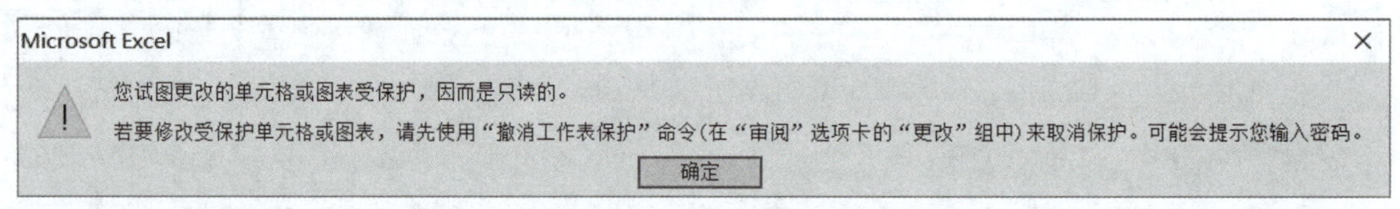

■ 图 2-1-34 提示框

2. 保护工作簿的结构

Step 01：打开工作表，在“审阅”选项卡“保护”组中单击“保护工作簿”按钮，如图 2-1-35 所示。

Step 02：打开“保护结构和窗口”对话框，在“密码”文本框中输入密码，如图 2-1-36 所示。

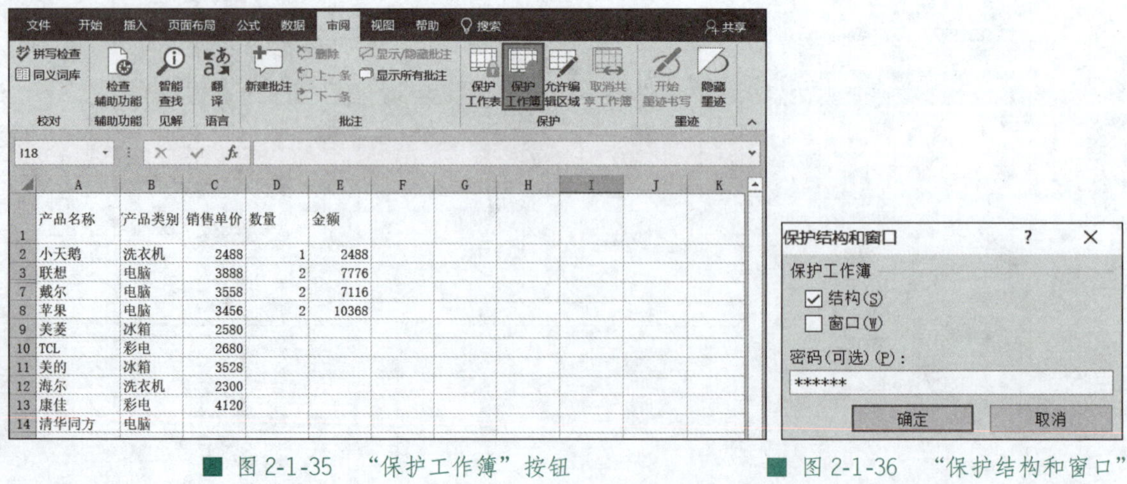

■ 图 2-1-35 “保护工作簿”按钮 ■ 图 2-1-36 “保护结构和窗口”对话框

Step 03：单击“确定”按钮，打开“确认密码”对话框，在“重新输入密码”文本框中再次输入密码，如图 2-1-37 所示。

Step 04：单击“确定”按钮，在工作簿中右击工作表标签，弹出快捷菜单，其中“移动或复制”“删除”等命令显示灰色，不可使用，如图 2-1-38 所示。

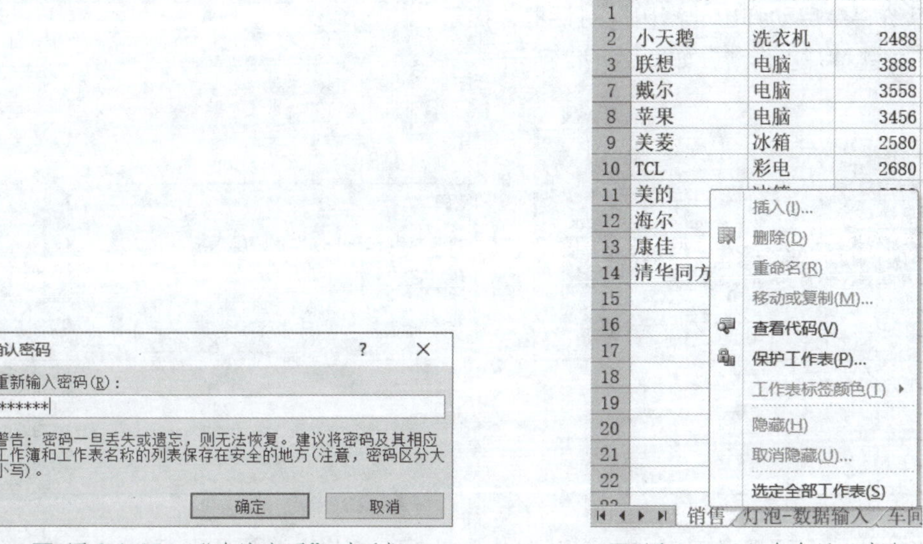

■ 图 2-1-37　“确认密码”对话框　　■ 图 2-1-38　命令显示灰色

3. 设置工作簿打开权限密码

Step 01：选择“文件”→“信息”命令，在右侧单击“保护工作簿”下拉按钮，在下拉列表中选择“用密码进行加密”命令，如图 2-1-39 所示。

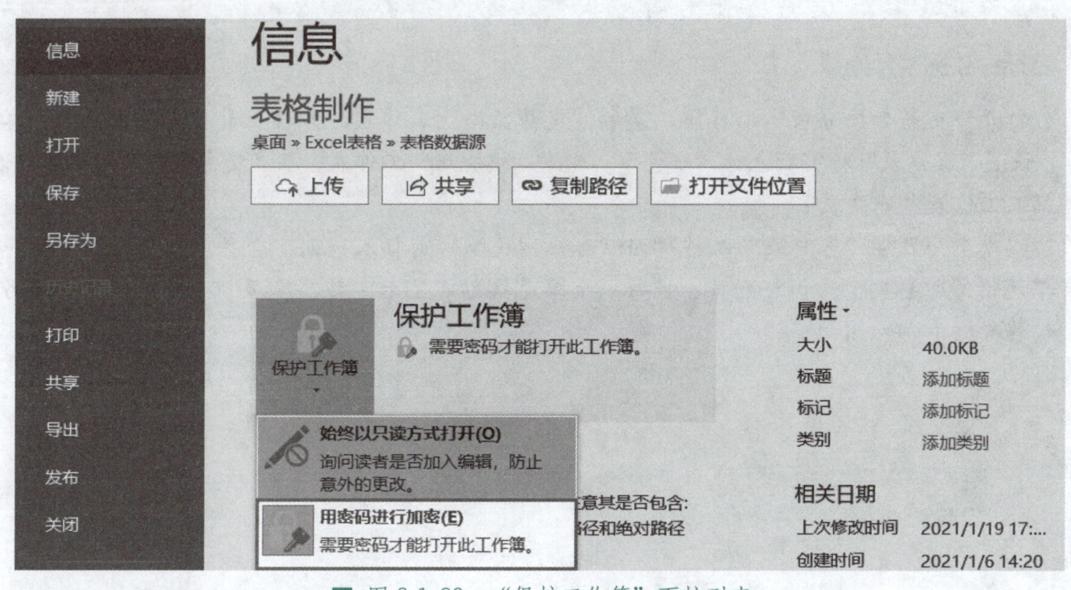

■ 图 2-1-39　“保护工作簿”下拉列表

Step 02：打开“加密文档”对话框，在“密码”文本框中输入密码，如图 2-1-40 所示。

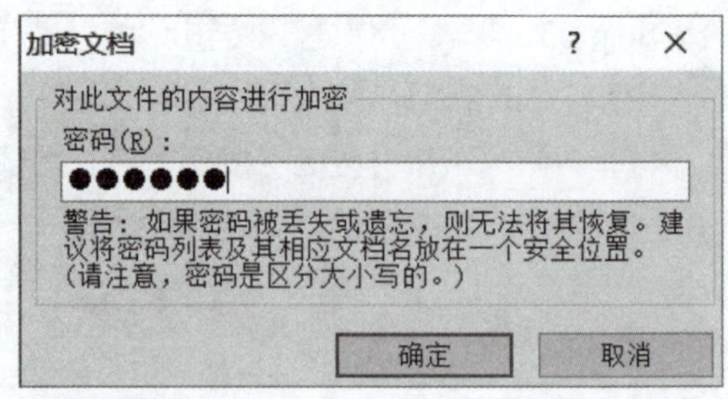

■ 图 2-1-40 “加密文档”对话框

Step 03：单击“确定”按钮，打开“确认密码”对话框。在“重新输入密码”文本框中输入密码，如图 2-1-41 所示。

Step 04：单击“确定”按钮完成设置。再次打开此工作簿，系统将会自动弹出“密码”对话框，提示需要输入密码才能打开工作簿，如图 2-1-42 所示。

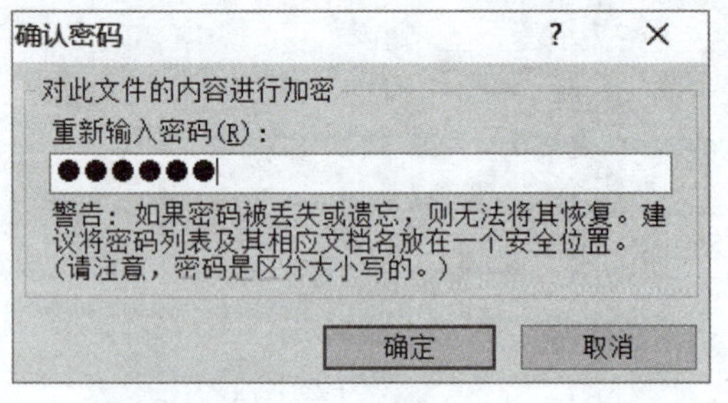

■ 图 2-1-41 “确认密码”对话框

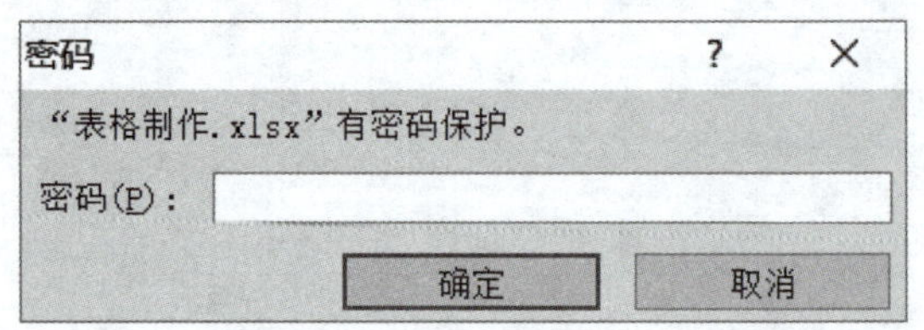

■ 图 2-1-42 “密码”对话框

任务小结

在本任务中，我们主要学习了工作表的创建与保存、工作表的删除与复制以及单元格的合并与插入等 Excel 的基本操作内容，需注意的是在数据分析之前一定要建立副本，以免丢失原始数据。

实操演练

目标：数据表预处理

1. 打开“交易数据分析”工作簿，复制“交易数据”工作表，并移至最后，重命名为“客户表”，设置“客户表”标签颜色为“红色”。删除“旗舰店”工作表，在“交易数据”与“客户表”之间插入工作表“地区表”。

2. 接着上一题在“客户表”工作簿内“客户网民”列前插入一列，合并“销售时间”后一列所有单元格（即 L 列）。调整列宽，使每一个单元格都能显示完整，隐藏“年龄”列，最后另存为“销售数据 1”Excel 表。

任务评价表

任务评价表					
评价内容		分值等级（评分）			
内容	分值（比重）	优秀	良好	合格	不合格
掌握创建并保存工作簿	20 分（20%）	17~20（　　）	12~16（　　）	8~11（　　）	0~7（　　）
掌握设置工作表标签颜色	20 分（20%）	17~20（　　）	12~16（　　）	8~11（　　）	0~7（　　）
掌握删除、插入、重命名、移动、复制工作表	20 分（20%）	17~20（　　）	12~16（　　）	8~11（　　）	0~7（　　）
掌握插入、合并、隐藏单元格；会设置单元格大小	40 分（40%）	34~40（　　）	26~33（　　）	16~25（　　）	0~15（　　）
综合分数（满分 100 分）					

注：括号内填写具体分值。

任务二　数据的输入与编辑

学习目标

数据预处理：

- 掌握输入特定格式的数据。
- 掌握更改数据格式。
- 掌握批量输入有规律的数据。
- 掌握导入外部数据。
- 掌握移动、复制和删除数据。
- 掌握查找和替换数据。

任务导入

小琳把数据表保存好以后，开始处理数据了，她想要把数据进行编号。

小琳："小庄，为什么我明明输入了数据 002，她前面的两个 0 没有了呢？而且我怎么批量输入序号呢？"

小庄："小顾说要输入文本才行，至于怎么批量输入数据，让我看看书再告诉你。"

任务实施

一、输入各种数据

1. 直接输入文本数据

Step 01：双击打开工作簿“输入各种数据.xlsx”。

Step 02：打开工作表，输入文字与数字时，其默认格式都为“常规”，如图 2-2-1 所示输入的这些数据都是“常规”格式，并且也是文本数据。

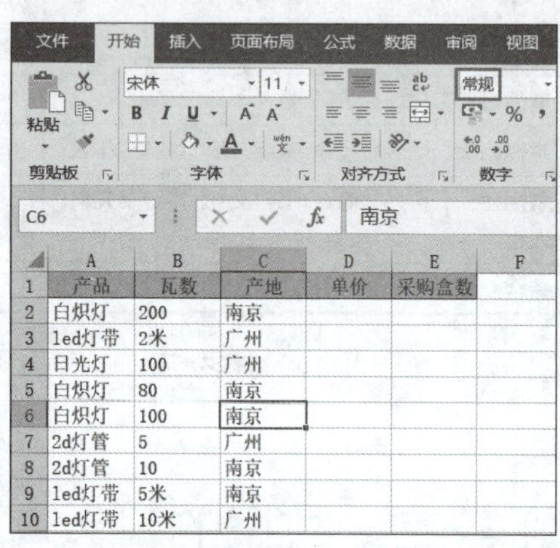

图 2-2-1 “常规”格式

2. 将数据显示为文本格式

Step 01：选中要输入“序号”的单元格区域，切换到“开始”选项卡，在“数字”组中单击“数字格式”设置框右侧下拉按钮，在下拉列表中选择“文本”选项，如图 2-2-2 所示。

Step 02：输入以 0 开头的编号即可正确显示，如图 2-2-3 所示。

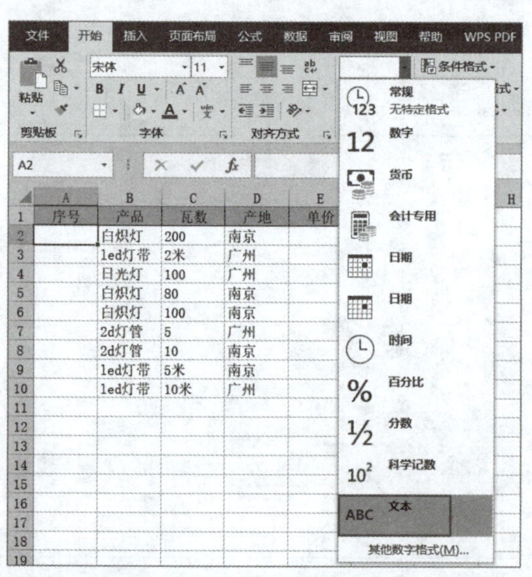

图 2-2-2 “文本”选项

	A	B	C	D
1	序号	产品	瓦数	产地
2	001	白炽灯	200	南京
3	002	led灯带	2米	广州
4	003	日光灯	100	广州
5	004	白炽灯	80	南京
6	005	白炽灯	100	南京
7	006	2d灯管	5	广州
8	007	2d灯管	10	南京
9	008	led灯带	5米	南京
10	009	led灯带	10米	广州

图 2-2-3 输入以 0 开头的编号

3. 输入指定小数位数的数值

Step 01：选中要输入包含 2 位小数数值的单元格区域，在“开始”选项卡的“数字”组中单击“数字格式”设置框右侧下拉按钮，在打开的下拉列表中选择“数字”选项，如图 2-2-4 所示。

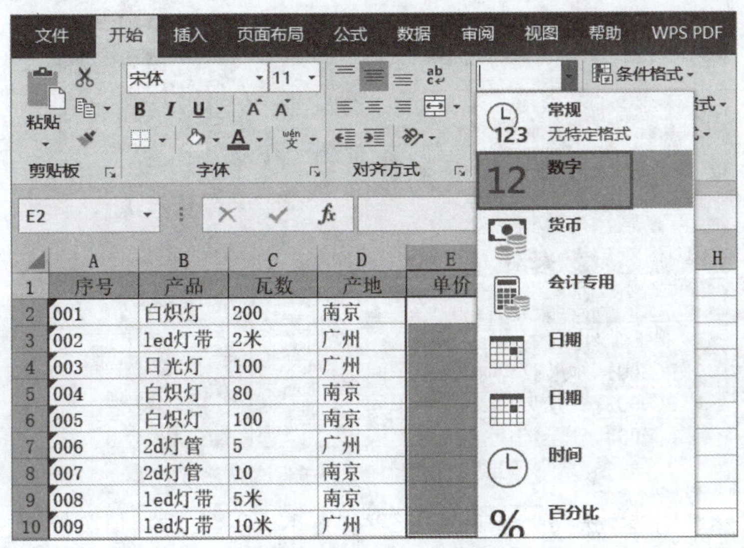

■ 图 2-2-4　“数字”选项

Step 02：在设置了格式的单元格中输入数值时会自动显示为两位小数，如图 2-2-5 所示。

Step 03：如果想对小数位进行增减，可在“数字”组中单击 按钮增加小数位，或单击 按钮减少小数位，如图 2-2-6 所示。

序号	产品	瓦数	产地	单价	采购
001	白炽灯	200	南京	4.50	
002	led灯带	2米	广州	12.80	
003	日光灯	100	广州	8.20	
004	白炽灯	80	南京	2.00	
005	白炽灯	100	南京	3.00	
006	2d灯管	5	广州	12.50	
007	2d灯管	10	南京	18.20	
008	led灯带	5米	南京	22.00	
009	led灯带	10米	广州	36.50	

■ 图 2-2-5　自动显示为两位小数

E2　4.5

	A	B	C	D	E	F
1	序号	产品	瓦数	产地	单价	采购金
2	001	白炽灯	200	南京	4.500	
3	002	led灯带	2米	广州	12.800	
4	003	日光灯	100	广州	8.200	
5	004	白炽灯	80	南京	2.000	
6	005	白炽灯	100	南京	3.000	
7	006	2d灯管	5	广州	12.500	
8	007	2d灯管	10	南京	18.200	
9	008	led灯带	5米	南京	22.000	
10	009	led灯带	10米	广州	36.500	

■ 图 2-2-6　小数位变化

4. 输入货币数值

Step 01：打开工作表，选中想显示为货币格式的数据区域，切换到“开始”选项卡，在“数字”组中单击对话框启动器按钮，如图 2-2-7 所示，弹出“设置单元格格式”对话框。

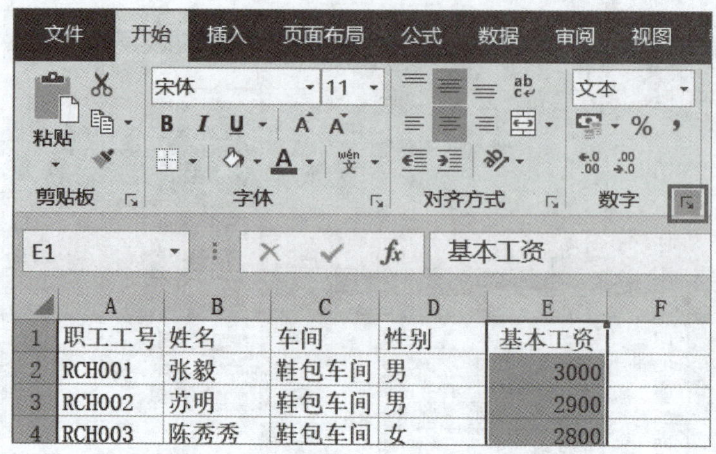

■ 图 2-2-7　“数字”组对话框启动器按钮

Step 02：在“分类”列表中选择“货币”选项，并设置小数位数，选择货币符号的样式，如图 2-2-8 所示。

Step 03：单击“确定”按钮，选中单元格区域的数值格式则更改为货币格式，如图 2-2-9 所示。

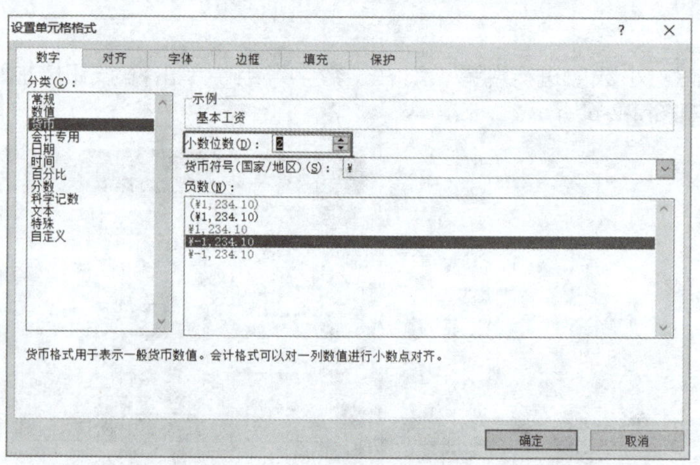

■ 图 2-2-8　“设置单元格格式”对话框

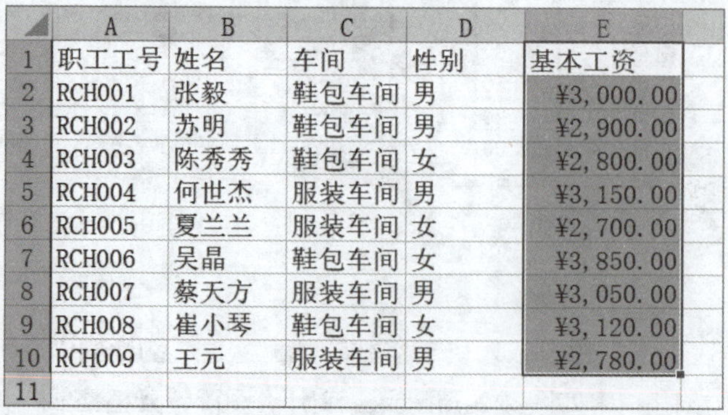

	A	B	C	D	E
1	职工工号	姓名	车间	性别	基本工资
2	RCH001	张毅	鞋包车间	男	¥3,000.00
3	RCH002	苏明	鞋包车间	男	¥2,900.00
4	RCH003	陈秀秀	鞋包车间	女	¥2,800.00
5	RCH004	何世杰	服装车间	男	¥3,150.00
6	RCH005	夏兰兰	服装车间	女	¥2,700.00
7	RCH006	吴晶	鞋包车间	女	¥3,850.00
8	RCH007	蔡天方	服装车间	男	¥3,050.00
9	RCH008	崔小琴	鞋包车间	女	¥3,120.00
10	RCH009	王元	服装车间	男	¥2,780.00
11					

■ 图 2-2-9　更改为货币格式

5. 输入百分比数值

Step 01：选中要输入百分比数值的单元格区域或选中已经存在数据且希望其显示为百分比格式的单元格区域，在“开始”选项卡的“数字”组中单击对话框启动器按钮，如图 2-2-10 所示。

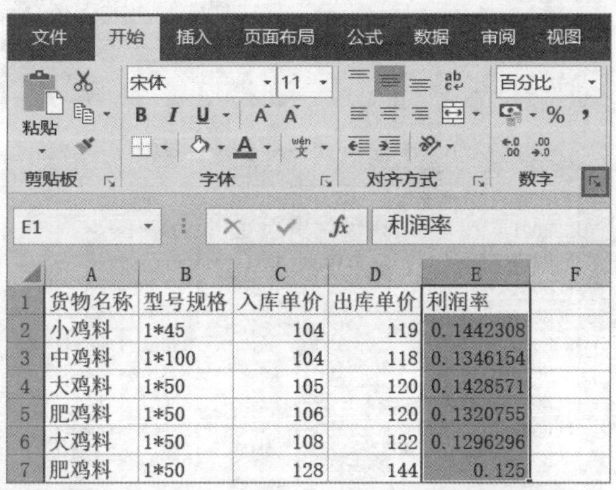

	A	B	C	D	E
1	货物名称	型号规格	入库单价	出库单价	利润率
2	小鸡料	1*45	104	119	0.1442308
3	中鸡料	1*100	104	118	0.1346154
4	大鸡料	1*50	105	120	0.1428571
5	肥鸡料	1*50	106	120	0.1320755
6	大鸡料	1*50	108	122	0.1296296
7	肥鸡料	1*50	128	144	0.125

■ 图 2-2-10　“数字”组对话框启动器按钮

Step 02：打开“设置单元格格式”对话框，在“分类”列表中选择“百分比”选项，然后根据实际需要设置小数的位数，如图 2-2-11 所示。

Step 03：单击“确定”按钮，可以看到选中的单元格区域中的数据显示为百分比值且包含 3 位小数，如图 2-2-12 所示。

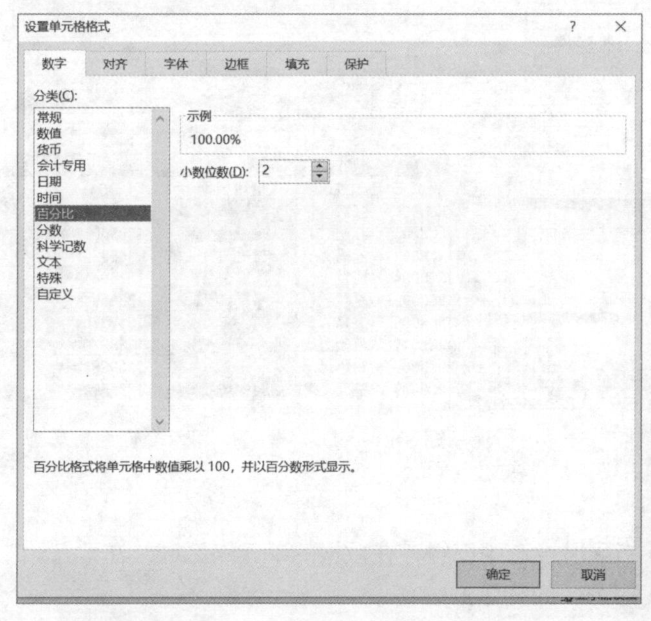

	A	B	C	D	E
1	货物名称	型号规格	入库单价	出库单价	利润率
2	小鸡料	1*45	104	119	14.423%
3	中鸡料	1*100	104	118	13.462%
4	大鸡料	1*50	105	120	14.286%
5	肥鸡料	1*50	106	120	13.208%
6	大鸡料	1*50	108	122	12.963%
7	肥鸡料	1*50	128	144	12.500%

■ 图 2-2-11　“设置单元格格式”对话框　　■ 图 2-2-12　数据显示为百分比值且包含 3 位小数

6. 输入日期

Step 01：选中需要输入日期数值的单元格区域或选中已经存在数据的单元格区域，在“开始”

选项卡的“数字”组中单击对话框启动器按钮 ，如图 2-2-13 所示。

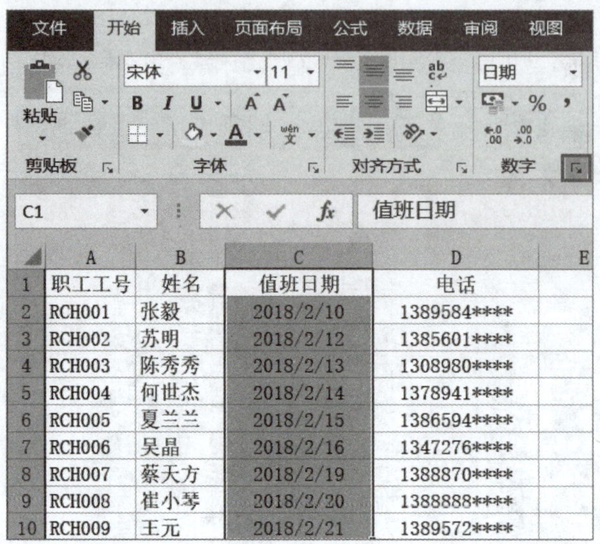

	A	B	C	D
1	职工工号	姓名	值班日期	电话
2	RCH001	张毅	2018/2/10	1389584****
3	RCH002	苏明	2018/2/12	1385601****
4	RCH003	陈秀秀	2018/2/13	1308980****
5	RCH004	何世杰	2018/2/14	1378941****
6	RCH005	夏兰兰	2018/2/15	1386594****
7	RCH006	吴晶	2018/2/16	1347276****
8	RCH007	蔡天方	2018/2/19	1388870****
9	RCH008	崔小琴	2018/2/20	1388888****
10	RCH009	王元	2018/2/21	1389572****

■ 图 2-2-13 “数字”组对话框启动器按钮

Step 02：打开“设置单元格格式”对话框，在“分类”列表中单击“日期”选项，然后根据实际需要设置日期格式为“14-Mar-01”，如图 2-2-14 所示。

Step 03：单击“确定”按钮，则选中的单元格区域数值格式更改为指定日期格式，如图 2-2-15 所示。

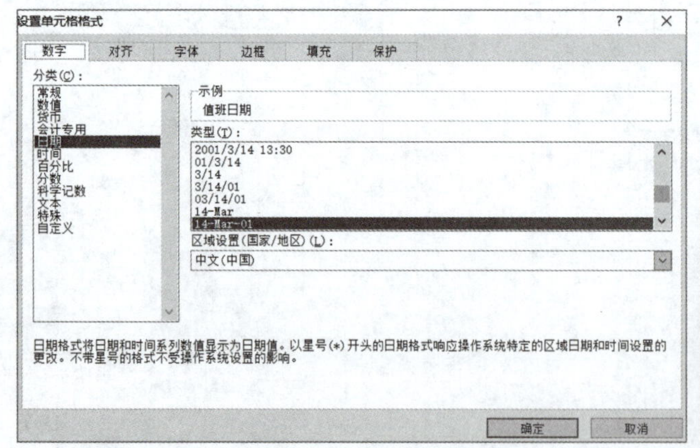

■ 图 2-2-14 根据实际需要设置日期格式

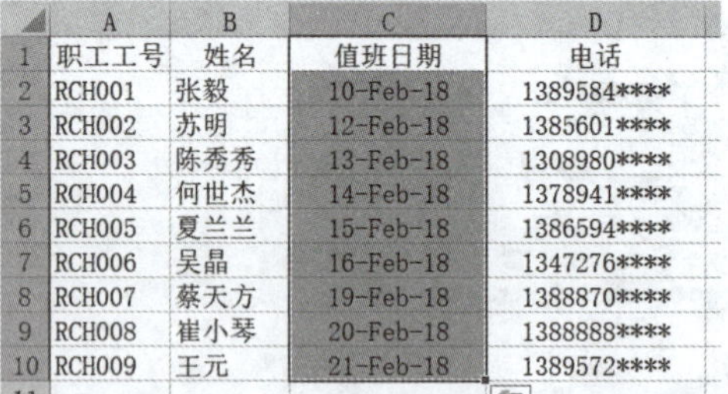

	A	B	C	D
1	职工工号	姓名	值班日期	电话
2	RCH001	张毅	10-Feb-18	1389584****
3	RCH002	苏明	12-Feb-18	1385601****
4	RCH003	陈秀秀	13-Feb-18	1308980****
5	RCH004	何世杰	14-Feb-18	1378941****
6	RCH005	夏兰兰	15-Feb-18	1386594****
7	RCH006	吴晶	16-Feb-18	1347276****
8	RCH007	蔡天方	19-Feb-18	1388870****
9	RCH008	崔小琴	20-Feb-18	1388888****
10	RCH009	王元	21-Feb-18	1389572****

■ 图 2-2-15 指定日期格式显示效果

7. 输入时间

Step 01：选中需要输入时间数值的单元格区域或选中已经存在数据的单元格区域，在“开始”选项卡的“数字”组中单击对话框启动器按钮 ，如图 2-2-16 所示。

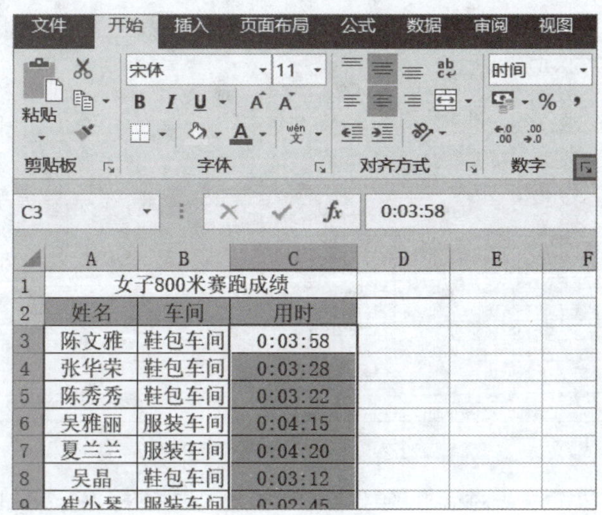

■ 图 2-2-16　“数字”组对话框启动器按钮

Step 02：打开“设置单元格格式”对话框，在“分类”列表中单击“时间”选项，然后根据实际需要设置时间样式为“13 时 30 分 55 秒”，如图 2-2-17 所示。

Step 03：单击“确定”按钮，就可以看到选中的单元格区域中的数据显示为指定时间格式，如图 2-2-18 所示。

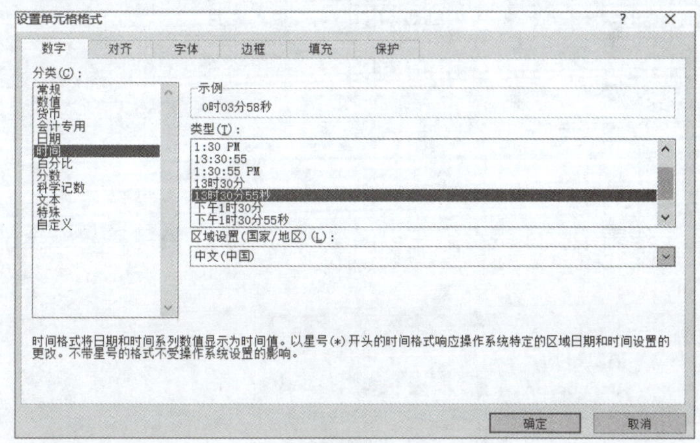

■ 图 2-2-17　根据实际需要设置时间样式

	A	B	C
1	女子800米赛跑成绩		
2	姓名	车间	用时
3	陈文雅	鞋包车间	0时03分58秒
4	张华荣	鞋包车间	0时03分28秒
5	陈秀秀	鞋包车间	0时03分22秒
6	吴雅丽	服装车间	0时04分15秒
7	夏兰兰	服装车间	0时04分20秒
8	吴晶	鞋包车间	0时03分12秒
9	崔小琴	服装车间	0时02分45秒

■ 图 2-2-18　指定时间格式显示效果

8. 输入特殊符号

Step 01：将光标定位到要插入特殊符号的电话号码前，在“插入”选项卡的“符号”组单击“符号”按钮，如图 2-2-19 所示。

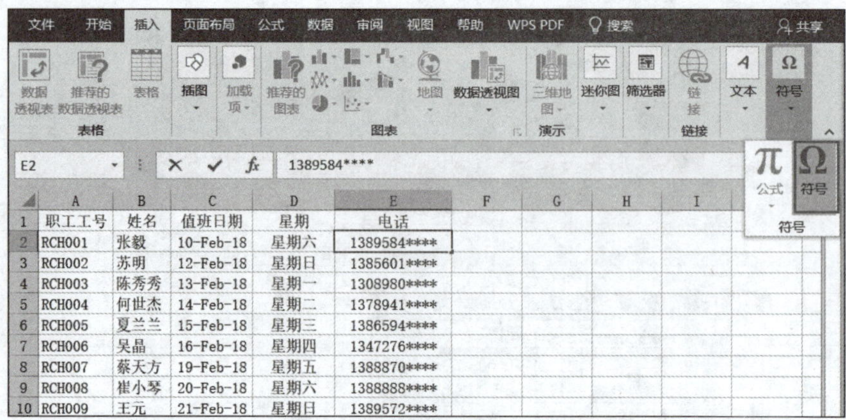

	A	B	C	D	E
1	职工工号	姓名	值班日期	星期	电话
2	RCH001	张毅	10-Feb-18	星期六	1389584****
3	RCH002	苏明	12-Feb-18	星期日	1385601****
4	RCH003	陈秀秀	13-Feb-18	星期一	1308980****
5	RCH004	何世杰	14-Feb-18	星期二	1378941****
6	RCH005	夏兰兰	15-Feb-18	星期三	1386594****
7	RCH006	吴晶	16-Feb-18	星期四	1347276****
8	RCH007	蔡天方	19-Feb-18	星期五	1388870****
9	RCH008	崔小琴	20-Feb-18	星期六	1388888****
10	RCH009	王元	21-Feb-18	星期日	1389572****

■ 图 2-2-19 “符号”按钮

Step 02：在打开的“符号”对话框的“字体”设置框中选择 Wingdings，拖动右侧滑块找到需要添加的特殊符号并单击，如图 2-2-20 所示。

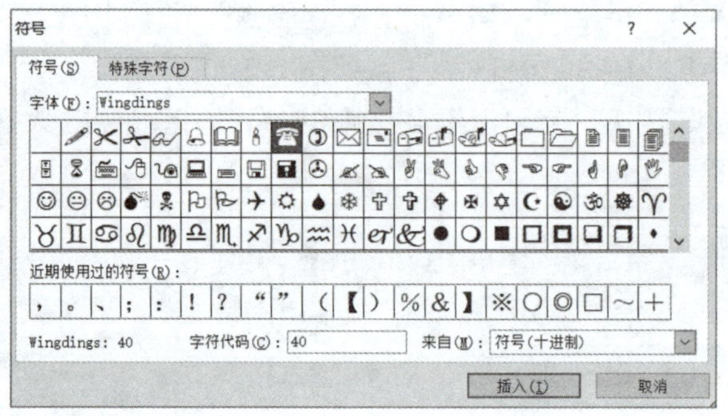

■ 图 2-2-20 “符号”对话框

Step 03：单击“插入”按钮，返回工作表中，即可看到在电话号码前添加了特殊符号，全部添加后效果如图 2-2-21 所示。

	A	B	C	D	E
1	职工工号	姓名	值班日期	星期	电话
2	RCH001	张毅	10-Feb-18	星期六	☎1389584****
3	RCH002	苏明	11-Feb-18	星期日	☎1385601****
4	RCH003	陈秀秀	12-Feb-18	星期一	☎1308980****
5	RCH004	何世杰	13-Feb-18	星期二	☎1378941****
6	RCH005	夏兰兰	14-Feb-18	星期三	☎1386594****
7	RCH006	吴晶	15-Feb-18	星期四	☎1347276****
8	RCH007	蔡天方	16-Feb-18	星期五	☎1388870****
9	RCH008	崔小琴	17-Feb-18	星期六	☎1388888****
10	RCH009	王元	18-Feb-18	星期日	☎1389572****

■ 图 2-2-21 在电话号码前添加了特殊符号

二、批量输入数据

1. 连续单元格中填充相同数据

Step 01：输入首个数据，如本例中在 C5 单元格中输入“策划部”，鼠标指针指向 C5 单元格，右下角出现黑色“+”符号，如图 2-2-22 所示。

Step 02：按住鼠标左键不放向下拖动到目标位置，如图 2-2-23 所示。

	A	B	C
1	日期	工作安排	负责人员
2	2018/1/3	安排面试人员笔试	人事部门
3	2018/1/4	面试	人事部门
4	2018/1/5	员工分部门专业培训	各部门
5	2018/1/9	制动活动方案	策划部
6	2018/1/10	活动方案的审核	
7	2018/1/11	活动阶段性准备	
8	2018/1/12	活动阶段性准备	
9	2018/1/13	活动阶段性准备	
10	2018/1/16	活动阶段性执行	全体人员

■ 图 2-2-22　单元格右下角黑色“+”符号

	A	B	C	D
1	日期	工作安排	负责人员	
2	2018/1/3	安排面试人员笔试	人事部门	
3	2018/1/4	面试	人事部门	
4	2018/1/5	员工分部门专业培训	各部门	
5	2018/1/9	制动活动方案	策划部	
6	2018/1/10	活动方案的审核		
7	2018/1/11	活动阶段性准备		
8	2018/1/12	活动阶段性准备		
9	2018/1/13	活动阶段性准备		
10	2018/1/16	活动阶段性执行	全体人员	策划部
11				

■ 图 2-2-23　按住鼠标左键不放向下拖动到目标位置

Step 03：释放鼠标即可实现数据填充，如图 2-2-24 所示。

注意：当数据过多时，鼠标指针指向C5单元格右下角出现黑色“+”符号时，双击，完成自动填充。

	A	B	C
1	日期	工作安排	负责人员
2	2018/1/3	安排面试人员笔试	人事部门
3	2018/1/4	面试	人事部门
4	2018/1/5	员工分部门专业培训	各部门
5	2018/1/9	制动活动方案	策划部
6	2018/1/10	活动方案的审核	策划部
7	2018/1/11	活动阶段性准备	策划部
8	2018/1/12	活动阶段性准备	策划部
9	2018/1/13	活动阶段性准备	策划部
10	2018/1/16	活动阶段性执行	全体人员
11			

■ 图 2-2-24　实现数据填充

2. 连续序号的填充

Step 01：在 A3 单元格中输入“001”。选中 A3 单元格，将光标指向 A3 单元格右下角，出现黑色“+”符号。

Step 02：按住鼠标左键不放，向下拖动至目标单元格，如图 2-2-25 所示。

Step 03：释放鼠标，拖动过的位置即会完成序号的填充，如图 2-2-26 所示。

	A	B	C	D
1	女子800米赛跑成绩			
2	编号	姓名	车间	用时
3	001	陈文雅	鞋包车间	0时03分58秒
4		张华荣	鞋包车间	0时03分28秒
5		陈秀秀	鞋包车间	0时03分22秒
6		吴雅丽	服装车间	0时04分15秒
7		夏兰兰	服装车间	0时04分20秒
8		吴晶	鞋包车间	0时03分12秒
9		崔小琴	服装车间	0时02分45秒
10		007		

■ 图 2-2-25　向下拖动至目标单元格

	A	B	C	D
1	女子800米赛跑成绩			
2	编号	姓名	车间	用时
3	001	陈文雅	鞋包车间	0时03分58秒
4	002	张华荣	鞋包车间	0时03分28秒
5	003	陈秀秀	鞋包车间	0时03分22秒
6	004	吴雅丽	服装车间	0时04分15秒
7	005	夏兰兰	服装车间	0时04分20秒
8	006	吴晶	鞋包车间	0时03分12秒
9	007	崔小琴	服装车间	0时02分45秒
10				

■ 图 2-2-26　完成序号填充

3. 不连续序号的填充

Step 01：在 A3 和 A4 单元格中输入“001”和“003”，如图 2-2-27 所示。选中 A3:A4 单元格，将光标移至该单元格区域的右下角，出现黑色“+”符号。

Step 02：按住鼠标左键不放，向下拖动至目标单元格，如图 2-2-28 所示。

	A	B	C	D
1	女子800米赛跑成绩			
2	编号	姓名	车间	用时
3	001	陈文雅	鞋包车间	0时03分58秒
4	003	张华荣	鞋包车间	0时03分28秒
5		陈秀秀	鞋包车间	0时03分22秒
6		吴雅丽	服装车间	0时04分15秒
7		夏兰兰	服装车间	0时04分20秒
8		吴晶	鞋包车间	0时03分12秒
9		崔小琴	服装车间	0时02分45秒

■ 图 2-2-27　输入“001”和“003”

	A	B	C	D
1	女子800米赛跑成绩			
2	编号	姓名	车间	用时
3	001	文雅	鞋包车间	0时03分58秒
4	003	张华荣	鞋包车间	0时03分28秒
5		秀秀	鞋包车间	0时03分22秒
6		吴雅丽	服装车间	0时04分15秒
7		夏兰兰	服装车间	0时04分20秒
8		吴晶	鞋包车间	0时03分12秒
9		013小琴	服装车间	0时02分45秒

■ 图 2-2-28　向下拖动至目标单元格

Step 03：释放鼠标，拖动过的位置上即会以 2 为间隔显示，如图 2-2-29 所示。

	A	B	C	D
1	女子800米赛跑成绩			
2	编号	姓名	车间	用时
3	001	陈文雅	鞋包车间	0时03分58秒
4	003	张华荣	鞋包车间	0时03分28秒
5	005	陈秀秀	鞋包车间	0时03分22秒
6	007	吴雅丽	服装车间	0时04分15秒
7	009	夏兰兰	服装车间	0时04分20秒
8	011	吴晶	鞋包车间	0时03分12秒
9	013	崔小琴	服装车间	0时02分45秒
10				

■ 图 2-2-29　以 2 为间隔显示

4. 填充工作日期

Step 01：在 C2 单元格右下角，当光标变成黑色“+”形状时，按住鼠标左键不放，向下拖动至目标单元格，按住鼠标向下拖动，如图 2-2-30 所示，到合适的位置释放鼠标即可看到日期递增序列。

	A	B	C	D
1	职工工号	姓名	值班日期	电话
2	RCH001	张毅	10-Feb-18	☎1389584****
3	RCH002	苏明		☎1385601****
4	RCH003	陈秀秀		☎1308980****
5	RCH004	何世杰		☎1378941****
6	RCH005	夏兰兰		☎1386594****
7	RCH006	吴晶		☎1347276****
8	RCH007	蔡天方		☎1388870****
9	RCH008	崔小琴		☎1388888****
10	RCH009	王元		☎1389572****
11				18-Feb-18

■ 图 2-2-30　按住鼠标向下拖动

Step 02：单击“自动填充选项”按钮，在下拉列表中选择“填充工作日”命令，如图 2-2-31 所示，即可按照工作日日期填充，如图 2-2-32 所示。

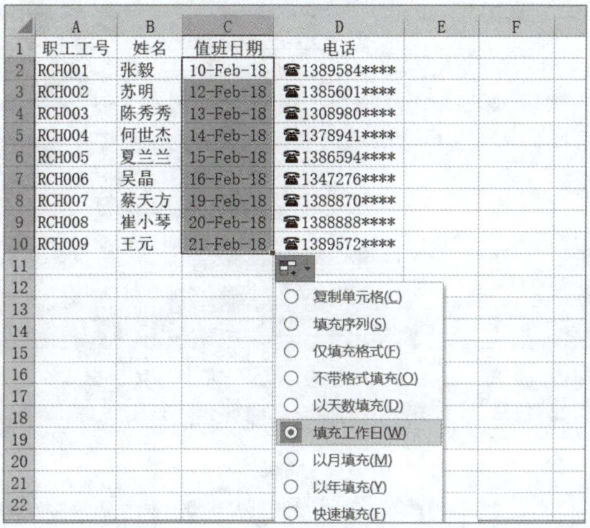

	A	B	C	D	E	F
1	职工工号	姓名	值班日期	电话		
2	RCH001	张毅	10-Feb-18	☎1389584****		
3	RCH002	苏明	12-Feb-18	☎1385601****		
4	RCH003	陈秀秀	13-Feb-18	☎1308980****		
5	RCH004	何世杰	14-Feb-18	☎1378941****		
6	RCH005	夏兰兰	15-Feb-18	☎1386594****		
7	RCH006	吴晶	16-Feb-18	☎1347276****		
8	RCH007	蔡天方	19-Feb-18	☎1388870****		
9	RCH008	崔小琴	20-Feb-18	☎1388888****		
10	RCH009	王元	21-Feb-18	☎1389572****		

复制单元格(C)
填充序列(S)
仅填充格式(F)
不带格式填充(O)
以天数填充(D)
填充工作日(W)
以月填充(M)
以年填充(Y)
快速填充(F)

■ 图 2-2-31　“填充工作日”命令

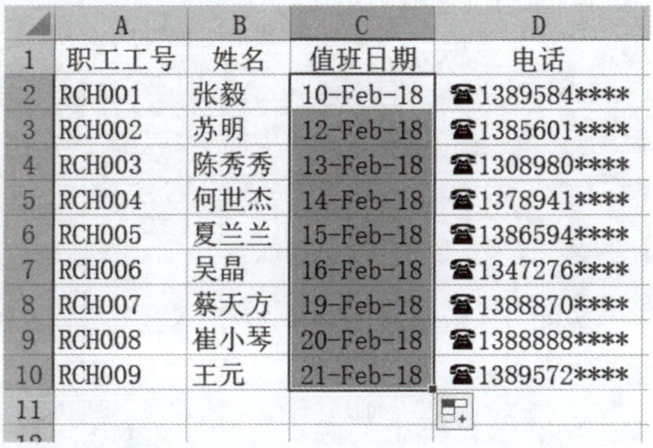

	A	B	C	D
1	职工工号	姓名	值班日期	电话
2	RCH001	张毅	10-Feb-18	☎1389584****
3	RCH002	苏明	12-Feb-18	☎1385601****
4	RCH003	陈秀秀	13-Feb-18	☎1308980****
5	RCH004	何世杰	14-Feb-18	☎1378941****
6	RCH005	夏兰兰	15-Feb-18	☎1386594****
7	RCH006	吴晶	16-Feb-18	☎1347276****
8	RCH007	蔡天方	19-Feb-18	☎1388870****
9	RCH008	崔小琴	20-Feb-18	☎1388888****
10	RCH009	王元	21-Feb-18	☎1389572****

■ 图 2-2-32　按照工作日日期填充效果

5. 从文本文件中导入数据

Step 01：在“数据”选项卡的“获取和转换数据”组中单击“从文本 /CSV”按钮，如图 2-2-33 所示。

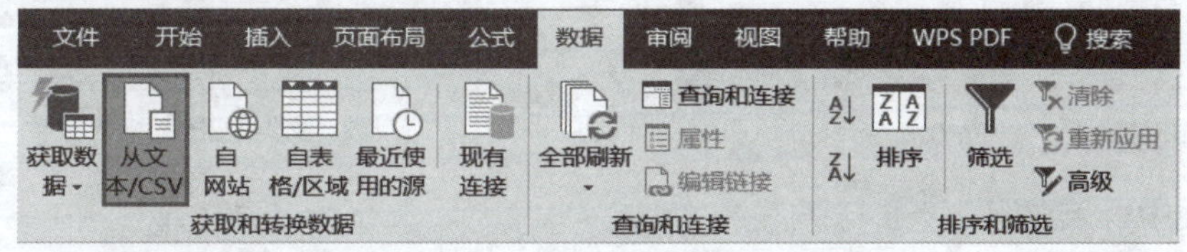

■ 图 2-2-33　“从文本 /CSV”按钮

Step 02：打开“导入文本文件”对话框，在计算机上找到需要导入的文件所在位置，如图 2-2-34 所示。

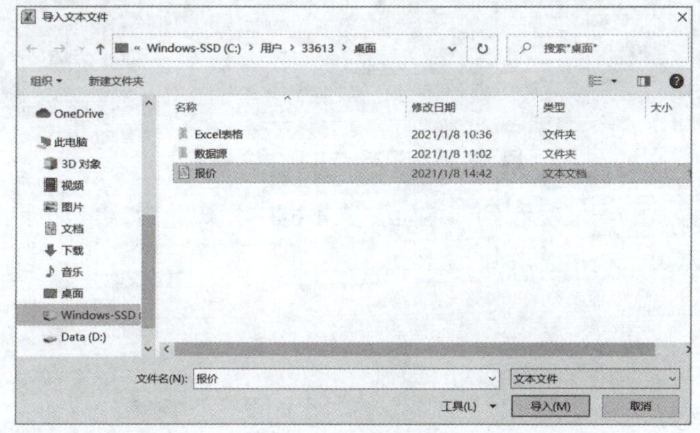

■ 图 2-2-34　“导入文本文件”对话框

Step 03：单击“导入”按钮，打开“文本导入向导”对话框，保持默认选项，如图 2-2-35 所示。

Step 04：单击“下一步”按钮，选中“空格”复选框，如图 2-2-36 所示。

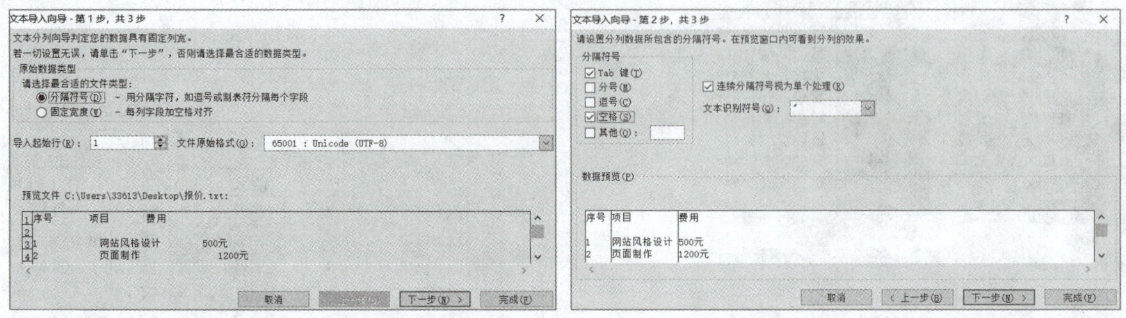

■ 图 2-2-35　“文本导入向导”对话框（1）　■ 图 2-2-36　“文本导入向导”对话框（2）

Step 05：单击“完成”按钮，打开“导入数据”对话框，系统默认数据的放置位置为 A1 单元格，如图 2-2-37 所示。

Step 06：单击“确定”按钮，即可看到将文本文件的内容导入到工作表指定位置，效果如图 2-2-38 所示。

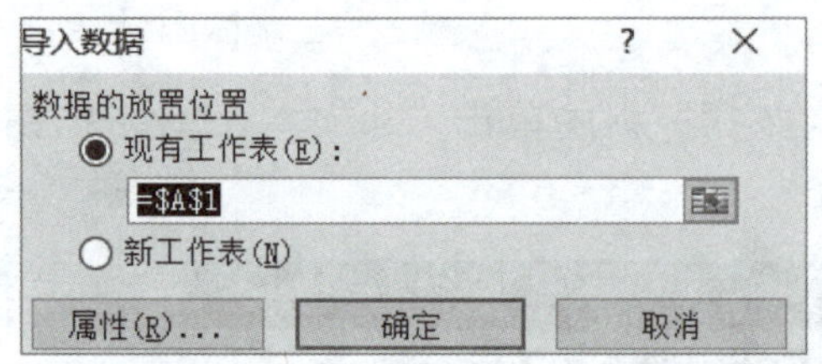

■ 图 2-2-37　“导入数据”对话框

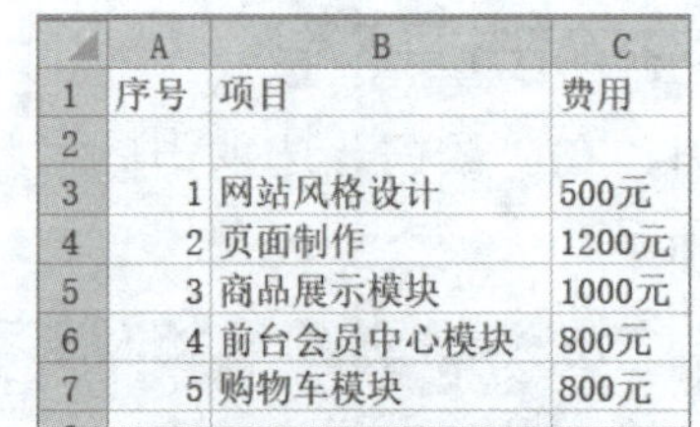

	A	B	C
1	序号	项目	费用
2			
3	1	网站风格设计	500元
4	2	页面制作	1200元
5	3	商品展示模块	1000元
6	4	前台会员中心模块	800元
7	5	购物车模块	800元

■ 图 2-2-38　导入效果

6. 从网页中导入数据

Step 01：在“数据”选项卡的“获取外部数据源”组单击“自网站”按钮，如图 2-2-39 所示，打开“新建 Web 查询”对话框。

■ 图 2-2-39　“自网站”按钮

Step 02：将需要导入的网址复制到“地址”文本框中，如图 2-2-40 所示，单击“导入”按钮，即可打开需要导入的网页。

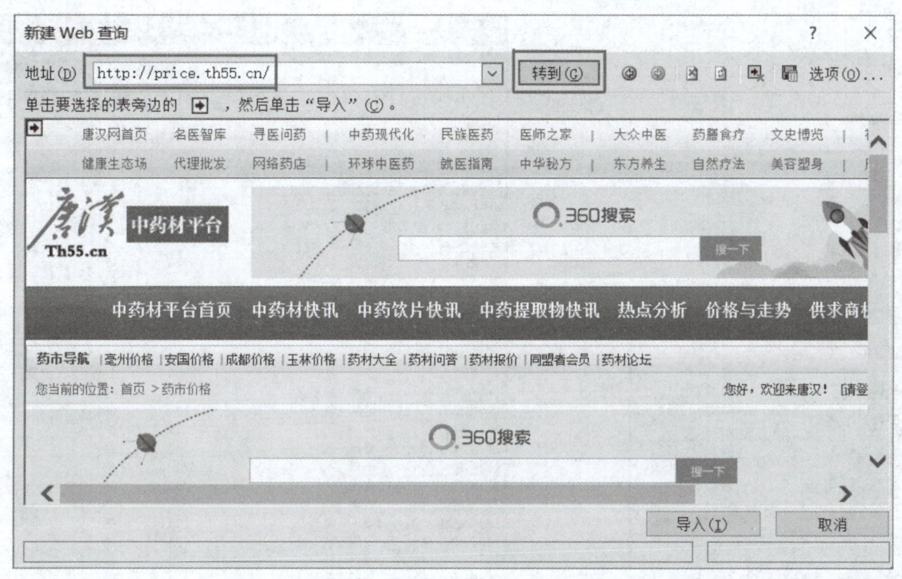

■ 图 2-2-40　“地址”文本框

Step 03：单击需要导入数据前的按钮，使其更改为按钮，表示选中了这部分数据，如图 2-2-41 所示。

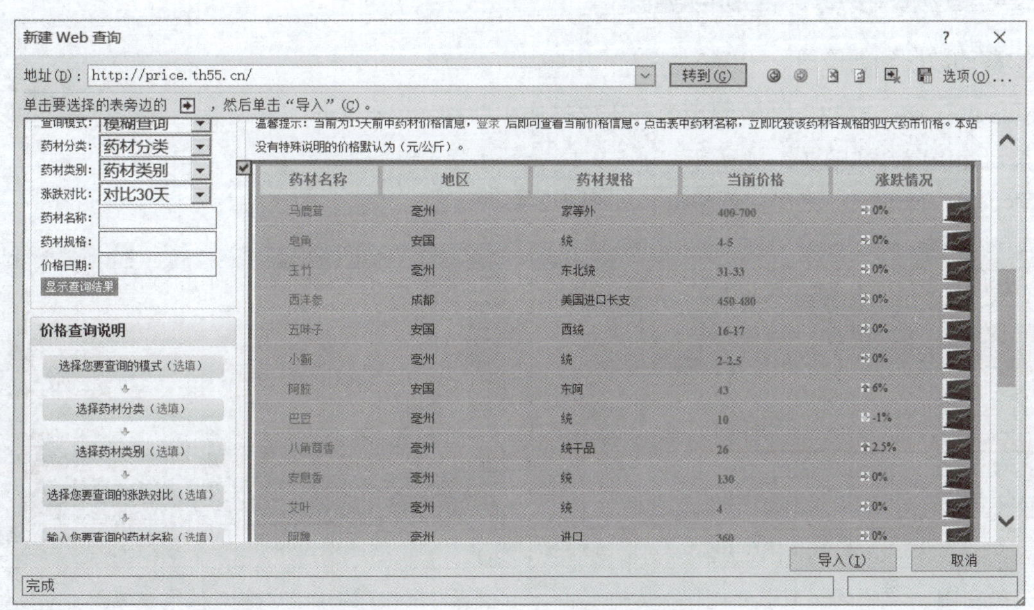

■ 图 2-2-41　选中部分数据

Step 04：单击“导入”按钮，打开“导入数据”对话框，如图 2-2-42 所示，选中“新工作表”单选按钮。

Step 05：单击“确定”按钮，即可将网站中的数据导入 Excel 表格，导入后效果如图 2-2-43 所示。

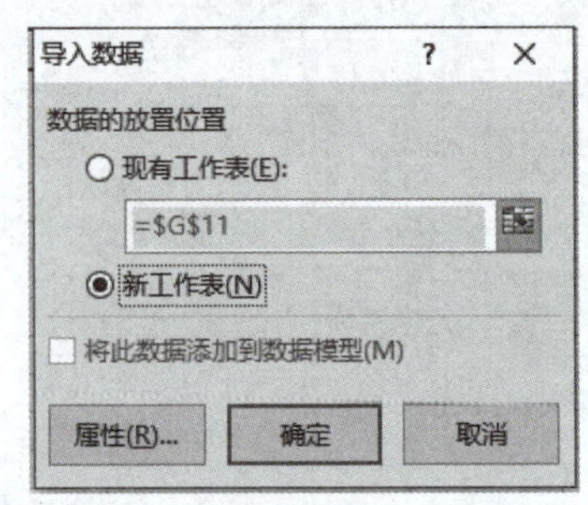

图 2-2-42 “导入数据”对话框

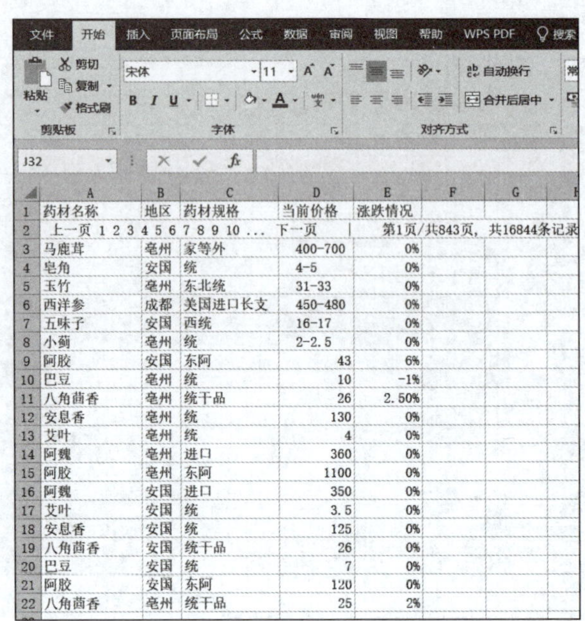

	A	B	C	D	E	F	G
1	药材名称	地区	药材规格	当前价格	涨跌情况		
2	上一页 1 2 3 4 5 6 7 8 9 10 ... 下一页 |				第1页/共843页，共16844条记录		
3	马鹿茸	亳州	家等外	400-700	0%		
4	皂角	安国	统	4-5	0%		
5	玉竹	亳州	东北统	31-33	0%		
6	西洋参	成都	美国进口长支	450-480	0%		
7	五味子	安国	西统	16-17	0%		
8	小蓟	亳州	统	2-2.5	0%		
9	阿胶	安国	东阿	43	6%		
10	巴豆	亳州	统	10	-1%		
11	八角茴香	亳州	统干品	26	2.50%		
12	安息香	亳州	统	130	0%		
13	艾叶	亳州	统	4	0%		
14	阿魏	亳州	进口	360	0%		
15	阿胶	亳州	东阿	1100	0%		
16	阿魏	安国	进口	350	0%		
17	艾叶	安国	统	3.5	0%		
18	安息香	安国	统	125	0%		
19	八角茴香	安国	统干品	26	0%		
20	巴豆	安国	统	7	0%		
21	阿胶	安国	东阿	120	0%		
22	八角茴香	亳州	统干品	25	2%		

图 2-2-43 导入后效果

三、数据的移动、复制与删除

1. 移动数据到新位置

Step 01：选中需要移动数据的单元格区域，当鼠标指针变为四头箭头时，按住鼠标左键不放拖动至目标位置，如图 2-2-44 所示。

Step 02：释放鼠标即可实现移动，如图 2-2-45 所示。

	A	B	C	D	E	F
1	货物名称	型号规格	入库单价	出库单价	利润率	
2	小鸡料	1*45	104	119	14.423%	
3	中鸡料	1*100	104	118	13.462%	
4	大鸡料	1*50	105	120	14.286%	
5	肥鸡料	1*50	106	120	13.208%	
6	大鸡料	1*50	108	122	12.963%	
7	肥鸡料	1*50	128	144	12.500%	
8						
9						
10						
11			A8:E10			

图 2-2-44 选中单元格区域

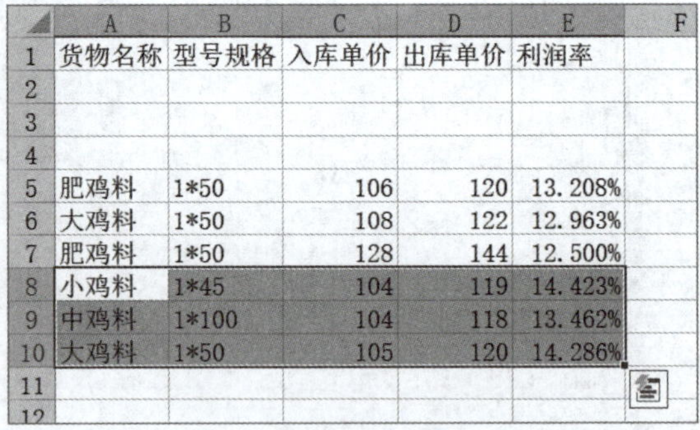

	A	B	C	D	E	F
1	货物名称	型号规格	入库单价	出库单价	利润率	
2						
3						
4						
5	肥鸡料	1*50	106	120	13.208%	
6	大鸡料	1*50	108	122	12.963%	
7	肥鸡料	1*50	128	144	12.500%	
8	小鸡料	1*45	104	119	14.423%	
9	中鸡料	1*100	104	118	13.462%	
10	大鸡料	1*50	105	120	14.286%	
11						
12						

图 2-2-45 实现移动

2. 调换两列数据

Step 01：选中 B1:B7 单元格区域并右击，在弹出的快捷菜单中选择“剪切”命令，如图 2-2-46 所示。

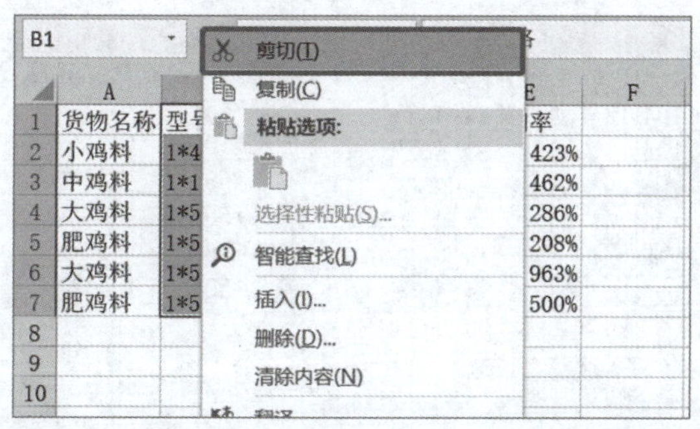

■ 图 2-2-46　“剪切”命令

Step 02：选中 A1:A7 单元格区域并右击，在弹出的快捷菜单中选择“插入剪切的单元格”命令，如图 2-2-47 所示，即可将 B1:B7 单元格区域移动到 A1:A7 单元格区域，如图 2-2-48 所示。

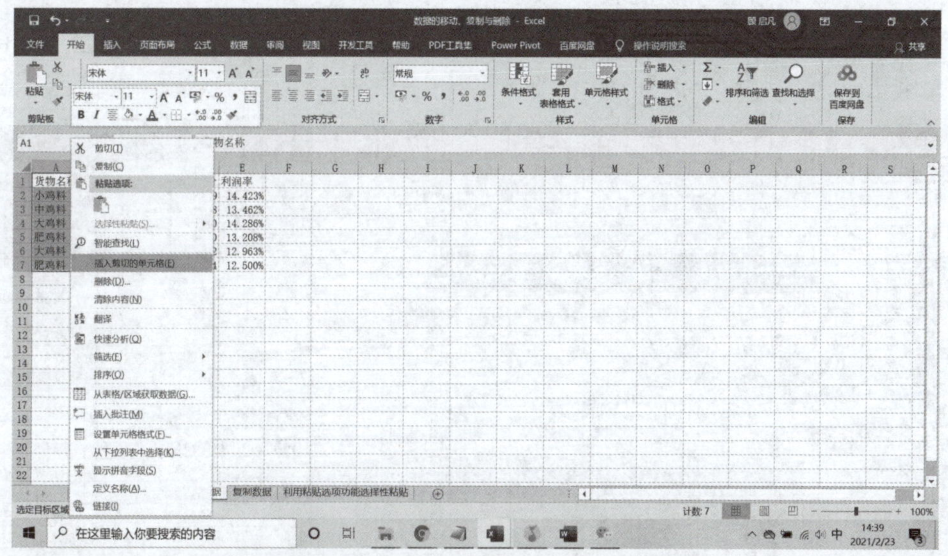

■ 图 2-2-47　“插入剪切的单元格”命令

	A	B	C	D	E
1	型号规格	货物名称	入库单价	出库单价	利润率
2	1*45	小鸡料	104	119	14.423%
3	1*100	中鸡料	104	118	13.462%
4	1*50	大鸡料	105	120	14.286%
5	1*50	肥鸡料	106	120	13.208%
6	1*50	大鸡料	108	122	12.963%
7	1*50	肥鸡料	128	144	12.500%
8					

■ 图 2-2-48　移动单元格区域

3. 复制数据

Step 01：选中 C2 单元格，按【Ctrl+C】组合键复制数据。

Step 02：按【Ctrl】键依次选中 C4、C6、C7 单元格，按【Ctrl+V】组合键即可粘贴 C2 单元格内容到选中单元格中，如图 2-2-49 所示，结果如图 2-2-50 所示。

	A	B	C	D	E
1	型号规格	货物名称	入库单价	出库单价	利润率
2	1*45	小鸡料	104	119	14.423%
3	1*100	中鸡料	104	118	13.462%
4	1*50	大鸡料	105	120	14.286%
5	1*50	肥鸡料	106	120	13.208%
6	1*50	大鸡料	108	122	12.963%
7	1*50	肥鸡料	128	144	12.500%

图 2-2-49　粘贴 C2 单元格内容到选中单元格中

	A	B	C	D	E
1	型号规格	货物名称	入库单价	出库单价	利润率
2	1*45	小鸡料	104	119	14.423%
3	1*100	中鸡料	104	118	13.462%
4	1*50	大鸡料	104	120	14.286%
5	1*50	肥鸡料	106	120	13.208%
6	1*50	大鸡料	104	122	12.963%
7	1*50	肥鸡料	104	144	12.500%

图 2-2-50　粘贴效果

4. 利用粘贴选项功能选择性粘贴

Step 01：选中单元格区域，按【Ctrl+C】组合键复制，选中 A11 单元格，在“开始”选项卡的“剪贴板”组中单击“粘贴”下拉按钮，在下拉列表中显示各个粘贴选项，如图 2-2-51 所示。

Step 02：在列表中单击“值”命令按钮，即可只粘贴原单元格区域的数据而去除所有格式，如图 2-2-52 所示。

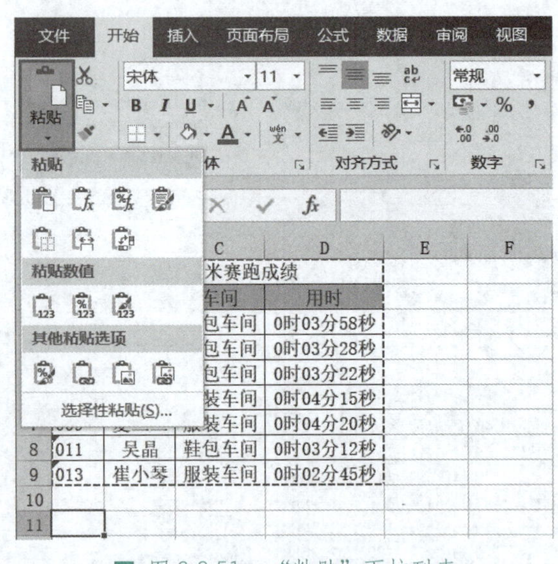

图 2-2-51　“粘贴”下拉列表

图 2-2-52　“值”命令按钮

Step 03：在列表中单击“转置”命令按钮，即可将原数据行列项对调后进行粘贴，如图 2-2-53 所示。

Step 04：在列表中单击单击“格式”命令按钮，即可只粘贴原数据的格式，如图 2-2-54 所示。

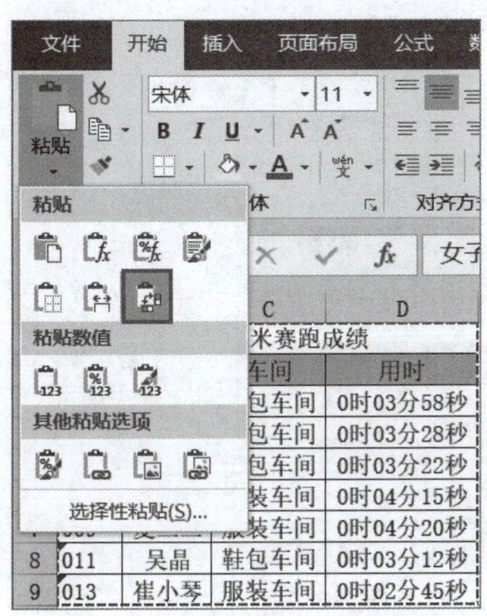

图 2-2-53　“转置”命令按钮

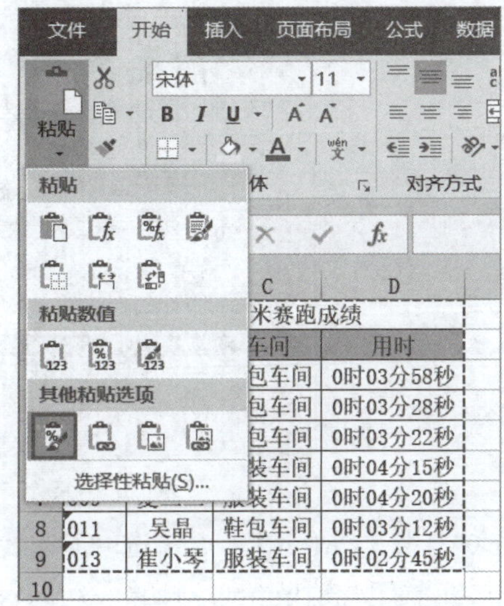

图 2-2-54　“格式”命令按钮

5. 清除数据

Step 01：打开工作表，选中想要删除的内容。

Step 02：右击，在弹出的快捷菜单中选择“清除内容”命令即可，如图 2-2-55 所示，结果如图 2-2-56 所示。

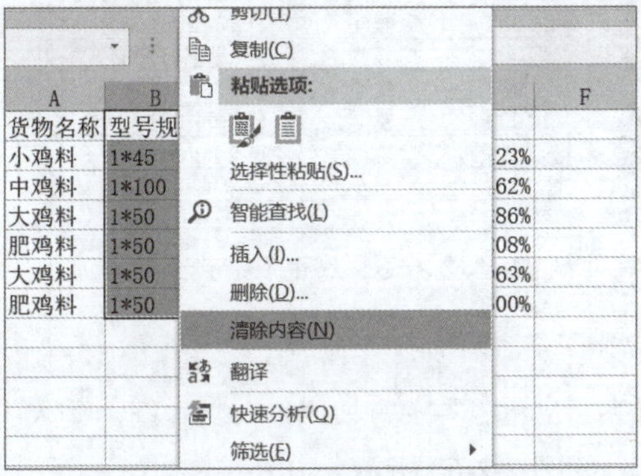

图 2-2-55　“清除内容”命令

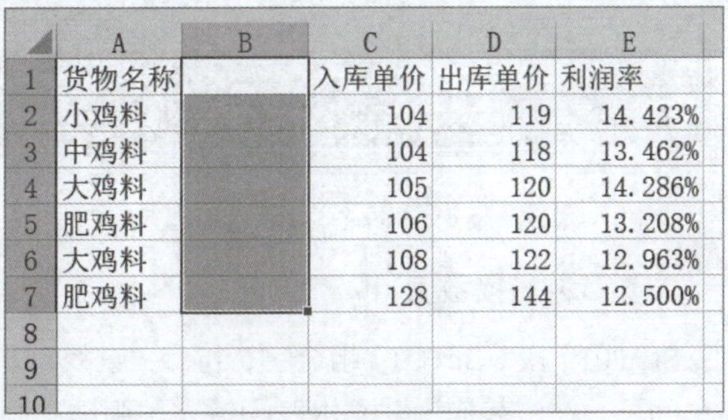

	A	B	C	D	E
1	货物名称		入库单价	出库单价	利润率
2	小鸡料		104	119	14.423%
3	中鸡料		104	118	13.462%
4	大鸡料		105	120	14.286%
5	肥鸡料		106	120	13.208%
6	大鸡料		108	122	12.963%
7	肥鸡料		128	144	12.500%
8					
9					
10					

图 2-2-56　清除结果

注意：如要删除或清除行与列，只需选中行与列右击，选择“删除”或“清除内容”命令即可。

四、查找与替换数据

1. 表格数据的查找

Step 01：打开工作表，在“开始”选项卡的“编辑”组中单击“查找和选择”下拉按钮，在下拉列表中选择“查找”命令（【Ctrl+F】组合键），打开“查找和替换”对话框。在“查找内容”文本框中输入“鞋包车间”，单击“查找全部”按钮，如图 2-2-57 所示。

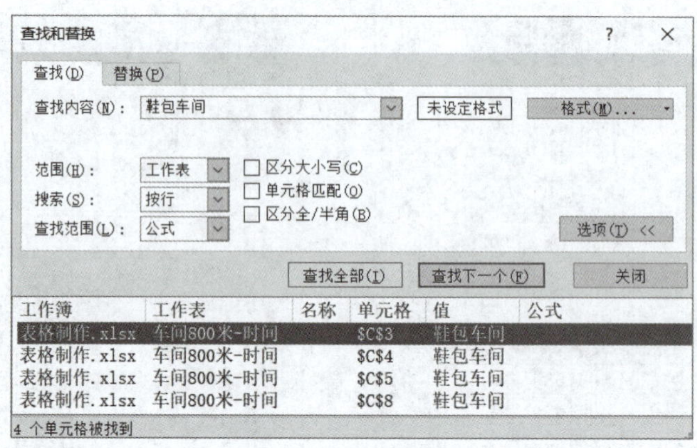

■ 图 2-2-57 “查找和替换”对话框

Step 02：按【Ctrl+A】组合键选中所有找到的选项，如图 2-2-58 所示。

Step 03：关闭“查找全部”对话框，可以看到工作表中所有找到的单元格都被选中，如图 2-2-59 所示。

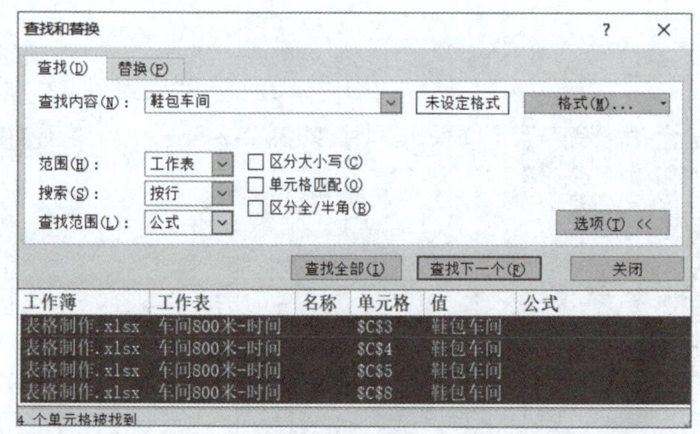

■ 图 2-2-58 全选找到的选项

	A	B	C	D
1	女子800米赛跑成绩			
2	编号	姓名	车间	用时
3	001	陈文雅	鞋包车间	0时03分58秒
4	003	张华荣	鞋包车间	0时03分28秒
5	005	陈秀秀	鞋包车间	0时03分22秒
6	007	吴雅丽	服装车间	0时04分15秒
7	009	夏兰兰	服装车间	0时04分20秒
8	011	吴晶	鞋包车间	0时03分12秒
9	013	崔小琴	服装车间	0时02分45秒
10				

■ 图 2-2-59 选中所有找到的单元格

2. 查找并替换数据

Step 01：按【Ctrl+H】组合键，打开“查找和替换”对话框，在“查找内容”文本框中输入“鞋包车间”，在“替换为”文本框中输入“服装车间”，如图 2-2-60 所示。

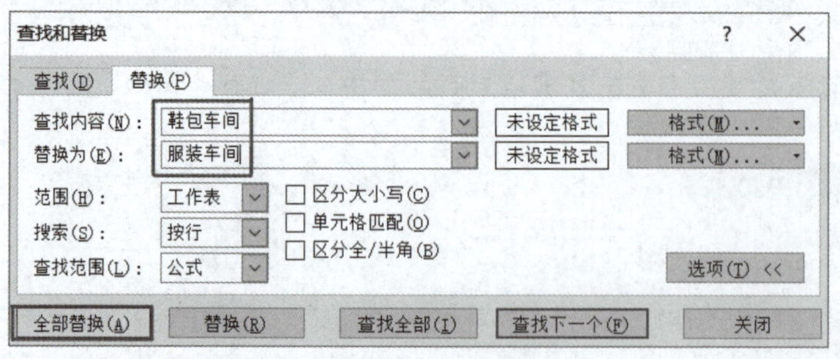

■ 图 2-2-60 “查找和替换”对话框

Step 02：单击“全部替换”按钮，即可弹出提示对话框，提示已完成 4 处替换，如图 2-2-61 所示。

Step 03：单击“确定”按钮，替换后结果如图 2-2-62 所示。

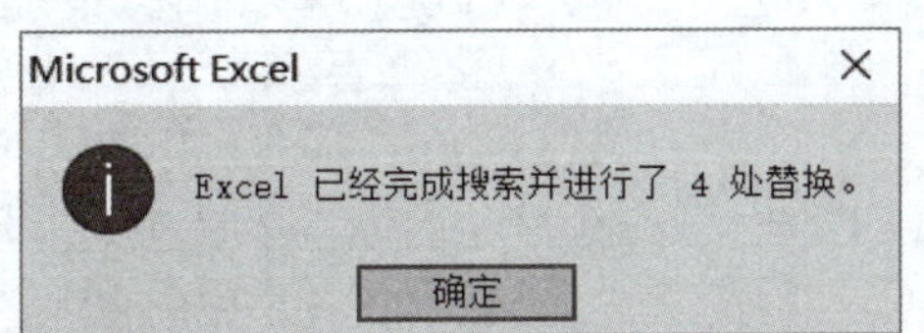

■ 图 2-2-61　提示已完成 4 处替换

	A	B	C	D
1	女子800米赛跑成绩			
2	编号	姓名	车间	用时
3	001	陈文雅	服装车间	0时03分58秒
4	003	张华荣	服装车间	0时03分28秒
5	005	陈秀秀	服装车间	0时03分22秒
6	007	吴雅丽	服装车间	0时04分15秒
7	009	夏兰兰	服装车间	0时04分20秒
8	011	吴晶	服装车间	0时03分12秒
9	013	崔小琴	服装车间	0时02分45秒

■ 图 2-2-62　替换后结果

3. 替换数据的同时设置特殊格式

Step 01：按【Ctrl+H】组合键，打开“查找和替换”对话框，并单击“选项”按钮展开对话框。在“查找内容”文本框中输入“鞋包车间”，在“替换为”文本框中输入“服装车间”，单击“替换为”设置框右侧的“格式”下拉按钮，在下拉列表中选择“格式”命令，如图 2-2-63 所示。

注意：如未找到“格式”，请先单击“选项”，展开“选项”后即可。

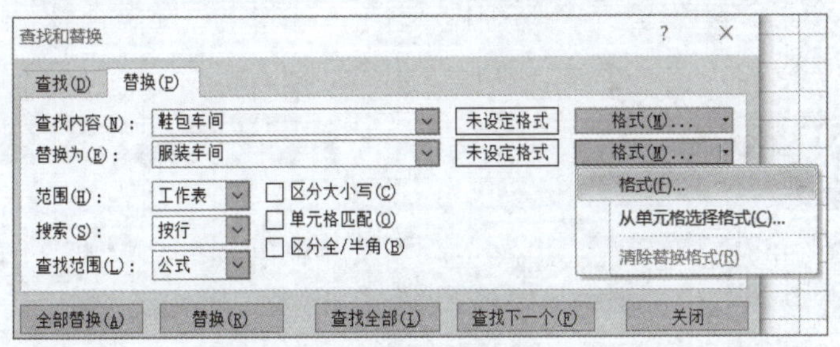

■ 图 2-2-63　选择“格式”命令

Step 02：打开“替换格式”对话框，单击“字体”选项卡，在“字形”列表框中选择“加粗”，然后单击“颜色”下拉按钮，在下拉列表中选择“红色”，如图 2-2-64 所示。

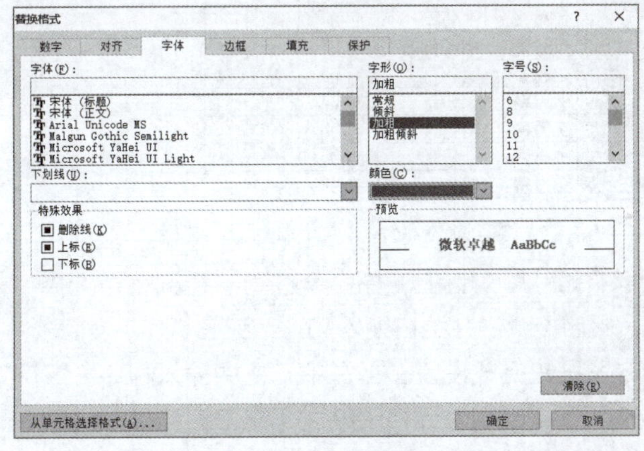

■ 图 2-2-64　“替换格式”对话框

Step 03：设置完成后单击“确定”按钮，返回“查找和替换”对话框，即可在“预览”区域中查看设置的格式，如图 2-2-65 所示。

Step 04：单击“全部替换”按钮，即可在替换内容的同时为单元格数据设置红色、加粗格式，如图 2-2-66 所示。

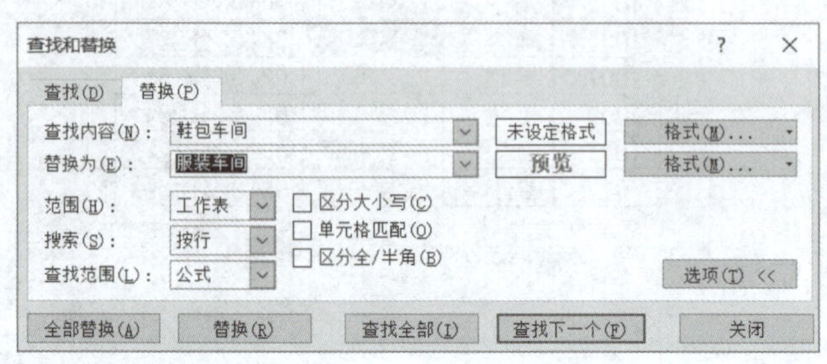

■ 图 2-2-65　在“预览”区域中查看设置的格式

	A	B	C	D
1	女子800米赛跑成绩			
2	编号	姓名	车间	用时
3	001	陈文雅	服装车间	0时03分58秒
4	003	张华荣	服装车间	0时03分28秒
5	005	陈秀秀	服装车间	0时03分22秒
6	007	吴雅丽	服装车间	0时04分15秒
7	009	夏兰兰	服装车间	0时04分20秒
8	011	吴晶	服装车间	0时03分12秒
9	013	崔小琴	服装车间	0时02分45秒
10				

■ 图 2-2-66　为单元格数据设置格式

技能拓展

1. 日期有效验证

Step 01：打开工作表，选中单元格区域，在“数据”选项卡的“数据工具”组中单击“数据验证”按钮，如图 2-2-67 所示。

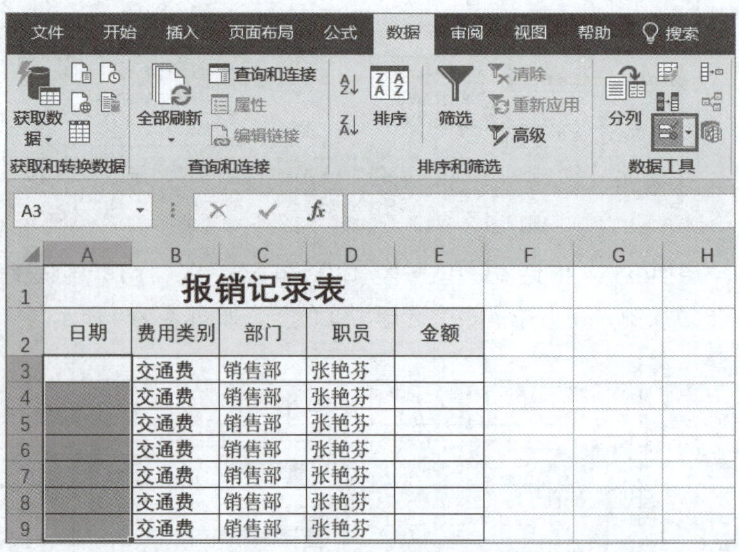

■ 图 2-2-67　“数据验证”按钮

Step 02：打开“数据有效性”对话框，在“允许”下拉列表中选择“日期”，在“数据”下拉列表中选择“介于”，然后设置“开始日期”和“结束日期”，如图 2-2-68 所示。

Step 03：单击“确定”按钮完成设置。当在单元格中输入程序无法识别为日期的数据时会弹出错误提示，如图 2-2-69 所示；当在单元格中输入不在指定区间的日期时也会弹出错误提示，如图 2-2-70 所示。

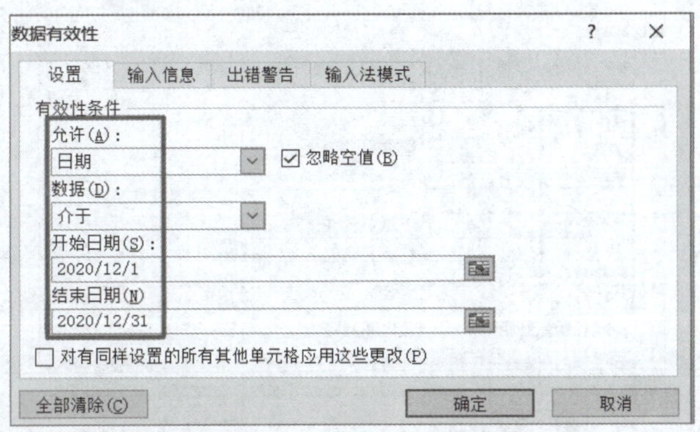

图 2-2-68　“数据有效性”对话框

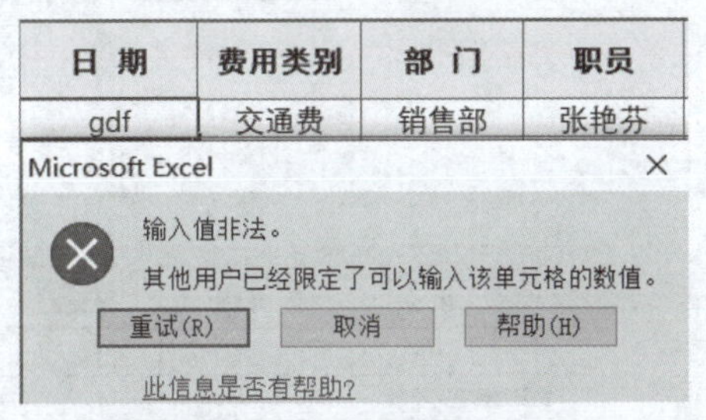

图 2-2-69　错误提示（1）

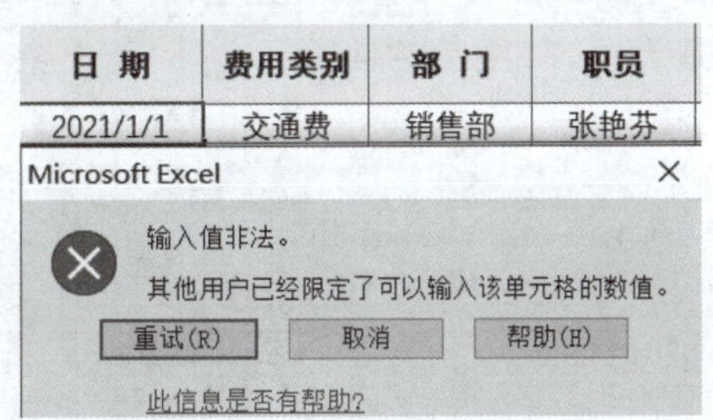

图 2-2-70　错误提示（2）

2. 指定范围的整数有效验证

Step 01：选中单元格区域，在“数据”选项卡的“数据工具”组中单击“数据验证”按钮，如图 2-2-71 所示。

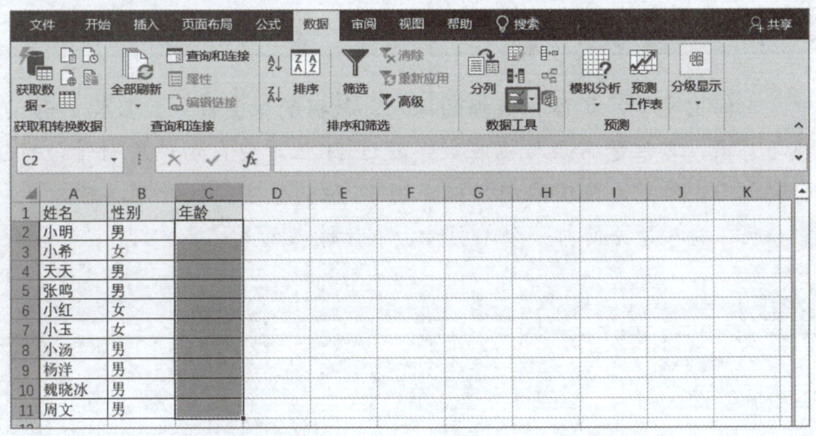

图 2-2-71　“数据验证”按钮

Step 02：打开“数据有效性”对话框，在“允许”下拉列表中选择“整数”，在“数据”下拉列表中选择“介于”，然后设置“最大值”和“最小值”，如图 2-2-72 所示。

Step 03：切换到“出错警告”选项卡，在“标题”文本框中输入警告标题，如图 2-2-73 所示。

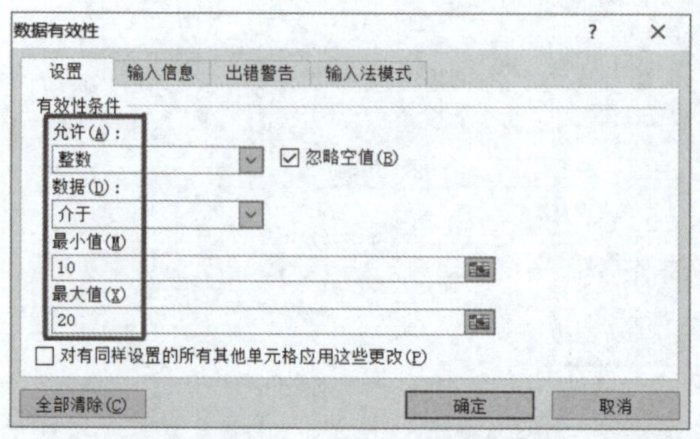

■ 图 2-2-72 “数据有效性”对话框

Step 04：单击“确定”按钮即可。当单元格数据不是介于 10 到 20 之间的整数时，即会弹出警告提示框，如图 2-2-74 所示。

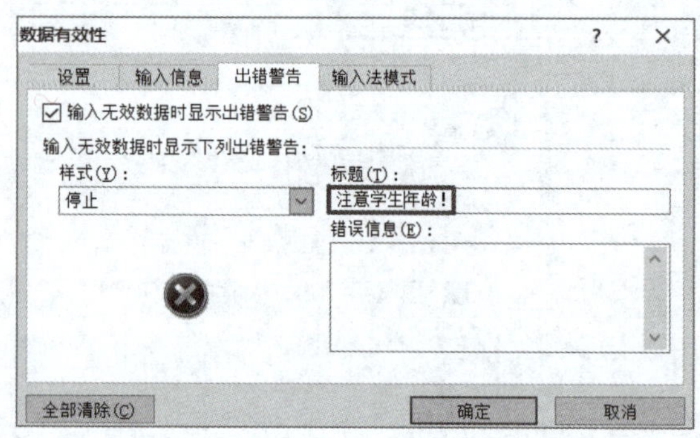

■ 图 2-2-73 “出错警告”选项卡

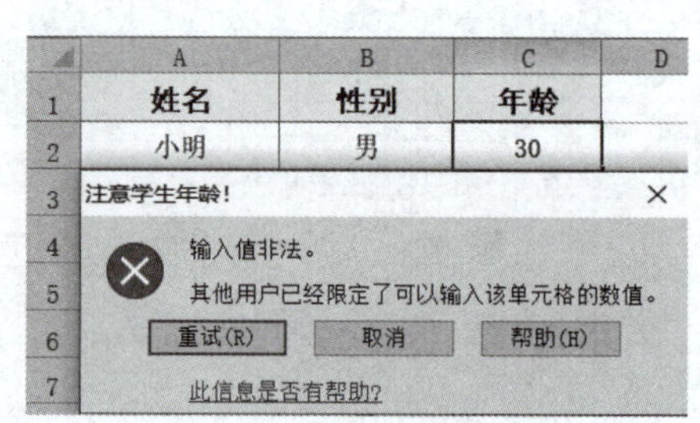

■ 图 2-2-74 警告提示框

任务小结

在本任务中，我们主要学习了各种数据的输入、数据的批量输入、数据的移动、复制与删除以及数据的查找与替换。需注意常规数据在数字超过 11 位时会自动使用科学计数法，超过 15 位时后续数字会自动归 0，改变为数值依旧只能保留 15 位的数字。因此想要输入 15 位以上的数字需使用文本变量，或在输入数据前打一个单引号，表示输入的是文本。

实操演练

目标：订单数据处理

1. 打开“交易数据分析”工作簿，复制后重命名“交易数据”及“旗舰店”数据表。在“交易数据”的复制表内“客户网名”的前一列插入一列“序号”，要求“序号”列从 002 开始以偶数规则进行编号，且要求数据为文本格式。

2. 移动“客户网名”列至销售时间后，在“订单数”中查找查找 0，全部替换成 1。

项目评论

任务评价表					
评 价 内 容		分值等级（评分）			
内容	比重分值	优秀	良好	合格	不合格
会输入及更改文本、数值、日期数据及特殊符号	20 分 -20%	17~20( )	12~16( )	8~11( )	0~7( )
会批量输入有规律的数据	20 分 -20%	17~20( )	12~16( )	8~11( )	0~7( )
会导入外部数据	20 分 -20%	17~20( )	12~16( )	8~11( )	0~7( )
会移动、复制、删除数据	20 分 -20%	17~20( )	12~16( )	8~11( )	0~7( )
会查找、替换数据	20 分 -20%	17~20( )	12~16( )	8~11( )	0~7( )
综合分数（满分 100 分）					

注：括号内填写具体分值。

任务三 表格的美化设置及打印

学习目标

数据展示处理：

- ◆ 会设置表格字体格式与对齐。
- ◆ 会设置边框与底纹。
- ◆ 会插入并编辑图片。
- ◆ 会套用表格格式。
- ◆ 会设置页面。
- ◆ 会设置打印选项。

任务导入

小琳和小庄先前在店铺数据分析表中已经批量输入了序号，并且更改了数据格式，她们现在想要把表格打印出来，方便观察店铺双十一的销售情况。

小琳：“我打印了一份数据，感觉看得头昏眼花怎么办？”

小庄：“唉呀，你怎么都没有设置打印区域、表格边框和底纹，当然看不清楚啦。”

任务实施

一、表格字体与对齐方式设置

1. 设置表格字体

Step 01：选中标题所在单元格，单击“开始”选项卡，在“字体”组中单击“字体”下拉按钮，在下拉列表中选择需要的字体；单击“字号”下拉按钮，在下列表中选择字号；单击“字体颜色”下拉按钮A·，在下拉列表中选择颜色；单击“加粗”按钮B，即可看到设置加粗后的标题，如图 2-3-1 所示。

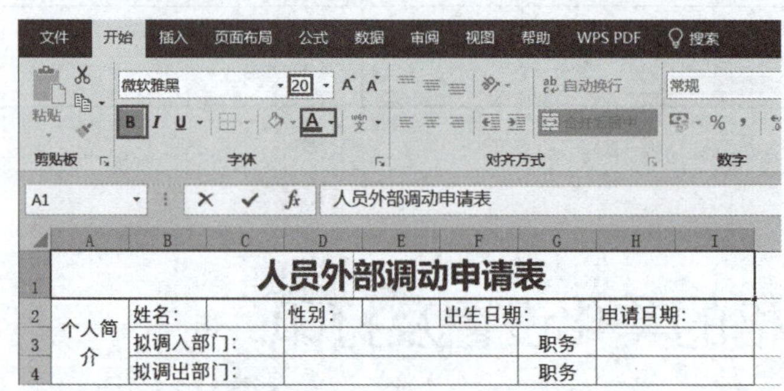

■ 图 2-3-1 “字体”组

2. 横排效果设置

Step 01：选中要重新设置对齐方式的单元格，在“开始”选项卡的“对齐方式”组中可以设置不同的对齐方式。

Step 02：按钮：用于设置水平对齐方式，依次为顶端对齐、垂直居中、底端对齐，输入的数据默认为垂直居中。

Step 03：按钮：用于设置垂直对齐方式，依次为文本左对齐、居中、文本右对齐；如图 2-3-2 所示，选中文本都设置了水平与垂直居中方式。

Step 04：选中单元格，在“方向”按钮下拉列表中选择“逆时针角度”命令，如图 2-3-3 所示，效果如图 2-3-4 所示。

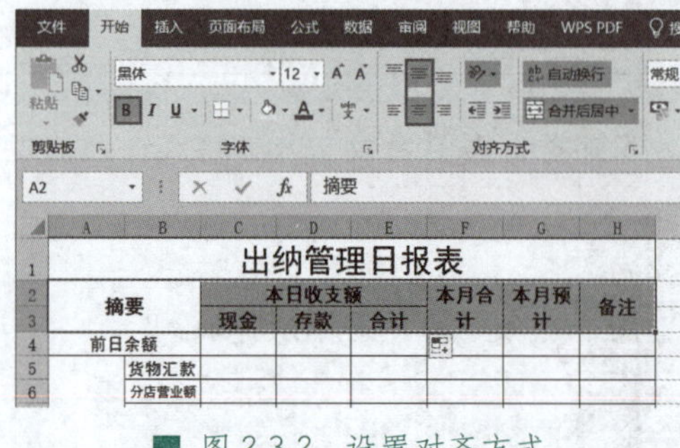

■ 图 2-3-2 设置对齐方式

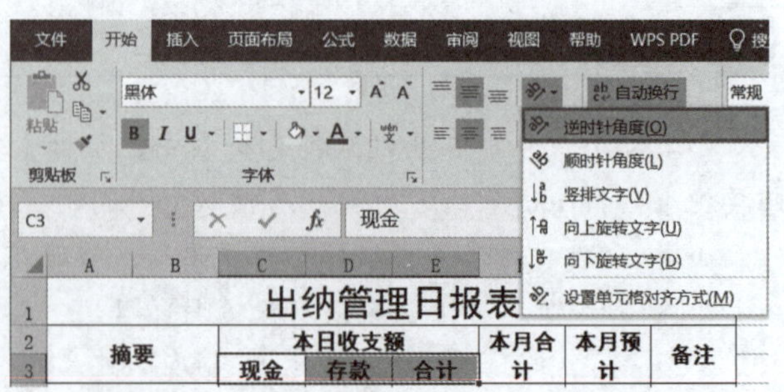

■ 图 2-3-3 “方向”按钮下拉列表

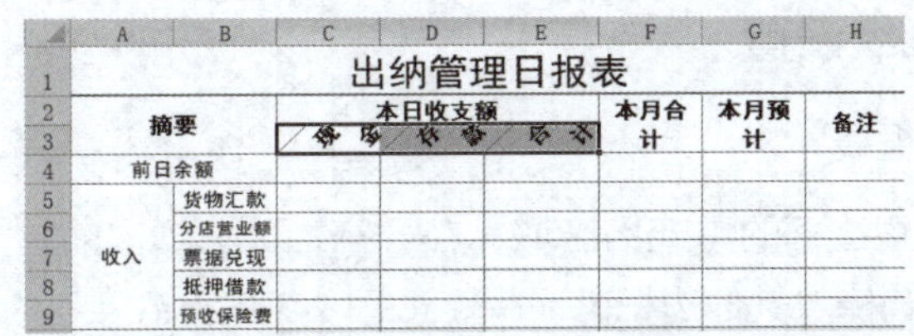

■ 图 2-3-4　方向设置效果

3. 竖排效果设置

Step 01：按住【Ctrl】键，依次选中想显示为竖排文字的数据区域，切换到“开始”选项卡，在“对齐方式”组中单击“方向”按钮右侧下拉按钮，在下拉列表中选择“竖排文字”命令，如图 2-3-5 所示，得到竖排文字效果，如图 2-3-6 所示。

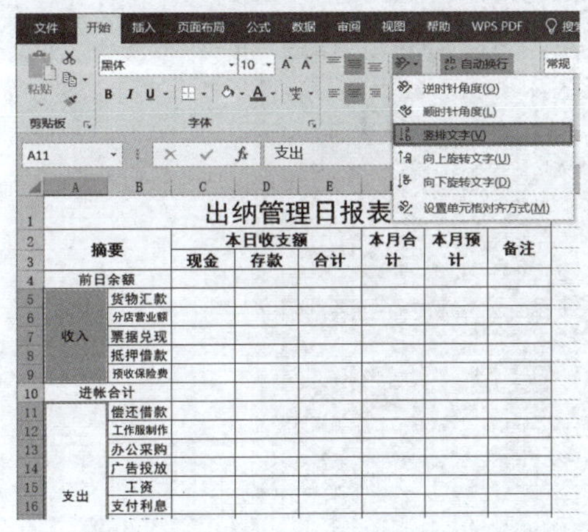

■ 图 2-3-5　“竖排文字”命令

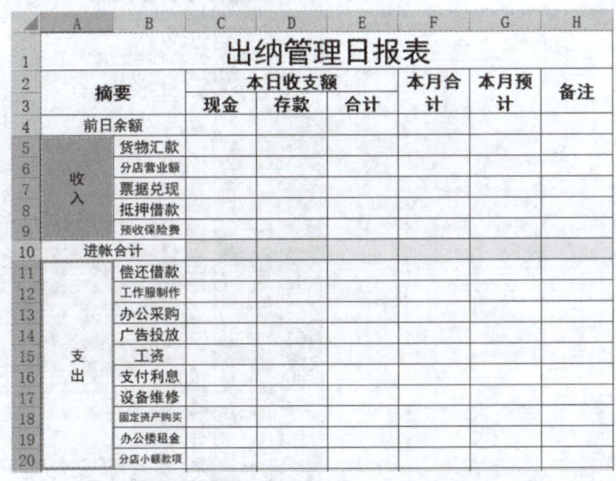

■ 图 2-3-6　竖排文字效果

Step 02：在“开始”选项卡的“对齐方式”组中单击对话框启动器按钮，打开“设置单元格格式”对话框。在“水平对齐”与“垂直对齐”下拉列表中均选择“分散对齐”，然后选中“两端分散对齐”复选框，如图 2-3-7 所示。

Step 03：单击“确定”按钮即可看到两端分散对齐的竖排效果，如图 2-3-8 所示。

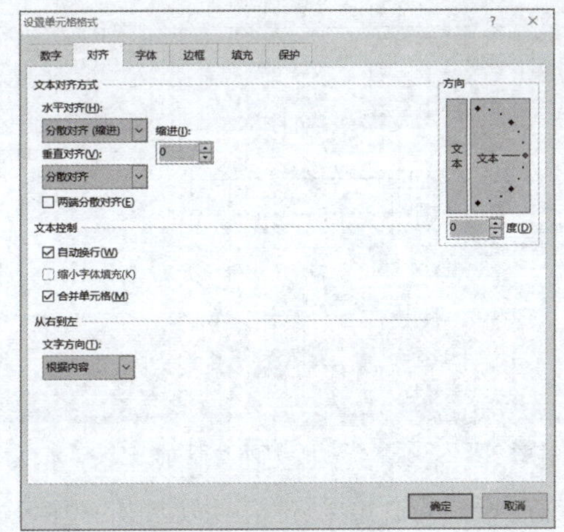

■ 图 2-3-7　“设置单元格格式”对话框

出纳管理日报表							
摘要		本日收支额			本月合计	本月预计	备注
		现金	存款	合计			
前日余额							
收入	货物汇款						
	分店营业额						
	票据兑现						
	抵押借款						
	预收保险费						
进帐合计							
支出	偿还借款						
	工作服制作						
	办公采购						
	广告投放						
	工资						
	支付利息						
	设备维修						
	固定资产购买						
	办公楼租金						
	分店小额款项						
支出合计							

■ 图 2-3-8　两端分散对齐的竖排效果

二、表格边框与底纹设置

1. 设置单元格区域的框线

Step 01：选中需要设置边框的单元格区域，在“开始”选项卡的“字体”组中单击“边框”下拉按钮，在下拉列表中选择“其他边框”命令，如图 2-3-9 所示。

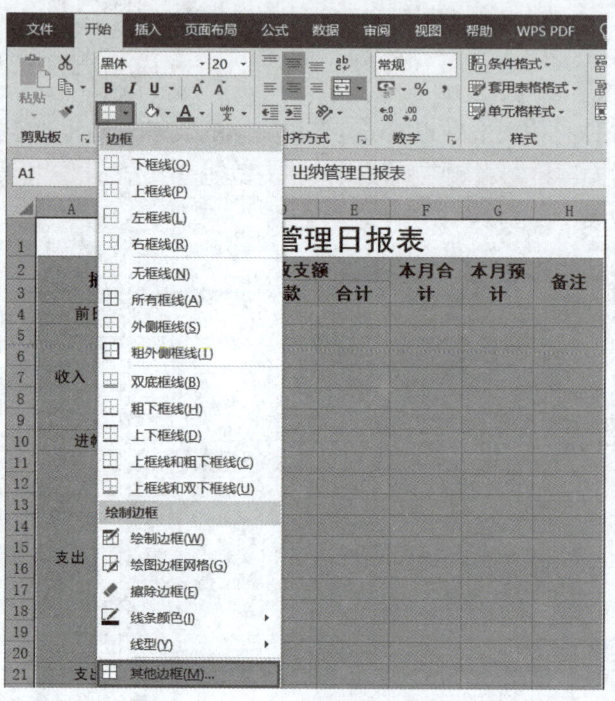

■ 图 2-3-9 “其他边框”命令

Step 02：打开“设置单元格格式”对话框，单击“颜色”下拉按钮，在下拉列表中选择线条颜色，在“样式”列表中选择要应用于内边框的线条样式，然后在“预置”区域单击“内部”，如图 2-3-10 所示；按相同的方式在“样式”列表框中单击要应用于外边框的线条样式，然后在“预置”区域单击“外边框”，如图 2-3-11 所示。

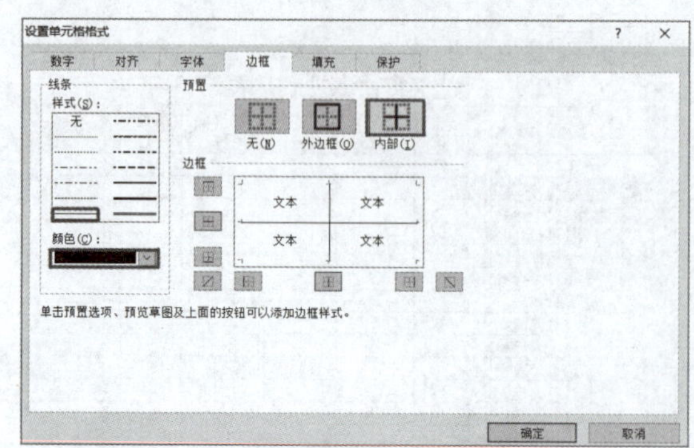

■ 图 2-3-10 应用于内边框的线条样式

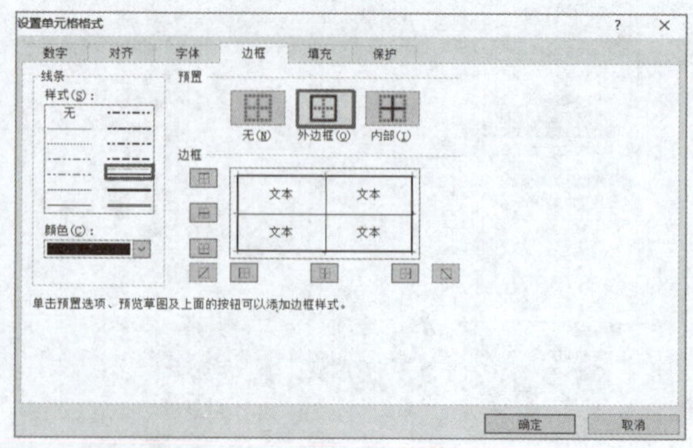

■ 图 2-3-11 应用于外边框的线条样式

Step 03：单击“确定”按钮，返回工作表中，即可看到为选定单元格区域设置的边框效果，

如图 2-3-12 所示。

出纳管理日报表								
摘要		本日收支额			本月合计	本月预计	备注
		金 现	款 存	计 合			
前日余额							
收入	货物汇款						
	分店营业额						
	票据兑现						
	抵押借款						
	预收保险费						
进账合计							
支出	偿还借款						
	工作服制作						
	办公采购						
	广告投放						
	工资						
	支付利息						
	设备维修						
	固定资产购买						
	办公楼租金						
	分店小额款项						
支出合计							
现金存款							
存款提取							
本日余额							

■ 图 2-3-12　边框效果

2. 设置特定区域的底纹效果

Step 01：选中要设置填充颜色的单元格区域，如 A2:H3 单元格区域后，单击“开始”选项卡，在“字体”组中单击“填充颜色”下拉按钮 ，在下拉列表中选择所需要的颜色，如“橙色，个性色 6，淡色 60%”，单击即可应用，如图 2-3-13 所示。

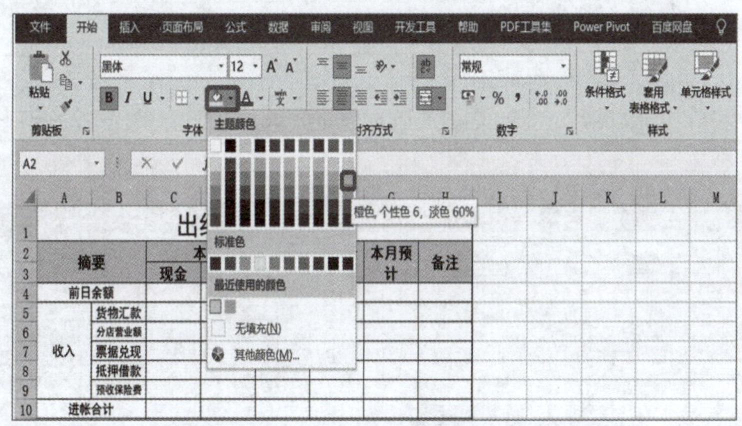

■ 图 2-3-13　设置特定区域的底纹效果

三、在表格中插入图片或图形

1. 设置单元格区域的框线

Step 01：打开“应聘人员登记表”，在“插入”选项卡“插图”组中单击“图片”按钮，如图 2-3-14 所示，打开“插入图片”对话框。

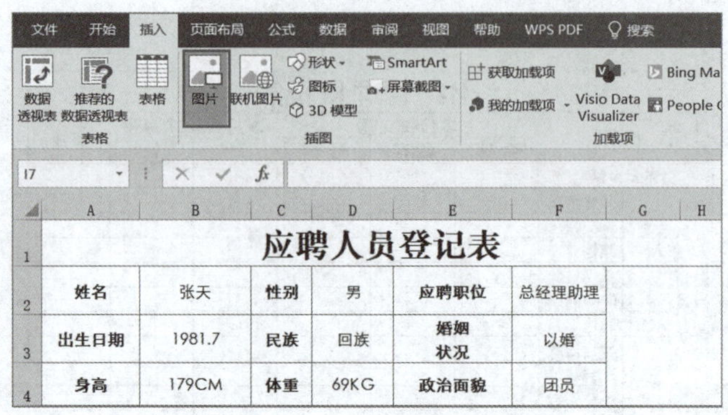

■ 图 2-3-14 “图片”按钮

Step 02：打开照片所存储的文件夹，选中图片，单击“插入”按钮，返回工作表中，即可看到插入的照片，如图 2-3-15 所示。

Step 03：将鼠标指针移动到照片上，当鼠标指针变为“ ”样式时，按住鼠标左键不放，将其移到需要的位置上，如图 2-3-16 所示。

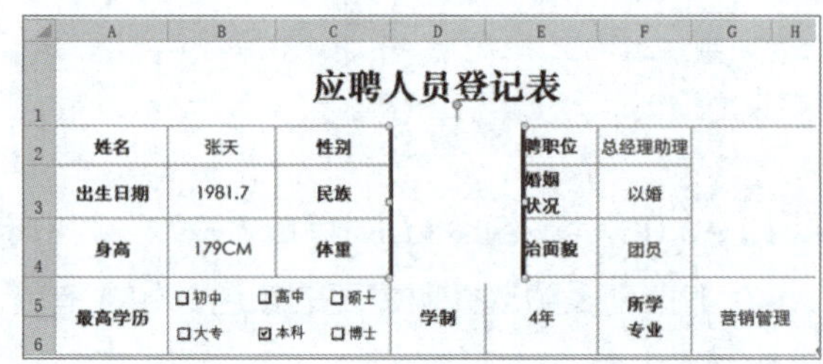

■ 图 2-3-15 插入选中的照片

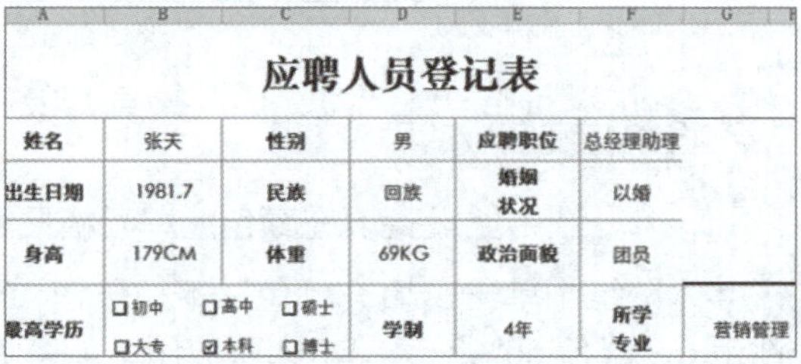

■ 图 2-3-16 移动照片

2. 图片裁剪

Step 01：选中图片，在“图片工具 - 格式”选项卡的“大小”组中单击“裁剪”按钮，如图 2-3-17 所示。

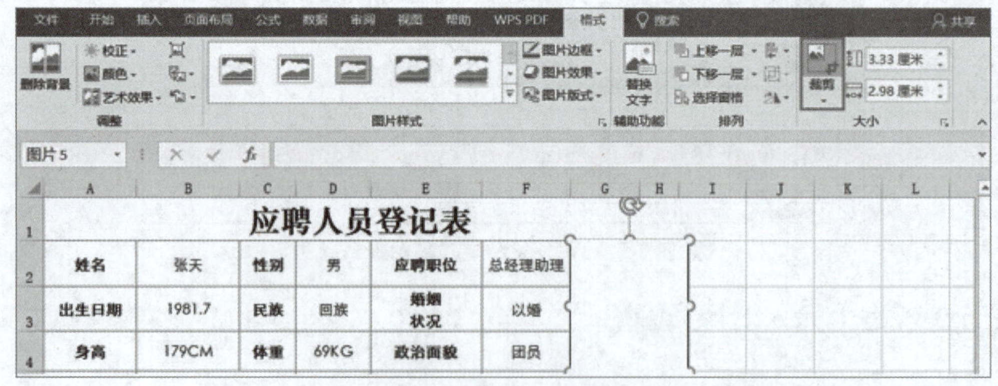

■ 图 2-3-17 “裁剪”按钮

Step 02：图片四周出现裁剪控制点，如图 2-3-18 所示，将鼠标指针移动到裁剪点上，拖动即可对图片进行裁剪，裁剪后将图片移动到指定位置，效果如图 2-3-19 所示。

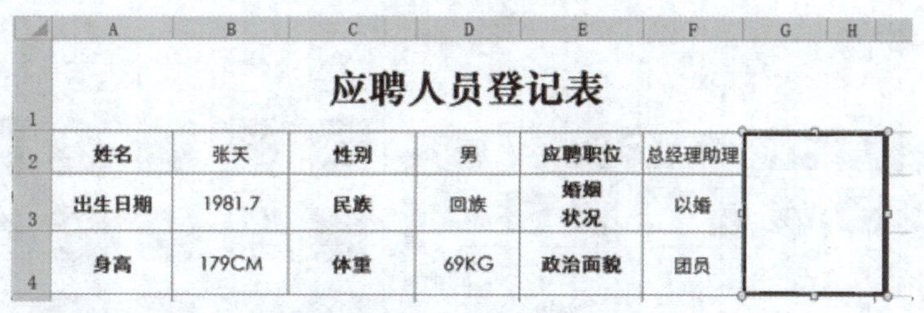

应聘人员登记表						
姓名	张天	性别	男	应聘职位	总经理助理	
出生日期	1981.7	民族	回族	婚姻状况	以婚	
身高	179CM	体重	69KG	政治面貌	团员	

■ 图 2-3-18　裁剪控制点

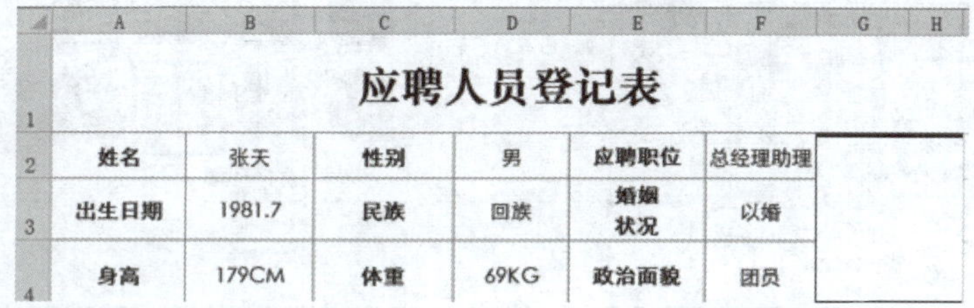

应聘人员登记表						
姓名	张天	性别	男	应聘职位	总经理助理	
出生日期	1981.7	民族	回族	婚姻状况	以婚	
身高	179CM	体重	69KG	政治面貌	团员	

■ 图 2-3-19　最终效果

3. 绘制图形并美化

Step 01：打开工作表，在“插入”选项卡的“插图”组中单击“形状”下拉按钮，在下拉列表中单击“心形”，如图 2-3-20 所示。

Step 02：选择形状后，鼠标指针变为“+”形状，拖动鼠标即可在需要的位置上编辑心形图形，如图 2-3-21 所示。

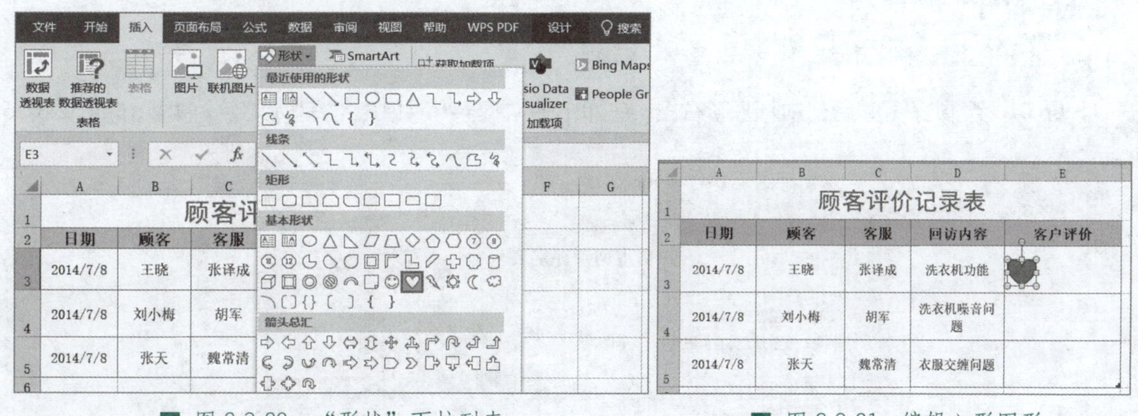

■ 图 2-3-20　“形状”下拉列表　　■ 图 2-3-21　编辑心形图形

Step 03：选中形状，在“绘图工具 - 格式”选项卡的“形状样式”组中单击“设置形状格式”按钮，如图 2-3-22 所示，在展开的列表中可以选择样式，如图 2-3-23 所示。单击后效果即可应用于图形上，如图 2-3-24 所示。

Step 04：设置单个图形效果后，需要使用几个图形，直接复制并放置到合适的位置上即可，如图 2-3-25 所示。

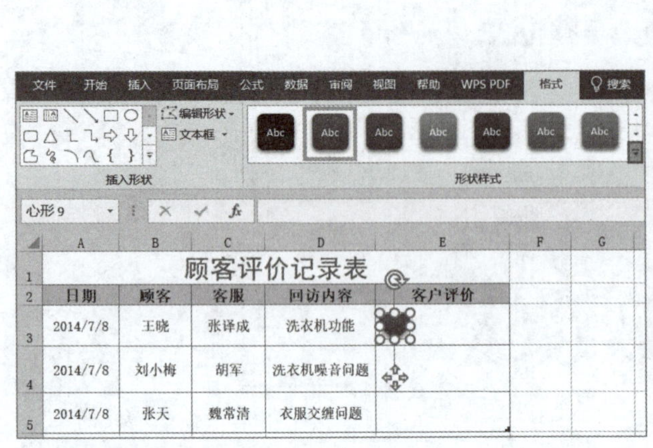

顾客评价记录表

日期	顾客	客服	回访内容	客户评价
2014/7/8	王晓	张译成	洗衣机功能	
2014/7/8	刘小梅	胡军	洗衣机噪音问题	
2014/7/8	张天	魏常清	衣服交缠问题	

■ 图 2-3-22 “设置形状格式”按钮

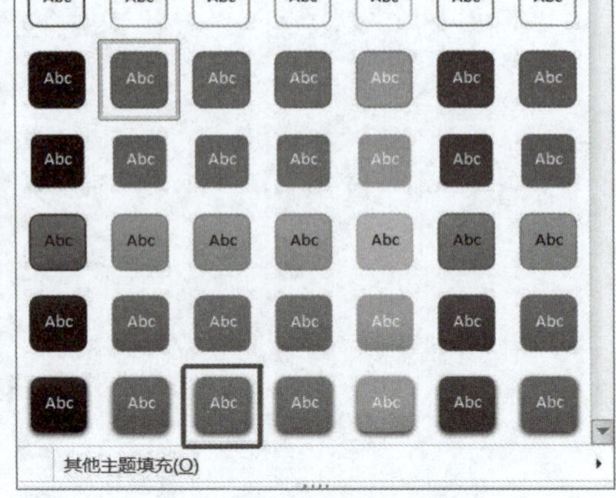

■ 图 2-3-23 样式列表

顾客投诉记录表

日期	顾客	客服	回访内容	客户评价
2014/7/8	王晓	张译成	洗衣机功能	
2014/7/8	刘小梅	胡军	洗衣机噪音问题	
2014/7/8	张天	魏常清	衣服交缠问题	

■ 图 2-3-24 应用效果的图形

顾客评价记录表

日期	顾客	客服	回访内容	客户评价
2014/7/8	王晓	张译成	洗衣机功能	
2014/7/8	刘小梅	胡军	洗衣机噪音问题	
2014/7/8	张天	魏常清	衣服交缠问题	

■ 图 2-3-25 复制图形

4. 在图形上编辑文本

Step 01：绘制好图形后，选中图形右击，在弹出的快捷菜单中单击“编辑文字”命令，如图 2-3-26 所示。

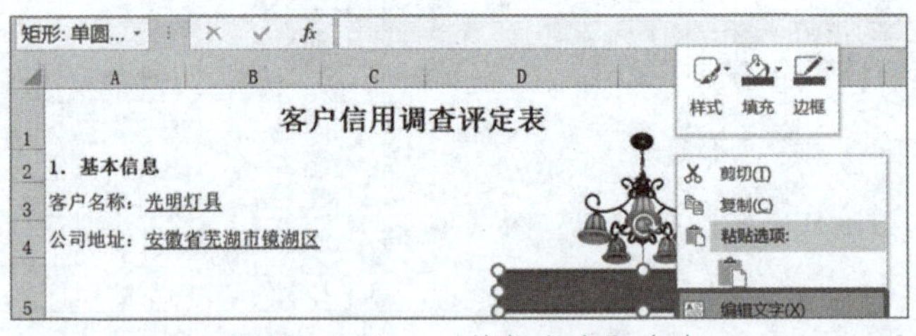

■ 图 2-3-26 “编辑文字”命令

Step 02：进入文字编辑状态后，输入文字，效果如图 2-3-27 所示。

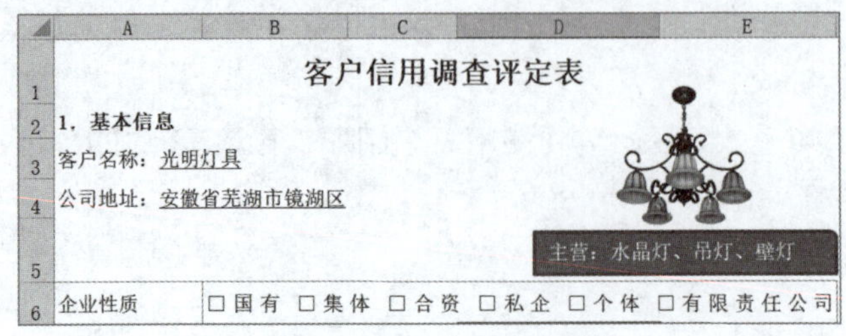

■ 图 2-3-27 输入文字效果

四、套用表格格式来美化表格

1. 套用表格格式

Step 01：选中需要套用表格格式的单元格区域，在“开始”选项卡的“样式”组中单击“套用表格格式”下拉按钮，在下拉列表中选择合适的表格格式，如“表样式浅色 10”，如图 2-3-28 所示，打开“套用表格式”对话框。

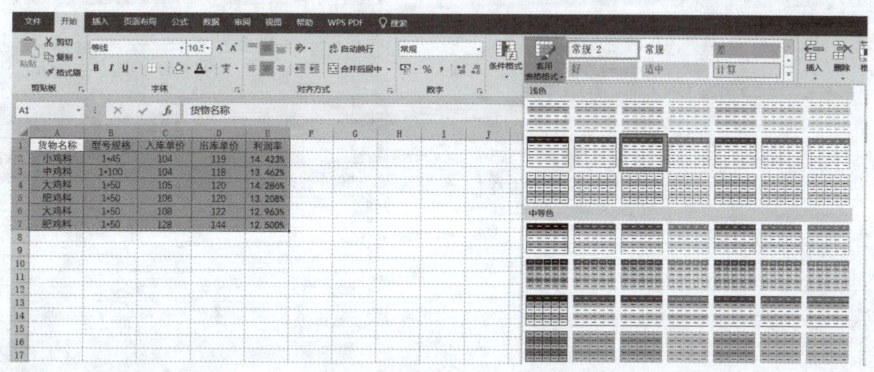

■ 图 2-3-28　表格格式

Step 02：在“表数据的来源”文本框中显示出选中的单元格区域，选中“表包含标题”复选框，如图 2-3-29 所示。

Step 03：单击“确定”按钮，即可看到选中单元格区域套用了表格格式，并添加了筛选按钮，如图 2-3-30 所示。

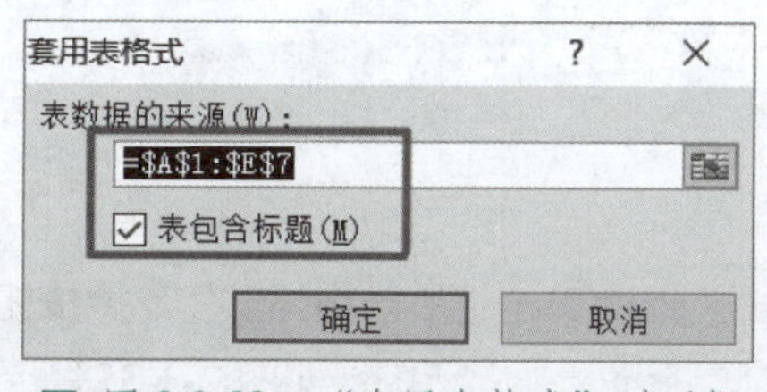

■ 图 2-3-29　“套用表格式”对话框

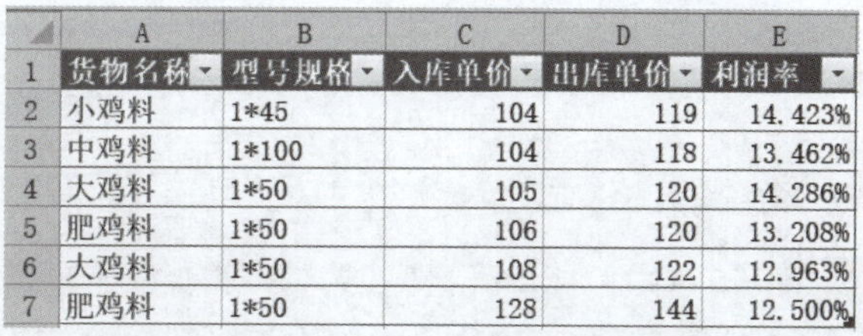

	A	B	C	D	E
1	货物名称	型号规格	入库单价	出库单价	利润率
2	小鸡料	1*45	104	119	14.423%
3	中鸡料	1*100	104	118	13.462%
4	大鸡料	1*50	105	120	14.286%
5	肥鸡料	1*50	106	120	13.208%
6	大鸡料	1*50	108	122	12.963%
7	肥鸡料	1*50	128	144	12.500%

■ 图 2-3-30　套用了表格格式的效果

Step 04：在“表格工具 - 设计”选项卡的“工具”组中单击“转换为区域”按钮，在弹出的对话框中选择“是”即可将表格转换为普通区域，如图 2-3-31 所示。

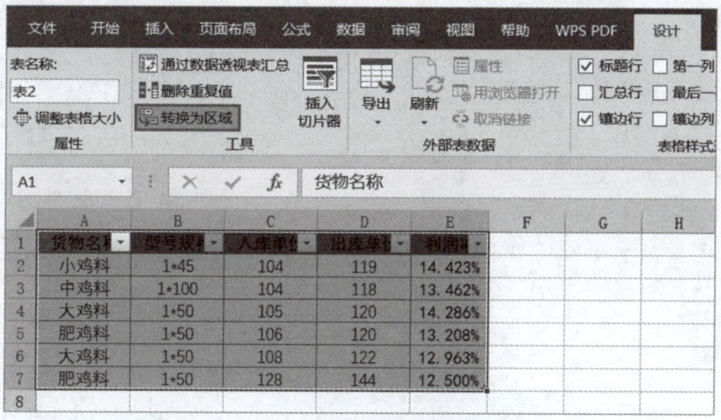

■ 图 2-3-31　将表格转换为普通区域

2. 表格格式的快速引用

Step 01：选中设置好格式的单元格区域，在“开始”选项卡的“剪贴板”组中单击“格式刷”按钮，如图 2-3-32 所示。

Step 02：此时鼠标指针会变成刷子形状，按住鼠标左键拖动选取要应用相同格式的单元格区域，如图 2-3-33 所示。

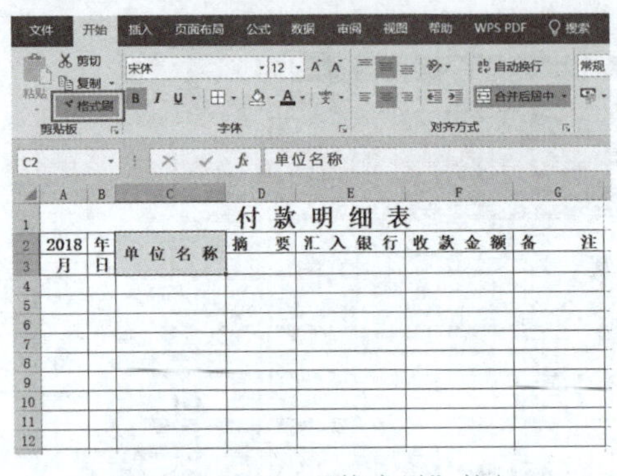

图 2-3-32 “格式刷”按钮

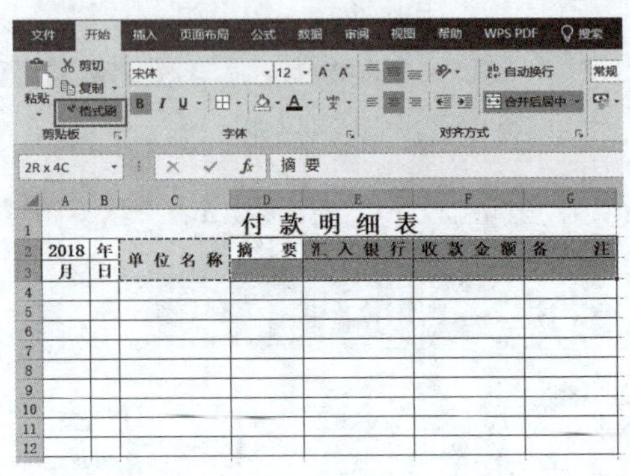

图 2-3-33 选取单元格区域

Step 03：释放鼠标左键完成格式的快速引用，效果如图 2-3-34 所示。

2018 年 月 日	单位名称	摘 要	汇入银行	收款金额	备 注

图 2-3-34 格式的快速引用效果

3. 套用单元格样式

Step 01：选中目标单元格区域，在“开始”选项卡的“样式”组中单击“单元格样式”下拉按钮，如图 2-3-35 所示，在下拉列表中单击可以选择要使用样式，此处选择“货币”，如图 2-3-35 所示。

产品名称	产品类别	销售单价	数量
小天鹅	洗衣机	¥ 2,488.00	1
联想	电脑	¥ 3,888.00	2
戴尔	电脑	¥ 3,558.00	2
苹果	电脑	¥ 3,456.00	2
美菱	冰箱	¥ 2,580.00	
TCL	彩电	¥ 2,680.00	
美的	冰箱	¥ 3,528.00	
海尔	洗衣机	¥ 2,300.00	
康佳	彩电	¥ 4,120.00	
清华同方	电脑		

图 2-3-35 “单元格样式”下拉按钮

Step 02：鼠标指针指向时可以预览效果，单击即可应用，应用效果如图 2-3-36 所示。

	A	B	C	D	E
1	产品名称	产品类别	销售单价	数量	金额
2	小天鹅	洗衣机	¥ 2,488.00	1	2488
3	联想	电脑	¥ 3,888.00	2	7776
4	戴尔	电脑	¥ 3,558.00	2	7116
5	苹果	电脑	¥ 3,456.00	2	10368
6	美菱	冰箱	¥ 2,580.00		
7	TCL	彩电	¥ 2,680.00		
8	美的	冰箱	¥ 3,528.00		
9	海尔	洗衣机	¥ 2,300.00		
10	康佳	彩电	¥ 4,120.00		

图 2-3-36　应用效果

五、表格页面设置

1. 添加文字页眉

Step 01：在“插入”选项卡的“文本”组单击“页眉和页脚”按钮即可进入页眉和页脚编辑状态，如图 2-3-37 所示。

报价明细表

项目名称:

序号	施工部位及工艺名称	单位	数量	人工单价	人工合价	材料单价	材料合计
一	一层公共区域地面						
1	水泥砂浆找平	㎡	1500.46	8.80	13204.05	10.10	15154.65
2	平铺七彩晶麻（异形）（ST-004）	㎡	84.04	60.00	5042.40	1176.40	98864.66
3	七彩晶麻石材六面防护	㎡	84.04	11.00	924.44	8.16	685.77
4	七彩晶麻石材晶面处理	㎡	84.04	22.00	1848.88	25.50	2143.02
5	异型石材开料、加工、切割费	㎡	84.04	186.30	15656.65	0.00	0.00
6	平铺七彩晶麻（弧形）（ST-004）	㎡	84.54	60.00	5072.40	1084.60	91692.08
7	七彩晶麻石材六面防护	㎡	84.54	11.00	929.94	8.16	689.85
8	七彩晶麻石材晶面处理	㎡	84.54	22.00	1859.88	25.50	2155.77
9	弧型石材开料、加工、切割费	㎡	84.54	186.30	15749.80	0.00	0.00
10	平铺七彩晶麻（ST-004）	㎡	2.69	59.50	160.06	986.50	2653.69
11	七彩晶麻石材六面防护	㎡	2.69	11.00	29.59	8.16	21.95
12	七彩晶麻石材晶面处理	㎡	2.69	22.00	59.18	25.50	68.60

图 2-3-37　页眉和页脚编辑状态

Step 02：页眉区域包括 3 个编辑框，定位到目标框中输入文字，如图 2-3-38 所示。

Step 03：选中文本，在“开始”选项卡的“字体”组中可对文字的格式进行设置，页眉如图 2-3-39 所示。

鼎宸装饰-让生活更美好！

报价明细表

项目名称:

序号	部位及工艺	单位	数量	人工单价	人工合价	材料单价	材料合计
一	一层公共区域地面						
1	水泥砂浆找平	㎡	1500.46	8.80	13204.05	10.10	15154.65
2	平铺七彩晶麻	㎡	84.04	60.00	5042.40	1176.40	98864.66
3	七彩晶麻石材	㎡	84.04	11.00	924.44	8.16	685.77
4	七彩晶麻石材	㎡	84.04	22.00	1848.88	25.50	2143.02
5	异型石材开料、	㎡	84.04	186.30	15656.65	0.00	0.00
6	平铺七彩晶麻	㎡	84.54	60.00	5072.40	1084.60	91692.08
7	七彩晶麻石材	㎡	84.54	11.00	929.94	8.16	689.85
8	七彩晶麻石材	㎡	84.54	22.00	1859.88	25.50	2155.77
9	弧型石材开料、	㎡	84.54	186.30	15749.80	0.00	0.00
10	平铺七彩晶麻	㎡	2.69	59.50	160.06	986.50	2653.69
11	七彩晶麻石材	㎡	2.69	11.00	29.59	8.16	21.95
12	七彩晶麻石材	㎡	2.69	22.00	59.18	25.50	68.60
13	平铺浅啡网（	㎡	117.21	60.00	7032.60	647.20	75858.31
14	浅啡网石材六	㎡	117.21	11.00	1289.31	8.16	956.43
15	浅啡网石材晶	㎡	117.21	22.00	2578.62	25.50	2988.86
16	异型石材开料、	㎡	117.21	186.30	21836.22	0.00	0.00
18	浅啡网石材六	㎡	215.54	11.00	2370.94	8.16	1758.81
19	浅啡网石材晶	㎡	215.54	22.00	4741.88	25.50	5496.27

■ 图 2-3-38　页眉区域

鼎宸装饰-让生活更美好！

报价明细表

项目名称:

序号	部位及工艺	单位	数量	人工单价	人工合价	材料单价	材料合计
一	一层公共区域地面						
1	水泥砂浆找平	㎡	1500.46	8.80	13204.05	10.10	15154.65
2	平铺七彩晶麻	㎡	84.04	60.00	5042.40	1176.40	98864.66
3	七彩晶麻石材	㎡	84.04	11.00	924.44	8.16	685.77
4	七彩晶麻石材	㎡	84.04	22.00	1848.88	25.50	2143.02
5	异型石材开料、	㎡	84.04	186.30	15656.65	0.00	0.00
6	平铺七彩晶麻	㎡	84.54	60.00	5072.40	1084.60	91692.08
7	七彩晶麻石材	㎡	84.54	11.00	929.94	8.16	689.85
8	七彩晶麻石材	㎡	84.54	22.00	1859.88	25.50	2155.77
9	弧型石材开料、	㎡	84.54	186.30	15749.80	0.00	0.00
10	平铺七彩晶麻	㎡	2.69	59.50	160.06	986.50	2653.69
11	七彩晶麻石材	㎡	2.69	11.00	29.59	8.16	21.95
12	七彩晶麻石材	㎡	2.69	22.00	59.18	25.50	68.60
13	平铺浅啡网（	㎡	117.21	60.00	7032.60	647.20	75858.31
14	浅啡网石材六	㎡	117.21	11.00	1289.31	8.16	956.43
15	浅啡网石材晶	㎡	117.21	22.00	2578.62	25.50	2988.86
16	异型石材开料、	㎡	117.21	186.30	21836.22	0.00	0.00
18	浅啡网石材六	㎡	215.54	11.00	2370.94	8.16	1758.81
19	浅啡网石材晶	㎡	215.54	22.00	4741.88	25.50	5496.27

■ 图 2-3-39　页眉文字的格式设置

2. 重新调整页边距

Step 01：在当前需要打印的工作表中，单击“文件”选项卡，在展开的菜单中单击“打印”命令，即可在窗口右侧显示出表格的打印预览效果。

Step 02：单击“设置”选项区域底部的“页面设置”，如图 2-3-40 所示，打开“页面设置”对话框，在“页边距”选项卡下，将“左”与“右”的边距调小或调大，如图 2-3-41 所示。

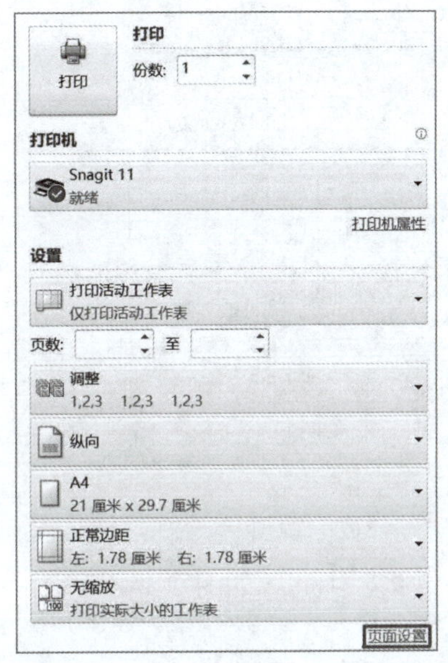

■ 图 2-3-40　单击“页面设置”

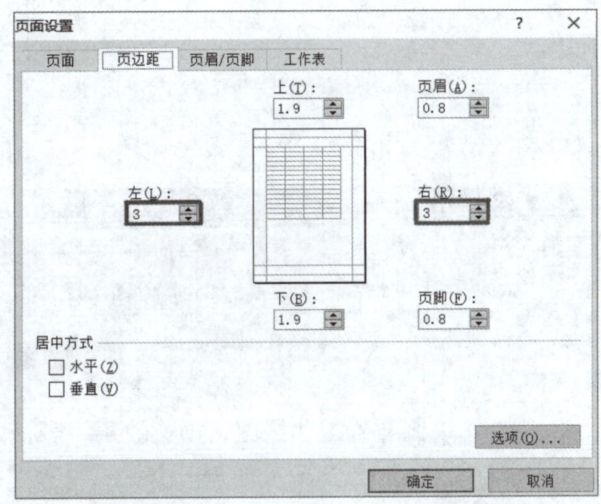

■ 图 2-3-41　“页面设置”对话框

Step 03：单击“确定”按钮，重新回到打印预览状态下，如图 2-3-42 所示。

Step 04：在预览状态下调整完毕后单击“打印”按钮即可。

鼎宸装饰-让生活更美好！

报价明细表

项目名称:

序号	工部位及工艺名	单位	数量	人工单价	人工合价	材料单价	材料合计
一	一层公共区域地面						
1	水泥砂浆找平	㎡	1500.46	8.80	13204.05	10.10	15154.65
2	平铺七彩晶麻	㎡	84.04	60.00	5042.40	1176.40	98864.66
3	七彩晶麻石材	㎡	84.04	11.00	924.44	8.16	685.77
4	七彩晶麻石材	㎡	84.04	22.00	1848.88	25.50	2143.02
5	异型石材开料	㎡	84.04	186.30	15656.65	0.00	0.00
6	平铺七彩晶麻	㎡	84.54	60.00	5072.40	1084.60	91692.08
7	七彩晶麻石材	㎡	84.54	11.00	929.94	8.16	689.85
8	七彩晶麻石材	㎡	84.54	22.00	1859.88	25.50	2155.77
9	弧型石材开料	㎡	84.54	186.30	15749.80	0.00	0.00
10	平铺七彩晶麻	㎡	2.69	59.50	160.06	986.50	2653.69
11	七彩晶麻石材	㎡	2.69	11.00	29.59	8.16	21.95
12	七彩晶麻石材	㎡	2.69	22.00	59.18	25.50	68.60
13	平铺浅啡网（	㎡	117.21	60.00	7032.60	647.20	75858.31
14	浅啡网石材六	㎡	117.21	11.00	1289.31	8.16	956.43
15	浅啡网石材晶	㎡	117.21	22.00	2578.62	25.50	2988.86
16	异型石材开料	㎡	117.21	186.30	21836.22	0.00	0.00
18	浅啡网石材六	㎡	215.54	11.00	2370.94	8.16	1758.81
19	浅啡网石材晶	㎡	215.54	22.00	4741.88	25.50	5496.27
20	弧型石材开料	㎡	215.54	186.30	40155.10	0.00	0.00

■ 图 2-3-42　打印预览状态

3. 让打印内容居中显示

Step 01：在“页面布局”选项卡的“页面设置”组中单击右下角的对话框启动器按钮，如图 2-3-43 所示。

Step 02：打开“页面设置”对话框，切换到“页边距”选项卡，同时选中“居中方式”栏中的“水平”和“垂直”两个复选框，如图 2-3-44 所示。

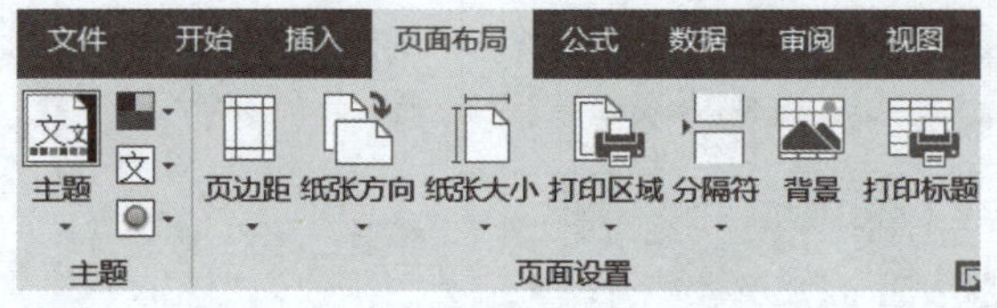

■ 图 2-3-43 “页面设置”组对话框启动器按钮

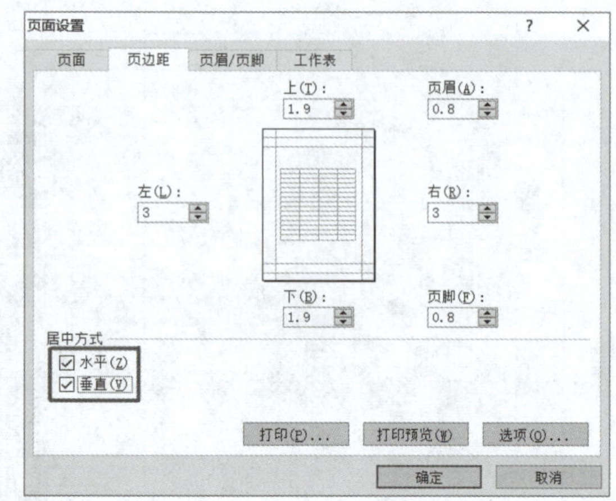

■ 图 2-3-44 “页面设置”对话框

Step 03：单击“确定”按钮，预览效果中表格显示在纸张正中间，如图 2-3-45 所示。

Step 04：在预览状态下调整完毕后单击“打印”按钮即可。

报价明细表

项目名称:

序号	部位及工艺名	单位	数量	人工单价	人工合价	材料单价	材料合计
一	一层公共区域地面						
1	水泥砂浆找平	m²	1500.46	8.80	13204.05	10.10	15154.65
2	平铺七彩晶麻	m²	84.04	60.00	5042.40	1176.40	98864.66
3	七彩晶麻石材	m²	84.04	11.00	924.44	8.16	685.77
4	七彩晶麻石材	m²	84.04	22.00	1848.88	25.50	2143.02
5	异型石材开料	m²	84.04	186.30	15656.65	0.00	0.00
6	平铺七彩晶麻	m²	84.54	60.00	5072.40	1084.60	91692.08
7	七彩晶麻石材	m²	84.54	11.00	929.94	8.16	689.85
8	七彩晶麻石材	m²	84.54	22.00	1859.88	25.50	2155.77
9	弧型石材开料	m²	84.54	186.30	15749.80	0.00	0.00
10	平铺七彩晶麻	m²	2.69	59.50	160.06	986.50	2653.69
11	七彩晶麻石材	m²	2.69	11.00	29.59	8.16	21.95
12	七彩晶麻石材	m²	2.69	22.00	59.18	25.50	68.60
13	平铺浅啡网（	m²	117.21	60.00	7032.60	647.20	75858.31
14	浅啡网石材六	m²	117.21	11.00	1289.31	8.16	956.43
15	浅啡网石材晶	m²	117.21	22.00	2578.62	25.50	2988.86
16	异型石材开料	m²	117.21	186.30	21836.22	0.00	0.00
18	浅啡网石材六	m²	215.54	11.00	2370.94	8.16	1758.81
19	浅啡网石材晶	m²	215.54	22.00	4741.88	25.50	5496.27
20	弧型石材开料	m²	215.54	186.30	40155.10	0.00	0.00

■ 图 2-3-45 预览效果

4. 设置表格横向打印

Step 01：打开要打印的文档，选择“文件”→“打印”命令，在“设置”选项区域单击“纵向”按钮右侧下拉按钮，在下拉列表中选择“横向”选项，如图 2-3-46 所示。

Step 02：设置完成后，单击“打印”按钮，即可以横向方式打印，如图 2-3-47 所示。

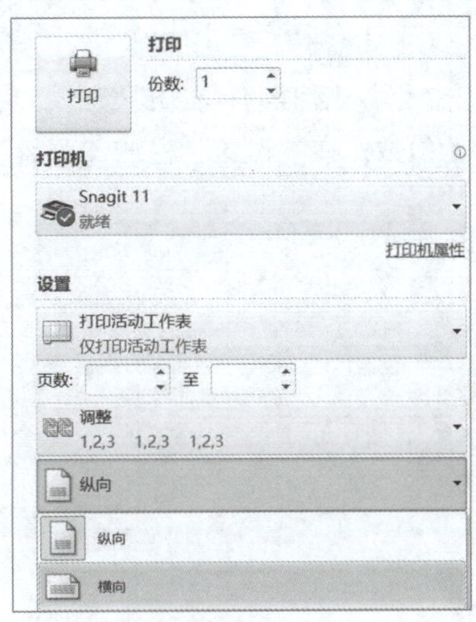

■ 图 2-3-46　选择“横向”选项

报价明细表

项目名称:

序号	工部位及工艺	单位	数量	人工单价	人工合价	材料单价	材料合计
一	一层公共区域地面						
1	水泥砂浆找平	㎡	1500.46	8.80	13204.05	10.10	15154.65
2	平铺七彩晶麻	㎡	84.04	60.00	5042.40	1176.40	98864.66
3	七彩晶麻石材	㎡	84.04	11.00	924.44	8.16	685.77
4	七彩晶麻石材	㎡	84.04	22.00	1848.88	25.50	2143.02
5	异型石材开料	㎡	84.04	186.30	15656.65	0.00	0.00
6	平铺七彩晶麻	㎡	84.54	60.00	5072.40	1084.60	91692.08
7	七彩晶麻石材	㎡	84.54	11.00	929.94	8.16	689.85
8	七彩晶麻石材	㎡	84.54	22.00	1859.88	25.50	2155.77
9	弧型石材开料	㎡	84.54	186.30	15749.80	0.00	0.00
10	平铺七彩晶麻	㎡	2.69	59.50	160.06	986.50	2653.69
11	七彩晶麻石材	㎡	2.69	11.00	29.59	8.16	21.95
12	七彩晶麻石材	㎡	2.69	22.00	59.18	25.50	68.60
13	平铺浅啡网（	㎡	117.21	60.00	7032.60	647.20	75858.31
14	浅啡网石材六	㎡	117.21	11.00	1289.31	8.16	956.43
15	浅啡网石材晶	㎡	117.21	22.00	2578.62	25.50	2988.86
16	异型石材开料	㎡	117.21	186.30	21836.22	0.00	0.00
18	浅啡网石材六	㎡	215.54	11.00	2370.94	8.16	1758.81
19	浅啡网石材晶	㎡	215.54	22.00	4741.88	25.50	5496.27
20	弧型石材开料	㎡	215.54	186.30	40155.10	0.00	0.00

■ 图 2-3-47　以横向方式打印

六、打印设置

1. 添加打印区域

Step 01：在工作表中选中部分需要打印的内容，单击“页面布局”选项卡的“页面设置”组中单击“打印区域”按钮，在打开的下拉列表中选择“设置为打印区域”命令，如图 2-3-48 所示。

Step 02：进入打印预览状态，可以看到当前工作表中只有这个打印区域将会被打印，其他内容不打印，如图 2-3-49 所示。

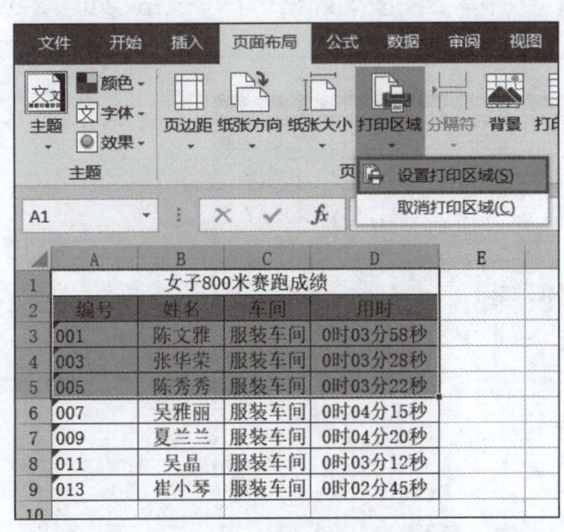

■ 图 2-3-48　“设置为打印区域”命令

■ 图 2-3-49　打印区域

2. 设置打印份数或打印指定页

Step 01：选中要打印的工作表，选择“文件”→“打印”命令，即可展开打印设置选项。

Step 02：在右侧的“份数”文本框中可以填写需要打印的份数；在“设置”栏的“页数”文本框中输入要打印的页码或页码范围，如图 2-3-50 所示。

Step 03：设置完成后，单击“打印”按钮，即可开始打印。

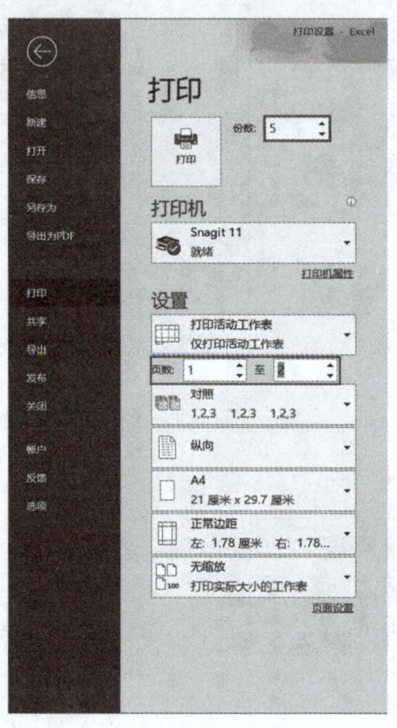

■ 图 2-3-50 输入要打印的页码或页码范围

技能拓展

1. 冻结窗格

Step 01：打开工作表，在“视图”选项卡的“窗口”组中单击“冻结窗格”下拉按钮，如图 2-3-51 所示。

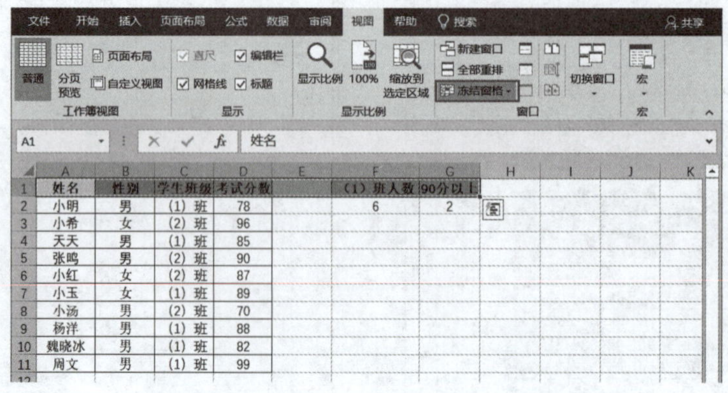

■ 图 2-3-51 “冻结窗格”下拉按钮

Step 02：在下拉列表中选择“冻结首行”命令，如图 2-3-52 所示。效果如图 2-3-53 所示。

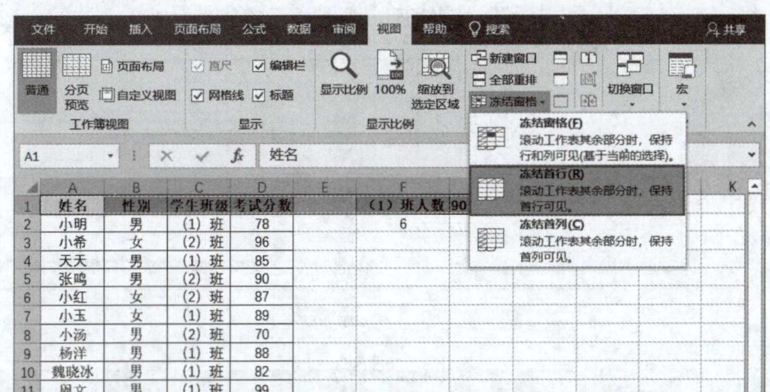

■ 图 2-3-52　“冻结首行”命令

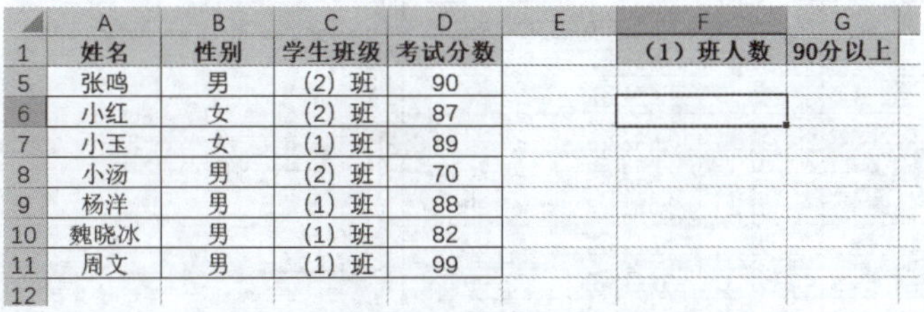

	A	B	C	D	E	F	G
1	姓名	性别	学生班级	考试分数		（1）班人数	90分以上
5	张鸣	男	(2) 班	90			
6	小红	女	(2) 班	87			
7	小玉	女	(1) 班	89			
8	小汤	男	(2) 班	70			
9	杨洋	男	(1) 班	88			
10	魏晓冰	男	(1) 班	82			
11	周文	男	(1) 班	99			
12							

■ 图 2-3-53　冻结首行

2. 添加批注

Step 01：打开工作表，选中需要加入批注的单元格并右击，在弹出的快捷菜单中选择“插入批注”命令，如图 2-3-54 所示。

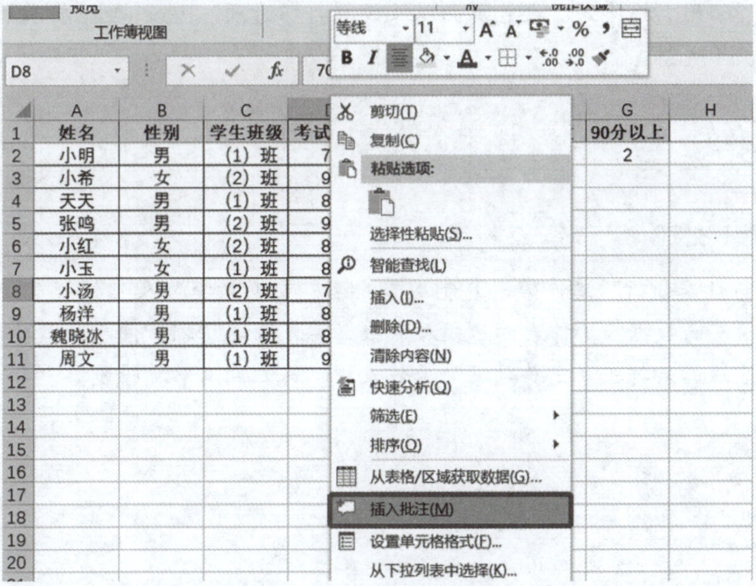

■ 图 2-3-54　“插入批注”命令

Step 02：在出现的编辑区域中进行编辑，如图 2-3-55 所示；插入批注的单元格右上角会出现红色三角提示符，将光标放在上面即可查看批注，如图 2-3-56 所示。

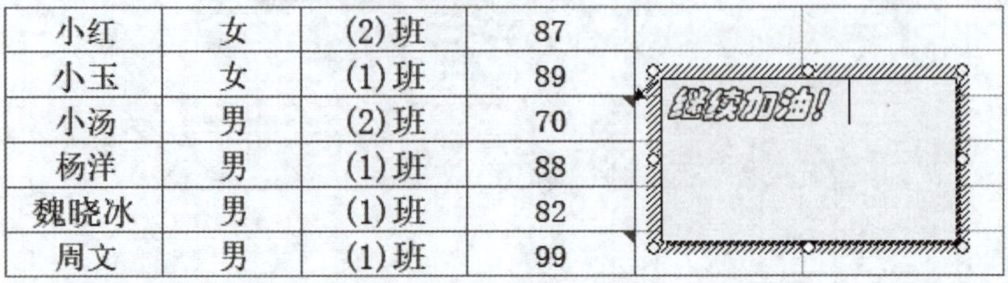

小红	女	(2)班	87		
小玉	女	(1)班	89	继续加油!	
小汤	男	(2)班	70		
杨洋	男	(1)班	88		
魏晓冰	男	(1)班	82		
周文	男	(1)班	99		

■ 图 2-3-55　编辑批注

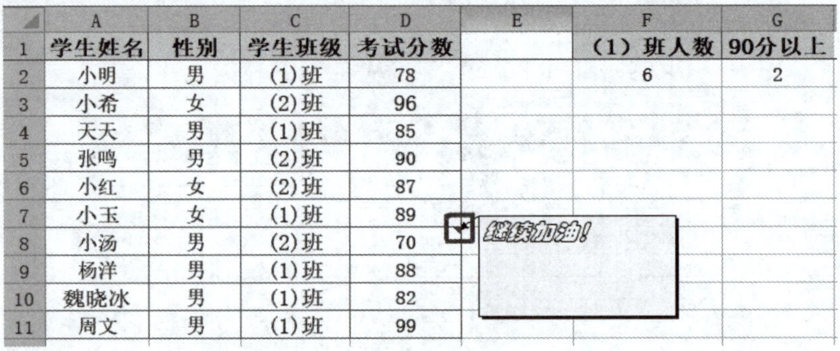

	A	B	C	D	E	F	G
1	学生姓名	性别	学生班级	考试分数		（1）班人数	90分以上
2	小明	男	(1)班	78		6	2
3	小希	女	(2)班	96			
4	天天	男	(1)班	85			
5	张鸣	男	(2)班	90			
6	小红	女	(2)班	87			
7	小玉	女	(1)班	89	继续加油!		
8	小汤	男	(2)班	70			
9	杨洋	男	(1)班	88			
10	魏晓冰	男	(1)班	82			
11	周文	男	(1)班	99			

■ 图 2-3-56　红色三角提示符

任务小结

在本任务中，我们主要学习了设置表格字体格式、设置表格字符对齐、设置表格边框与底纹、插入并编辑图片、套用表格格式、设置页面以及设置打印选项。Excel 数据要求数据展示的时候足够清晰、美观，便于观察。

实操演练

目标：数据展现处理

1. 打开“交易数据分析”工作簿，复制后重命名“交易数据”及“旗舰店”工作表。请按照自己的喜好设置“交易数据”工作表的边框及底纹，要求分类清晰、便于阅读。

2. 设置打印区域，只打印“交易数据”工作表中“客户网名”“性别”“年龄”列中前 10 个数据，打印 3 份。

任务评价表

任务评价表					
评 价 内 容		分值等级（评分）			
内容	分值（比重）	优秀	良好	合格	不合格
会设置表格字体格式与对齐	20 分（20%）	17~20（　）	12~16（　）	8~11（　）	0~7（　）
会设置表格边框、底纹以及套用表格格式	30 分（30%）	26~30（　）	18~25（　）	11~17（　）	0~10（　）
会插入并编辑图片	30 分（30%）	26~30（　）	18~25（　）	11~17（　）	0~10（　）
会设置页面以及设置打印选项	20 分（20%）	17~20（　）	12~16（　）	8~11（　）	0~7（　）
综合分数（满分 100 分）					

注：括号内填写具体分值。

项目三

商品销售分析

项目目标

数据筛选与统计：

- 掌握计算总库存量、指定商品的总销售额、指定商品在指定区域的总销售额。
- 掌握统计订单量以及指定月份的平均销售额。
- 掌握求最高销量以及指定排位的销量。
- 掌握设置提醒补货以及自动更改补货数据。
- 掌握统计发货数量以及退货金额在十元以下的数量。
- 掌握自动查找并填写卖家会员名与退款账号。
- 掌握标注退款金额等级并且查找某个具体退款原因。
- 掌握查看退货耗时。

项目描述

小琳和小庄在美化了工作表并打印出来后，发现数据实在是太多了。没有经过处理的数据大概有几万条，光是标特别客户就标了一天，需要统计以及处理一下数据。同时，小琳记录了一些异常订单的订单号，但是需要把后续的具体客户信息通过店铺订单表以及数据分析表的内容补充完整，以方便退货。

注意：数据在处理前应先建立副本，保留原始数据。以下项目中的数据皆已建立工作簿副本，因此不再在工作表中另行建立副本。

任务一　订单分析

学习目标

- 掌握库存数量分析。
- 掌握销售额分析。
- 掌握订单量分析。

任务导入

小琳和小庄打开了先前做过美化的双十一店铺销售数据，准备先统计一下商品总进价与总销售额，统计一下总利润额。

小琳："数据好多呀，我应该怎么统计某个地区的总销售额呢？"

小庄："当然是用 IF 函数，然后嵌套 SUM 函数啦。不过我记得小顾好像说过有个单独的函数，让我看看笔记。"

任务实施

一、总量计算（求和函数 SUM、SUMIF）

1. 计算总库存量（SUM 函数）

Step 01：选中 B8 单元格，单击"公式"选项卡，在"函数库"选项组中单击"自动求和"按钮，此时自动插入 SUM 函数并且给出默认的数据源，如图 3-1-1 所示。

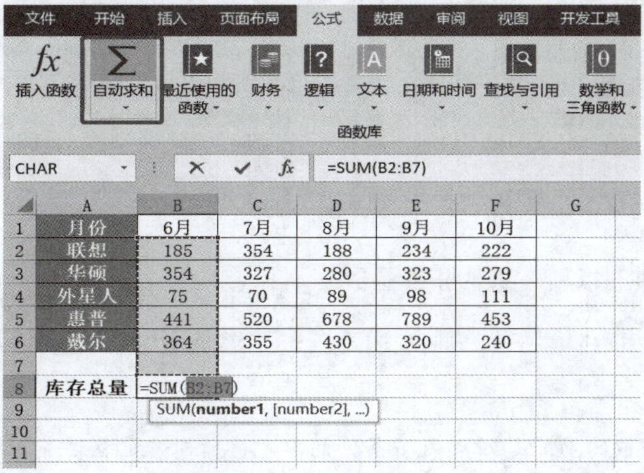

	A	B	C	D	E	F	G
1	月份	6月	7月	8月	9月	10月	
2	联想	185	354	188	234	222	
3	华硕	354	327	280	323	279	
4	外星人	75	70	89	98	111	
5	惠普	441	520	678	789	453	
6	戴尔	364	355	430	320	240	
7							
8	库存总量	=SUM(B2:B7)					
9							
10							
11							

图 3-1-1　插入 SUM 函数

Step 02：利用鼠标选取的方式将引用的单元格区域更改为 B2:F6，如图 3-1-2 所示，按【Enter】键，即可计算出库存总量，如图 3-1-3 所示。

注意：SUM 函数的功能是对指定区域内的数据求和。

	A	B	C	D	E	F
1	月份	6月	7月	8月	9月	10月
2	联想	185	354	188	234	222
3	华硕	354	327	280	323	279
4	外星人	75	70	89	98	111
5	惠普	441	520	678	789	453
6	戴尔	364	355	430	320	240
7						
8	库存总量	=SUM(B2:F6)				
9		SUM(number1, [number2], ...)				
10						

图 3-1-2　更改单元格区域

	A	B	C	D	E	F
1	月份	6月	7月	8月	9月	10月
2	联想	185	354	188	234	222
3	华硕	354	327	280	323	279
4	外星人	75	70	89	98	111
5	惠普	441	520	678	789	453
6	戴尔	364	355	430	320	240
7						
8	库存总量	7779				

图 3-1-3　计算库存总量

2. 计算指定商品的总销售额（SUMIF 函数）

Step 01：选中 F2 单元格，在编辑区输入公式：=SUMIF（C2:C16,"联想",D2:D16）。

注意：SUMIF 函数的功能是针对指定区域内符合条件的单元格，将与其对应的单元格求和。

Step 02：按【Enter】键，即可计算出商品“联想”的总销售金额，如图 3-1-4 所示。

F2　=SUMIF(C2:C16,"联想",D2:D16)

	A	B	C	D	E	F
1	商品编码	店面	商品名称	商品总额		联想总销售额
2	CJ3802-010	电子城	联想	740600		2743100
3	BV3637-664	万达广场店	华硕	273900		
4	CJ3828-010	国美电器	惠普	729300		
5	AC4355-027	专卖店	戴尔	780050		
6	BV3637-664	专卖店	外星人	540806		
7	AQ0141-010	万达广场店	惠普	302090		
8	CJ3802-010	万达广场店	华硕	613048		
9	BV3637-664	电子城	华硕	543486		
10	SX6844-010	国美电器	联想	602232		
11	CJ3802-010	国美电器	外星人	522890		
12	BV3637-664	专卖店	华硕	298228		
13	CJ3828-010	电子城	惠普	605706		
14	CJ3802-010	万达广场店	惠普	422332		
15	BV3637-664	万达广场店	联想	745783		
16	CN3719-010	专卖店	联想	654485		

图 3-1-4　计算商品“联想”的总销售金额

3. 同时满足双条件时求和（SUMIFS 函数）

Step 01：选中 F2 单元格，在编辑区输入公式：=SUMIFS（D2:D16,B2:B16，"电子城"，C2:C16，"联想"）。

注意：SUMIFS 函数的功能是对满足多条件的单元格所对应的区域内的值求和。

Step 02：按【Enter】键，即可同时满足店面和商品的要求，对 D2:D16 单元格区域中的值求和，如图 3-1-5 所示。

F2　=SUMIFS(D2:D16,B2:B16,"电子城",C2:C16,"联想")

	A	B	C	D	E	F
1	商品编码	店面	商品名称	商品总额		电子城联想总销售额
2	CJ3802-010	电子城	联想	740600		1886318
3	BV3637-664	万达广场店	华硕	273900		
4	CJ3828-010	国美电器	惠普	729300		
5	AC4355-027	专卖店	戴尔	780050		
6	BV3637-664	专卖店	外星人	540806		
7	AQ0141-010	万达广场店	惠普	302090		
8	CJ3802-010	万达广场店	华硕	613048		
9	BV3637-664	电子城	联想	543486		
10	SX6844-010	电子城	联想	602232		
11	CJ3802-010	国美电器	外星人	522890		
12	BV3637-664	专卖店	华硕	298228		
13	CJ3828-010	电子城	惠普	605706		
14	CJ3802-010	万达广场店	惠普	422332		
15	BV3637-664	万达广场店	联想	745783		
16	CN3719-010	专卖店	联想	654485		
17						

■ 图 3-1-5　求和

二、平均订单量（平均值函数 AVERAGE、AVERAGEIF）

1. 统计平均订单量（AVERAGE 函数）

Step 01：选中 D12 单元格，在编辑区域输入公式：=AVERAGE(D2:D11)。

注意：AVERAGE 函数的功能是求指定区域数值的平均值。

Step 02：按【Enter】键，即可计算出平均订单量，如图 3-1-6 所示。

D12　=AVERAGE(D2:D11)

	A	B	C	D	E	F
1	序号	月份	品牌	订单量		
2	1	6月	联想	98		
3	2	7月	华硕	95		
4	3	7月	联想	93		
5	4	6月	惠普	90		
6	5	7月	惠普	82		
7	6	6月	戴尔	80		
8	7	6月	华硕	76		
9	8	7月	戴尔	75		
10	9	6月	外星人	66		
11	10	7月	外星人	60		
12			平均订单量	81.5		
13						

■ 图 3-1-6　计算平均订单量

2. 统计品牌不同月份的平均订单量（AVERAGEIF 函数）

Step 01：选中 G2 单元格，在编辑区域输入公式：=AVERAGEIF($B$2:$B$11,F2,$D$2:$D$11)

Step 02：按【Enter】键，即可计算出 6 月的平均订单量，如图 3-1-7 所示。

注意：AVERAGEIF 函数的功能是对指定条件下的区域所对应的单元格的值求平均值。

Step 03：选中 G2 单元格，拖动填充柄向下复制公式，即可计算出 7 月的平均订单量，如图 3-1-8 所示。

G2 =AVERAGEIF($B$2:$B$11,F2,$D$2:$D$11)

	A	B	C	D	E	F	G
1	序号	月份	品牌	订单量		月份	平均订单量
2	1	6月	联想	98		6月	82
3	2	7月	华硕	95		7月	
4	3	7月	联想	93			
5	4	6月	惠普	90			
6	5	7月	惠普	82			
7	6	6月	戴尔	80			
8	7	6月	华硕	76			
9	8	7月	戴尔	75			
10	9	6月	外星人	66			
11	10	7月	外星人	60			

■ 图 3-1-7 计算 6 月的平均订单量

G3 =AVERAGEIF($B$2:$B$11,F3,$D$2:$D$11)

	A	B	C	D	E	F	G
1	序号	月份	品牌	订单量		月份	平均订单量
2	1	6月	联想	98		6月	82
3	2	7月	华硕	95		7月	81
4	3	7月	联想	93			
5	4	6月	惠普	90			
6	5	7月	惠普	82			
7	6	6月	戴尔	80			
8	7	6月	华硕	76			
9	8	7月	戴尔	75			
10	9	6月	外星人	66			
11	10	7月	外星人	60			

■ 图 3-1-8 计算 7 月的平均订单量

三、公式分析

1.SUM 函数

SUM 函数是指对区域中的单元格求和。

其参数设置详解如下：

=SUMIF（D2:D16）

D2:D16：求和的单元格区域为从 D2 到 D16。

本例公式表示从 D2 单元格到 D16 单元格的值求和。

2.SUMIF 函数

SUMIF 函数是指对区域中满足条件的单元格求和。

其参数设置详解如下：

=SUMIF（C2:C16," 联想 ",D2:D16）

C2:C16：用于条件判断的单元格区域。

“联想”：指定的条件。

D2:D16：用于求和计算的单元格区域。

本例公式表示先判断 C2:C16 单元格区域中哪些单元格为“联想”，然后对应于 D2:D16 单元格区域上的值求和。

3.SUMIFS 函数

SUMIFS 函数是指对区域中满足双条件的单元格求和。

其参数设置详解如下：

= SUMIFS（D2:D16,B2:B16，" 电子城 "，C2:C16，" 联想 "）

D2:D16：用于求和计算的单元格区域。

B2:B16，" 电子城 "：指定第一个条件判断的区域与第一个条件。

C2:C16，" 联想 "：指定第二个条件判断的区域与第二个条件。

本例公式表示先判断 B2:B16 单元格区域中哪些单元格为“电子城”，再判断 C2:C16 单元格区域中哪些为“联想”，当同时满足条件时，取对应在 D2:D16 单元格区域上的值求和。

4.AVERAGE 函数

AVERAGE 函数用于返回某个区域内所有单元格的平均值。

其参数设置详解如下：

= AVERAGE(D2:D11)

D2:D11：求平均值的单元格区域。

本例公式表示对 D2 单元格到 D11 单元格的值求平均值。

5.AVERAGEIF 函数

AVERAGEIF 函数用于返回某个区域内满足给定价的所有单元格的平均值。

其参数设置详解如下：

= AVERAGEIF($B$2:$B$11,F3,$D$2:$D$11)

$B$2:$B$11：用于条件判断的单元格区域。

F3：指定的条件。

$D$2:$D$11：用于求平均值计算的单元格区域。

本例公式表示先判断 B2:B11 单元格区域中哪些为与 F3 中相同的班级，然后将满足条件的对应在 D2:D11 单元格区域的数据求平均值。

技能拓展

1. 相对数据源

在编辑公式时，选择单元格或单元格区域参与运算时，默认的引用方式是相对引用，显示为 A1、A3:C3 形式。接下来用一个例子来说明。

Step 01：选中单元格，在编辑区域输入公式“=IF（B3>C3,"低","高"）”，如图 3-1-9，可以看到公式引用了 B3 和 C3 单元格。

Step 02：按【Enter】键即可得到运算结果，将鼠标移动到 D3 单元格右下角，当出现黑色“+”字形状时按住鼠标左键向下拖动复制公式，如图 3-1-10 所示，释放鼠标后，即可显示复制公式后的运算结果。

D3　=IF(B3>C3,"低","高")

	A	B	C	D
1	本月上旬鼠标销售			
2	日期	销量（竞争对手）	销量（本店）	销量比较情况
3	2019/5/1	13	16	高
4	2019/5/2	16	17	
5	2019/5/3	18	19	
6	2019/5/4	20	23	
7	2019/5/5	21	26	
8	2019/5/6	24	29	
9	2019/5/7	33	28	
10	2019/5/8	39	31	
11	2019/5/9	43	29	
12	2019/5/10	49	34	

■ 图 3-1-9　输入 IF 公式

	A	B	C	D
1	本月上旬鼠标销售			
2	日期	销量（竞争对手）	销量（本店）	销量比较情况
3	2019/5/1	13	16	高
4	2019/5/2	16	17	高
5	2019/5/3	18	19	高
6	2019/5/4	20	23	高
7	2019/5/5	21	26	高
8	2019/5/6	24	29	高
9	2019/5/7	33	28	低
10	2019/5/8	39	31	低
11	2019/5/9	43	29	低
12	2019/5/10	49	34	低

■ 图 3-1-10　向下拖动复制公式

选中 D4 单元格，在编辑区域可以看到公式为“=IF（B4>C4，"低"，"高"）”如图 3-1-11 所示。选中 D9 单元格，在编辑区域可以看到公式为“=IF（B9>C9,"低","高"）”，如图 3-1-12 所示。

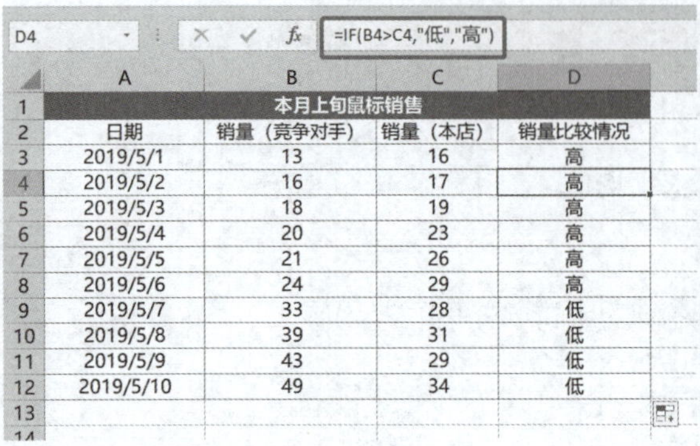

D4 =IF(B4>C4,"低","高")

	A	B	C	D
1	本月上旬鼠标销售			
2	日期	销量（竞争对手）	销量（本店）	销量比较情况
3	2019/5/1	13	16	高
4	2019/5/2	16	17	高
5	2019/5/3	18	19	高
6	2019/5/4	20	23	高
7	2019/5/5	21	26	高
8	2019/5/6	24	29	高
9	2019/5/7	33	28	低
10	2019/5/8	39	31	低
11	2019/5/9	43	29	低
12	2019/5/10	49	34	低

■ 图 3-1-11　D4 单元格公式

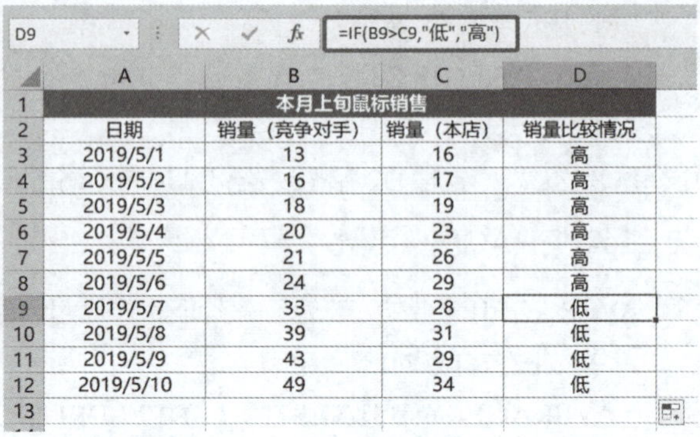

D9 =IF(B9>C9,"低","高")

	A	B	C	D
1	本月上旬鼠标销售			
2	日期	销量（竞争对手）	销量（本店）	销量比较情况
3	2019/5/1	13	16	高
4	2019/5/2	16	17	高
5	2019/5/3	18	19	高
6	2019/5/4	20	23	高
7	2019/5/5	21	26	高
8	2019/5/6	24	29	高
9	2019/5/7	33	28	低
10	2019/5/8	39	31	低
11	2019/5/9	43	29	低
12	2019/5/10	49	34	低

■ 图 3-1-12　D9 单元格公式

2. 绝对数据源

绝对引用是指把公式移动或复制到其他单元格中，公式的引用位置保持不变。绝对引用的单元格地址前会使用“$”符号。“$”符号表示“锁定”，添加了“$”符号的就是绝对引用。

注意：Excel 中可使用【F4】快捷键，快捷引用绝对数据源，即出现“$”。

Step 01：选中 C3 单元格，在编辑区域输入公式“=IF（$B$3>=20," 达标 "," 不达标 "）”，如图 3-1-13 所示。

Step 02：按【Enter】键即可得到运算结果，将鼠标移动到 C3 单元格右下角，当出现黑色“+”字形状时，按住鼠标左键向下拖动复制公式，如图 3-1-14 所示，释放鼠标后，即可显示复制公式后的运算结果。

C3 =IF($B$3>=20,"达标","不达标")

	A	B	C
1	本月上旬鼠标销售		
2	日期	销量	是否达标
3	2019/5/1	16	不达标
4	2019/5/2	17	
5	2019/5/3	19	
6	2019/5/4	23	
7	2019/5/5	26	
8	2019/5/6	29	
9	2019/5/7	28	
10	2019/5/8	31	
11	2019/5/9	29	
12	2019/5/10	34	

■ 图 3-1-13　C3 单元格公式

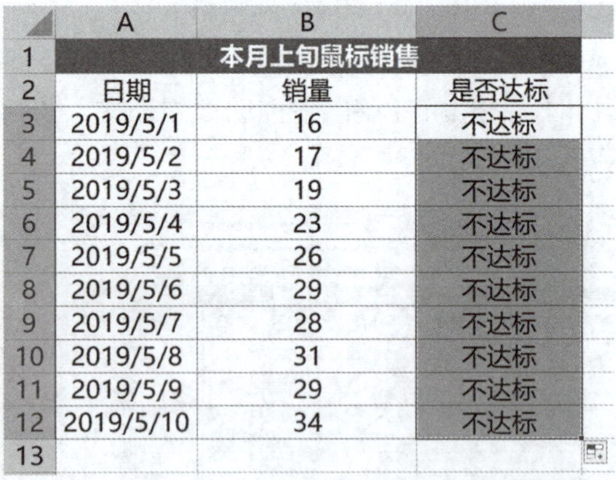

	A	B	C
1	本月上旬鼠标销售		
2	日期	销量	是否达标
3	2019/5/1	16	不达标
4	2019/5/2	17	不达标
5	2019/5/3	19	不达标
6	2019/5/4	23	不达标
7	2019/5/5	26	不达标
8	2019/5/6	29	不达标
9	2019/5/7	28	不达标
10	2019/5/8	31	不达标
11	2019/5/9	29	不达标
12	2019/5/10	34	不达标

■ 图 3-1-14　拖动复制公式

任务小结

在本章任务中，我们主要学习了求和函数 SUM、单判断求和函数 SUMIF、双判断求和函数 SUMIFS、求平均值函数 AVERAGE 以及条件平均值函数 AVERAGEIF。SUM 和 AVERAGE 嵌套在 IF 函数中其实也可以达到 SUMIF 和 AVERAGEIF 同样的效果，感兴趣的同学可以自己尝试。可以看到，在联想总销售量中，电子城的销售量占了一半多，7 月份的平均订单量比 6 月份略有下降。

实操演练

目标：找出特定条件的客户、统计订单相关均值

1. 统计“交易数据分析”工作簿，“旗舰店”工作表中的“订单支付金额”总额；统计“下单数量”为 1 的支付金额总额；统计“下单数量”为 1，且“货品编号”为“GLT125YP”的支付金额总额。

2. 计算“旗舰店”工作表中“订单支付金额”的平均值；计算“商家编号”为“8008380001732”的“订单支付金额”的平均值。

任务评价表

任务评价表					
评价内容		分值等级（评分）			
内容	分值（比重）	优秀	良好	合格	不合格
会运用 SUM、SUMIF、SUMIFS 函数	50 分（50%）	42~50（　　）	31~41（　　）	16~30（　　）	0~15（　　）
会运用 AVERAGE、AVERAGEIF 函数	50 分（50%）	42~50（　　）	31~41（　　）	16~30（　　）	0~15（　　）
综合分数（满分 100 分）					

注：括号内填写具体分值。

任务二　交易分析

学习目标

- ◆ 熟练运用 MAX 函数求季度最高销售。
- ◆ 熟练在 MAX 函数的基础上嵌套 IF 函数求指定的最高销售量。
- ◆ 熟练使用 LARGE 函数求任意指定的第几个最高销售量。
- ◆ 熟练使用条件判断 IF 函数进行补货设置。

任务导入

小琳和小庄昨天完成了销售总量以及平均值的统计，在此基础上得到了自己的净利润。然而，她们突然发现一个严重的问题，她们不知道哪些东西卖完了，哪些需要补货。

小琳：“怎么办？物品种类太多了，我们两个人要统计到什么时候去？我该怎么进货呀？”

小庄：“别急，我们可以用交易数据表和进货表对比一下，用条件判断函数就能提醒我们什么货品该进货啦。”

任务实施

一、最高销售量（最大值函数 MAX、LAGRE）

1. 求某季度中的最高销量（MAX 函数）

Step 01：选中 B8 单元格，在编辑区域输入公式：=MAX（B2:F6）

注意：MAX 函数的功能是对指定区域求最大值。

Step 02：按【Enter】键，即可得到最高销量，如图 3-2-1 所示。

B8　fx =MAX(B2:F6)

	A	B	C	D	E	F
1	月份	6月	7月	8月	9月	10月
2	联想	185	354	188	234	222
3	华硕	354	327	280	323	279
4	外星人	75	70	89	98	111
5	惠普	441	520	678	789	453
6	戴尔	364	355	430	320	240
7						
8	最高销量	789				
9						

图 3-2-1　计算最高销量

2. 求指定的最高销量（MAX+IF 函数）

Step 01：选中 G2 单元格，在编辑区域输入公式：=MAX（IF（$B$2:$B$11=F2,$D$2:$D$11））

Step 02：按【Ctrl+Shift+Enter】组合键，即可计算出“6 月”的最高订单量，如图 3-2-2 所示。

注意：{}表示数组运算，自己输入{}无效，必须使用【Ctrl+Shift+Enter】组合键才能进行数组运算，例如这里公式的意思是对每一个订单量进行判断，是六月份的值就记录在数组中，得到数组 {98,90,80,76,66}，然后求这个数组的最大值为 98。

G2　fx {=MAX(IF($B$2:$B$11=F2,$D$2:$D$11))}

	A	B	C	D	E	F	G
1	序号	月份	品牌	订单量		月份	最高订单量
2	1	6月	联想	98		6月	98
3	2	7月	华硕	95		7月	
4	3	7月	联想	93			
5	4	6月	惠普	90			
6	5	7月	惠普	82			
7	6	6月	戴尔	80			
8	7	6月	华硕	76			
9	8	7月	戴尔	75			
10	9	6月	外星人	66			
11	10	7月	外星人	60			
12							

图 3-2-2　计算出“6 月”的最高订单量

Step 03：选中 G2 单元格，拖动右下角的填充柄向下复制公式即可以此得到“7 月”的最高订单量，如图 3-2-3 所示。

G2　{=MAX(IF($B$2:$B$11=F2,$D$2:$D$11))}

	A	B	C	D	E	F	G
1	序号	月份	品牌	订单量		月份	最高订单量
2	1	6月	联想	98		6月	98
3	2	7月	华硕	95		7月	95
4	3	7月	联想	93			
5	4	6月	惠普	90			
6	5	7月	惠普	82			
7	6	6月	戴尔	80			
8	7	6月	华硕	76			
9	8	7月	戴尔	75			
10	9	6月	外星人	66			
11	10	7月	外星人	60			

■ 图 3-2-3　“7 月”的最高订单量

3. 求任意指定的第几个最高销量（LARGE 函数）

Step 01：选中 B8 单元格，在编辑区域输入公式：=LARGE(B2:B7,2）。

注意：LARGE 函数的功能是得到区域内的第几最大值。

Step 02：按【Enter】键，即可计算出“6 月”的第二个最高销售量，如图 3-2-4 所示。

B8　=LARGE(B2:B7,2)

	A	B	C	D	E	F
1	月份	6月	7月	8月	9月	10月
2	联想	185	354	188	234	222
3	华硕	354	327	280	323	279
4	外星人	75	70	89	98	111
5	惠普	441	520	678	789	453
6	戴尔	364	355	430	320	240
7						
8	第二个最高销量	364				

■ 图 3-2-4　计算出“6 月”的第二个最高销售量

Step 03：选中 B8 单元格，拖动右下角的填充柄向右复制公式（复制到 F8 单元格），即可得到其他月份的第二个最高订单量，如图 3-2-5 所示。

B8　=LARGE(B2:B7,2)

	A	B	C	D	E	F	G
1	月份	6月	7月	8月	9月	10月	
2	联想	185	354	188	234	222	
3	华硕	354	327	280	323	279	
4	外星人	75	70	89	98	111	
5	惠普	441	520	678	789	453	
6	戴尔	364	355	430	320	240	
7							
8	第二个最高销量	364	355	430	323	279	
9							

■ 图 3-2-5　其他月份的第二个最高订单量

二、补货设置（条件判断函数 IF）

1. 库存小于 300 时提醒补货（IF 函数）

Step 01：选中 C2 单元格，在编辑区域输入公式：=IF（B2<=300," 补货 ",""）。

注意：IF 函数功能是根据判断条件输出不同的值，比如这里判断是否小于等于 300，是就输出“补货”，“不是”就输出“”。这里“”表示空值，即什么也没有。

Step 02：按【Enter】键，即可依据 B2 单元格的数值返回相应值（小于 300 就显示“补货”），如图 3-2-6 所示。

Step 03：选中 C2 单元格，拖动右下角的填充柄向下复制公式（复制到 C6 单元格），即可以得到其他商品库存情况，如图 3-2-7 所示。

C2 =IF(B2<=300,"补货","")

	A	B	C	D	E
1	产品	6月库存	库存提醒		
2	联想	185	补货		
3	华硕	354			
4	外星人	75			
5	惠普	441			
6	戴尔	364			

■ 图 3-2-6　计算库存提醒

C2 =IF(B2<=300,"补货","")

	A	B	C	D	E
1	产品	6月库存	库存提醒		
2	联想	185	补货		
3	华硕	354			
4	外星人	75	补货		
5	惠普	441			
6	戴尔	364			
7					

■ 图 3-2-7　其他产品库存情况

2. 只为满足条件的商品补货（IF 函数）

Step 01：选中 D2 单元格，在编辑区域输入公式：=IF（C2=" 补货 ",B2+300,B2）。

Step 02：按【Enter】键，即可依据 C2 单元格的库存提醒，判断是否满足“补货”这个条件，从图 3-2-8 中可以看到当前是满足的，因此计算结果是“B2+300”的值。

Step 03：选中 D2 单元格，拖动右下角的填充柄向下复制公式（复制到 D6 单元格），即可批量判断各产品补货后的库存，如图 3-2-9 所示。

D2 =IF(C2="补货",B2+300,B2)

	A	B	C	D	E
1	产品	6月库存	库存提醒	补货后库存	
2	联想	185	补货	485	
3	华硕	354			
4	外星人	75	补货		
5	惠普	441			
6	戴尔	364			
7					

■ 图 3-2-8　计算补货后库存

	A	B	C	D	E
1	产品	6月库存	库存提醒	补货后库存	
2	联想	185	补货	485	
3	华硕	354		354	
4	外星人	75	补货	375	
5	惠普	441		441	
6	戴尔	364		364	
7					
8					

■ 图 3-2-9　其他商品补货后的库存

三、公式分析

1.MAX 函数

MAX 函数用于取最大值。

其参数设置详解如下：

= MAX(B2:F6)

B2:F6：取值区域从 B2 开始到 F6。

本例公式表示对 B2 单元格到 F6 单元格的值求最大值。

2.MAX+IF 函数

MAX+IF 在进行取最大值前进行条件判断。

其参数设置详解如下：

= MAX(IF($C$2:$C$16=F2, $D$2:$D$16))

$C$2:$C$16=F2：条件判断，判断区域中是否有等于 F2 的值。

$D$2:$D$16：对应判断条件区域取值。

本例公式表示先判断 C2:C16 单元格区域中哪些为与 F2 相同，然后将满足条件的对应在 D2:D16 单元格区域的值取最大值。

3.LARGE 函数

LARGE 函数返回某一个数据集中的某个最大值。

其参数设置详解如下：

= LARGE(B2:B11,2)

B2:B11：取值区域从 B2 开始到 B11 结束。

2：取第二大的最大值。

本例公式表示从 B2 单元格到 B11 单元格中取第二最大值。

4.IF 函数

IF 函数用于判断后返回两个值，一个判断正确的值，一个判断错误的值。

其参数设置详解如下：

= IF(A2=" 十年 ",C2+50,C2)

A2=" 十年 "：判断 A2 单元格是否为字符串“十年”。

C2+50：判断正确，输出 C2+50 的值。

C2：判断错误，输出 C2。

本例公式表示判断 A2 单元格是否为“十年”，如果是，返回 C2+50 的值，如果不是，返回 C2 的值。

技能拓展

1. 按条件排序

选中“销量”下的任意单元格，切换到“数据”选项卡，在“排序和筛选”组中单击（降序）按钮，如图 3-2-10 所示。即可看到销量从高到低进行排序，如图 3-2-11 所示。

	A	B	C
1	本月上旬鼠标销售		
2	日期	销量	是否达标
3	2019/5/1	16	不达标
4	2019/5/2	17	不达标
5	2019/5/3	19	不达标
6	2019/5/4	23	不达标
7	2019/5/5	26	不达标
8	2019/5/7	28	不达标
9	2019/5/6	29	不达标
10	2019/5/9	29	不达标
11	2019/5/8	31	不达标
12	2019/5/10	34	不达标

■ 图 3-2-10 单击（降序）按钮

	A	B	C
1	本月上旬鼠标销售		
2	日期	销量	是否达标
3	2019/5/10	34	达标
4	2019/5/8	31	达标
5	2019/5/6	29	达标
6	2019/5/9	29	达标
7	2019/5/7	28	达标
8	2019/5/5	26	达标
9	2019/5/4	23	达标
10	2019/5/3	19	达标
11	2019/5/2	17	达标
12	2019/5/1	16	达标

■ 图 3-2-11 销量从高到低进行排序

2. 自动筛选

Step 01：选中任意单元格，切换到“数据”选项卡，在“排序和筛选”组中单击“筛选”按钮，如图 3-2-12 所示。

Step 02：系统自动为列表添加筛选按钮，单击“销量比较情况”右侧筛选按钮，取消“全选”复选框，选中“高”复选框，如图 3-2-13 所示。

Step 03：单击“确定”按钮，即可看到销量比较情况为高的数据，如图 3-2-14 所示。

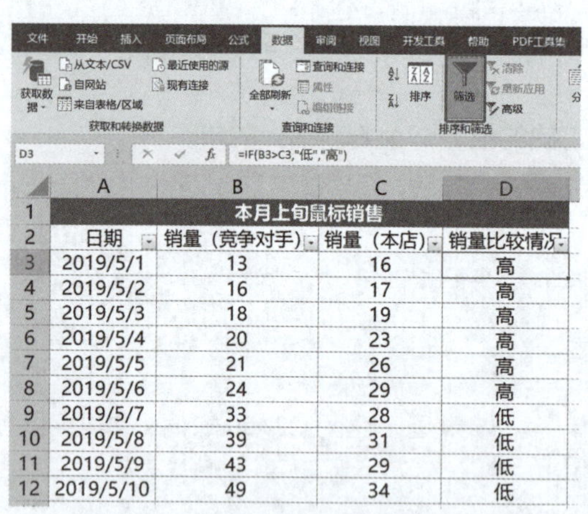

	A	B	C	D
1	本月上旬鼠标销售			
2	日期	销量（竞争对手）	销量（本店）	销量比较情况
3	2019/5/1	13	16	高
4	2019/5/2	16	17	高
5	2019/5/3	18	19	高
6	2019/5/4	20	23	高
7	2019/5/5	21	26	高
8	2019/5/6	24	29	高
9	2019/5/7	33	28	低
10	2019/5/8	39	31	低
11	2019/5/9	43	29	低
12	2019/5/10	49	34	低

■ 图 3-2-12 “筛选”按钮

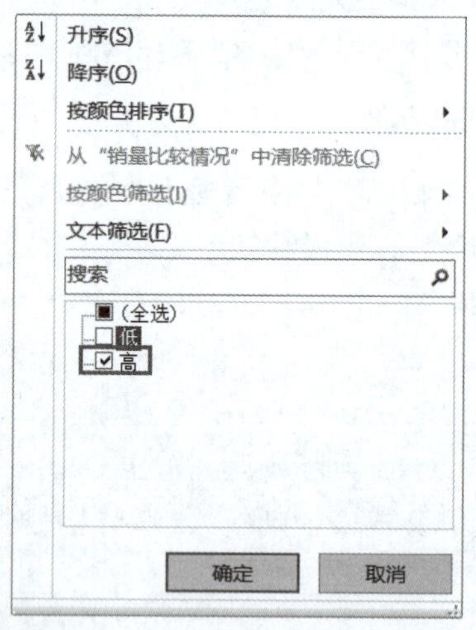

■ 图 3-2-13 选中“高”复选框

	A	B	C	D
1	本月上旬鼠标销售			
2	日期	销量（竞争对手）	销量（本店）	销量比较情况
3	2019/5/1	13	16	高
4	2019/5/2	16	17	高
5	2019/5/3	18	19	高
6	2019/5/4	20	23	高
7	2019/5/5	21	26	高
8	2019/5/6	24	29	高
13				

■ 图 3-2-14 销量比较情况为“高”的数据

任务小结

在本任务中，我们主要学习了最大值函数 MAX、条件最大值函数 MAX+IF、取某一最大值函数 LARGE 以及条件判断函数 IF。可以看到 7 月份的最高订单量比 6 月份略有降低，几个月份的第二最大值下降明显，6 月有两个品牌需要补货。

实操演练

目标：查找高订单支付金额、筛选赠品数据

1. 在“交易数据分析”工作簿，“旗舰店”工作表中找到山东省的最高订单支付金额；找到“旗舰店”第二高和第三高的订单支付金额。（提示：LEFT(A2,3) 表示取 A2 单元格的左侧前三个字，例如“任务评价表”取前三个字即是“任务评”）

2. 在“旗舰店”工作表中，新建“是否为赠送商品”列。通过“订单支付金额”列进行判断，如果订单支付金额为 0，则标记为“赠品”，否则不做处理。

任务评价表

任务评价表						
评价内容		分值等级（评分）				
内容	分值（比重）	优秀	良好	合格	不合格
会使用 MAX 函数和 MAX+IF 函数	30 分（30%）	26~30（　　）	18~25（　　）	11~17（　　）	0~10（　　）
会使用 LARGE 函数	30 分（30%）	26~30（　　）	18~25（　　）	11~17（　　）	0~10（　　）
会使用条件判断函数 IF 函数	40 分（40%）	34~40（　　）	26~33（　　）	16~25（　　）	0~15（　　）
综合分数（满分 100 分）					

注意：括号内填写具体分值。

任务三　商品退换货分析

学习目标

商品货物分析：

- 熟练运用 COUNTIF 函数。
- 熟练运用 LOOKUP 函数。

◆ 熟练运用 VLOOKUP 函数。

◆ 熟练运用 DATEDIF 函数。

任务导入

小琳和小庄先前完成了补货的流程，可是在进行统计的时候发现有些数字对不上。最后，小琳率先发现其实她们还有一些退换货没有算进去，因而小琳和小庄想要找到客户退货的原因。

小琳：“客户到底为什么会退货呢，难道是我们都发错了商品？”

小庄：“我们用 COUNTIF 统计一下就可以啦，我们还要用 LOOKUP 函数做一份新的表格。”

任务实施

一、统计退换货个数（COUNTIF 函数）

1. COUNTIF 函数

COUNTIF 函数用于统计满足条件的单元格个数。

其参数设置详解如下：

= COUNTIF(E2:E14," 本科 ")

E2:E14：取值区域从 E2 开始到 E14 结束。

" 本科 "：值等于 " 本科 "。

本例公式表示统计从 E2 单元格到 E14 单元格中值满足条件等于“本科”的数量。

2. 统计发错商品数（COUNTIF 函数）

	A	B	C	D	E	F	G
1	订单编号	买家会员名	退款账号	宝贝标题名称	退货/退款原因	全部/部分退款	退款金额
2	921196218760987232	情人众情小众	152****4557	春夏口袋饰仿羊羔毛细节加厚牛仔外套	质量问题	部分退款	¥33.00
3	885703475972779003	物理里物云	133****5361	运动套装短袖t恤女夏季韩版宽松两件套	补差价	部分退款	¥6.00
4	239166885035427025	梦魔是这我是	177****4099	春夏新款轻质纺缝夹克男外套男韩版潮流	描述与商品不符	全部退款	¥133.00
5	588666602136531451	淤青膝盖	185****4852	黑色显瘦轻熟风大码女装2020	发错商品	全部退款	¥78.00
6	423525853795591253	火柴女孩卖	158****3483	夏季新款字母短外套防晒衣女装	发错商品	全部退款	¥107.00
7	696529269197643324	骆驼死的帅死	151****7703	职业套装女夏季时尚套裙	补差价	部分退款	¥26.00
8	811442979225884362	而上男	187****1265	新款春夏拼接针织设计牛仔外套黑色时尚	商品漏发	部分退款	¥275.00
9	621387106859144206	皮卡与皮	181****6919	2020年新款女装纯棉白色上衣体恤	质量问题	部分退款	¥137.00
10	561068393777700725	少女晶心水晶	186****9694	20新款春夏卡其纯色连衣裙	发错商品	全部退款	¥87.00
11	548103634169935264	麻辣蕉香蕉	188****7135	2020夏装外套短裤套装女气质洋气两件套	发错商品	全部退款	¥125.00
12	715408531361850341	后裔的太阳	159****1704	运动套装短袖t恤女夏季韩版宽松两件套	质量问题	部分退款	¥28.00
13	943278716454348243	veovlo	133****8589	春夏新款针织衫高领罗纹针织衫灰色修身	描述与商品不符	全部退款	¥118.00
14	934224512686432462	武林萌主	181****6150	2020新款女装时尚气质休闲宽松拼接T恤衫	质量问题	部分退款	¥110.00

图 3-3-1 “退换货”表格

在图 3-3-1 所示“退换货”表格中计数发生“发错商品”退货的有多少单。

Step 01：如图 3-3-2 所示，在工作表指定位置输入 =COUNTIF(E2:E14," 发错商品 ")。即统计 E2 到 E14 中有几个“发错商品”。

注意：COUNTIF 函数的功能是统计区域内指定内容出现的次数。

Step02：按【Enter】键即可得到运算结果，如图 3-3-3 所示。

D	E	F
宝贝标题名称	退货/退款原因	全部/部分退款
春夏口袋饰仿羊羔毛细节加厚牛仔外套	质量问题	部分退款
运动套装短袖t恤女夏季韩版宽松两件套	补差价	部分退款
春夏新款轻质纺缝夹克男外套男韩版潮流	描述与商品不符	全部退款
黑色显瘦轻熟风大码女装2020	发错商品	全部退款
夏季新款字母短外套防晒衣女装	发错商品	全部退款
职业套装女夏季时尚套裙	补差价	部分退款
新款春夏拼接针织设计牛仔外套黑色时尚	商品漏发	部分退款
2020年新款女装纯棉白色上衣体恤	质量问题	部分退款
20新款春夏卡其纯色连衣裙	发错商品	全部退款
2020夏装外套短裤套装女气质洋气两件套	发错商品	全部退款
运动套装短袖t恤女夏季韩版宽松两件套	质量问题	部分退款
春夏新款针织衫高领罗纹针织衫灰色修身	描述与商品不符	全部退款
2020新款女装时尚气质休闲宽松拼接T恤衫		
质量问题:	=COUNTIF(E2:E14,"发错商品")	
	COUNTIF(range, criteria)	

■ 图 3-3-2　统计“发错商品”

D	E
宝贝标题名称	退货/退款原因
春夏口袋饰仿羊羔毛细节加厚牛仔外套	质量问题
运动套装短袖t恤女夏季韩版宽松两件套	补差价
春夏新款轻质纺缝夹克男外套男韩版潮流	描述与商品不符
黑色显瘦轻熟风大码女装2020	发错商品
夏季新款字母短外套防晒衣女装	发错商品
职业套装女夏季时尚套裙	补差价
新款春夏拼接针织设计牛仔外套黑色时尚	商品漏发
2020年新款女装纯棉白色上衣体恤	质量问题
20新款春夏卡其纯色连衣裙	发错商品
2020夏装外套短裤套装女气质洋气两件套	发错商品
运动套装短袖t恤女夏季韩版宽松两件套	质量问题
春夏新款针织衫高领罗纹针织衫灰色修身	描述与商品不符
2020新款女装时尚气质休闲宽松拼接T恤衫	质量问题
发错商品:	4

■ 图 3-3-3　运算结果

3. 统计退款金额在 10 元以下的个数（COUNTIF 函数）

在图 3-3-1 所示的表格中，我们希望找出退货金额小于 10 元的数据有多少。

Step 01：如图 3-3-4 所示，在工作表指定位置输入 =COUNTIF(G2:G14,"<10")。即统计 G2 到 G14 中有几个金额小于 10。

D	E	F	G
宝贝标题名称	退货/退款原因	全部/部分退款	退款金额
春夏口袋饰仿羊羔毛细节加厚牛仔外套	质量问题	部分退款	¥33.00
运动套装短袖t恤女夏季韩版宽松两件套	补差价	部分退款	¥6.00
春夏新款轻质纺缝夹克男外套男韩版潮流	描述与商品不符	全部退款	¥133.00
黑色显瘦轻熟风大码女装2020	发错商品	全部退款	¥78.00
夏季新款字母短外套防晒衣女装	发错商品	全部退款	¥107.00
职业套装女夏季时尚套裙	补差价	部分退款	¥8.00
新款春夏拼接针织设计牛仔外套黑色时尚	商品漏发	部分退款	¥275.00
2020年新款女装纯棉白色上衣体恤	质量问题	部分退款	¥137.00
20新款春夏卡其纯色连衣裙	发错商品	全部退款	¥87.00
2020夏装外套短裤套装女气质洋气两件套	发错商品	全部退款	¥125.00
运动套装短袖t恤女夏季韩版宽松两件套	质量问题	部分退款	¥28.00
春夏新款针织衫高领罗纹针织衫灰色修身	描述与商品不符	全部退款	¥118.00
2020新款女装时尚气质休闲宽松拼接T恤衫	质量问题	部分退款	¥110.00
发错商品:			
金额<10:	=COUNTIF(G2:G14,"<10")		

■ 图 3-3-4　统计 G2 到 G14 中有几个金额小于 10

注意：在 COUNTIF 函数内输入比较符号如“<10”默认为比较数字大小，这里即满足条件：值小于 10。再次重申，这里“<10”只能表示比较数字大小，不能匹配字符“<10”

Step02：按【Enter】键即可得到运算结果，如图 3-3-5 所示。

D	E
宝贝标题名称	退货/退款原因
春夏口袋饰仿羊羔毛细节加厚牛仔外套	质量问题
运动套装短袖t恤女夏季韩版宽松两件套	补差价
春夏新款轻质纺织夹克男外套男韩版潮流	描述与商品不符
黑色显瘦轻熟风大码女装2020	发错商品
夏季新款字母短外套防晒衣女装	发错商品
职业套装女夏季时尚套裙	补差价
新款春夏拼接针织设计牛仔外套黑色时尚	商品漏发
2020年新款女装纯棉白色上衣体恤	质量问题
20新款春夏卡其纯色连衣裙	发错商品
2020夏装外套短裤套装女气质洋气两件套	发错商品
运动套装短袖t恤女夏季韩版宽松两件套	质量问题
春夏新款针织衫高领罗纹针织衫灰色修身	描述与商品不符
2020新款女装时尚气质休闲宽松拼接T恤衫	质量问题
发错商品:	4
金额<10:	2

图 3-3-5 运算结果

二、查找对应信息（LOOKUP 函数）

1. LOOKUP 函数

（1）LOOKUP 函数返回范围内的查找内容的对应值。

其参数设置详解如下：

=LOOKUP(E2,B2:B14,C2:C14)

E2：指定查找对象

B2:B14：用于条件判断的区域。

C2:C14：对应取值的区域。

本例公式表示先判断 B2 到 B14 单元格区域中哪些为与 E2 相同，然后返回对应在 C2 到 C14 单元格上的数值。

（2）多条件查找 LOOKUP 函数返回满足多个判断范围内查找内容的对应值。

其参数设置详解如下：

=LOOKUP(1,0/((条件 1= 条件 1 判断区域)*(条件 2= 条件 2 判断区域)*……), 返回值区域)

注：多个判断条件间用 * 连接。

本例公式表示返回满足条件 1 的同时也满足条件 2 的返回区域内对应的值。

2. 查找对应订单号的买家会员名

如图 3-3-6 所示，某些订单出现了问题，我们想要查找这些订单对应的买家会员名。

	A	B	C	D	E	F	G
1	订单编号	买家会员名	退款账号	退款持续时间	退货日期	宝贝标题名称	退货/退款原因
2	423525853795591253				2020/12/2		
3	588666602136531451				2020/11/24		
4	943278716454348243				2020/6/1		
5	811442979225884362				2020/8/30		
6							

图 3-3-6 某些订单出现了问题

Step 01：如图 3-3-7 所示，选定“退换货”表中的订单编号列，选择“开始”→“编辑”“排序和筛选”→“升序”命令，先对查找内容对应的行或列进行排序。

注意：查找前不排序可能会导致结果出错。

订单编号	买家会员名	退款账号	宝贝标题名称	退货/退款原因		退款金额
239166885035427025	梦魇是这我是	177****4099	春夏新款轻质纺缝夹克男外套男韩版潮流	描述与商品不符	[illegible]	33.00
423525853795591253	火柴女孩卖	158****3483	夏季新款字母短外套防晒衣女装	发错商品	[illegible]	07.00
548103634169935264	麻辣蕉香蕉	188****7135	2020夏装外套短裤套装女气质洋气两件套	发错商品	[illegible]	25.00
561068393777700725	少女晶心水晶	186****9694	20新款春夏卡其纯色连衣裙	发错商品	全部退款	¥87.00
588666602136531451	淤青膝盖	185****4852	黑色显瘦轻熟风大码女装2020	发错商品	全部退款	¥78.00
621387106859144206	皮卡与皮	181****6919	2020年新款女装纯棉白色上衣体恤	质量问题	部分退款	¥137.00
696529269197643324	骆驼死的帅死	151****7703	职业套装女夏季时尚套裙	补差价	部分退款	¥8.00
715408531361850341	后裔的太阳	159****1704	运动套装短袖t恤女夏季韩版宽松两件套	质量问题	部分退款	¥28.00
811442979225884362	而上男	187****1265	新款春夏拼接针织设计牛仔外套黑色时尚	商品漏发	部分退款	¥275.00
885703475972779003	物理里物云	133****5361	运动套装短袖t恤女夏季韩版宽松两件套	补差价	部分退款	¥6.00
921196218760987232	情人众情小众	152****4557	春夏口袋饰仿羊羔毛细节加厚牛仔外套	质量问题	部分退款	¥33.00
934224512686432462	武林萌主	181****6150	2020新款女装时尚气质休闲宽松拼接T恤衫	质量问题	部分退款	¥110.00
943278716454348243	veovlo	133****8589	春夏新款针织衫高领罗纹针织衫灰色修身	描述与商品不符	全部退款	¥118.00
			发错商品:	4		
			金额<10:	2		

■ 图 3-3-7　对查找内容对应的行或列进行排序

Step 02：如图 3-3-8 所示，在 B2 单元格中输入 =LOOKUP(A2, 退换货 !A2:A14, 退换货 ! B2:B14)，按【Enter】键可得到运算结果。输入内容表示在“退换货”表中的 A2 到 A14 单元格中，查找“新建”表中的 A2 单元格内容，并输出对应“退换货”表中 B2 到 B14 单元格中对应的值。

注意：LOOKUP 函数的功能是查找指定内容在区域内的对应内容，例如这里查找指定“订单编号”在另一张表格中对应的“买家会员名”。

Step 03：鼠标指针指向 B2 单元格右下角出现黑色十字型，按住鼠标左键不放向下拖动到 B5，得到如图 3-3-9 所示结果。

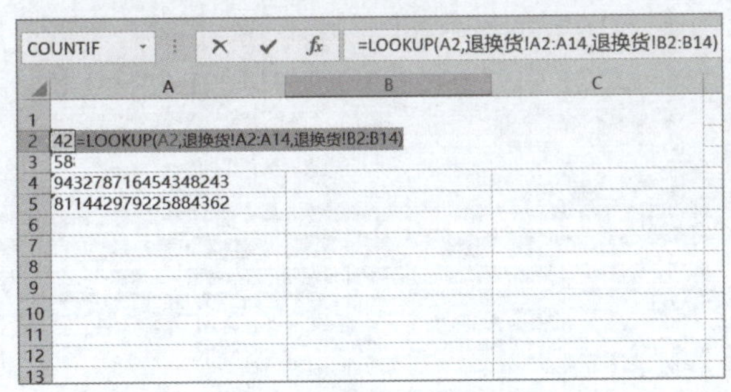

■ 图 3-3-8　输入公式

订单编号	买家会员名
423525853795591253	火柴女孩卖
588666602136531451	淤青膝盖
943278716454348243	veovlo
811442979225884362	而上男

■ 图 3-3-9　计算结果

3. 查找区域内对应的金额等级

LOOKUP 支持查找模糊值，即查找不大于查找值的最大值所对应的结果

Step 01：如图 3-3-10 所示，在 H2 单元格中输入 =LOOKUP(G2,$J$2:$K$9)，即在等级表中查找不大于 G2 的最大值对应的等级，按【Enter】键可得到运算结果。

F	G	H	I	J	K
全部/部分退款	退款金额				等级
全部退款	¥133.00	=LOOKUP(G2,$J$2:$K$9)			A
全部退款	¥107.00				B
全部退款	¥125.00	LOOKUP(lookup_value, lookup_vector, [r			
全部退款	¥87.00	LOOKUP(lookup_value, array)			
全部退款	¥78.00			500	E
部分退款	¥137.00			1000	F
部分退款	¥8.00			5000	G
部分退款	¥28.00			10000	H
部分退款	¥275.00				
部分退款	¥6.00				
部分退款	¥33.00				
部分退款	¥110.00				
全部退款	¥118.00				

■ 图 3-3-10 输入公式

Step02：鼠标指针指向 G2 单元格右下角，出现黑色“十”字形状时，按住鼠标左键不放向下拖动到 G14，得到图 3-3- 11 所示结果。

F	G	H	I	J	K
全部/部分退款	退款金额	等级		金额	等级
全部退款	¥133.00	D		0	A
全部退款	¥107.00	D		10	B
全部退款	¥125.00	D		50	C
全部退款	¥87.00	C		100	D
全部退款	¥78.00	C		500	E
部分退款	¥137.00	D		1000	F
部分退款	¥8.00	A		5000	G
部分退款	¥28.00	B		10000	H
部分退款	¥275.00	D			
部分退款	¥6.00	A			
部分退款	¥33.00	B			
部分退款	¥110.00	D			
全部退款	¥118.00	D			

■ 图 3-3-11 计算结果

4. 多条件查找某个具体原因

我们想要查找运动套装短袖 T 恤女，退款金额小于 10 元的退款原因。

Step01：如图 3-3-12 所示，在 E2 单元格中输入 =LOOKUP(1,0/((C17=H2:H14)*(D17=D2:D14)),E2:E14)。

Step02：按【Enter】键可得到计算结果，如图 3-3-13 所示。

C	D	E	F	G	H
退款账号	宝贝标题名称	退货/退款原因	全部/部分退款	退款金额	等级
177****4099	春夏新款轻质纺缝夹克男外套男韩版潮流	描述与商品不符	全部退款	¥133.00	D
158****3483	夏季新款字母短外套防晒衣女装	发错商品	全部退款	¥107.00	D
188****7135	2020夏装外套短裤套装女气质洋气两件套	发错商品	全部退款	¥125.00	D
186****9694	20新款春夏卡其纯色连衣裙	发错商品	全部退款	¥87.00	C
185****4852	黑色显瘦轻熟风大码女装2020	发错商品	全部退款	¥78.00	C
181****6919	2020年新款女装纯棉白色上衣体恤	质量问题	部分退款	¥137.00	D
151****7703	职业套装女夏季时尚套裙	补差价	部分退款	¥8.00	A
159****1704	运动套装短袖t恤女夏季韩版宽松两件套	质量问题	部分退款	¥28.00	B
187****1265	新款春夏拼接针织设计牛仔外套黑色时尚	商品漏发	部分退款	¥275.00	D
133****5361	运动套装短袖t恤女夏季韩版宽松两件套	补差价	部分退款	¥6.00	A
152****4557	春夏口袋饰仿羊羔毛细节加厚牛仔外套	质量问题	部分退款	¥33.00	B
181****6150	2020新款女装时尚气质休闲宽松拼接T恤衫	质量问题	部分退款	¥110.00	D
133****8589	春夏新款针织衫高领罗纹针织衫灰色修身	描述与商品不符	全部退款	¥118.00	D
	发错商品:	4			
	金额<10:				
A	运动套装短袖t恤女夏季韩版宽松两件套	=LOOKUP(1,0/((C17=H2:H14)*(D17=D2:D14)),E2:E14)			

■ 图 3-3-12 输入公式

C	D	E	F	G	H
退款账号	宝贝标题名称	退货/退款原因	全部/部分退款	退款金额	等级
177****4099	春夏新款轻质绗缝夹克男外套男韩版潮流	描述与商品不符	全部退款	¥133.00	D
158****3483	夏季新款字母短外套防晒衣女装	发错商品	全部退款	¥107.00	D
188****7135	2020夏装外套短裤套装女气质洋气两件套	发错商品	全部退款	¥125.00	D
186****9694	20新款春夏卡其纯色连衣裙	发错商品	全部退款	¥87.00	C
185****4852	黑色显瘦轻熟风大码女装2020	发错商品	全部退款	¥78.00	C
181****6919	2020年新款女装纯棉白色上衣体恤	质量问题	部分退款	¥137.00	D
151****7703	职业套装女夏季时尚套裙	补差价	部分退款	¥8.00	A
159****1704	运动套装短袖t恤女夏季韩版宽松两件套	质量问题	部分退款	¥28.00	B
187****1265	新款春夏拼接针织设计牛仔外套黑色时尚	商品漏发	部分退款	¥275.00	D
133****5361	运动套装短袖t恤女夏季韩版宽松两件套	补差价	部分退款	¥6.00	A
152****4557	春夏口袋饰仿羊羔毛细节加厚牛仔外套	质量问题	部分退款	¥33.00	B
181****6150	2020新款女装时尚气质休闲宽松拼接T恤衫	质量问题	部分退款	¥110.00	D
133****8589	春夏新款针织衫高领罗纹针织衫灰色修身	描述与商品不符	全部退款	¥118.00	D
	发错商品:	4			
	金额<10:	2			
A	运动套装短袖t恤女夏季韩版宽松两件套	补差价			

■ 图 3-3-13 计算结果

三、查找退款账号（VLOOKUP 函数）

1. VLOOKUP 函数

VLOOKUP 函数返回符合查找内容的指定列处的对应值。

其参数设置详解如下：

=VLOOKUP(A2, 产品信息表 !$A$1:$D$11,4,FALSE)

A2：指定查找对象。

产品信息表 !$A$1:$D$11：产品信息表中 A1 单元格到 D11 单元格区域为查找范围。

4：产品信息表中 A1 单元格到 D11 单元格区域取值范围为其中第 4 列。

FALSE：表示匹配精确值。

注意：如果为 TRUE，表示输出模糊值。

本例公式表示在产品信息表指定区域内查找 A2 的精确值，然后返回对应此区域第 4 列的对应值。

2. 查找对应订单编号的退款账号

如图 3-3-6 所示，在“新建”表格中填入退款账号信息，方便联系指定退款客户。

Step01：如图 3-3-14 所示，在 C2 单元格中输入 =VLOOKUP(A2, 退换货 !$A$1:$H$14,3,FALSE)，按【Enter】键可得到运算结果。

注意：VLOOKUP 函数的功能一样是查找对应的内容。

Step02：鼠标指针指向 C2 单元格右下角出现黑色十字型，按住鼠标左键不放向下拖动到 C5，得到图 3-3-15 所示结果。

	A	B	C
1	订单编号		
2	423525853795591253	=VLOOKUP(A2,退换货!$A$1:$H$14,3,FALSE)	
3	588666602136531451		
4	943278716454348243	veovlo	
5	811442979225884362	而上男	
6			

■ 图 3-3-14 输入公式

	A	B	C
1	订单编号	买家会员名	退款账号
2	423525853795591253	火柴女孩卖	158****3483
3	588666602136531451	淤青膝盖	185****4852
4	943278716454348243	veovlo	133****8589
5	811442979225884362	而上男	187****1265
6			
7			

■ 图 3-3-15　计算结果

四、查看退货耗时（DATEDIF 函数）

1. DATEDIF 函数

DATEDIF 函数返回两个日期之间的年数、月数或天数。

其参数设置详解如下：

=DATEDIF(C2,TODAY(),"m")

C2：表示计算的起始日期。

TODAY()：今天的日期，截至日期。

"m"：取之间的月份差，即 month 缩写。

注意："Y" 按年取，"D" 按天取。

本例公式表示返回从 C2 这日起到今天，总共经历了多少个月份。

2. 查看退货耗时

如图 3-3-6 所示，几个订单存在异常，还未退款，我们需要计算一下订单距今多少月了。

Step01：如图 3-3-16 所示，在 D2 单元格中输入 =DATEDIF(E2,TODAY(),"m")，按【Enter】键可得到运算结果。

注意：DATEDIF 函数的功能是计算两个日期之间的时间间隔。

Step02：鼠标指针指向 D2 单元格右下角出现黑色"十"字形状，按住鼠标左键不放向下拖动到 D5，得到图 3-3-17 所示结果。

	A	B	C	D	E
1	订单编号	买家会员名	退款账号		退货日期
2	423525853795591253	火柴女孩卖	158****3483	=DATEDIF(E2,TODAY(),"m")	2020/12/2
3	588666602136531451	淤青膝盖	185****4852		2020/11/24
4	943278716454348243	veovlo	133****8589		2020/6/1
5	811442979225884362	而上男	187****1265		2020/8/30
6					
7					

■ 图 3-3-16　输入公式

	A	B	C	D	E
1	订单编号	买家会员名	退款账号	退款持续时间	退货日期
2	423525853795591253	火柴女孩卖	158****3483	1	2020/12/2
3	588666602136531451	淤青膝盖	185****4852	1	2020/11/24
4	943278716454348243	veovlo	133****8589	7	2020/6/1
5	811442979225884362	而上男	187****1265	4	2020/8/30
6					
7					
8					

■ 图 3-3-17　计算结果

技能拓展

1. 公式查错

Step 01：选中 C3 单元格，在“公式”选项卡的“公式审核”组中单击“错误检查”按钮，如图 3-3-18 所示。

Step 02：打开“错误检查”对话框，在“错误检查”对话框中可以看到单元格 C2 中出错，出错的原因是公式中包含不可识别的文本，如图 3-3-19 所示。

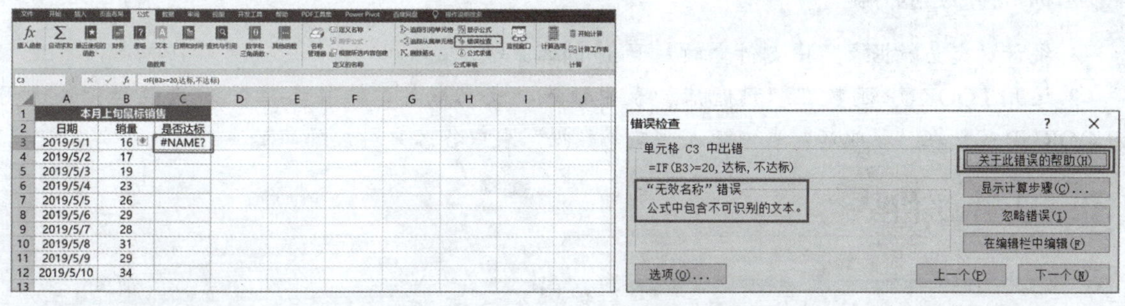

■ 图 3-3-18　“错误检查”按钮　　■ 图 3-3-19　“错误检查”对话框

Step 03：单击“关于此错误的帮助”按钮可以打开 Excel 帮助对话框，如图 3-3-20 所示，从而更加详细地查看错误原因，并找出解决方案。

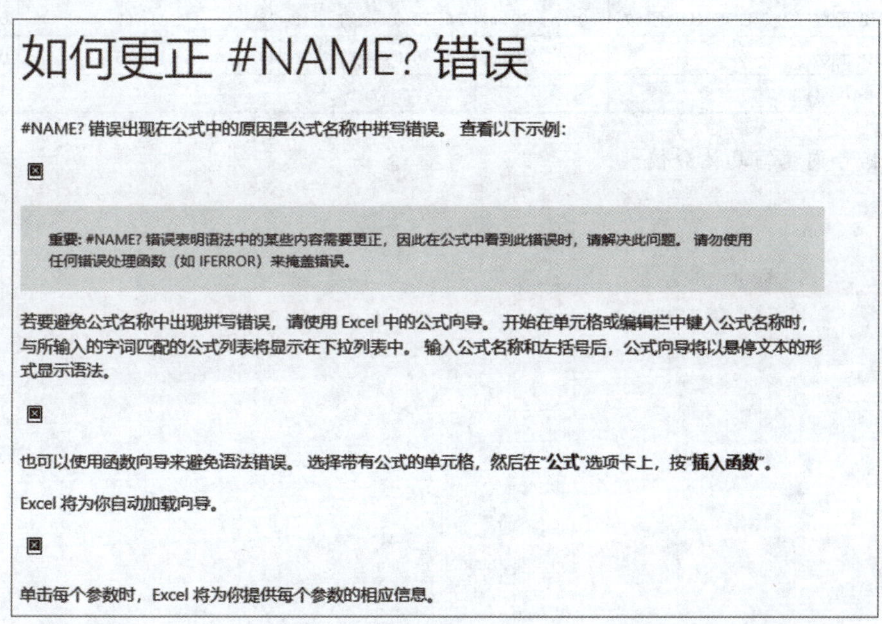

如何更正 #NAME? 错误

#NAME? 错误出现在公式中的原因是公式名称中拼写错误。 查看以下示例：

重要：#NAME? 错误表明语法中的某些内容需要更正，因此在公式中看到此错误时，请解决此问题。 请勿使用任何错误处理函数（如 IFERROR）来掩盖错误。

若要避免公式名称中出现拼写错误，请使用 Excel 中的公式向导。 开始在单元格或编辑栏中键入公式名称时，与所输入的字词匹配的公式列表将显示在下拉列表中。 输入公式名称和左括号后，公式向导将以悬停文本的形式显示语法。

也可以使用函数向导来避免语法错误。 选择带有公式的单元格，然后在"**公式**"选项卡上，按"**插入函数**"。

Excel 将为你自动加载向导。

单击每个参数时，Excel 将为你提供每个参数的相应信息。

■ 图 3-3-20　Excel 帮助对话框

任务小结

在本任务中，我们主要学习了统计函数COUNTIF、查找函数LOOKUP和VLOOKUP以及统计天数函数DATEDIF。我们发现退货原因比较平均，因为“发错商品”退货的订单只有4例。退款订单额小于10元的较少，只有2例。“运动套装短袖t恤女夏季韩版宽松两件套”退款在10元以下的原因是补差价。异常退款日期最长竟然达到了7个月。

实操演练

目标：客户数据分类

1. 统计“交易数据表”中支付金额大于50的客户数。

2. 运用LOOKUP函数在“旗舰店”表中填入“交易数据”表中各客户对应的性别，运用VLOOKUP函数在“旗舰店”表中填入“交易数据”表中各客户对应的年龄。

任务评价表

任务评价表					
评价内容		分值等级（评分）			
内容	分值(比重)	优秀	良好	合格	不合格
会运用COUNTIF函数	30分（30%）	26~30（ ）	18~25（ ）	11~17（ ）	0~10（ ）
会运用LOOKUP函数以及VLOOKUP函数	30分（30%）	26~30（ ）	18~25（ ）	11~17（ ）	0~10（ ）
会运用DATEDIF函数	40分（40%）	34~40（ ）	26~33（ ）	16~25（ ）	0~15（ ）
综合分数（满分100分）					

注意：括号内填写具体分值。

项目四

客户情况分析

项目目标

综合客户分析：

- 掌握通过指标进行客户分析。
- 熟悉客户画像的模型。
- 掌握绘制客户画像，通过客户画像分析客户。
- 掌握进行新老客户分析，包括粉丝趋势分析等。

项目描述

现今，公司的产品除了线下渠道的开拓，更多的会考虑网店的营销模式。观察淘宝、天猫、京东等在线平台上商品的销售，每天都在产生大量的购买数据，这些数据的背后，是购买人群的诸多消费习惯，通过针对性的客户数据分析，我们可以挖掘出客户特征，为精准营销提供有力的数据分析支撑。小庄和小琳充分吸收了小顾的基础授课内容，正式走上了提升店铺运营的第一步，客户数据分析。

注意：数据在处理前应建立副本并保留原始数据，以下项目中的数据皆已建立工作簿副本，因此不再在工作表中另行建立工作表副本。

任务一　客户指标分析

学习目标

数据归类分析：

- 熟悉客户访问量、人均浏览量、访客获取成本和客户转化率的概念。
- 熟练删除重复值得到用户地区列表。
- 熟练筛选出上海地区的客户，并用 subtotal 函数计算人均浏览量。
- 熟练使用三维柱形图分析访客地域。
- 熟悉访客类型的划分。

任务导入

小琳和小庄在此前已经完成了数据表的部分统计工作，完成了货物的统计与补货，她们开始希望改善店铺的运营情况。

小琳："小庄，我们的客户怎么感觉都不活跃啊，进来一下就退了。"

小庄："真的吗？看来我们需要分析一下客户，找准我们的客户群体，同时回馈一下老客户了。"

任务实施

在商务数据分析时，有很多指标可以用来分析客户类型和特征，其中最主要和基本的指标有客户访问量、访客获取成本、客户转化率、访客地域和访客类型。对这些指标进行评估，可以更全面地了解客户情况。

一、客户访问量分析

客户访问量是指在某段时间内，某个店铺被客户访问的总次数，如图 4-1-1 所示。不过需要考虑到的是，同一个客户在一段时间内可能会访问同一店铺的多个页面，对店铺的网站地址发起多次的访问，因此，常用的访问量统计指标分为页面浏览量、访客数、独立 IP 和会话数等。

下面我们主要介绍页面浏览量和访客数这两个指标。

页面浏览量指在一定时间内，用户每刷新一次页面，则被计算一次浏览量。

访客数指在某段时间内唯一的某个客户，虽访问多次，但仅被计算为一次。

人均浏览量为访客浏览量的平均值，即浏览量除以访客数。

接下来，打开工作簿“任务 4.1”，工作表“任务一（地域）”，我们想要获取数据表中的客户地区列表，然后筛选出上海地区的客户，统计他们的浏览量以及人均浏览量。

Step01：右击“任务一（地域）”表，选择“移动或复制”命令，在弹出的“移动或复制工作表”对话框中选中“建立副本”复选框，并在“下列选定工作表之前”选项框中选择“（移至最后）”，如图 4-1-2 所示，把副本重命名为“地区表”。

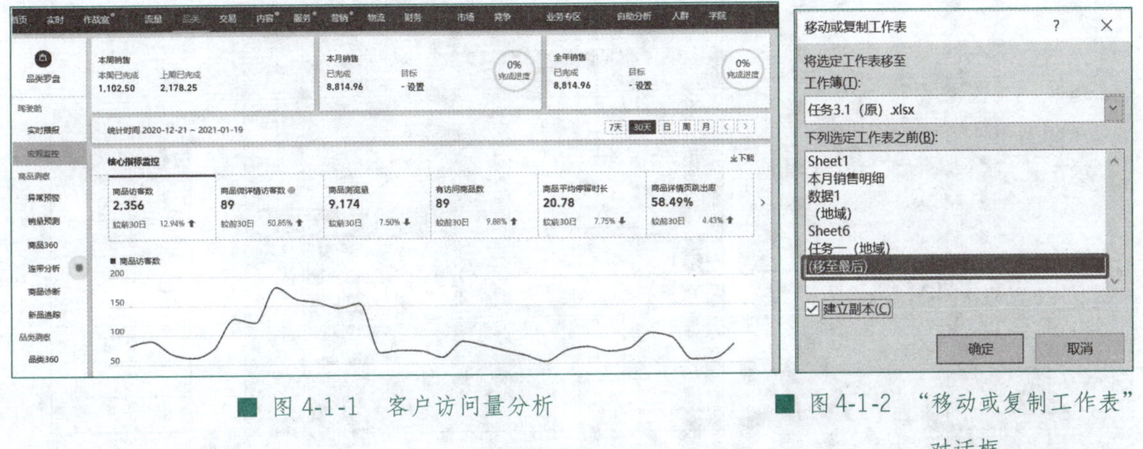

■ 图 4-1-1　客户访问量分析　　■ 图 4-1-2　“移动或复制工作表”对话框

Step02：按【Ctrl+A】组合键全部选中，单击“数据”→“数据工具”→“删除重复值”按钮，如图 4-1-3 所示。

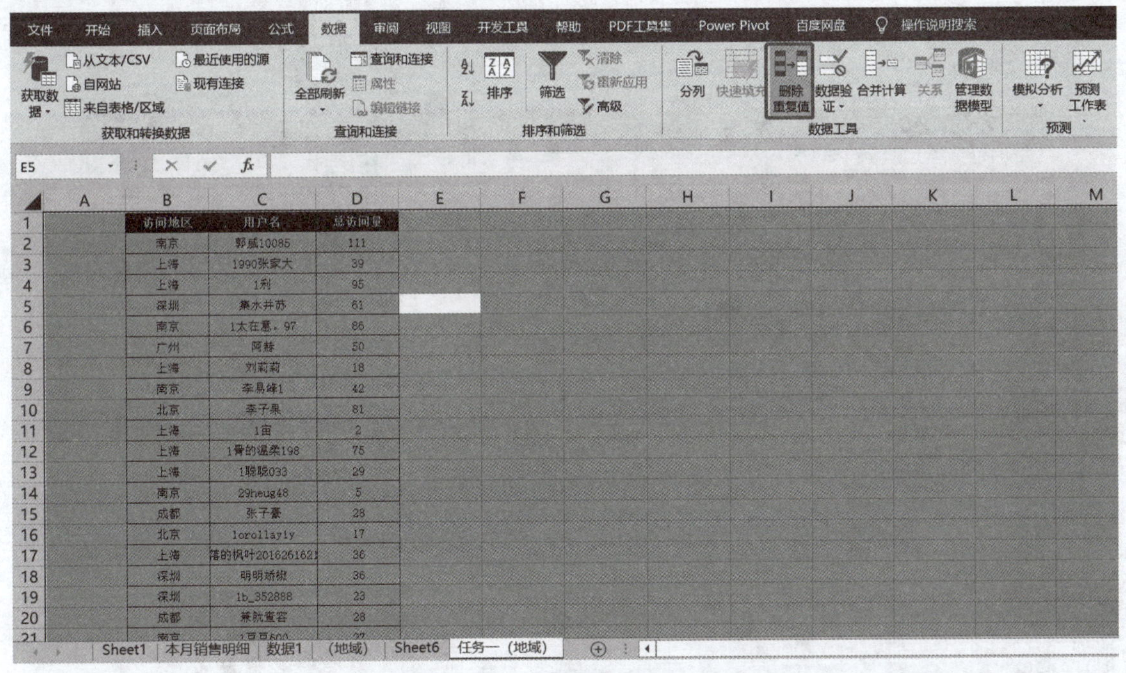

■ 图 4-1-3　“删除重复值”按钮

Step03：在弹出的“删除重复值”对话框中选中“列 B”，如图 4-1-4 所示，单击“确定”按钮。

Step04：选中 C 列和 D 列，右击选择“删除命令”，如图 4-1-5 所示，即可得到客户地区列表，如图 4-1-6 所示。

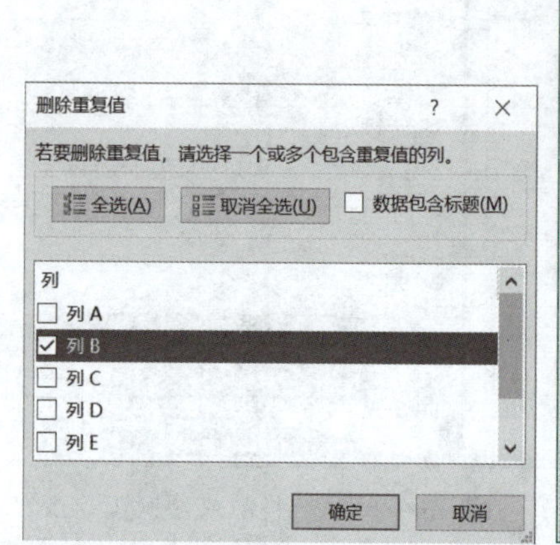

图 4-1-4 “删除重复值”对话框

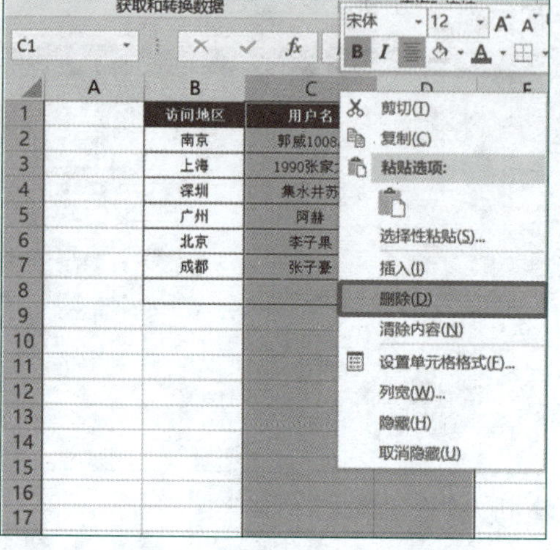

图 4-1-5 “删除”命令

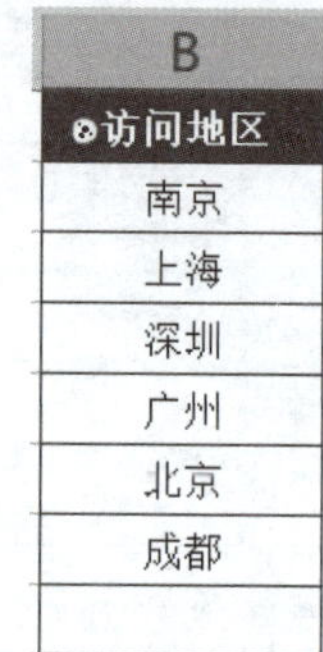

图 4-1-6 得到客户地区列表

接下来统计上海地区人均浏览量：

Step01：选中“任务一（地域）”工作表，如图 4-1-7 所示，单击“数据”→“排序和筛选”→“筛选”按钮。

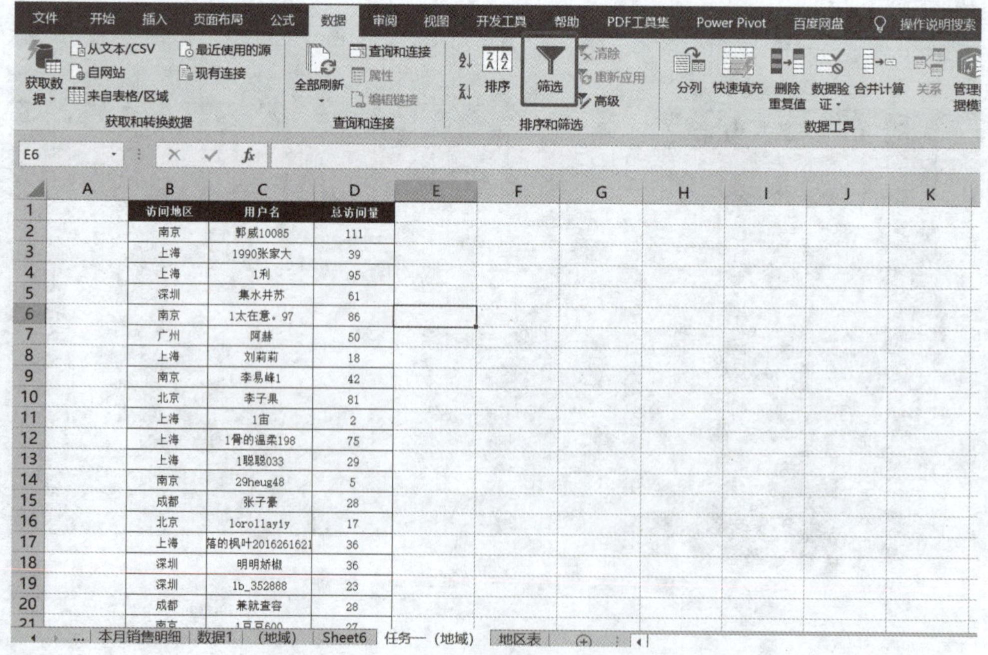

图 4-1-7 单击“数据”→“筛选”命令

Step02：如图 4-1-8 所示，单击“访问地区”的右侧筛选小三角“▼”，在弹出的下拉列表中只选择“上海”，单击“确定”按钮。

Step03：在 E3 单元格输入公式：=SUBTOTAL(109,D3:D29)，按【Enter】键得到结果 372，如图 4-1-9 所示，表示上海地区的总访问量为 372。

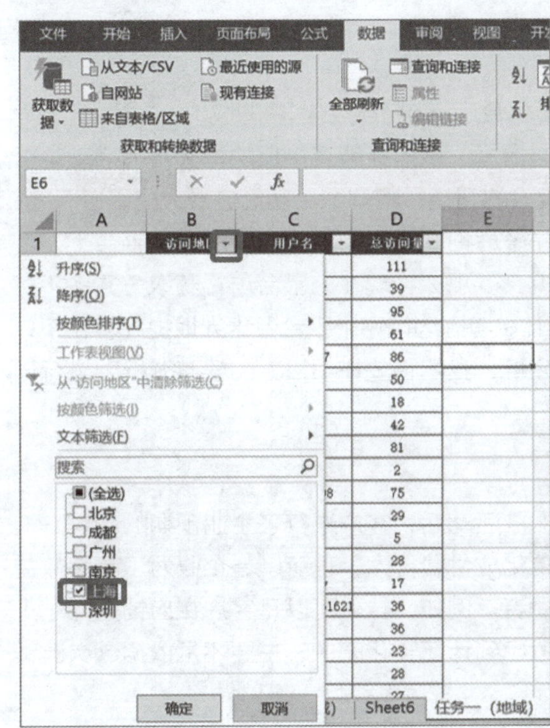

■ 图 4-1-8　选择“上海”

E3　=SUBTOTAL(109,D3:D29)

	A	B	C	D	E
1		访问地区	用户名	总访问量	
3		上海	1990张家大	39	372
4		上海	1利	95	
8		上海	刘莉莉	18	
11		上海	1亩	2	
12		上海	1骨的温柔198	75	
13		上海	1聪聪033	29	
17		上海	落的枫叶2016261621	36	
22		上海	1土匪09032	18	
23		上海	1ianglairuc	29	
29		上海	112ufug38	31	

■ 图 4-1-9　输入公式计算总访问量

Step04：在 E4 单元格输入公式：=SUBTOTAL(101,D3:D29)，按【Enter】键，得到结果 37.2，即上海地区人均访问量为 37.2，如图 4-1-10 所示。

E4　=SUBTOTAL(101,D3:D29)

	A	B	C	D	E
1		访问地区	用户名	总访问量	
3		上海	1990张家大	39	372
4		上海	1利	95	37.2
8		上海	刘莉莉	18	
11		上海	1亩	2	
12		上海	1骨的温柔198	75	
13		上海	1聪聪033	29	
17		上海	落的枫叶2016261621	36	
22		上海	1土匪09032	18	
23		上海	1ianglairuc	29	
29		上海	112ufug38	31	
30					

■ 图 4-1-10　输入公式计算人均访问量

注意：SUBTOTAL 表示运用指定编号的函数，其中 109 表示使用 SUM 函数并忽略引用数据中的隐藏值，101 表示使用 AVERAGE 函数并忽略引用数据中的隐藏值。隐藏值即除上海地区之外，被筛选掉、未显示的值。

二、访客获取成本分析

在评价访客获取成本上有两个指标：单个付费客户的成本和单个活跃客户的成本。两者的区别在于转化率上。企业获得注册活跃客户后，需要经过营销吸引客户进行消费，才能把一个活跃客户转化为一个付费客户。

因此，可理解为：单个活跃客户的成本 + 营销转化费用 = 单个付费客户的成本。

在营销活动中，访客获取成本是最为重要的核心指标，该指标能直接反映本次营销活动是否为销售带来利好影响，企业都想以最小的投入或者最大的利益，将营销活动价值最大化。

企业为了得到更多的访客获取渠道方式，会优先考虑把商品上架到流量多的电商平台上，哪个平台能集聚流量，哪个平台就有更多的访客获取机会。那么，现在的平台访客获取方式各不相同，企业应依据自家商品的特性，结合针对的消费群体，考虑选择哪个平台会更大地提高转化率，这样才能尽可能地降低访客获取成本。电商平台的分析，我们将放在项目五的渠道分析中进行详细讲解。

三、客户转化率分析

客户转化率上文已提到，是指企业在进行营销推广活动后，客户进行了企业预期的动作。根据推广的目的不同，转化率不用狭义地理解为只是转化成付费行为，也可以是企业为了品牌效益的考量，客户是企业品牌文化的接受者或者二次传播者。例如，转化可以是客户在店铺的网站上浏览了商品、加购收藏甚至是分享等行为，都能被考虑到计算转化率中，主要还是依据这次营销活动的目的而决定。

因此，一个统计时段内转化率的公式为：转化率 = 完成动作的客户 / 总参与营销客户数。

对于店铺来说，只有访问量大，同时转化率高，这两个要素同时满足，才能初步判定此店铺的经营情况较好。

四、访客地域分析

访客地域指客户所处的地理区域，一般划分为国家、省份、城市等。通过对客户不同地域的分析，可以分析出该地域客户的综合偏好、消费水平和消费习惯等信息，这对于精准营销的策划是非常重要的基本考量，将影响整体的推广效果和成本控制。例如，南方人喜欢吃馄饨，北方人喜欢吃水饺，那么生产馄饨的企业，就会把营销重点放在南方地域，而生产水饺的企业，则会把推广布局在北方。

接下来，打开工作簿“任务 4.1”，如图 4-1-11 所示，我们来对一份“任务一（地域）”进行三维柱形图分析。

Step01：如图 4-1-12 所示，选择“访问地区”列进行排序。选中“访问地区”列后，选择“开始”→“编辑”→“排序和筛选”→“升序”命令。

	A	B	C
1	访问地区	用户名	总访问量
2	南京	郭威10085	111
3	上海	1990张家大	39
4	上海	1利	95
5	深圳	集水井苏	61
6	南京	1太在意。97	86
7	广州	阿赫	50
8	上海	刘莉莉	18
9	南京	李易峰1	42
10	北京	李子果	81
11	上海	1亩	2
12	上海	1骨的温柔198	75
13	上海	1聪聪033	29
14	南京	29heug48	5
15	成都	张子豪	28
16	北京	lorollayiy	17
17	上海	落的枫叶2016261621	36
18	深圳	明明娇椒	36
19	深圳	1b_352888	23
20	成都	兼就查容	28

Sheet1　本月销售明细　数据1

■ 图 4-1-11　工作簿“任务 4.1”

清除　重新应用　排序　筛选　高级　分列　快速填充　排序和筛选

F	G	H
访问地区	用户名	总访问量
北京	李子果	81
北京	许岚	72
成都	du9v7h2r	30
成都	兼就查容	28
成都	张子豪	28
广州	阿赫	50
南京	29heug48	5
南京	郭威10085	111
南京	李文华	7
南京	李易峰1	42
上海	il2ufug38	31
上海	刘莉莉	18
深圳	集水井苏	61
深圳	明明娇椒	36

■ 图 4-1-12　选择“访问地区”列进行排序

Step02：打开“排序提醒”对话框，如图 4-1-13 所示，选择“扩展选定区域”单选按钮，单击“排序”按钮，结果如图 4-1-14 所示。

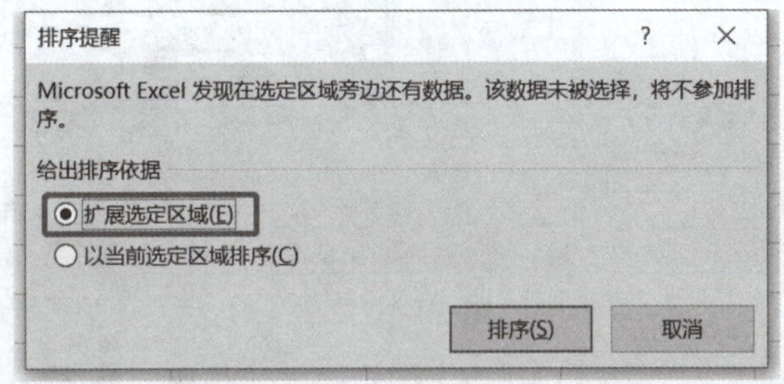

■ 图 4-1-13　“排序提醒”对话框

	A	B	C
1	访问地区	用户名	总访问量
2	北京	李子果	81
3	北京	lorollayiy	17
4	北京	许岚	72
5	北京	leilei19860	52
6	成都	张子豪	28
7	成都	兼就查容	28
8	成都	du9v7h2r	30
9	广州	阿赫	50
10	广州	liangxianhao198	95
11	南京	郭威10085	111
12	南京	1太在意。97	86
13	南京	李易峰1	42
14	南京	29heug48	5

Sheet1　本月销售明细　数据1　(地域)　Sheet6

■ 图 4-1-14　排序结果

Step03：如图 4-1-15 所示，单击“数据”→“分级显示”→“分类汇总”按钮。在弹出的“分类汇总”对话框中，“汇总方式”选择“计数”，“选定汇总项”选择“用户名”，如图 4-1-16 所示，单击“确定”按钮。

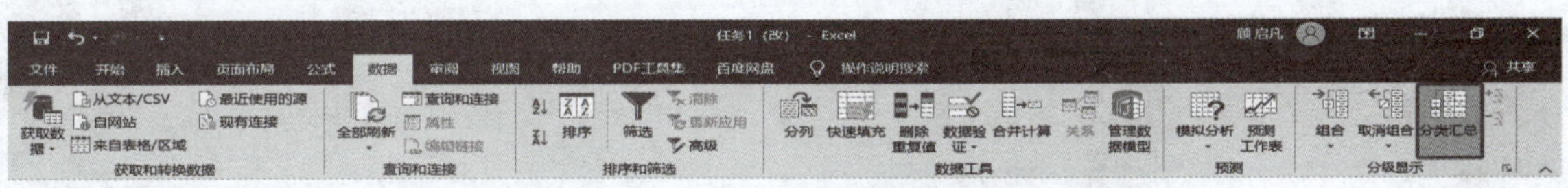

■ 图 4-1-15　“分类汇总”命令

Step04：单击左侧分级显示区中的“2”后，结果如图 4-1-17 所示。

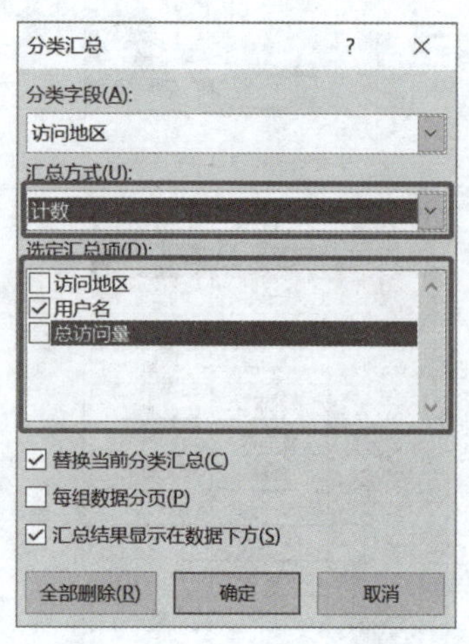

■ 图 4-1-16 “分类汇总”对话框

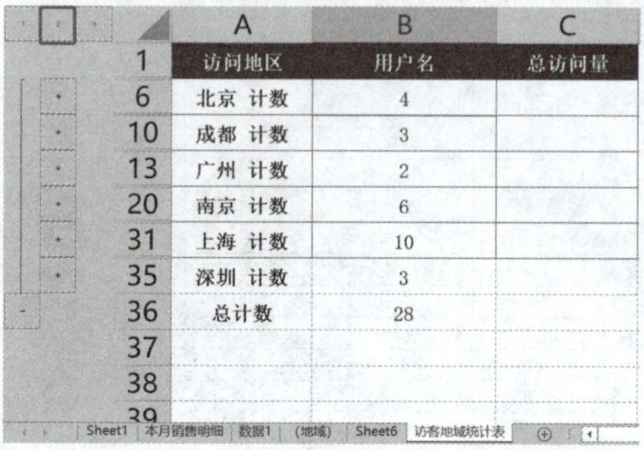

	A	B	C
1	访问地区	用户名	总访问量
6	北京 计数	4	
10	成都 计数	3	
13	广州 计数	2	
20	南京 计数	6	
31	上海 计数	10	
35	深圳 计数	3	
36	总计数	28	

■ 图 4-1-17 汇总结果

Step05：如图 4-1-18 所示，选择“开始”→“编辑”→“查找和选择”→“定位条件”命令，打开“定位条件”对话框，选择“可见单元格”单选按钮，如图 4-1-19 所示，单击“确定”按钮。按【Ctrl+C】组合键复制可见单元格。

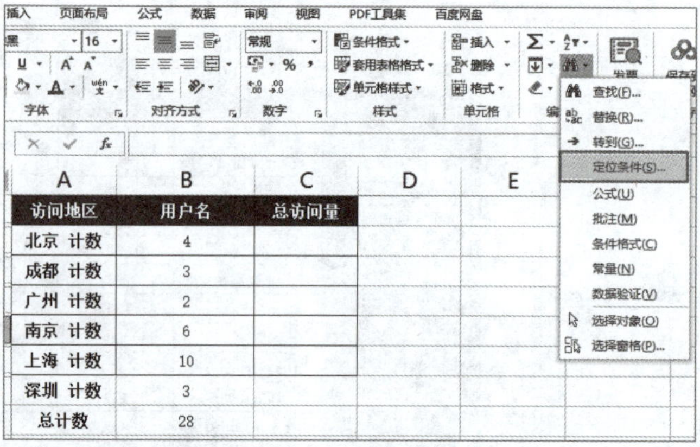

A	B	C
访问地区	用户名	总访问量
北京 计数	4	
成都 计数	3	
广州 计数	2	
南京 计数	6	
上海 计数	10	
深圳 计数	3	
总计数	28	

■ 图 4-1-18 “定位条件”命令

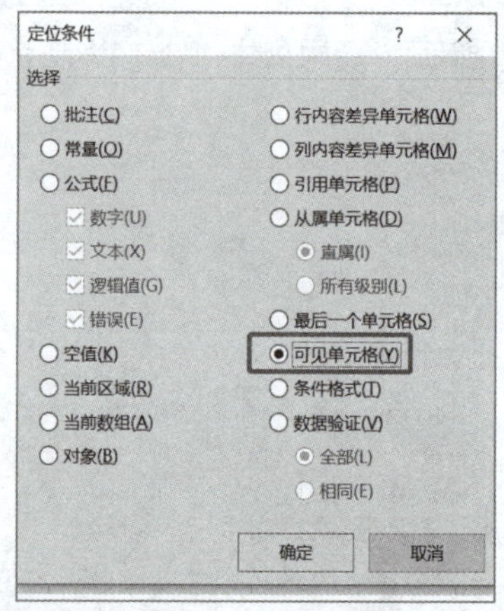

■ 图 4-1-19 “定位条件”对话框

Step06：新建“客户分布“工作表，在 A1 单元格按【Ctrl+V】组合键将可见单元格粘贴，结果如图 4-1-20 所示。

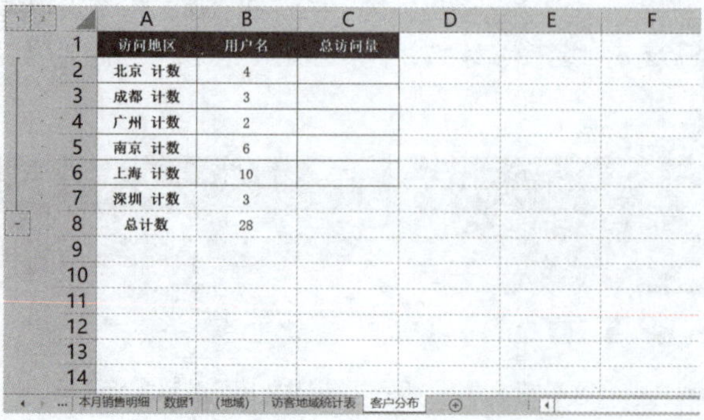

	A	B	C
1	访问地区	用户名	总访问量
2	北京 计数	4	
3	成都 计数	3	
4	广州 计数	2	
5	南京 计数	6	
6	上海 计数	10	
7	深圳 计数	3	
8	总计数	28	

■ 图 4-1-20 粘贴可见单元格结果

Step07：如图 4-1-21 所示，在 D2 单元格输入公式：=LEFT(A2,2)，按【Enter】键即可得到运算结果。

注意：=LEFT(A2,2) 表示 A2 单元格从左往右取两个字符，例如这里字符为“北京 计数”，那么从左往右取两个字符就是“北京”。同理 RIGHT(text,[num_chars]) 表示从右往左取几个字符。

	A	B	C	D
1	访问地区	用户名	总访问量	
2	北京 计数	4		=LEFT(A2,2)
3	成都 计数	3		
4	广州 计数	2		
5	南京 计数	6		
6	上海 计数	10		
7	深圳 计数	3		
8	总计数	28		

■ 图 4-1-21　输入公式

Step08：鼠标指针指向 D2 单元格，当右下角出现黑色十字形状时，按住鼠标左键向下拖动到 D8。

Step09：选中 D2 到 D8 单元格，按【Ctrl+C】组合键复制，选中 A2 单元格，右击，在弹出的快捷菜单中选择“粘贴值“选项，即“ ”图标，如图 4-1-22 所示。

Step10：删除 C 列与 D 列，得到图 4-1-23 所示结果。

■ 图 4-1-22　选择“粘贴值”选项，

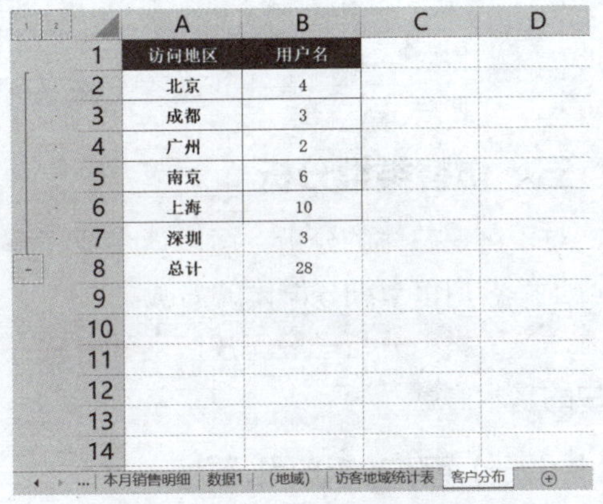

	A	B	C	D
1	访问地区	用户名		
2	北京	4		
3	成都	3		
4	广州	2		
5	南京	6		
6	上海	10		
7	深圳	3		
8	总计	28		

■ 图 4-1-23　粘贴值结果

Step11：去除“总计”行，重命名 A、B 列标题分别为“省市”“客户分布”。如图 4-1-24 所示，选中全部数据，单击“插入”→“图表”→“插入柱形图”按钮“ ”，在下拉列表中选择“三维簇状柱形图”。得到图 4-1-25 所示柱状图。

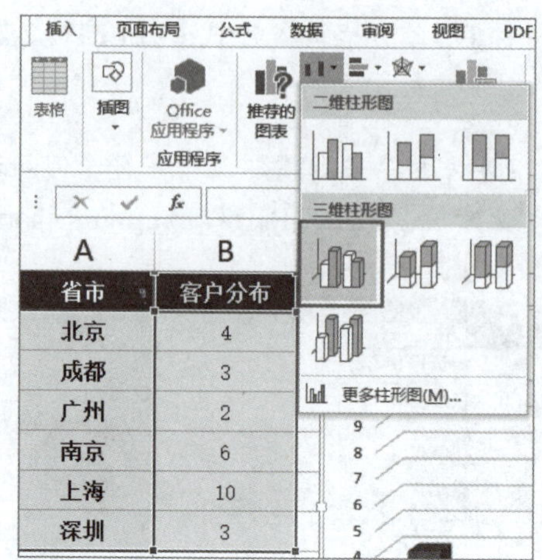

■ 图 4-1-24 选择“三维簇状柱形图”

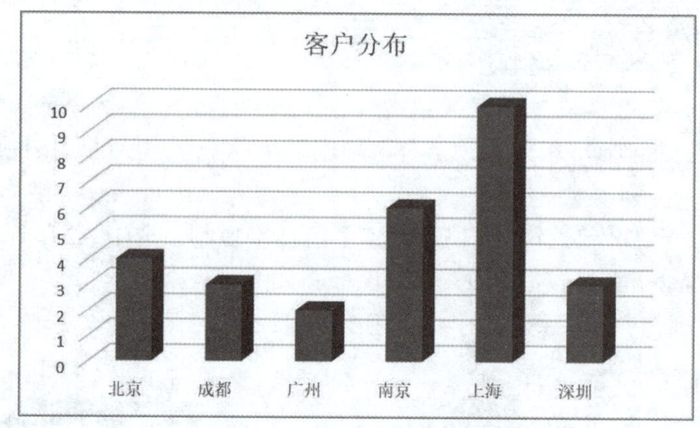

■ 图 4-1-25 柱形图结果

五、访客类型分析

对于客户总体的分析，可以让企业了解客户的整体情况，对于客户的分类型分析，则可以让企业了解客户每个细分群体的情况。

访客的类型分析一般可按照两种方式进行划分，一种是根据客户的访问行为，另一种是根据客户的基本信息。

（一）客户的访问行为

1. 新访问客户

新访问客户指首次进入店铺的客户，对比那些多次进入的称作老客户。根据新客户数可计算出店铺的新客户比例，用于分析该企业店铺的发展速度。

2. 活跃客户

活跃客户一般是指达到企业预想客户行为的客户。活跃客户用于分析店铺真正的流量群，因为只有活跃客户才能为店铺带来营收。

3. 流失客户

流失客户是指一段时间内未访问的客户。不同企业对于流失的定义不同，对于抖音、微博等登录频率高的平台来说，若客户超过 1 个月以上未登录，则一般认为该客户已流失。而对于店铺来说，可能 3~6 个月没有任何浏览行为的客户，才会被认为该客户已流失，当然，还需要考虑商品的特性。例如，卖蒙古包蚊帐的店铺，一般销售季节在夏季，卖暖气的企业，一般销售季节在冬季，他们的客户是季节性客户，所以，每个企业都有自己的流失客户的界定标准。流失客户用于分析店铺留住客户的能力。

因此，一段时间内，用户流失率的公式为：流失率 = 流失客户数 / 总客户数。

4. 回访客户

回访客户指在先前已经认定为流失客户后，又重新访问店铺的客户。此指标用于分析店铺挽回客户的能力。

（二）客户的基本信息

1. 客户城市

店铺客户主要集中在哪个城市？这个城市的消费水平如何？有些什么消费习惯和特征？

2. 客户年龄段

客户所属的年龄段是在什么区间？是青少年还是中年人，了解了客户年龄后，会对店铺装修等细节有风格和营销基调上的准备。

3. 客户性别

客户是男性还是女性？例如，现在京东基本定位在男性客户群体，唯品会定位在女性客户群体。客户性别的不同，这个企业的营销推广策略方向完全不同，需要准确判断。

4. 客户精准度

现况和店铺规划的目标客户吻合吗？之前的分析是否准确？需要验证分析的客户定位是否和后期实际产生的吻合，不断优化营销推广方案的精准度。

任务小结

在本任务中，我们主要学习了客户浏览量、访客数、访客获取成本、客户转化率、访客地域分析、访客类型分析等店铺客户分析指标的内容。客户访问量、客户转化率、客户获取成本是分析店铺非常重要的指标，而通过不同访客类型我们可以分析出活跃客户、流失客户、回访客户等指标。通过地域分析，我们发现访问店铺的客户主要分布在上海和南京，其次是北京、深圳与成都，广州的访问客户量最少。

实操演练

目标：时间归类分析

1. 打开工作簿“训练 4.1”，分别筛选出第一日以及第二日在 13:00~18:00 时间段内浏览网站的客户；用 SUBTOTAL 函数分别统计 13:00~18:00 时间段内的人均浏览量。

2. 用课内所学方法分别绘制第一日和第二日浏览客户按时间段分类的三维簇状柱形图。

任务评价表

任务评价表					
评价内容		分值等级（评分）			
内容	分值（比重）	优秀	良好	合格	不合格
知道客户访问量、人均浏览量的概念	10 分（10%）	9~10（ ）	6~8（ ）	4~5（ ）	0~3（ ）
会使用筛选和 SUBTOTAL 函数计算人均浏览量	30 分（30%）	26~30（ ）	18~25（ ）	11~17（ ）	0~10（ ）
知道访客获取成本的概念	10 分（10%）	9~10（ ）	6~8（ ）	4~5（ ）	0~3（ ）
知道客户转化率的概念	20 分（20%）	17~20（ ）	12~16（ ）	8~11（ ）	0~7（ ）
会用三维簇状柱形图进行分析	20 分（20%）	17~20（ ）	12~16（ ）	8~11（ ）	0~7（ ）
知道访客的类型	10 分（10%）	9~10（ ）	6~8（ ）	4~5（ ）	0~3（ ）
综合分数（满分 100 分）					

注：括号内填写具体分值。

任务二　客户智能画像

学习目标

图形分析展现：

- 掌握客户画像的含义、作用和构建方法。
- 熟悉“5W2H”客户行为分析模型、“RFM”客户价值分析模型。
- 掌握绘制性别分布饼图、年龄分布气泡图、地域分布条形图。

任务导入

小琳和小庄在此前已经完成了客户指标分析，主要分析了访客的类型、转化率与地域等内容，接下来她们希望绘制一份客户画像，分析一下客户类型，针对目标客户群体做一些推广。

小琳：“小庄，我想再做一次线上推广活动。可是我们的客户主要来自什么年龄层次，有什么特征呀？”

小庄：“这个嘛，我们来做做客户画像吧。”

任务实施

一、客户画像的含义

客户画像最早就是在电商领域中得到应用的，而在大数据时代背景下，客户信息通过网络数据的丰富在不断的完善过程中。客户画像是根据用户的各种属性与信息记录，如社会属性、生活习惯、历史购买记录等内容，抽象出客户的各种特征，如图 4-2-1 所示。抽象出的特征可以是客户的常购地域、性别、购买能力、生活习惯等，通过这些特征对客户的偏好、属性、特征等内容进行分析与描述。更进一步，通过描绘客户画像，店铺或企业可以为客户提供有针对性的服务，实现销售效果最大化、营销投入高效化等目标。

■ 图 4-2-1　客户画像

二、客户画像的作用

1. 精准营销

客户画像最直接、最有价值的应用就是精准营销，精准营销就是对客户以及客户的特性进行精准定位，同时为客户提供个性化的沟通服务体系。当企业给客户打上各种特征“标签”之后，广告商可以通过标签分析出想要触达的客户，进行精准的广告投放；商家希望通过标签选中特定消费能力的客户，进行精准的商品促销信息等内容的投放；网站则想要通过标签圈定客户类型，推荐精准的视频信息或物品信息等，如图 4-2-2 所示。

2. 产品分析

一个产品想要做好，一定要对销售对象有精准的定位与分析。例如，企业可以通过产品在店铺的浏览人群知道该企业产品的受众在 25 ～ 35 岁，分析出在这个年龄阶段客户消费能力最高。那么产品的受众可能就会定位在这个年龄段内，同时通过单击率、跳失率、停留时间等行为分析，发现这个年龄段的客户在浏览本产品的时候耐心非常差，因此本产品在产品展示页面一定要直入重点，本产品在操作设置一定要简单易用。

3. 行业分析

通过对客户画像的分析，我们可以了解行业的动态，如“80 后”人群的消费偏好、不同地域人群的商品偏好、高端市场的品牌偏好等。对于这些行业发展的分析，企业可以提前洞察行业的发展趋势、客户的发展趋势、客户的产品偏好，从而改良自己的产品，引入受众广或发展好的产品，更改公司未来发展方向。这些分析既能指导公司发展，把握大方向，也能给相关企业提供细分领域的深入考察，给投资者或创业者一个具体的发展方向建议。

■ 图 4-2-2　精准营销

三、构建客户画像的方法

客户画像可作为确定目标客户、描绘目标客户、对客户进行不同类型的划分等工作的有效工具，最重要的就是确定勾画的客户对象后，围绕客户信息进行系统性与有指向性的分析。在这个过程中可以采用定性的研究方法，也可以采用定量的研究方法，不同类型的研究方法会有不同的优缺点，例如，定性的方法省时省力、定量的研究方法更为精准与科学。

本书主要介绍两种客户画像的分析方法：通过“5W2H”模型进行客户行为分析，以及通过“RFM”模型进行客户价值分析。

1.“5W2H”模型

5W 分别指 What、Who、When、Where、Why；

2H 分别指 How much、How to do。

（1）What。产品是什么？客户购买了什么？客户的品牌偏好是什么？影响客户购买的关键因素是什么？客户需要的是什么产品或什么服务？

（2）Who。购买组织是什么？谁买了本产品？买本产品的是男是女？买本产品的客户在哪个年龄阶层？购买本产品的客户集中在什么气候区或什么地域？

（3）When。购买时机是什么？客户是什么时候买的本产品？一个星期中哪几天销量最高？什么时间段销量最好？什么节日本产品销量最高？客户是否有购买的周期？

（4）Where。购买场合是什么？客户在哪里买到的本产品？通过什么渠道来购买本产品？客户通过什么渠道了解到本产品？

（5）Why。购买目的是什么？客户为什么要买本产品？本产品比其他同类产品好在哪里？客户为什么只浏览网页，却不购买？

（6）How much。客户花了多少钱购买本产品？人均客单价是多少？竞争对手客单价是多少？复购率是多少？

（7）How to do。如何购买本产品？客户通过什么手段进行支付？客户是直接付款还是贷款购买？

5W2H 模型就是客户消费行为分析，从客户消费行为的本质出发思考问题，从买了什么、为什么买、什么时候买等本质问题来建立标签、分析客户。

2.“RFM”模型

“RFM”是分别指三个英文单词：Recency（最近一次消费）、Frequency（消费频率）、Monetary（消费金额），如图 4-2-3 所示。

（1）R（最近一次消费）。这里的 R 指标并不是和“5W2H”模型一样指当天的时间，而是指从上一次消费到最近一次消费之间的时间间隔。R 值越小说明客户下单时间间隔越小，如果 R 值一直为 0，那么说明客户天天下单。

（2）F（消费频率）。这里的 F 指标是指客户在一定时间段内的购买次数。购买次数越多，说明客户对于本品牌的黏度越高。需要注意的是，我们在统计同一品牌的购买次数的时候需要考虑品类宽度。有些产品一个人可能只会购买一次（如书籍），有些产品可能更新换代很快（如手机等，平均购买周期是 1~3 年），而纸巾等消耗品可能一周就需要购买一次。因此当涉及的产品品类比较多的时候，跨品类的 F 指标比较没有意义。

（3）M（消费金额）。这里的 M 指标是指客户在一定时间段内的消费水平，即一定时间段内消费金额的总和。消费金额越大，代表客户的消费能力越高，客户对店铺的贡献越大。

RFM 模型就是客户价值分析，此模型适用于生产多种商品的企业，模型对于衡量客户价值非常有帮助。最理想的客户就是满足消费金额 M 高，消费频率 F 高，消费间隔 R 小的消费者。

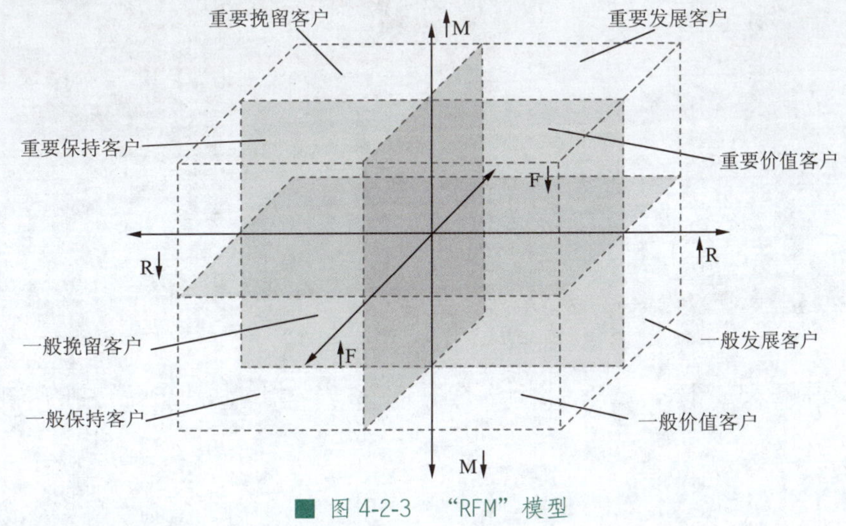

图 4-2-3　“RFM”模型

四、建立客户画像

1. 客户画像——性别

性别是客户偏好分析中最基本的影响因素，对于客户行为与某些商品的客户价值会有非常显著的影响。下面我们使用三维饼图来分析一份客户信息表中的性别。

Step01：如图 4-2-4 所示，先分别统计男性与女性的人数。在 K2 单元格输入：=COUTIF(B:B," 男 ")，在 L2 单元格输入：=COUNTIF(B:B," 女 ")。

	A	B	C	D	E	F	G	H	I	J	K	L
1	客户网名	性别	年龄	订单数	支付金额	市/省/自治	地区/自治	区/县	购买时段	销售时间	男性人数	女性人数
2	uqing062	女	29	3	53.5	江苏省	常州市	天宁区	10	2019-08-06 10:26:40	=COUNTIF(B:B,"男")	
3	b6881951	女	31	4	47.9	安徽省	阜阳市	界首市	10	2019-08-06 10:03:47		
4	狱1狱我爱	女	21	2	23.95	浙江省	温州市	瑞安市	10	2019-08-06 10:00:55		
5	b18090068	女	35	1	26	湖北省	家族苗族	宣恩县	10	2019-08-03 10:38:05		
6	yj198942	女	28	0	0	北京	北京市	通州区	21	2019-08-05 21:47:06		
7	腾飞020	女	33	1	11.975	浙江省	杭州市	江干区	10	2019-08-06 10:06:49		
8	亲ai哒	女	36	1	23.95	上海	上海市	浦东新区	10	2019-08-06 10:01:51		
9	anglu8820	男	32	2	23.95	天津	天津市	东丽区	19	2019-08-01 19:44:31		
10	1fun52	男	29	1	26	辽宁省	沈阳市	于洪区	10	2019-08-06 10:15:05		
11	86503401211	男	47	4	47.9	福建省	福州市	仓山区	12	2019-08-05 12:05:12		
12	158617	女	31	2	23.95	上海	上海市	嘉定区	10	2019-08-06 10:12:51		
13	师兄和开	女	37	1	11.975	浙江省	温州市	平阳县	10	2019-08-06 10:42:11		
14	豆557	女	32	0	0	安徽省	亳州市	利辛县	12	2019-08-02 12:27:24		
15	jy201831150	女	30	2	23.95	上海	上海市	浦东新区	12	2019-08-03 12:06:49		
16	丹丹_2009_200	女	33	2	23.95	黑龙江省	哈尔滨市	道里区	08	2019-08-01 08:52:35		
17	b3817360_1	女	29	2	23.95	山东省	烟台市	芝罘区	10	2019-08-06 10:10:43		
18	1111花	男	34	1	23.95	江西省	九江市	浔阳区	10	2019-08-06 10:17:09		
19	70716923小	女	28	0	0	广东省	中山市		10	2019-08-06 10:35:07		
20	b256642_4	女	27	2	23.95	北京	北京市	海淀区	10	2019-08-06 10:04:28		
21	houkik	女	31	2	23.95	广东省	广州市	白云区	10	2019-08-06 10:47:53		
22	事往死	女	19	2	22.45	黑龙江省	哈尔滨市	松北区	10	2019-08-06 10:38:52		

COUNTIF(range, criteria)

交易数据

图 4-2-4　统计男性与女性的人数

Step02：选中 K1 到 L2 单元格区域，选择“插入”选项卡，在“图标”组中单击“插入饼图或圆环图”中的“三维饼图”，如图 4-2-5 所示。

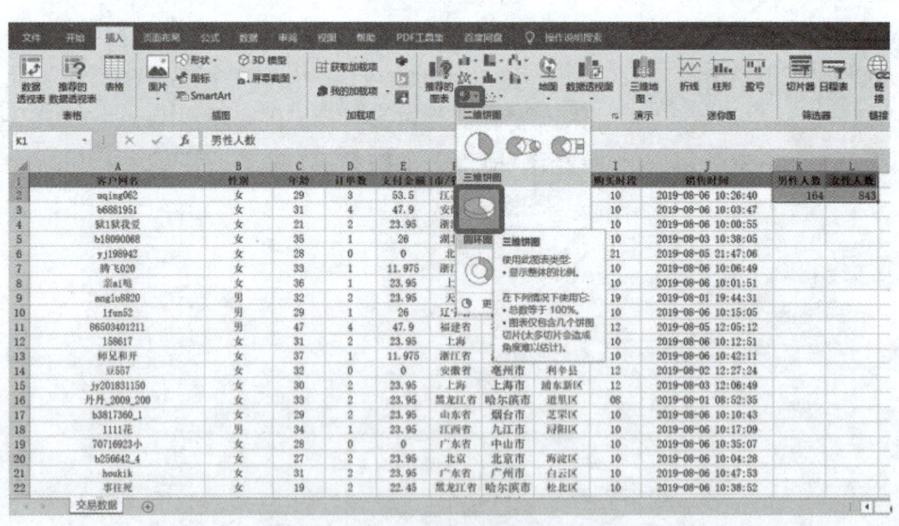

图 4-2-5　选择“三维饼图”

Step03：选中插入的图表，选择“设计”选项卡“图表”组“快速布局”中的“布局 1”，如图 4-2-6 所示。

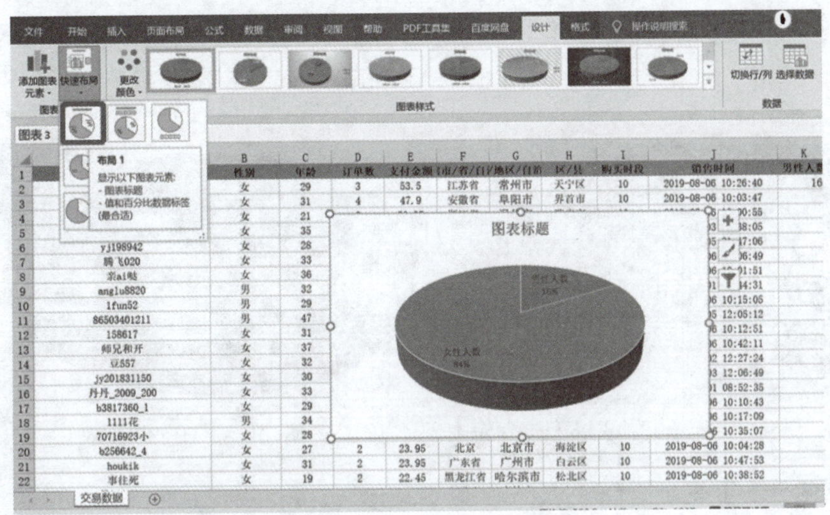

■ 图 4-2-6　选择　“快速布局” 中的 “布局 1”

Step04：更改图表标题，设置数据标签的字体格式，效果如图 4-2-7 所示。

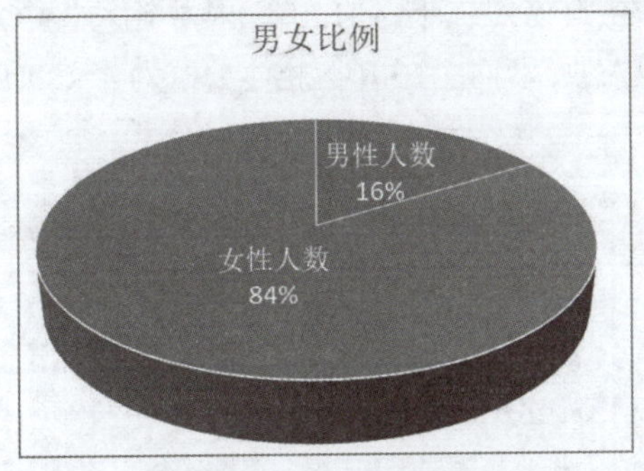

■ 图 4-2-7　图表效果

Step05：选中饼图，右击选择“设置数据系列格式”命令，如图 4-2-8 所示。

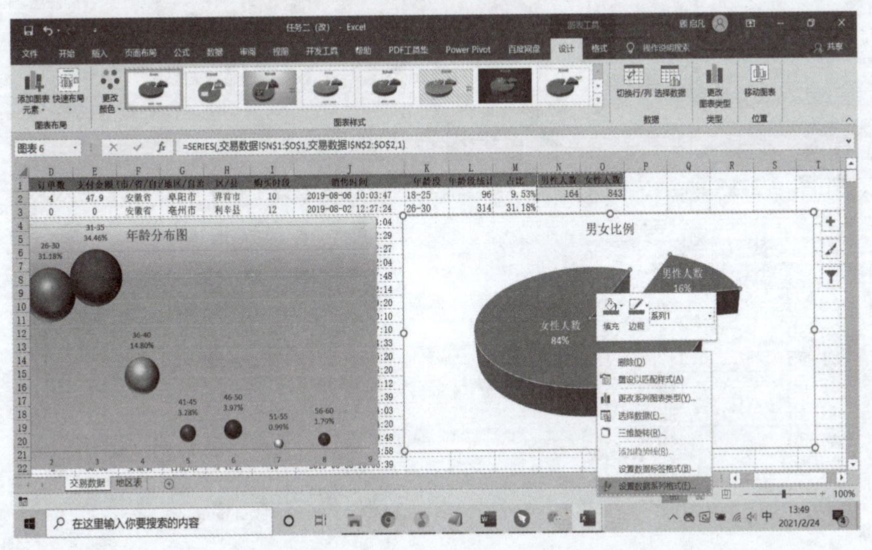

■ 图 4-2-8　“设置数据系列格式” 命令

Step06：调整饼图至合适的分离程度和角度，如图 4-2-9 所示。最终效果如图 4-2-10 所示。

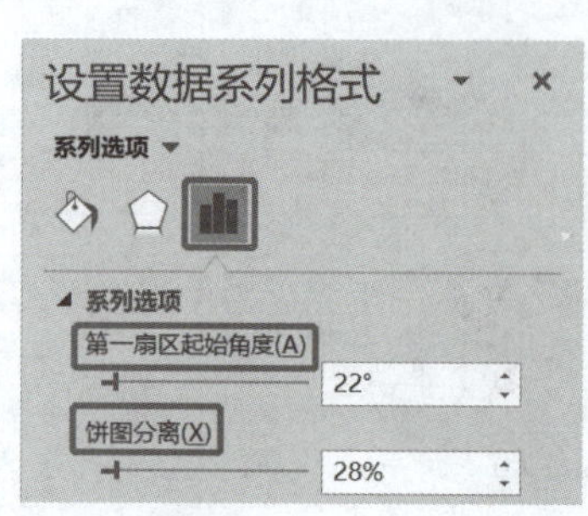

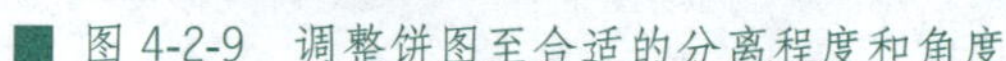

■ 图 4-2-9　调整饼图至合适的分离程度和角度

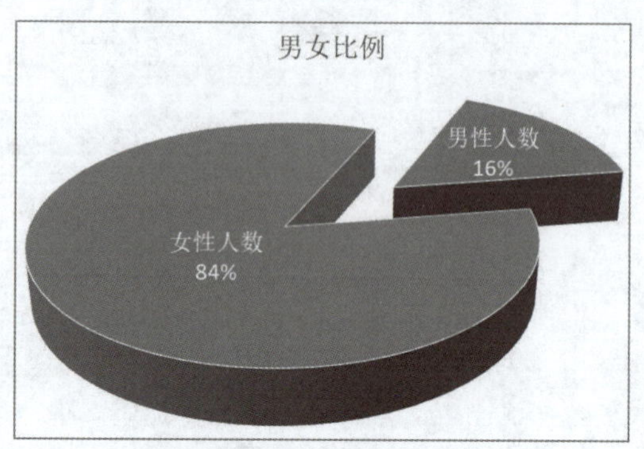

■ 图 4-2-10　最终效果

2. 客户画像——年龄

不同的年龄人群也会有不同的消费能力，以下用三维气泡图来进行店铺消费年龄段分析。

Step01：在表格右侧建立“年龄段”与“年龄段统计”列，“年龄段”输入对应年龄段。

Step02：如图 4-2-11 所示，在“年龄段统计”列 L2 单元格中输入“=COUNTIFS(C:C,">=18",C:C,"<=25")”。采用同样方法一一统计各年龄段人数，例如，L3 单元格中公式为“=COUNTIFS(C:C,">=26",C:C,"<=30")”。最后得到图 4-2-12 所示结果。

	A	B	C	D	E	F	G	H	I	J	K	L	M	N
1	客户网名	性别	年龄	订单数	支付金额	市/省/自	地区/自治	区/县	购买时段	销售时间	年龄段	年龄段统计		
2	uqing062	女	29	3	53.5	江苏省	常州市	天宁区	10	2019-08-06 10:26:40	18-25	=COUNTIFS(C:C,">=18",C:C,"<=		
3	b6881951	女	31	4	47.9	安徽省	阜阳市	界首市	10	2019-08-06 10:03:47	26-30	25")		
4	狱1狱我爱	女	21	2	23.95	浙江省	温州市	瑞安市	10	COUNTIFS(criteria_range1, criteria1, [criteria_range2, criteria2], [criteria_range3, ...)				
5	b18090068	女	35	1	26	湖北省	家族苗族	宣恩县	10	2019-08-03 10:38:05	36-40			
6	yj198942	女	28	0	0	北京	北京市	通州区	21	2019-08-05 21:47:06	41-45			
7	腾飞020	女	33	1	11.975	浙江省	杭州市	江干区	10	2019-08-06 10:06:49	46-50			
8	亲ai哒	女	36	1	23.95	上海	上海市	浦东新区	10	2019-08-06 10:01:51	50以上			
9	anglu8820	男	32	2	23.95	天津	天津市	东丽区	19	2019-08-01 19:44:31				
10	1fun52	男	29	1	26	辽宁省	沈阳市	于洪区	10	2019-08-06 10:15:05				
11	86503401211	男	47	4	47.9	福建省	福州市	仓山区	12	2019-08-05 12:05:12				
12	158617	女	31	2	23.95	上海	上海市	嘉定区	10	2019-08-06 10:12:51				
13	师兄和开	女	37	1	11.975	浙江省	温州市	平阳县	10	2019-08-06 10:42:11				
14	豆557	女	32	0	0	安徽省	亳州市	利辛县	12	2019-08-02 12:27:24				
15	jy201831150	女	30	2	23.95	上海	上海市	浦东新区	12	2019-08-03 12:06:49				
16	丹丹_2009_200	女	33	2	23.95	黑龙江省	哈尔滨市	道里区	08	2019-08-01 08:52:35				
17	b3817360_1	女	29	2	23.95	山东省	烟台市	芝罘区	10	2019-08-06 10:10:43				
18	1111花	男	34	1	23.95	江西省	九江市	浔阳区	10	2019-08-06 10:17:09				
19	70716923小	女	28	0	0	广东省	中山市		10	2019-08-06 10:35:07				
20	b256642_4	女	27	2	23.95	北京	北京市	海淀区	10	2019-08-06 10:04:28				
21	houkik	女	31	2	23.95	广东省	广州市	白云区	10	2019-08-06 10:47:53				
22	事往死	女	19	2	22.45	黑龙江省	哈尔滨市	松北区	10	2019-08-06 10:38:52				

交易数据

■ 图 4-2-11　输入公式

Step03：如图 4-2-13 所示，在 L11 单元格输入“=SUM(L2:L10)”，统计总人数。

K	L
年龄段	年龄段统计
18-25	96
26-30	314
31-35	347
36-40	149
41-45	33
46-50	40
51-55	10
56-60	18
60以上	0

■ 图 4-2-12　年龄段统计结果

K	L	M	N
年龄段	年龄段统计		
18-25	96		
26-30	314		
31-35	347		
36-40	149		
41-45	33		
46-50	40		
51-55	10		
56-60	18		
60以上	0		
合计	=SUM(L2:L10)		
	SUM(number1, [number2], ...)		

■ 图 4-2-13　总人数统计

Step04：如图 4-2-14 所示，将 M 列命名为“占比”，在 M2 单元格中输入“=L2/$L$11”，按【Enter】键即可得到运算结果。

注意：此处一定不能省略 $，以避免作为除数的 L11 单元格出现变动。

Step05：鼠标指针指向 M2 单元格右下角，当变为黑色十字形状时，按住鼠标左键向下拖动到 M10，得到图 4-2-15 所示结果。

K	L	M
年龄段	年龄段统计	占比
18-25	96	=L2/$L$11
26-30	314	
31-35	347	
36-40	149	
41-45	33	
46-50	40	
51-55	10	
56-60	18	
60以上	0	
合计	1007	

图 4-2-14　计算占比

K	L	M
年龄段	年龄段统计	占比
18-25	96	0.095333
26-30	314	0.311817
31-35	347	0.344588
36-40	149	0.147964
41-45	33	0.032771
46-50	40	0.039722
51-55	10	0.00993
56-60	18	0.017875
60以上	0	0
合计	1007	

图 4-2-15　填充占比数据

Step06：如图 4-2-16 所示，选中 K1 到 M10 单元格区域，单击“插入”选项卡“图表”组中的“插入散点图或气泡图”下拉按钮，选择“三维气泡图”。

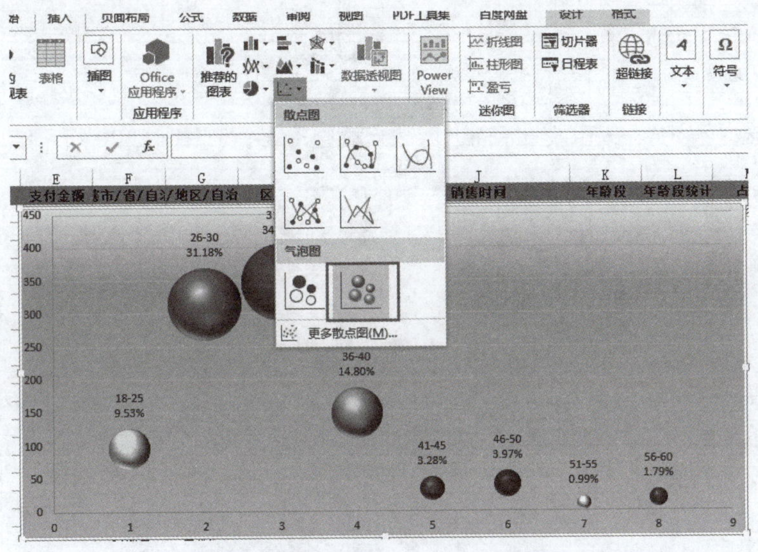

图 4-2-16　选择“三维气泡图”

Step07：在图表区域右击，在弹出的快捷菜单中选择“选择数据”命令，在弹出的“选择数据源”对话框中，单击“添加”按钮，如图 4-2-17 所示，弹出“编辑数据系列”对话框。

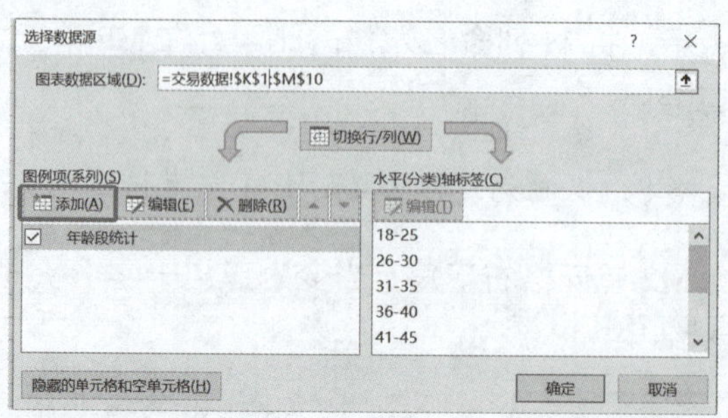

■ 图 4-2-17 “选择数据源”对话框

Step08：在“编辑数据系列”对话框中，设置系列名称为“年龄段”，X 轴系列值为“年龄段”下面的数据，Y 轴系列值为“年龄段统计”下面的数据，系列气泡大小为“占比”下面的数据，如图 4-2-18 所示。单击“确定”按钮，得到图 4-2-19 所示数据源选择结果。

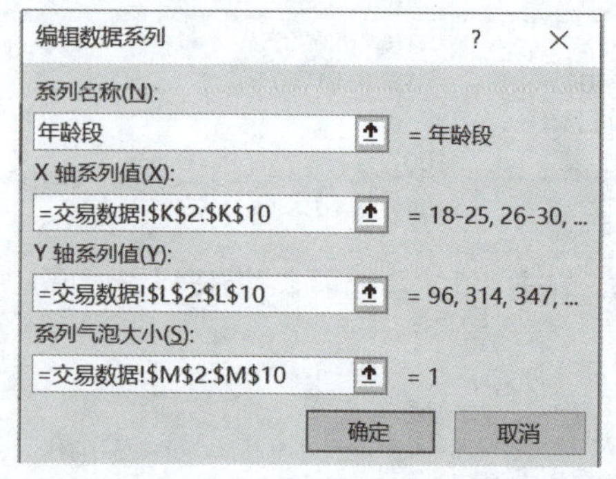

■ 图 4-2-18 “编辑数据系列”对话框

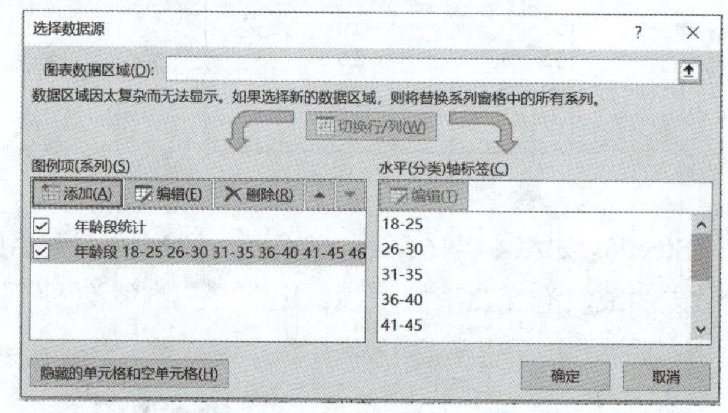

■ 图 4-2-19 数据源选择结果

Step09：单击“确定”按钮，坐标轴进行适当调整后，得到图 4-2-20 所示结果。

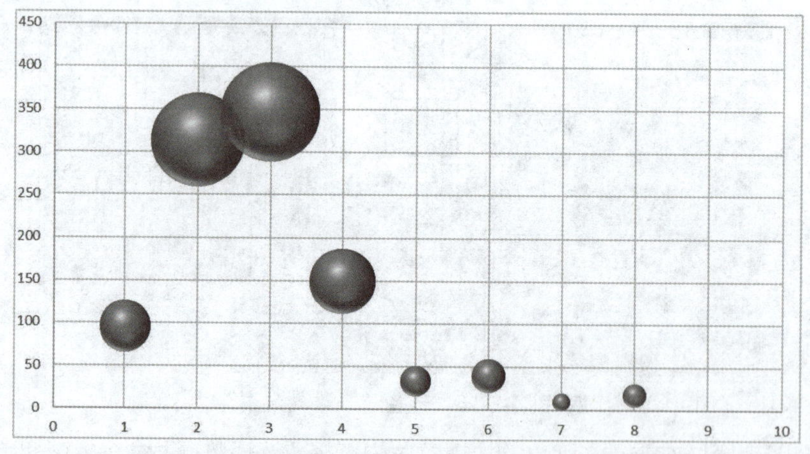

■ 图 4-2-20 调整坐标轴

Step10：在气泡上右击，在弹出的快捷菜单中选择“设置数据系列格式”命令，在弹出的“设置数据系列格式”窗格的“填充”选项区域中进行设置，这里我们选中一个个气泡进行个性化颜色填充，得到图 4-2-21 所示结果。

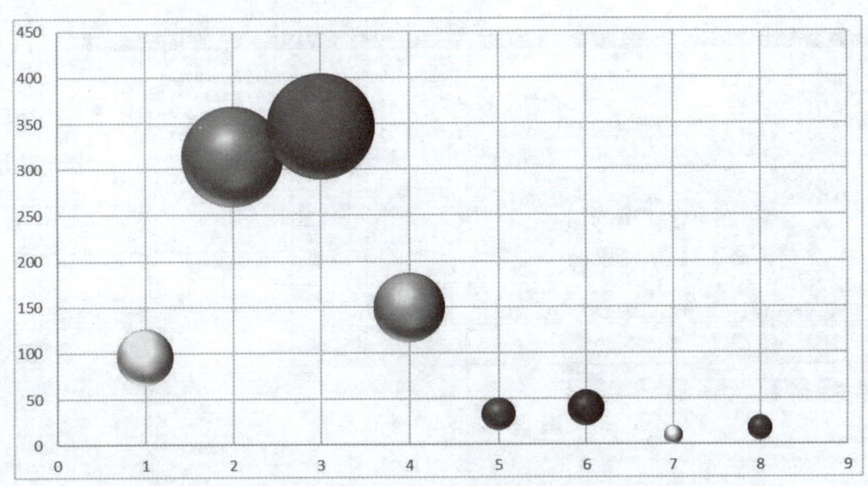

■ 图 4-2-21　个性化颜色填充

Step11：把原表格中的“占比”列数据改为百分比形式。在数据系列上右击，弹出快捷菜单，选择“添加数据标签”中的“添加数据标签”命令，则气泡旁出现数据。如图 4-2-22 所示，右击数据标签，弹出快捷菜单，选择“设置数据标签格式”命令，在弹出的“设置数据标签格式”窗格“标签选项”组中勾选“X 值”和“气泡大小”复选框，取消选中“Y 值”“显示引导线”，在“标签位置”选项区中选择“靠上”单选按钮，在“分隔符”下拉列表框中选择“（新文本行）”。得到图 4-2-23 所示效果。

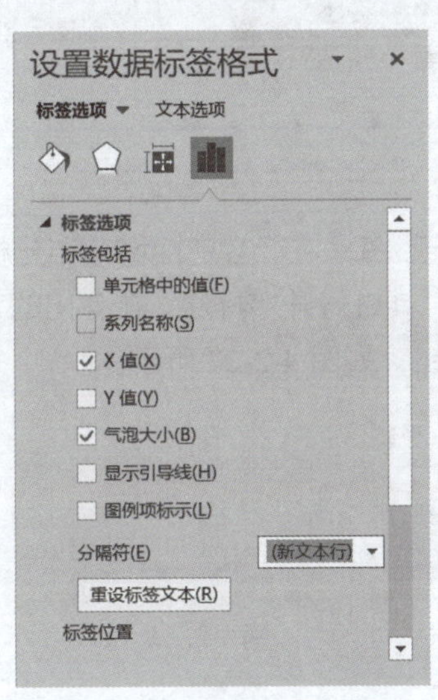

■ 图 4-2-22　“设置数据标签格式”窗格

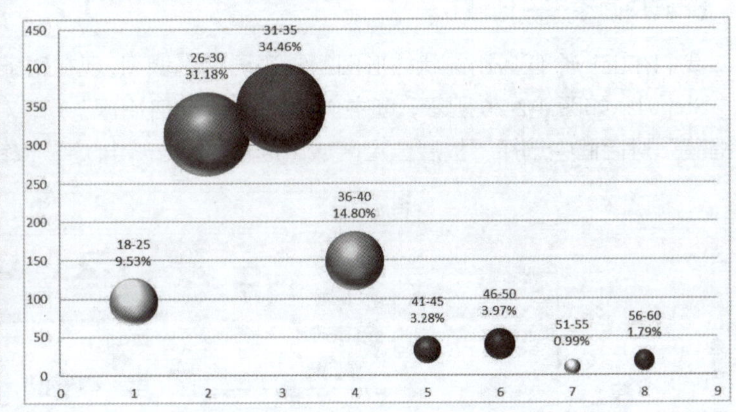

■ 图 4-2-23　数据标签设置效果

Step12：如图 4-2-24 所示，选择“图表标题”，为图加上标题，在图表区域右击，在弹出的快捷菜单中选择“设置图表区域格式”命令，或者单击图表右边图表样式按钮“ ”选择样式，对图表进行美化，最终效果如图 4-2-25 所示。

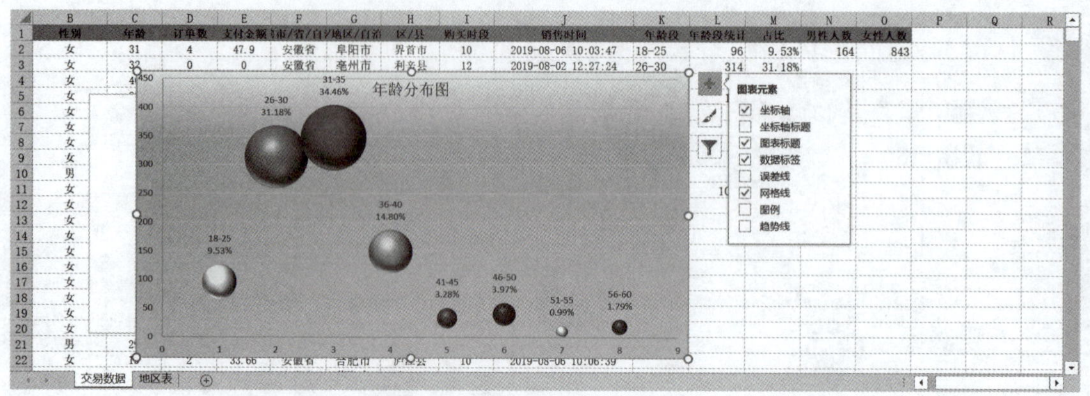

■ 图 4-2-24　美化图表

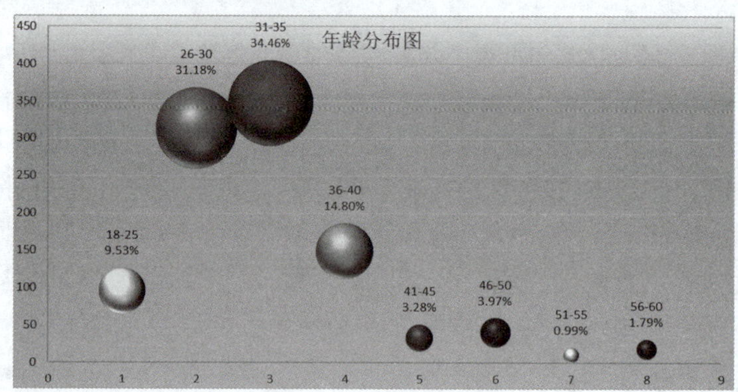

■ 图 4-2-25　最终效果

3. 客户画像——地域

我们在上一个任务用簇状柱形图绘制了访客区域图，现在用条形图来进行客户地域分布分析。

Step01：如图 4-2-26 所示，选中“直辖市 / 省 / 自治区”列，对其进行升序排序。在弹出的“排序提醒”对话框中选择“扩展选定区域”选项，单击“排序”按钮，如图 4-2-27 所示。

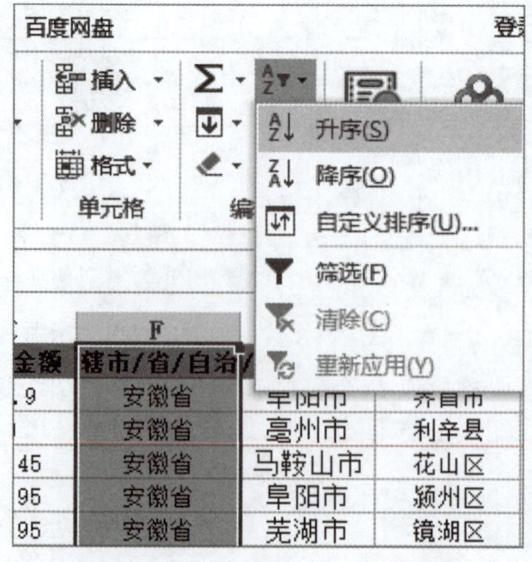

■ 图 4-2-26　选择“升序”命令

Step02：单击“数据”选项卡“分级显示”组中的“分类汇总”按钮，在弹出的“分类汇总”对话框中选择分类字段为“直辖市 / 省 / 自治区”，汇总方式为“计数”，选定汇总项为“客户网名”，如图 4-2-28 所示，单击“确定”按钮。

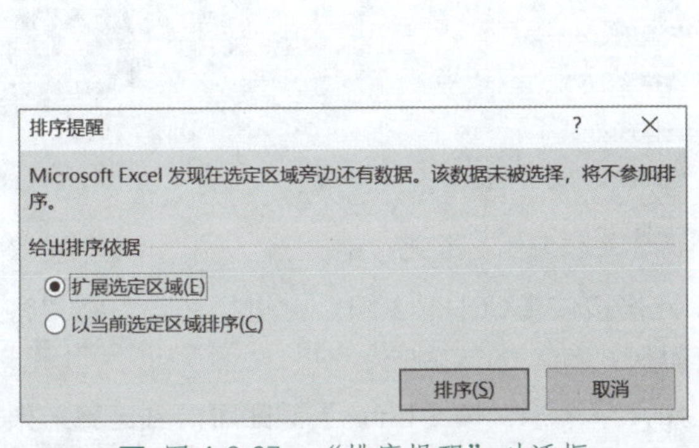

■ 图 4-2-27 “排序提醒”对话框

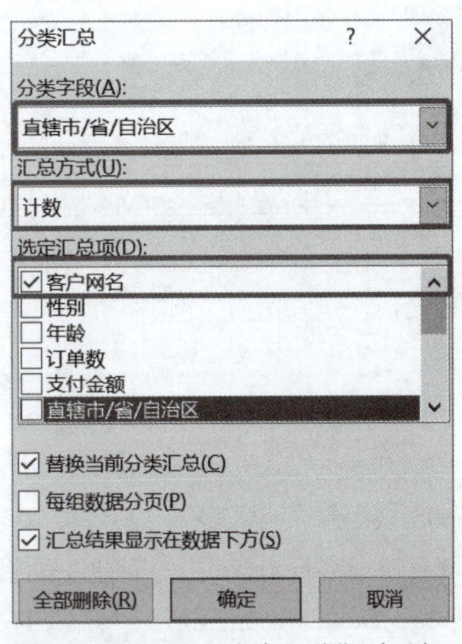

■ 图 4-2-28 “分类汇总”对话框

Step03：在左侧分级显示区中选择“2”，得到结果如图 4-2-29 所示

	A 客户网名	B 性别	C 年龄	D 订单数	E 支付金额	F 直辖市/省/自治区	G 地区/自治	H 区/县	I 购买时段	J 销售时间
39	37					安徽省 计数				
104	64					北京 计数				
139	34					福建省 计数				
143	3					甘肃省 计数				
241	97					广东省 计数				
254	12					广西壮族自治区 计数				
260	5					贵州省 计数				
267	6					海南省 计数				
301	33					河北省 计数				
333	31					河南省 计数				
371	37					黑龙江省 计数				
414	42					湖北省 计数				
433	18					湖南省 计数				
441	7					吉林省 计数				
554	112					江苏省 计数				
573	18					江西省 计数				
630	56					辽宁省 计数				
642	11					内蒙古自治区 计数				
645	2					宁夏回族自治区 计数				
714	68					山东省 计数				
732	17					山西省 计数				

交易数据

■ 图 4-2-29 结果

Step04：如图 4-2-30 所示，选中除总计外的“客户网名”以及“直辖市 / 省 / 自治区”列，单击“开始”→“查找和选择”中的“定位条件”选项。在弹出的“定位条件”对话框中选择“可见单元格”选项，单击“确定”按钮，如图 4-2-31 所示。随后按【Ctrl+C】组合键进行复制。

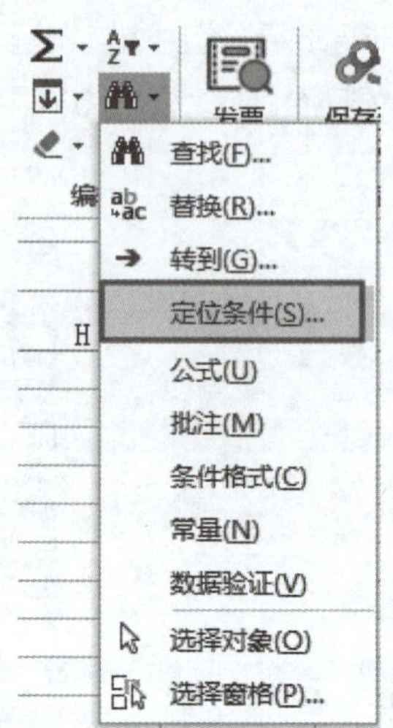

图 4-2-30 选择“定位条件”选项

Step05：新建“地区表”工作表，在 A1 单元格按住【Ctrl+V】组合键进行粘贴，将“客户网名”重命名为“客户分布”，选中 A 列将其拖动到 C 列，随后删除 A 列。

Step06：在 C2 单元格输入：=LEFT(A2,LEN(A2) － 3)，按【Enter】键即可得到运算结果。

注意：LEN 函数的功能为计算单元格字符的长度，例如“黑龙江”有三个字，那么字符串长度为 3。

Step07：鼠标指针指向 C2 单元格，当右下角出现黑色十字形状时，此时双击自动填充。

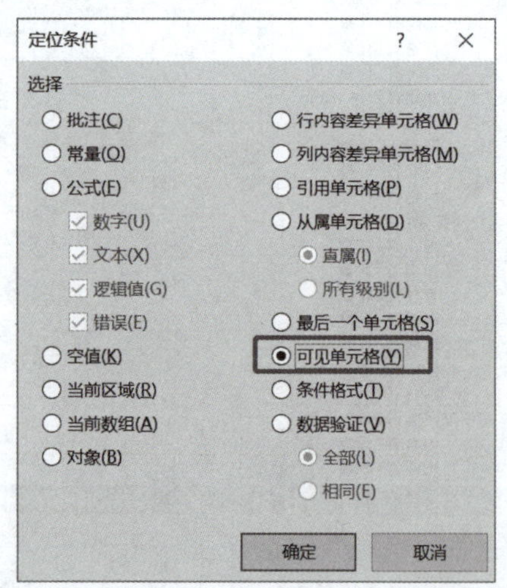

图 4-2-31 “定位条件”对话框

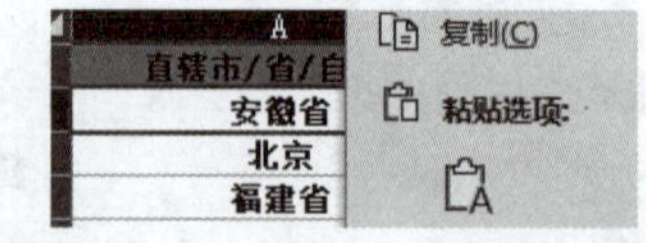

图 4-2-32 选择“只保留文本”

Step08：按【Ctrl+C】组合键进行复制，选择 A2 单元格，右击，在弹出的快捷菜单中选择粘贴选项，即如图 4-2-32 所示选择“只保留文本”，最后删除 C 列，得到图 4-2-33 所示结果。

	A	B	C	D
1	直辖市/省/自治区	客户分布		
2	安徽省	37		
3	北京	64		
4	福建省	34		
5	甘肃省	3		
6	广东省	97		
7	广西壮族自治区	12		
8	贵州省	5		
9	海南省	6		
10	河北省	33		
11	河南省	31		
12	黑龙江省	37		
13	湖北省	42		
14	湖南省	18		
15	吉林省	7		
16	江苏省	112		
17	江西省	18		
18	辽宁省	56		
19	内蒙古自治区	11		
20	宁夏回族自治区	2		
21	山东省	68		
22	山西省	17		

交易数据　地区表

■ 图 4-2-33　结果

Step09：选中 A、B 列，单击“插入”→“ ”插入柱形图或条形图，选择“二维条形图”，如图 4-2-34 所示，得到图 4-2-35 所示图表。

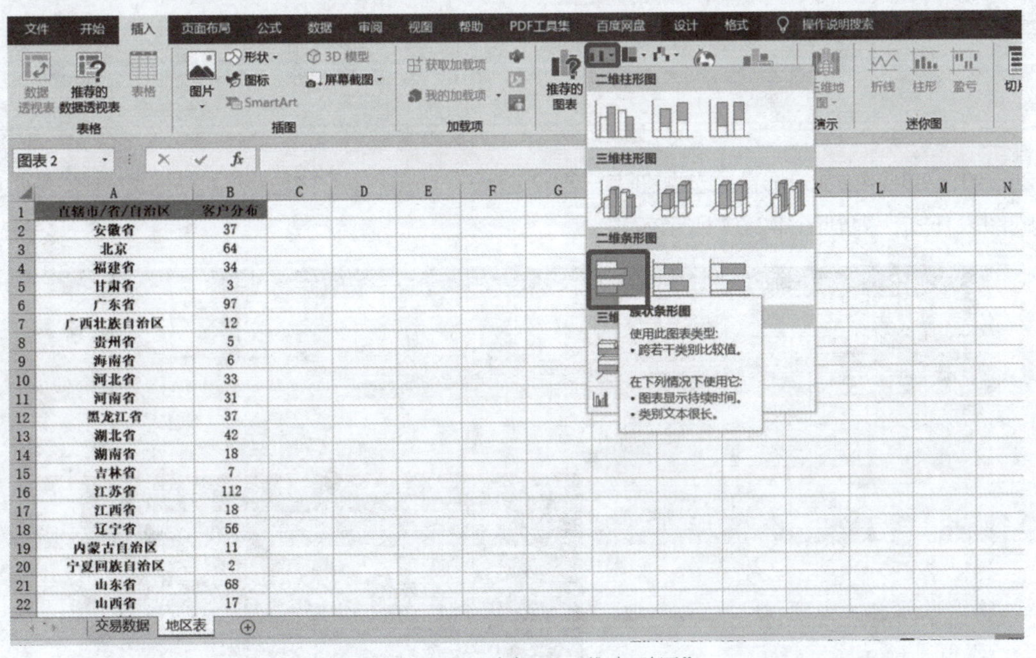

■ 图 4-2-34　选择“二维条形图”

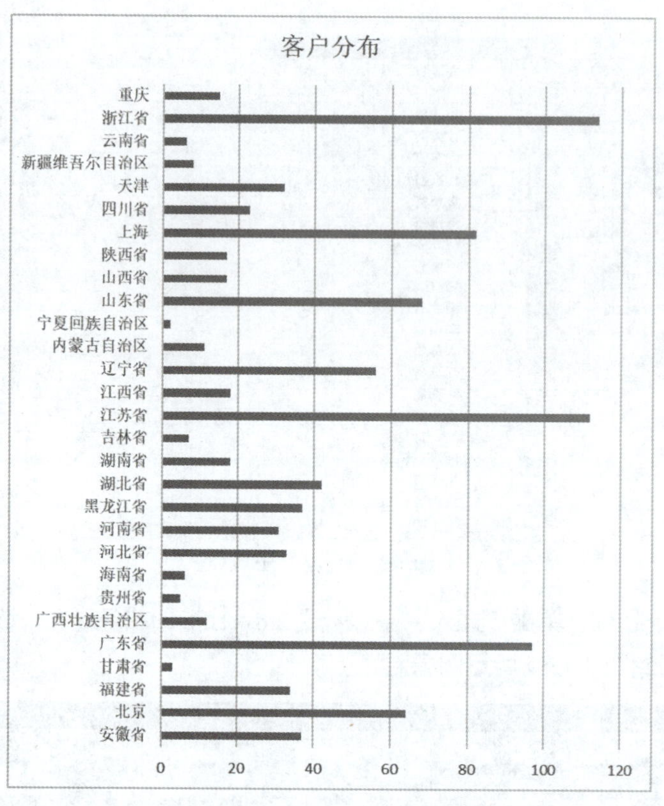

■ 图 4-2-35 图表结果

Step10：如图 4-2-36 所示，选中图表，在“设计”菜单栏中“快速布局”和“颜色”中选择合适的图表样式，得到图 4-2-37 所示效果。

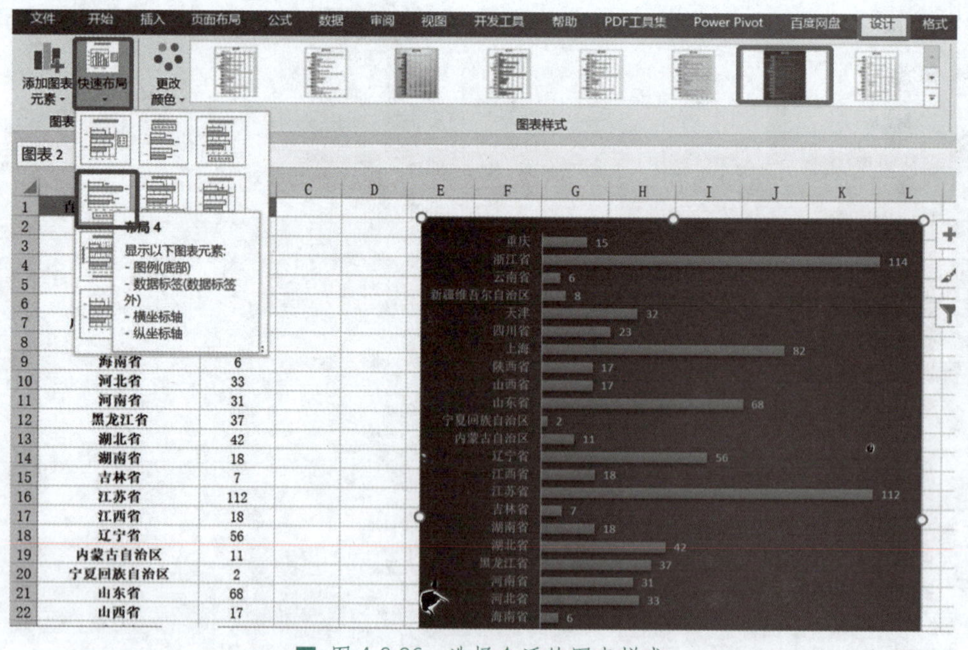

■ 图 4-2-36 选择合适的图表样式

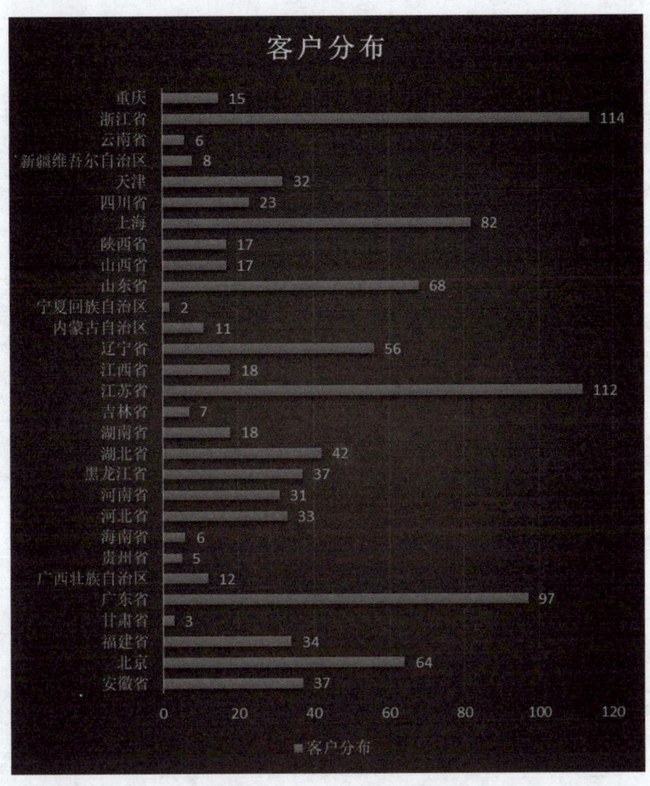

图 4-2-37 最终效果

任务小结

在本任务中，主要学习了客户画像的含义、客户画像的作用、客户画像的分析方法——"5W2H"模型和"RFM"模型、用三维饼图进行客户性别分析、用三维气泡图实现客户年龄分布的分析以及用簇状条形图完成客户地域分布的分析，这三者一起形成了粗略的客户画像分析，可以指导店铺未来的发展方向。从男女比例饼图我们可以看出在店铺的客户群体中女性占据了占据了 84% 的比例；从年龄气泡分布图来看，这部分客户主要集中在 26 ～ 35 岁之间；最后通过地域条形分布图可以看到排在前三的省份分别是浙江省、江苏省、广东省。因此，可以推断出客户群体主要分布在江浙沪地区。

实操演练

目标：客户数据分析展现

打开工作簿"训练 4.2"，根据课内所学内容，绘制客户画像，主要是客户性别分布三维饼图、年龄分布气泡图和地域分布条形图。

任务评价表

任务评价表					
评价内容		分值等级（评分）			
内容	分值（比重）	优秀	良好	合格	不合格
知道客户画像的含义	10 分（10%）	9~10（ ）	6~8（ ）	4~5（ ）	0~3（ ）
知道客户画像的作用	20 分（20%）	17~20（ ）	12~16（ ）	8~11（ ）	0~7（ ）
知道“5W2H”模型以及“RFM”模型	20 分（20%）	17~20（ ）	12~16（ ）	8~11（ ）	0~7（ ）
会用三维饼图进行性别比例分析	15 分（15%）	13~15（ ）	10~12（ ）	5~9（ ）	0~4（ ）
会用三维气泡图进行年龄分布分析	20 分（20%）	17~20（ ）	12~16（ ）	8~11（ ）	0~7（ ）
会用簇状条形图进行地域分布分析	15 分（15%）	13~15（ ）	10~12（ ）	5~9（ ）	0~4（ ）
综合分数（满分 100 分）					

注：括号内填写具体分值。

任务三　新老客户分析

学习目标

客户分类信息数据展现：

- 熟悉新客户数量、访问率、销售额、客单价等分析维度。
- 熟悉获客成本分析。
- 熟悉老客户分析的维度。
- 熟悉粉丝趋势分析、来源分析、属性分析。
- 掌握绘制新客户数量堆积柱形图。
- 掌握绘制新客户销售额百分比堆积柱形图。
- 掌握绘制老客户数量线性趋势图。
- 掌握绘制复购率二维面积图。

任务导入

小琳和小庄花费了大量时间进行客户画像的建立，但是她们觉得这些分析不太具有代表性，她们想要对客户进行更细致的分析，抓住代表性客户或者粉丝的特征。

小琳：“小庄，我们做的客户分析是不是太散了？最近有一些店铺的粉丝联系我，希望我们做点其他活动。不然，我们来分析一下我们的粉丝吧？”

小庄：“好呀，那我们先把新老客户进行一下分组吧。”

任务实施

一、新客户分析

新客户分析是电子商务客户分析中非常重要的一部分，新客户在抢占市场份额中占据非常重要的地位。客户对于产品都会有一定的黏度，如果产品做得足够好，那么新客户的数量可能就约等于总客户数增加的数量。就比如苹果、安卓或 Windows 的产品，一旦新客户习惯了苹果产品的操作习惯，由于使用惯性，很难再去尝试安卓的操作系统。此时，增加的新客户数可能就意味着客户数量的稳定基数。因此，增加新客户数是非常重要的环节，而新客户的分析是增加新客户数的重要手段。

新客户就是首次访问网站或者首次使用产品或服务的客户。在新客户分析中，一般会关注的指标有新访问客户数量、新客户访问率、新客户销售额、新客户客单价、新客户获取成本、新客户来源分析、新访问渠道路径、各渠道 ROI（投资回报率）、新访客跳出率、新访客产品页到达率等。本任务主要介绍新客户分析中的新访问客户数量、新客户访问率、新客户销售额、新客户客单价以及获客成本分析。

1. 新访问客户数量

通过新访问客户数量，可以看到推广推新活动最直观的效果展示。比较各个渠道的新访客数量，可以选择有效的渠道进行新品推广、吸粉活动等，可以对比找出更优质的渠道进行后期活动。

接下来打开"新老客户访问"工作簿，如图 4-3-1 所示，用堆积柱形图分析一下新客户数量。

	A	B	C	D
1	客户ID	一月访问量	二月访问量	三月访问量
2	潴潴0826	85	44	88
3	许明花	60	43	39
4	晓超人归来	67	49	89
5	夏夏婷	88	48	53
6	双410	24	1	71
7	事事sh	100	24	61
8	秋阳一号	42	34	55
9	马玉艳18626100924	43	22	100
10	ZPNPS001	10	20	35
11	ZPNP85	85	36	10
12	zhangxiaoyang815	10	10	93
13	yyuan3_05	26	12	44
14	xuteng_1999	41	32	58
15	X4104	10	38	74
16	WV8101	71	21	54
17	wdojwygniwymkx	51	36	49
18	wdhkdtpvbovwbh	49	10	39
19	U7228	98	41	89
20	U1202	70	18	77
21	sdw675347652	4	33	57
22	PEIJIAN	2	25	82

■ 图 4-3-1　"新老客户访问"工作簿

Step01：如图 4-3-2 所示，选择"总客户访问表"，选中 E2 单元格，双击输入公式：=COUNTIF（老客户表！$A$2:$A$31,A2)，然后按【Enter】键，意为在老客户列表中查找是否有这个用户。

E2 =COUNTIF(老客户表!$A$2:$A$31,A2)

	A	B	C	D	E
1	客户ID	一月访问量	二月访问量	三月访问量	新客户查询
2	潴潴0826	85	44	88	1

■ 图 4-3-2　输入公式查找用户

Step02：双击 E2 单元格的下拉键，即代表自动填充键的右下角小黑点，得到标记了新客户的全部结果，如图 4-3-3 所示，其中结果为 0 的即为新客户。

	A	B	C	D	E
1	客户ID	一月访问量	二月访问量	三月访问量	新客户查询
2	潴潴0826	85	44	88	1
3	许明花	60	43	39	1
4	晓超人归来	67	49	89	1
5	夏夏婷	88	48	53	1
6	双410	24	1	71	1
7	事事sh	100	24	61	1
8	秋阳一号	42	34	55	1
9	马玉艳18626100924	43	22	100	1
10	ZPNPS001	10	20	35	0
11	ZPNP85	85	36	10	0
12	zhangxiaoyang815	10	10	93	1
13	yyuan3_05	26	12	44	1
14	xuteng_1999	41	32	58	1
15	X4104	10	38	74	0
16	WV8101	71	21	54	0
17	wdojwygniwymkx	51	36	49	1
18	wdhkdtpvbovwbh	49	10	39	1
19	U7228	98	41	89	0
20	U1202	70	18	77	0
21	sdw675347652	4	33	57	1
22	PEIJIAN	2	25	82	0

■ 图 4-3-3　标记了新客户的全部结果

Step03：如图 4-3-4 所示，选中 A1 单元格，单击“数据”选项卡“排序和筛选”组中的“筛选”按钮；单击“新客户查询”旁的筛选按钮“▾”，取消“1”复选框，单击“确定”按钮，如图 4-3-5 所示。

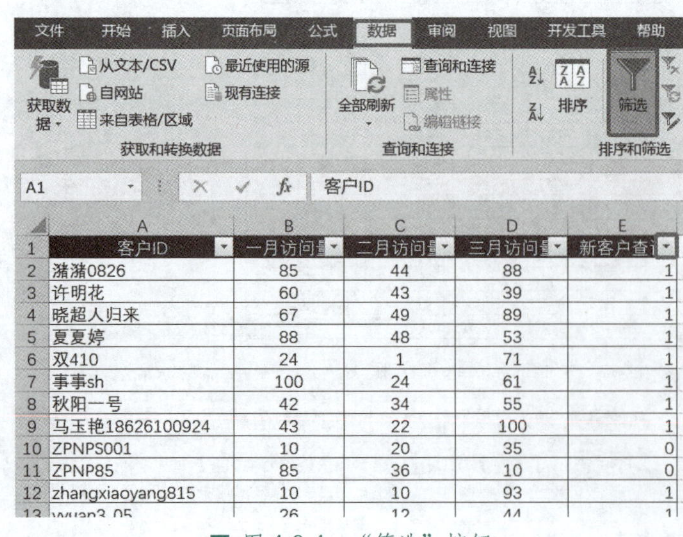

	A	B	C	D	E
1	客户ID	一月访问量	二月访问量	三月访问量	新客户查询
2	潴潴0826	85	44	88	1
3	许明花	60	43	39	1
4	晓超人归来	67	49	89	1
5	夏夏婷	88	48	53	1
6	双410	24	1	71	1
7	事事sh	100	24	61	1
8	秋阳一号	42	34	55	1
9	马玉艳18626100924	43	22	100	1
10	ZPNPS001	10	20	35	0
11	ZPNP85	85	36	10	0
12	zhangxiaoyang815	10	10	93	1

■ 图 4-3-4　“筛选”按钮

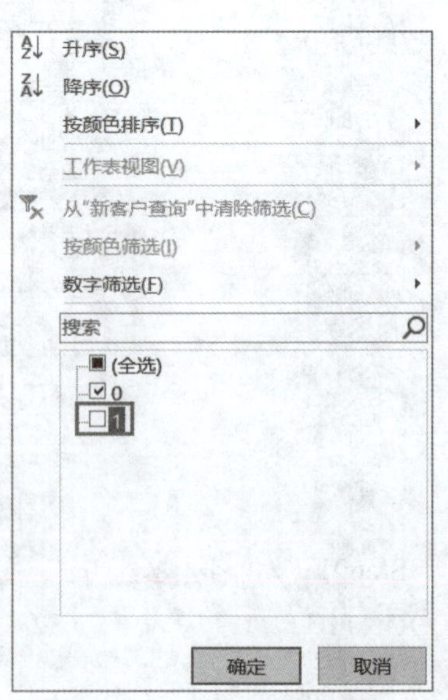

■ 图 4-3-5　筛选列表

Step04：得到新客户列表，如图 4-3-6 所示；在“开始”选项卡“编辑”组中单击“查找和选择”下拉按钮，在下拉列表中选择“定位条件”命令，如图 4-3-7 所示。

	A	B	C	D	E
1	客户ID	一月访问量	二月访问量	三月访问量	新客户查询
10	ZPNPS001	10	20	35	0
11	ZPNP85	85	36	10	0
15	X4104	10	38	74	0
16	WV8101	71	21	54	0
19	U7228	98	41	89	0
20	U1202	70	18	77	0
22	PEIJIAN	2	25	82	0
24	L80026	1	38	26	0
31	J80129	5	1	36	0
32	J80128	23	14	68	0
33	H80243	2	5	61	0
35	E80080	21	27	11	0

■ 图 4-3-6 新客户列表

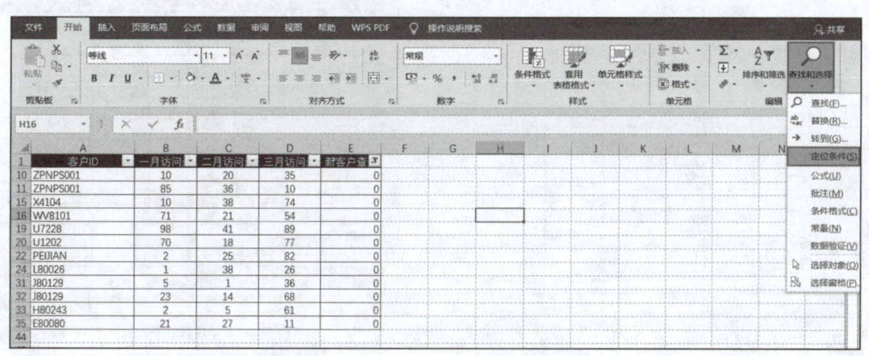

■ 图 4-3-7 “定位条件”命令

Step05：在打开的“定位条件”对话框中选择“可见单元格”单选按钮，并单击“确定”按钮，如图 4-3-8 所示。然后使用【Ctrl+C】组合键进行复制，如图 4-3-9 所示。

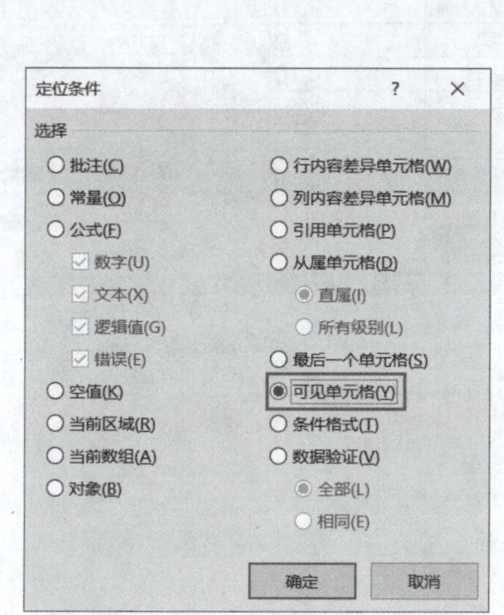

■ 图 4-3-8 “定位条件”对话框

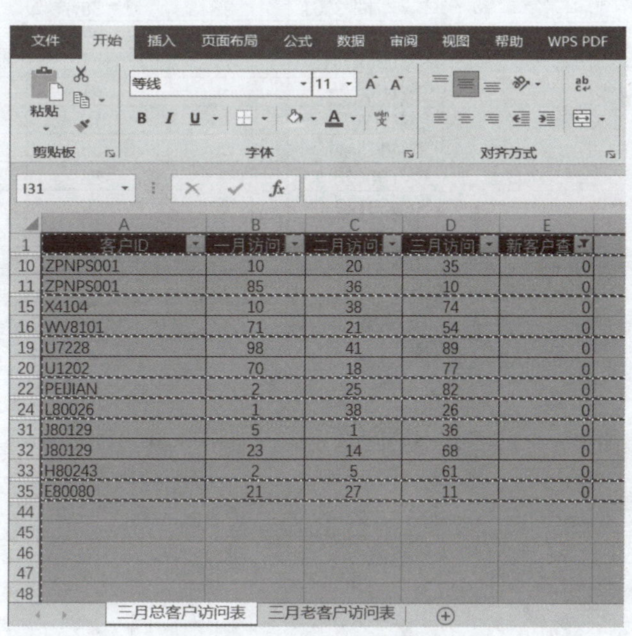

■ 图 4-3-9 复制可见单元格

Step06：新建工作表并重命名为“第一季度新客户访问表”；选中新表 A1 单元格，使用组合键【Ctrl+V】进行粘贴，删除 E 列，得到新客户表，如图 4-3-10 所示。

Step07：如图 4-3-11 所示，在 A14 格中输入“总访问量”，选中 B14，在“公式”选项卡单击“自动求和”按钮，按【Enter】键得到结果；按住 B14 的快速填充柄，往右拉到 D14 单元格，如图 4-3-12 所示。

	A	B	C	D	E
1	客户ID	一月访问量	二月访问量	三月访问量	
2	ZPNPS001	10	20	35	
3	ZPNP85	85	36	10	
4	X4104	10	38	74	
5	WV8101	71	21	54	
6	U7228	98	41	89	
7	U1202	70	18	77	
8	PEIJIAN	2	25	82	
9	L80026	1	38	26	
10	J80129	5	1	36	
11	J80128	23	14	68	
12	H80243	2	5	61	
13	E80080	21	27	11	

■ 图 4-3-10　新客户表

SUM　=SUM(B2:B13)

	A	B	C	D	E
1	客户ID	一月访问量	二月访问量	三月访问量	新客户查询
2	ZPNPS001	10	20	35	0
3	ZPNPS001	85	36	10	0
4	X4104	10	38	74	0
5	WV8101	71	21	54	0
6	U7228	98	41	89	0
7	U1202	70	18	77	0
8	PEIJIAN	2	25	82	0
9	L80026	1	38	26	0
10	J80129	5	1	36	0
11	J80129	23	14	68	0
12	H80243	2	5	61	0
13	E80080	21	27	11	0
14	总访问量	=SUM(B2:B13)			
15		SUM(number1, [number2], ...)			

■ 图 4-3-11　计算一月总访问量

	A	B	C	D	E
1	客户ID	一月访问量	二月访问量	三月访问量	新客户查询
2	ZPNPS001	10	20	35	0
3	ZPNPS001	85	36	10	0
4	X4104	10	38	74	0
5	WV8101	71	21	54	0
6	U7228	98	41	89	0
7	U1202	70	18	77	0
8	PEIJIAN	2	25	82	0
9	L80026	1	38	26	0
10	J80129	5	1	36	0
11	J80129	23	14	68	0
12	H80243	2	5	61	0
13	E80080	21	27	11	0
14	总访问量	399	284	624	
15					

■ 图 4-3-12　计算二月、三月总访问量

Step08：对老客户访问表也进行总访问量的计算求和，如图 4-3-13 所示。

	A	B	C	D
19	jd_6f49477cecc06	45	27	56
20	jd_503d0ab775e70	29	16	32
21	jd_41cfb583ffb8a	5	24	25
22	jayms1985	60	49	5
23	gaowjason	30	47	80
24	chunjing0005	60	23	60
25	chouchoulili88	55	44	44
26	47902179-150616	94	30	48
27	392117290-809380	11	5	39
28	264531186-252051	59	17	52
29	13876066177_p	13	32	59
30	13761696174_p	100	29	22
31	13686970028_p	43	31	10
32	总访问量	1453	846	1595
33				
34				
35				
36				
37				
38				
39				
40				

总客户访问表　老客户表　第一季度新客户访问表　Sheet1

■ 图 4-3-13　总访问量的计算求和

Step09：如图 4-3-14 所示，新建工作表重命名为“新老客户访问对比图”，并将新客户表和老客户表的总访问量复制粘贴进来。

	A	B	C	D	E
1		一月总访问量	二月总访问量	三月总访问量	
2	新客户	398	284	624	
3	老客户	1453	846	1595	
4					
5					
6					
7					
8					
9					
10					
11					
12					
13					
14					
15					
16					
17					
18					
19					
20					
21					
22					

总客户访问表　老客户表　第一季度新客户访问表　新老客户访问对比图

■ 图 4-3-14　“新老客户访问对比图”表

Step10：如图 4-3-15 所示，选中 A1:D3 单元格区域，在“插入”选项卡“图表”组“插入柱形图”下拉列表中选择“二维柱形图”中的“堆积柱形图”，最后得到新客户与老客户的堆积柱形图，如图 4-3-16 所示。

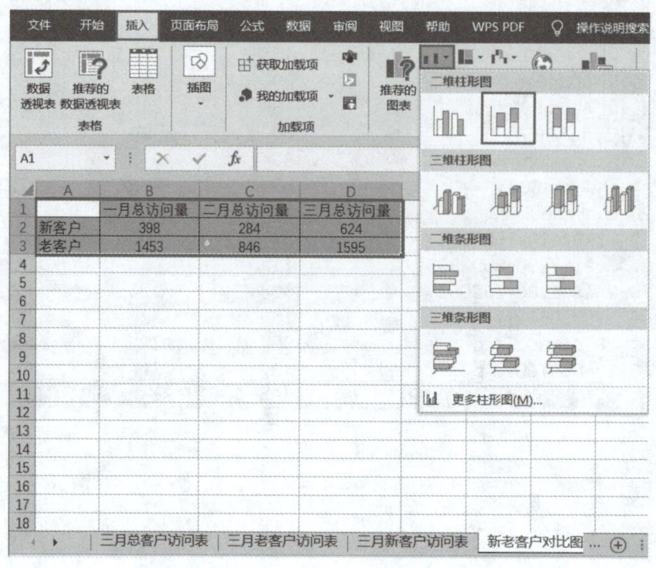

图 4-3-15　选择“堆积柱形图”

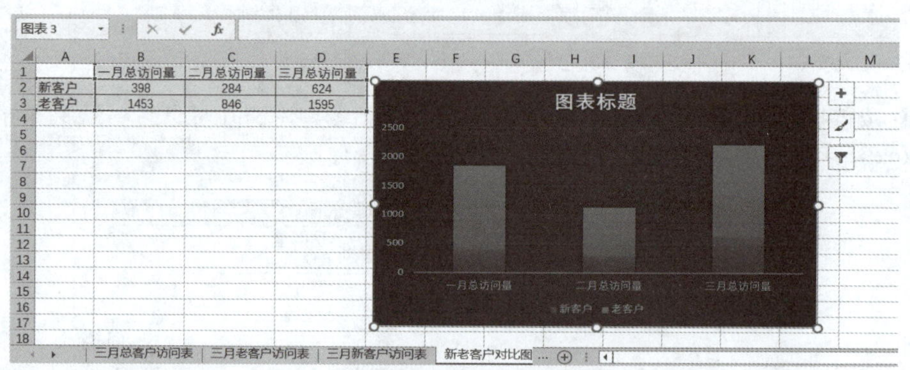

图 4-3-16　新客户与老客户的堆积柱形图

Step11：将柱形图的标题修改为“客户访问量堆积柱形图”，单击图表元素选中“数据标签”，如图 4-3-17 所示，最终得到结果如图 4-3-18 所示。

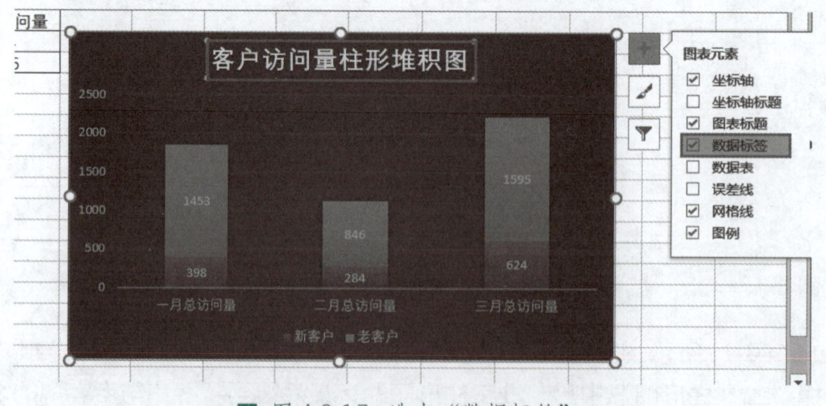

图 4-3-17　选中“数据标签”

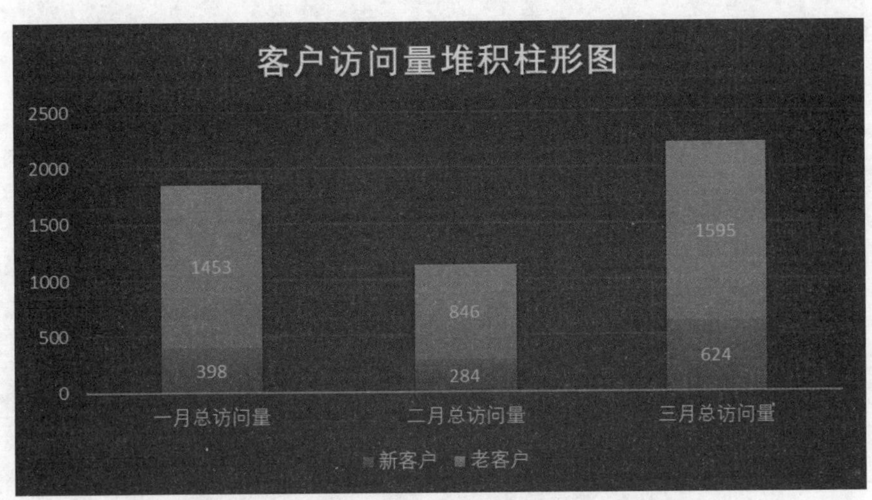

■ 图 4-3-18　新老客户访问量最终对比结果

2. 新客户访问率

新客户访问率是新客户数占总访问量的比例，可以用来分析渠道与产品的推广效果和发展情况；结合新访问客户率和客户流失率，可以大致判断出一个产品所处的发展阶段与推广情况。如新客户比例大于客户流失率，则产品处于成长或稳定阶段；若新客户比例等于客户流失率，则产品处于成熟稳定阶段；若新客户比例小于客户流失率，则产品处于下滑衰退阶段。

需注意的是新客户访问率不等于新客户数量，可能这个产业基数很大，此时新客户访问率一定程度的下降或波动是非常正常的一件事情，因为此时客户数量可能一定程度上已经饱和了。与此同时，新客户访问率并不是完全等于产品发展阶段，新客户访问率的降低可能只是推广渠道和推广方法不当所导致的。我们需要进行多因素的分析，确定真正导致新客户访问率下降的原因。

3. 新客户销售额

新客户销售额是指新客户成交订单销售总额，该指标除了能反映活动效果，也能对比各渠道的转化率高低。在新客户销售额分析时需注意各品牌的产品类目大小，有些产品可能单价非常高，属于奢侈品；有些产品的单价可能非常低，属于消耗品，此时应该用不同的方法去处理这些数据。

接下来打开“新老客户销售”工作簿，先绘制百分比堆积柱形图，分析新客户销售情况；再筛选重点发展客户名单，把排名前三的新客户添加到重点发展客户名单之中。

（1）绘制百分比堆积柱形图

Step01：如图 4-3-19 所示，选择“总销售表”，选中 E2 单元格，双击输入函数“=COUNTIF(老客户销售表！$A$2:$A$31,A2)”，然后按【Enter】键。

Step02：双击 E2 单元格的自动填充柄，则得出剩余客户查询结果，如图 4-3-20 所示。

=COUNTIF(老客户销售表!$A$2:$A$31,A2)

客户ID	一月销售额	二月销售额	三月销售额	新客户查询
13686970028_p	160	225	278	=COUNTIF(老客户销售表!$A$2:$A$31,
13761696174_p	288	76	153	COUNTIF(range, criteria)
13876066177_p	191	101	133	
264531186-252051	24	227	292	
392117290-809380	201	216	5	
47902179-150616	93	284	66	
chouchoulili88	29	32	83	
chunjing0005	50	201	178	
E80080	19	287	219	
gaowjason	28	210	64	
H80243	288	154	131	
J80129	82	206	58	
J80129	100	29	221	
jayms1985	297	95	210	
jd_41cfb583ffb8a	53	75	108	
jd_503d0ab775e70	183	43	276	
jd_6f49477cecc06	209	272	63	

■ 图 4-3-19　输入函数新算新客户查询

客户ID	一月销售额	二月销售额	三月销售额	新客户查询
13686970028_p	160	225	278	1
13761696174_p	288	76	153	1
13876066177_p	191	101	133	1
264531186-252051	24	227	292	1
392117290-809380	201	216	5	1
47902179-150616	93	284	66	1
chouchoulili88	29	32	83	1
chunjing0005	50	201	178	1
E80080	19	287	219	0
gaowjason	28	210	64	1
H80243	288	154	131	0
J80129	82	206	58	0
J80129	100	29	221	0
jayms1985	297	95	210	1

■ 图 4-3-20　新客户查询结果

Step03：如图 4-3-21 所示，选择“开始”选项卡“编辑”组中“排序和筛选”下拉列表中的“筛选”命令；单击新客户查询右侧的筛选按钮“▾”，在弹出的窗口中，取消选择“1”复选框，筛选出所有的“0”，并单击“确定”按钮，如图 4-3-22 所示。

排序和筛选：升序(S)　降序(O)　自定义排序(U)...　筛选(F)　清除(C)　重新应用(Y)

E1　新客户查询

客户ID	一月销售额	二月销售额	三月销售额	新客户查询
13686970028_p	160	225	278	1
13761696174_p	288	76	153	1
13876066177_p	191	101	133	1
264531186-252051	24	227	292	1
392117290-809380	201	216	5	1
47902179-150616	93	284	66	1
chouchoulili88	29	32	83	1
chunjing0005	50	201	178	1
E80080	19	287	219	0
gaowjason	28	210	64	1
H80243	288	154	131	0
J80129	82	206	58	0
J80129	100	29	221	0

■ 图 4-3-21　单击“筛选”按钮

Step04：如图 4-3-23 所示，得到新客户的筛选结果，单击“开始”选项卡“编辑”组“查找和选择”下拉按钮，在下拉列表中选择“定位条件”命令，如图 4-3-24 所示。

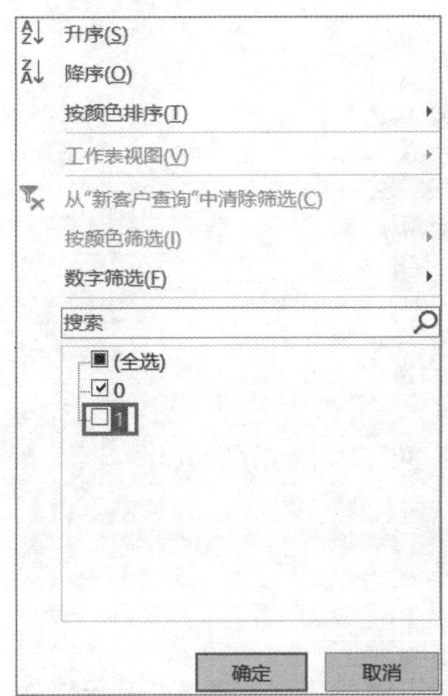

■ 图 4-3-22　设置筛选条件

	A	B	C	D	E
1	客户ID	一月销售	二月销售	三月销售	新客户查询
10	E80080	19	287	219	0
12	H80243	288	154	131	0
13	J80129	82	206	58	0
14	J80129	100	29	221	0
21	L80026	295	18	242	0
23	PEIJIAN	116	278	160	0
25	U1202	38	226	181	0
26	U7228	84	263	72	0
29	WV8101	140	220	274	0
30	X4104	157	49	34	0
34	ZPNPS001	30	96	190	0
35	ZPNPS001	190	189	219	0
44					
45					

■ 图 4-3-23　筛选结果

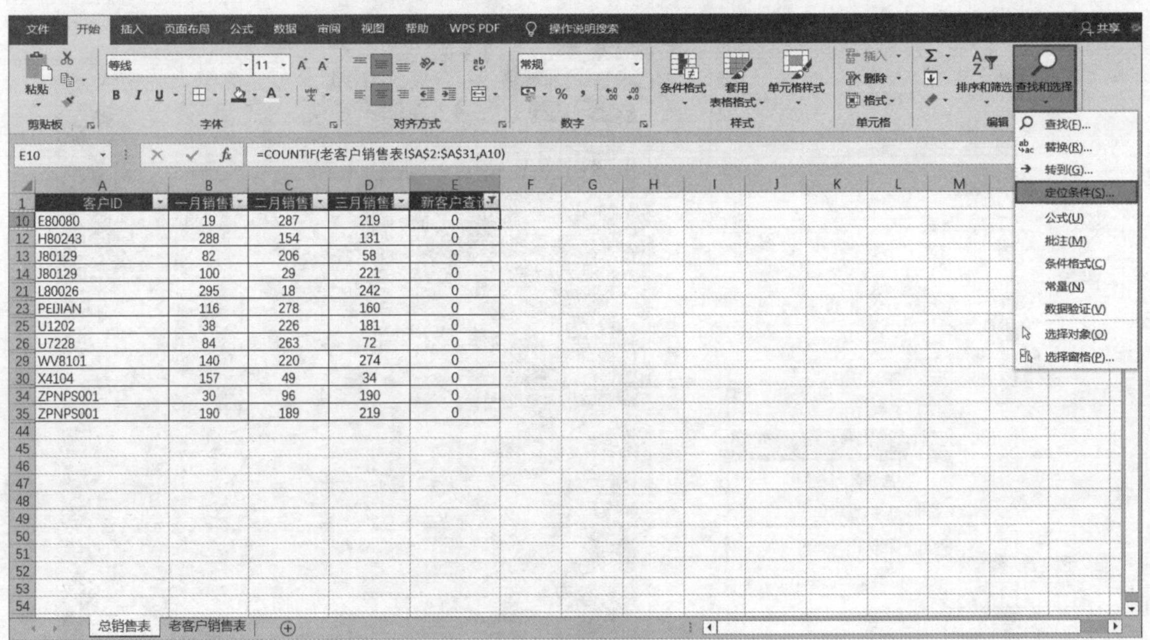

■ 图 4-3-24　“定位条件”命令

Step05：打开“定位条件”对话框，如图 4-3-25 所示，选择“可见单元格”单选按钮，单击“确定”按钮，然后使用【Ctrl +C】组合键进行复制。

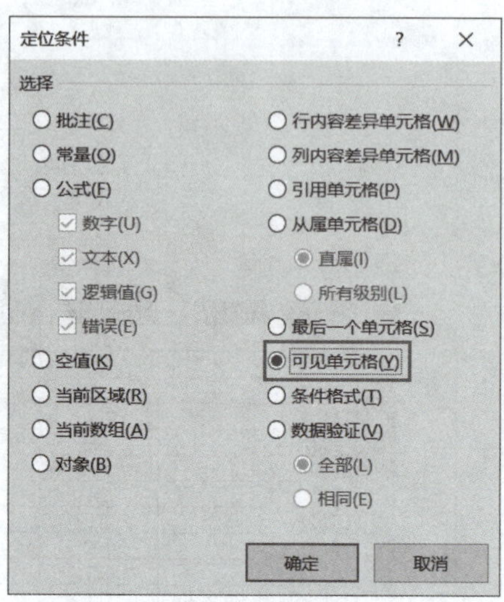

■ 图 4-3-25 “定位条件”对话框

Step06：如图 4-3-26 所示，新建工作表并重命名为“新客户销售表”；在 A1 单元格使用【Ctrl +V】组合键进行粘贴，得到图 4-3-27 所示的新客户销售表。

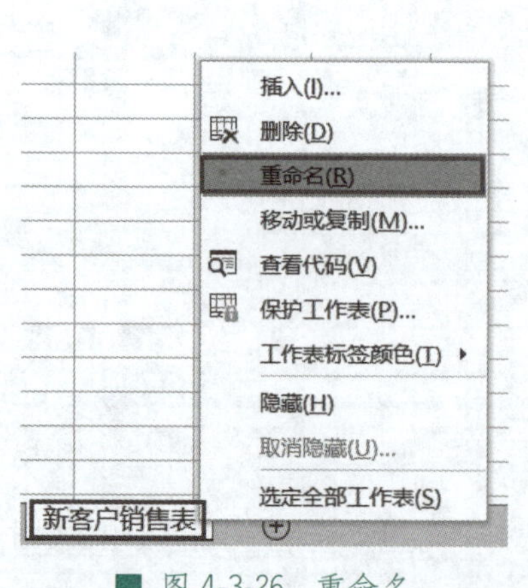

■ 图 4-3-26 重命名

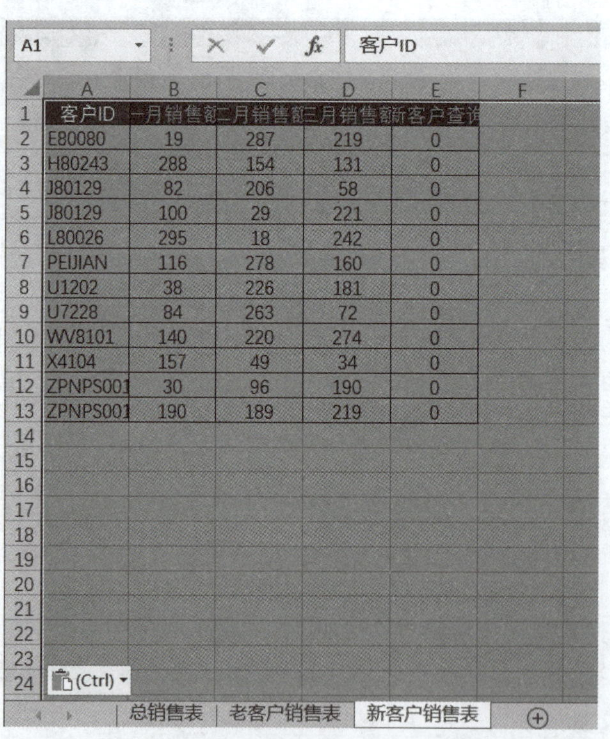

	A	B	C	D	E
1	客户ID	一月销售额	二月销售额	三月销售额	新客户查询
2	E80080	19	287	219	0
3	H80243	288	154	131	0
4	J80129	82	206	58	0
5	J80129	100	29	221	0
6	L80026	295	18	242	0
7	PEIJIAN	116	278	160	0
8	U1202	38	226	181	0
9	U7228	84	263	72	0
10	WV8101	140	220	274	0
11	X4104	157	49	34	0
12	ZPNPS001	30	96	190	0
13	ZPNPS001	190	189	219	0

■ 图 4-3-27 新客户销售表

Step07：如图 4-3-28 所示，在 A14 单元格中输入“总销售额”，选中 B14 单元格，在“公式”选项卡“函数库”组中单击“自动求和”按钮；按住 B14 单元格的快速填充柄往右拉到 D14 单元格，如图 4-3-29 所示。

Step08：同样的，我们对老客户销售表也进行总销售额的计算求和，如图 4-3-30 所示。

SUM　=SUM(B2:B13)

	A	B	C	D	E
1	客户ID	一月销售额	二月销售额	三月销售额	新客户查询
2	E80080	19	287	219	0
3	H80243	288	154	131	0
4	J80129	82	206	58	0
5	J80129	100	29	221	0
6	L80026	295	18	242	0
7	PEIJIAN	116	278	160	0
8	U1202	38	226	181	0
9	U7228	84	263	72	0
10	WV8101	140	220	274	0
11	X4104	157	49	34	0
12	ZPNPS001	30	96	190	0
13	ZPNPS001	190	189	219	0
14	总销售额	=SUM(B2:B13)			

■ 图 4-3-28　计算一月总销售额

	A	B	C	D	E
1	客户ID	一月销售额	二月销售额	三月销售额	新客户查询
2	E80080	19	287	219	0
3	H80243	288	154	131	0
4	J80129	82	206	58	0
5	J80129	100	29	221	0
6	L80026	295	18	242	0
7	PEIJIAN	116	278	160	0
8	U1202	38	226	181	0
9	U7228	84	263	72	0
10	WV8101	140	220	274	0
11	X4104	157	49	34	0
12	ZPNPS001	30	96	190	0
13	ZPNPS001	190	189	219	0
14	总销售额	1539	2015	2001	

■ 图 4-3-29　计算二月、三月总销售额

Step09：新建工作表，重命名为“新老客户百分比”，并将新客户表和老客户表的总访问量复制粘贴进来，如图 4-3-31 所示。

	A	B	C	D
19	wdhkdtpvbovwbh	216	223	148
20	wdojwygniwymkx	114	232	271
21	xuteng_1999	296	164	122
22	yyuan3_05	61	240	72
23	zhangxiaoyang815	168	253	211
24	马玉艳18626100924	23	15	147
25	秋阳一号	165	22	48
26	事事sh	274	116	158
27	双410	227	91	145
28	夏夏婷	122	254	67
29	晓超人归来	111	24	83
30	许明花	199	7	196
31	潴潴0826	262	183	270
32	总销售额	4630	4698	4288

总销售表　老客户销售表　新客户销售表

■ 图 4-3-30　老客户总销售额求和

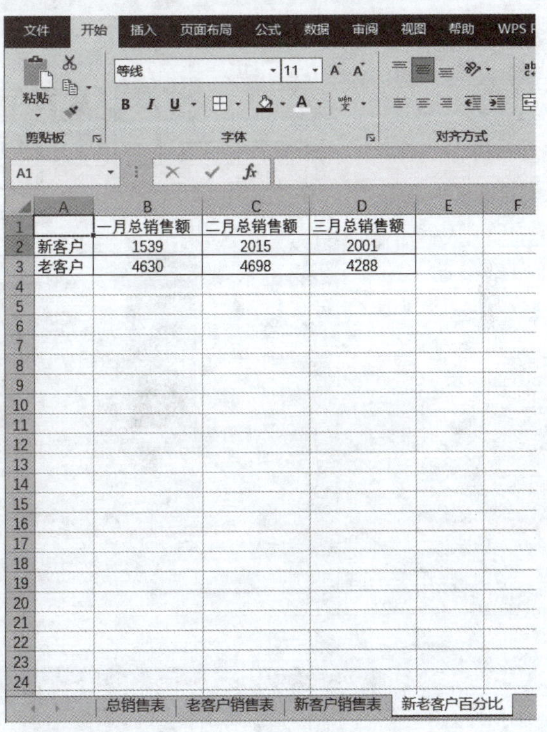

	A	B	C	D
1		一月总销售额	二月总销售额	三月总销售额
2	新客户	1539	2015	2001
3	老客户	4630	4698	4288

总销售表　老客户销售表　新客户销售表　新老客户百分比

■ 图 4-3-31　“新老客户百分比”工作表

Step10：选中 A1:D3 单元格区域，在“插入”选项卡“图表”组“插入柱形图”下拉列表中选择“二维柱形图”中的“百分比堆积柱形图”，如图 4-3-32 所示；最后得到新客户与老客户的百分比堆积柱形图，如图 4-3-33 所示。

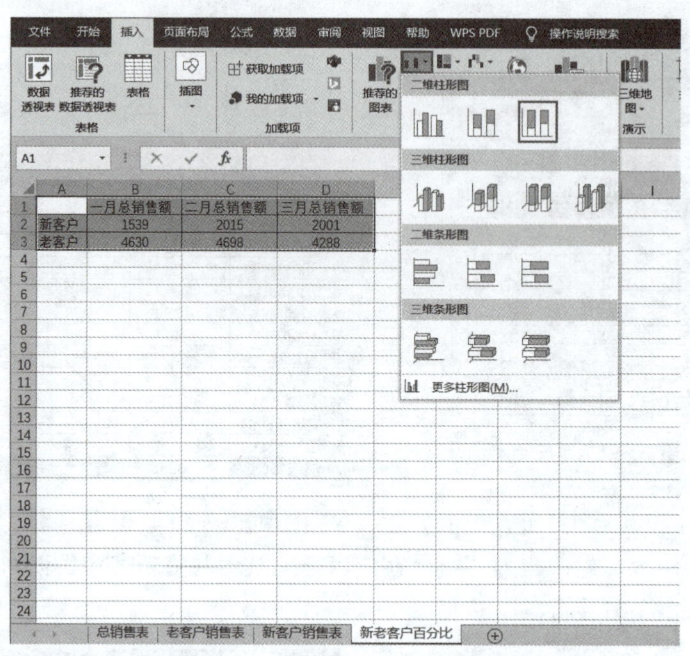

■ 图 4-3-32　选择“百分比堆积柱形图”

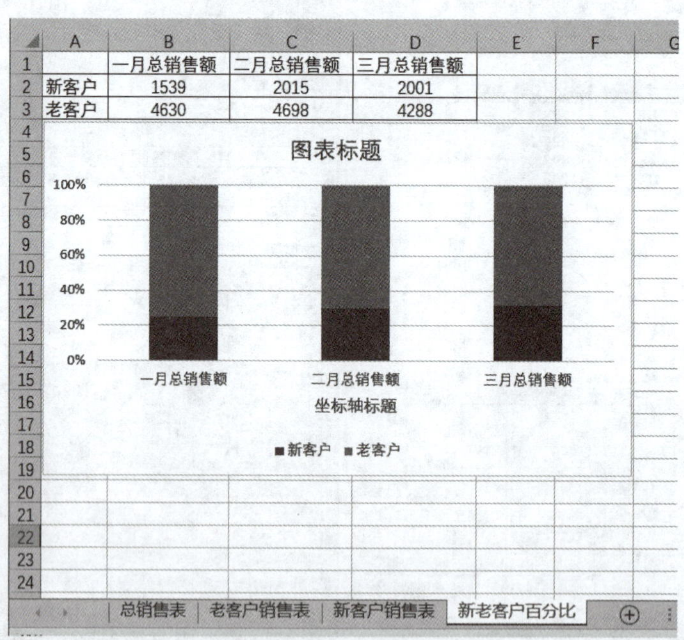

■ 图 4-3-33　新客户与老客户的百分比堆积柱形图

Step11：如图 4-3-34 所示，将柱形图的标题改为“客户销售额占比图”，单击图表元素选中“数据标签”，得到图 4-3-35 所示效果。

（2）筛选重点发展客户名单

Step01：新建工作表并重命名为“重点客户表”。

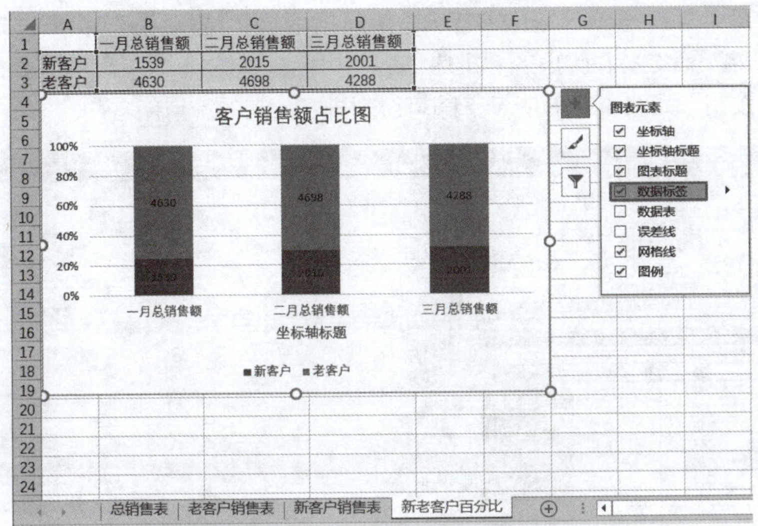

■ 图 4-3-34　修改图表标题和数据标签

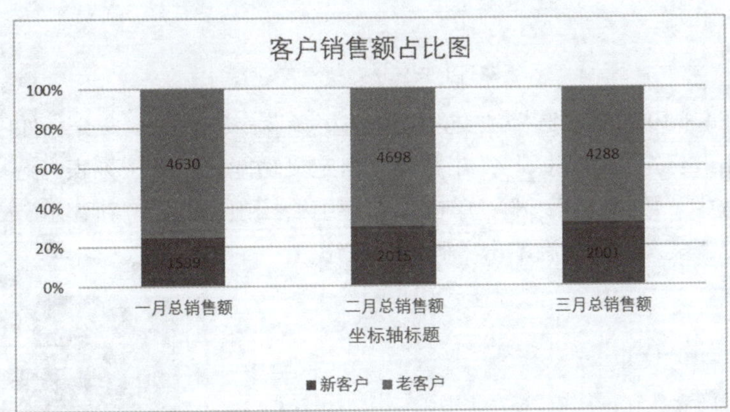

■ 图 4-3-35　设置图表标题及数据标签后的效果

Step02：如图 4-3-36 所示，在“新客户销售”表中，把 E2 单元格重命名为“总额”；选中 E2 单元格，输入公式：=SUM(B2:D2)，双击 E2 单元格的自动填充柄。

E2　=SUM(B2:D2)

	A	B	C	D	E	F
1	客户ID	一月销售额	二月销售额	三月销售额	总额	
2	E80080	19	287	219	525	
3	H80243	288	154	131	573	
4	J80129	82	206	58	346	
5	J80129	100	29	221	350	
6	L80026	295	18	242	555	
7	PEIJIAN	116	278	160	554	
8	U1202	38	226	181	445	
9	U7228	84	263	72	419	
10	WV8101	140	220	274	634	
11	X4104	157	49	34	240	
12	ZPNPS001	30	96	190	316	
13	ZPNPS001	190	189	219	598	
14	总销售额	1539	2015	2001		
15						
16						

■ 图 4-3-36　计算总额

Step03：如图 4-3-37 所示，选中 D2:D13 单元格区域，选择“开始”→“编辑”→“排序和筛选”→“降序”命令；在弹出的“排序提醒”对话框中选择“扩展选定区域”单选按钮，然后单击“排序”按钮，如图 4-3-38 所示，即可得到排名前三的重点新客户。

	A	B	C	D	E
1	客户ID	一月销售额	二月销售额	三月销售额	总额
2	WV8101	140	220	274	634
3	ZPNPS001	190	189	219	598
4	H80243	288	154	131	573
5	L80026	295	18	242	555
6	PEIJIAN	116	278	160	554
7	E80080	19	287	219	525
8	U1202	38	226	181	445
9	U7228	84	263	72	419
10	J80129	100	29	221	350
11	J80129	82	206	58	346
12	ZPNPS001	30	96	190	316
13	X4104	167	49	34	240
14	总销售额	1539	2015	2001	

■ 图 4-3-37　按降序排序

Step04：如图 4-3-39 所示，选择“文件”→“更多”→“选项”命令；如图 4-3-40 所示，在弹出的界面中单击“自定义功能区”，在右侧“自定义功能区”下拉列表中选择“主选项卡”，在下方列表框中选中“数据”复选框，单击“新建组”按钮；选择“新建组”，单击“重命名”按钮，把名字改为“录入”，然后单击“确定”按钮。

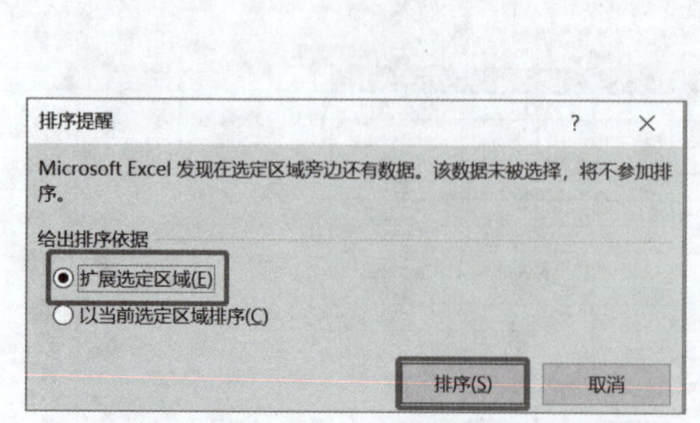

■ 图 4-3-38　“排序提醒”对话框

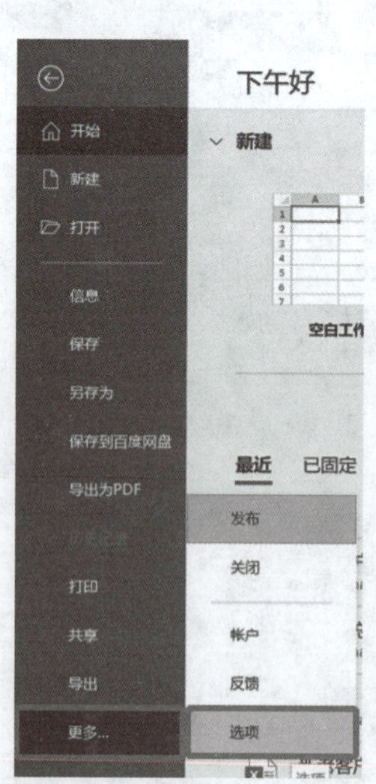

■ 图 4-3-39　选择“更多”→“选项”命令

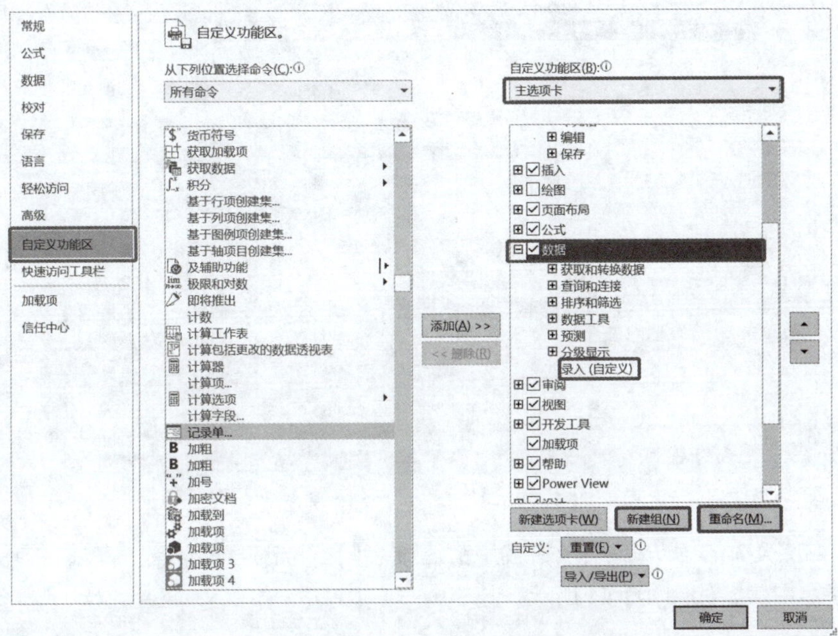

■ 图 4-3-40　自定义功能区

Step05：在左侧“从下列位置选择命令”下拉列表中选择“所有命令”，单击下方列表框中的“记录单”以及新建的“录入”，单击“添加”按钮，最后单击“确定”按钮，如图 4-3-41 所示。

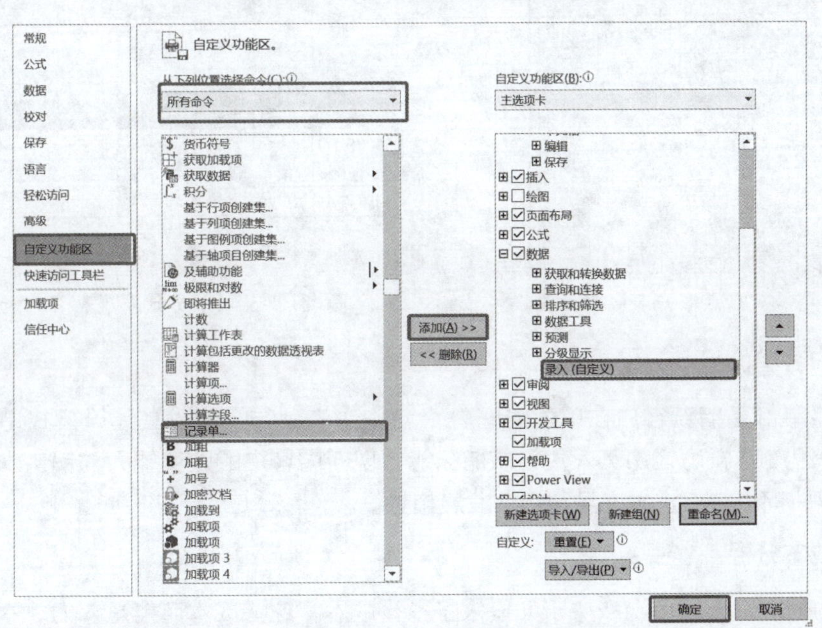

■ 图 4-3-41　添加命令

Step06：如图 4-3-42 所示，在“重点客户表”中把 A1、B1、C1 单元格分别命名为“客户 ID”“销售额（季度）”“最高单月消费”；在“数据”选项卡“录入”列中单击“记录单”，单击“确定”按钮，把首行作为标签。

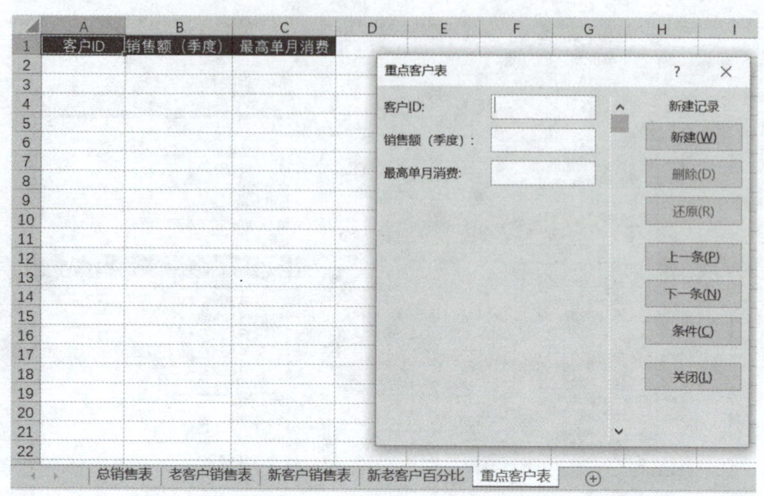

■ 图 4-3-42　把首行作为标签

Step07：如图 4-3-43 所示，录入新客户销售排名前三位的客户信息，单击“新建”按钮，得到重点发展新客户表，如图 4-3-44 所示。

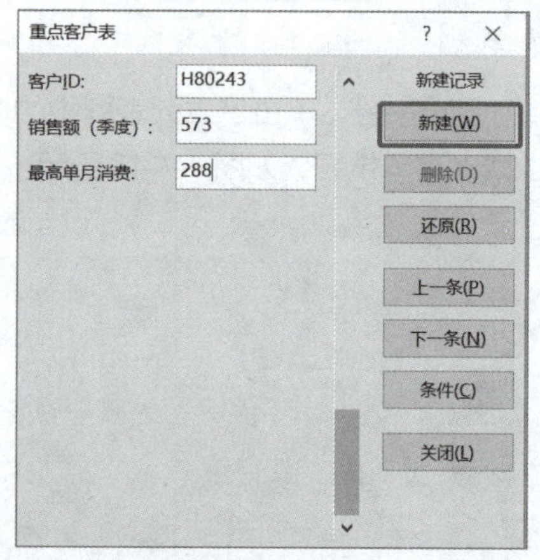

■ 图 4-3-43　“重点客户表”对话框

	A	B	C
1	客户ID	销售额（季度）	最高单月消费
2	WV8101	634	274
3	ZPNPS001	598	219
4	H80243	573	288
5			
6			

■ 图 4-3-44　重点发展新客户表

4. 新客户客单价

新客户客单价是指新客户在单位时间内平均购买产品的金额，其计算公式是：新客户客单价 = 新客户销售额 / 新访客购买人数，该指标能体现新增客户的购买能力与销售水平。对比老客户的消费水平，可以分析出本产品客户的发展趋势。

5. 获客成本分析

新客户的获取很大程度上取决于你投入了多少成本，这些成本可能是人力成本（如销售业务员获取新客户）、经济成本（如广告投入）、时间成本（如花在新客户获取上的时间）等。在这里主要考虑、分析获取成本中的经济成本。在任务一的客户指标分析中，曾经提到过两个名词，即付费新客户和活跃新客户，在本任务中分析客户获取成本（Customer Acquisition Cost, CAC）和单击单价（Cost Per Click, CPC）将用到这两个数据，我们可以把两个任务内容进行对照学习。

CAC= 营销总费用 / 付费新客户数

CPC= 营销总费用 / 活跃新客户数

二、老客户分析

老客户分析在客户分析中同样重要，老客户是指在一个店铺中至少购买过两次的顾客。任何商家都希望老顾客多些，把新客户都转化为老客户。最重要的一点是，转化老客户重要的是产品本身，维护老客户的经济成本要比获取新客户的经济成本要低得多。

本任务主要介绍老客户分析中的老客户数量分析、老客户行为分析、重复购买率以及唤醒成本维护等。

1. 老客户数量分析

老客户的数量是衡量老客户留存效果最基本的指标之一，对比新客户访问率，老客户访问率是老客户访问数占总访问数的比率，其公式是：

老客户访问率 = 老客户访问数 / 总访问数 ×100%

客户留存率指客户在某段时间内使用应用，经过一段时间后，仍然继续使用该应用的客户比例。老客户留存率指老客户数量占先前某一时段新增客户数量的比率。其公式是：

客户留存率 = 指定时间段新客户留存至某一时间段的数量 / 指定时间段内新增客户数 ×100%

一般老客户留存率会随着时间的拉长而递减，接下来，我们用线性趋势图来分析一下店铺的老客户留存率情况。

Step01：如图 4-3-45 所示，打开“客户留存率”工作簿，选择“总客户购买名单”工作表，选中B26单元格，双击输入公式1: =SUM(COUNTIF(老客户购买名单!$A:$A,总客户购买名单!B2:B25))/(COUNTA(老客户购买名单!$A:$A)-1)，然后按【Ctrl+Shift+Enter】组合键进行数组运算。

注意：该步骤中的公式1表示，对总客户表中这个月的每一个客户 ID 查看是否在总客户表中，在记为1，不在记为0，形成一个形如{0，1，1，0…}的数组，对数组进行求和即得到了其中留存客户的数量。然后我们用 COUNTA 函数统计老客户购买名单中的非空单元格个数，再减1得到老客户名单中的老客户数，注意这里不能使用 COUNT 函数。最后，我们用留存客户数除以老客户数，即得到客户留存率。

B26　{=SUM(COUNTIF(老客户购买名单!$A:$A,总客户购买名单!B2:B25))/(COUNTA(老客户购买名单!$A:$A)-1)}

	A	B	C	D	E	F	G	H	I	J
16		WV8101	Brenda Bowman	Christine Kargatis						
17		hdhn	Susan Vittorini	Rick Bensley						
18		H80243	Laurel Elliston	Michelle Huthwaite						
19		L80026	Darrin Van Huff	Russell D'Ascenzo						
20		PEIJIAN	Deirdre Greer	Rick Bensley						
21		E80080	Sally Knutson	Christine Kargatis						
22		Cari Schnelling	Lori Olson	Becky Martin						
23		Becky Martin	Brenda Bowman							
24		David Flashing	Tamara Willingham							
25		Lena Cacioppo								
26	留存率	46.67%	20.00%	33.33%						
27										
28										

■ 图 4-3-45　“客户留存率”工作簿

Step02：用 B26 的快速填充柄往右拉到 D26 单元格，完成快速填充。

Step03：如图 4-3-46 所示，选中 A26:D26 单元格区域，选择“插入”选项卡，在“图表”组中单击“插入散点图或气泡图”下拉按钮，选择“散点图”选项。调整图表位置和大小，为其添加标题。

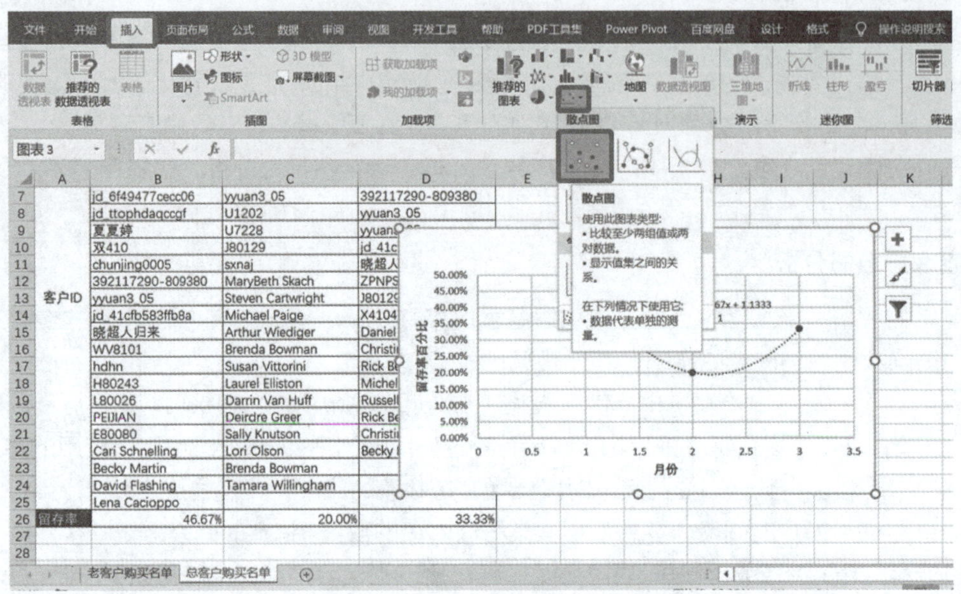

图 4-3-46　绘制散点图

Step04：如图 4-3-47 所示，这明显不是一条直线，选中图表，选择“图表工具 - 设计”选项卡，在“图表布局”组中单击“添加图表元素”下拉按钮，选择“趋势线”中的“其他趋势线选项”。

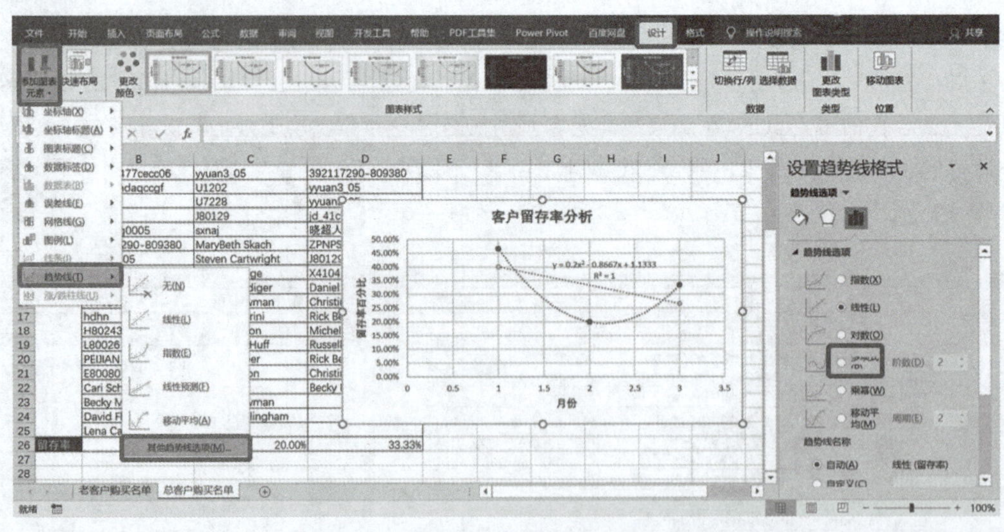

图 4-3-47　选择“其他趋势线选项”

Step05：在弹出的“设置趋势线格式”窗格“趋势线选项”选项组中选择“多项式”单选按钮。

Step06：选中图表，单击图表右上角的“图表元素”按钮，选择“坐标轴标题”中的“主要横坐标轴”“主要纵坐标轴”复选框，如图 4-3-48 所示。

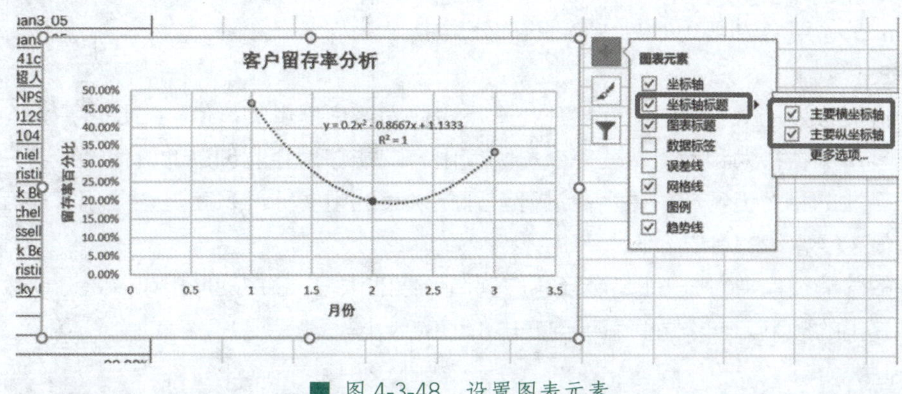

■ 图 4-3-48　设置图表元素

Step07：调整图表中公式的位置和大小，为主要横坐标轴标题和主要纵坐标轴标题添加文本并设置格式，最后完成图表如图 4-3-49 所示。

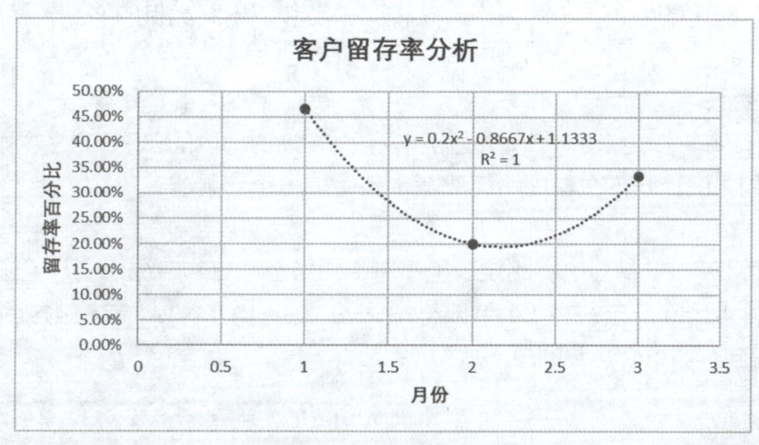

■ 图 4-3-49　最终图表

2. 老客户行为及价值分析

行为及价值分析，除了先前提到的“5W2H”模型以及“RFM”模型以外，主要还涉及客户黏性、活跃以及产出的分析方法。

（1）客户黏性

客户黏性是指客户对于品牌或产品的忠诚、信任与良性体验等结合起来形成的依赖程度和再消费期望程度，它强调的是一种客户持续使用、关注本产品的状态。客户使用、消费产品的次数或数量越多，那么客户对此产品的依赖感越强，即客户黏性越高。促进销售的方法之一就是充分利用顾客管理方面的技巧去提高客户黏度，有些产品的购买频率可能非常低，例如买车或者买房。这个时候就要提高客户的黏度，使他们配套购买这些产品的消耗品，或者培养自己的品牌生态系统，用以推广同品牌的其他产品。客户黏性对于整个企业的品牌形象起着关键的作用。

（2）活跃

这里的活跃更多的是针对客户每次访问的过程，考察客户访问中的参与度。需要注意的是客户活跃是有波动的，有些客户可能只在短期内非常活跃，随后没什么参与过程；有些客户可能是慢热型的，虽然一开始访问时间较短，但后续慢慢增加。所以对统计期中的客户每次访问取平均值，取平均访问时长、平均访问页面数归在活跃的分类中。

（3）产出

对客户价值分为三个不同的侧面展开：一是企业为客户提供的价值；二是客户为企业提供的价值，根据客户消费行为和消费特征等变量测度出客户能够为企业创造的价值，该客户价值衡量了客户对于企业的相对重要性，是企业进行差异化决策的重要标准；三是企业和客户互为价值感受主体和价值感受客体的客户价值。

在店铺的营销过程中，产出即是衡量客户创造价值的依据，客户的产出可以是订单数、客单价，一个是衡量产出的频率，一个是衡量平均产出价值的大小。

3. 复购率

复购率即为客户对该品牌产品或者服务的重复购买次数，重复购买率越高，说明消费者对品牌的忠诚度或者说黏性越高，反之复购率越低，可能黏性越低。同样需要注意产品的类目，有些产品本身的使用年限可能很长，不能去横向比较同一品牌下不同类目的产品，横向比较时应该和同一类目的产品比较。

复购率的公式为：

复购率 = 一定时间内的重复购买人数 / 初期时间内的总购买人数 ×100%

接下来，我们来统计一下在年前购买洗发水和香槟组合套装的客户，在接下来的三个月内的复购率变化：

Step01：打开“两个商品复购率比较”工作簿，切换至“复购率统计表”工作簿。

Step02：如图 4-3-50 所示，在 D4 单元格输入公式：=COUNTA(年前购买组合套装客户名单 !A:A) − 1，得到购买组合套装的总人数为 79 人。

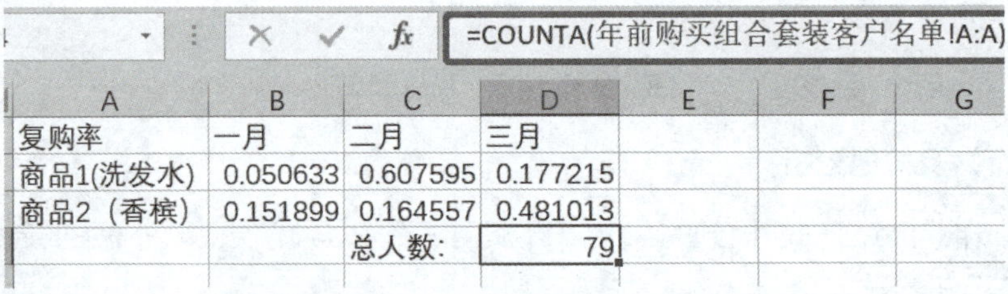

=COUNTA(年前购买组合套装客户名单!A:A)

	A	B	C	D	E	F	G
1	复购率	一月	二月	三月			
2	商品1(洗发水)	0.050633	0.607595	0.177215			
3	商品2（香槟）	0.151899	0.164557	0.481013			
4			总人数:	79			

图 4-3-50　得到购买组合套装的总人数

注意：COUNT 函数只能统计单元格内容为数字的个数，COUNTA 统计的是非空单元格的个数，所以 COUNTA 可以统计单元格为字符的个数，统计完后 − 1 是为了避免将列表名“客户网名”统计进去

Step03：在 B2 单元格输入公式：=SUM(IF(一月 !B2:B100=1,COUNTIF(年前购买组合套装客户名单 !$A:$A, 一月 !A2:A100),0))/D4，按【Ctrl+Shift+Enter】组合键进行数组运算，计算一月份商品 1 的复购率，如图 4-3-51 所示。

注意：1. 该公式表示对一月份 B2:B100 单元格区域中等于 1，对满足条件的 B2:B100 中的单元格相对应的 A2:A100 中单元格的老客户复购行为进行计数统计，除以总数计算复购率。不想进行数组运算的同学也可以先用 COUNTIF 标注其中的复购行为在 C 列，有复购行为的必定不为 0，然后用 SUMIF 函数进行统计：=SUMIF(一月 !B2:B100,1, 一月 !C2:C100)/ 复购率统计表 !D4。

2. 公式可以继续更改，当我们不知道一月有多少数据量的时候，可以使用 OFFSET+COUNTA 或 INDEX+COUNTA 的组合，先用 COUNTA 统计数据量，再引用到对应的单元格，把公式变为 =SUM(IF(一月 !B2:OFFSET(一月 !B1,COUNTA(一月 !A:A) － 1,0)=1,COUNTIF(年前购买组合套装客户名单 !$A:$A, 一月 !A2: OFFSET(一月 !A1,COUNTA(一月 !A:A) － 1,0)),0))/D4，其中 OFFSET 为引用函数，例如 OFFSET(A1,1,2) 表示引用 A1 单元格向下 1 格，向右 2 格的单元格，即为 C2 单元格。INDEX 也是引用函数，INDEX 的使用方法为 INDEX(array, row_num, [column_num])，例如 INDEX(A:A,3) 表示取 A 列第三个值。

B2　{=SUM(IF(一月!B2:B100=1,COUNTIF(年前购买组合套装客户名单!$A:$A,一月!A2:A100),0))/D4

	A	B	C	D
1	复购率	一月	二月	三月
2	商品1(洗发水)	0.050633	0.607595	0.177215
3	商品2（香槟）	0.151899	0.164557	0.481013
4			总人数:	79

■ 图 4-3-51　计算一月份商品 1 的复购率

Step04：同样的，如图 4-3-52 所示，在 B3 单元格输入公式：=SUM(IF(一月 !B2:B100=2, COUNTIF(年前购买组合套装客户名单 !$A:$A, 一月 !A2:A100),0))/D4，按【Ctrl+Shift+Enter】组合键进行数组运算，计算一月份商品 2 的复购率。

B3　{=SUM(IF(一月!B2:B100=2,COUNTIF(年前购买组合套装客户名单!$A:$A,一月!A2:A100),0))/D4}

	A	B	C	D
1	复购率	一月	二月	三月
2	商品1(洗发水)	0.050633	0.607595	0.177215
3	商品2（香槟）	0.151899	0.164557	0.481013
4			总人数:	79

■ 图 4-3-52　计算一月份商品 2 的复购率

Step05：依此类推，在 C2 单元格输入：=SUM(IF(二月 !B2:B98=1,COUNTIF(年前购买组合套装客户名单 !$A:$A, 二月 !A2:A98),0))/D4；C3 单元格输入：=SUM(IF(二月 !B2:B98=2,COUNTIF(年前购买组合套装客户名单 !$A:$A, 二月 !A2:A98),0))/D4；D2 单元格输入：=SUM(IF(三月 !B2:B126=1,COUNTIF(年前购买组合套装客户名单 !$A:$A, 三月 !A2:A126),0))/D4，D3 单元格输入：=SUM(IF(三月 !B2:B126=2,COUNTIF(年前购买组合套装客户名单 !$A:$A, 三月 !A2:A126),0))/D4，按【Ctrl+Shift+Enter】组合键进行数组运算，最后得到结果表如图 4-3-53 所示。

D3　{=SUM(IF(三月!B2:B126=2,COUNTIF(年前购买组合套装客户名单!$A:$A,三月!A2:A126),0))/D4}

	A	B	C	D
1	复购率	一月	二月	三月
2	商品1(洗发水)	0.050633	0.607595	0.177215
3	商品2（香槟）	0.151899	0.164557	0.481013
4			总人数:	79
5				

■ 图 4-3-53　进行数组运算

Step06：把数据表中的数据改为百分比的输出格式。

Step07：如图 4-3-54 所示，选中 A1 到 D3 单元格，选择“插入”→“图表”→“折线图或面积图”中的“二维面积图”。

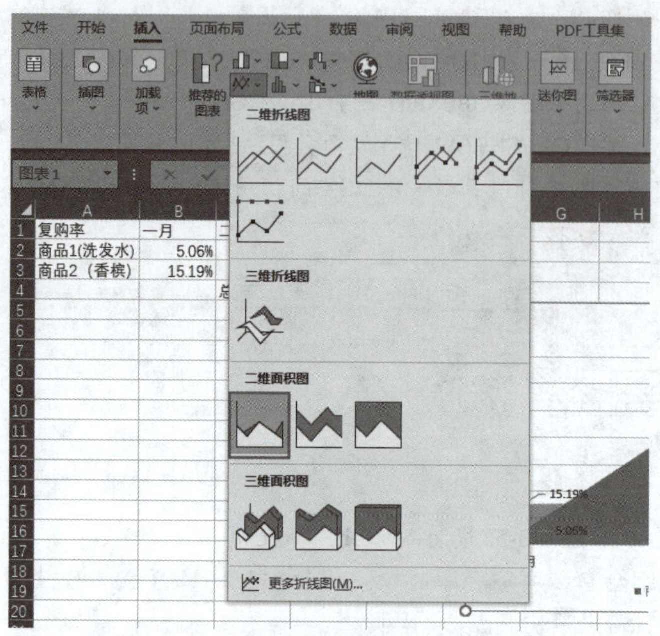

图 4-3-54　选择“二维面积图”

Step08：如图 4-3-55 所示，更改标题名称为“复购率”，右击选择 “添加数据标签”命令，双击商品 2 的面积图，或者右击选择“设置数据系列格式”，选择填充透明度。最终得到复购率对比图如 4-3-56 所示。

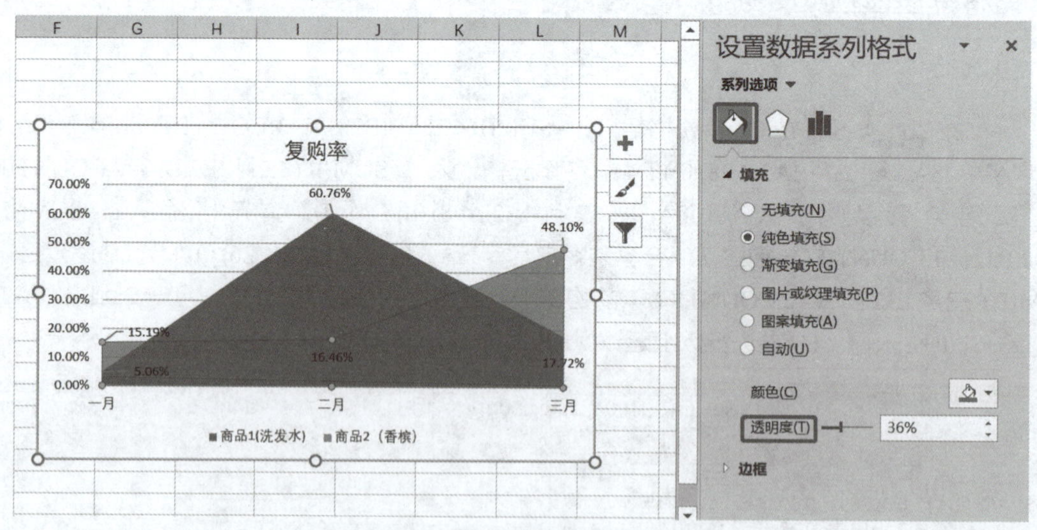

图 4-3-55　填充透明度

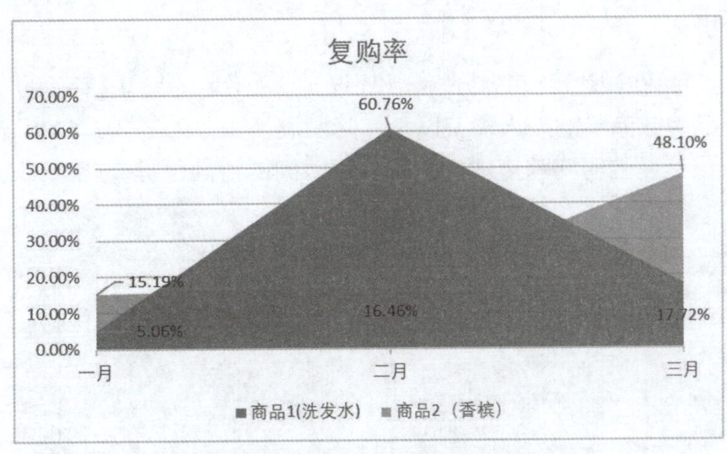

图 4-3-56　复购率对比图

4. 唤醒成本

客户唤醒主要针对老客户，即持续一段时间内未访问或者登录网站的老客户，通过一些活动促进他们再次活跃起来，而在老客户未被唤醒的阶段即称为流失天数。

流失天数即是指客户最近一次访问时间距离当前时间的时间间隔。通常获取一个新客户的成本是唤醒一位老客户成本的 3 倍。为了唤醒老客户，企业或店铺一般会做一些优惠活动。在客户唤醒的分析中，主要的两个指标是唤醒客户数以及客户唤醒的成本。

无论是获取新客户，还是赢回流失客户（也就是唤醒老客户），都是为了同一个目标，即增加用户基数，提高留存率，这也是大多数企业高管最为关注的一件事。

现在这样成熟的市场，意味着存在更多的竞争，要面对领先企业在争取客户方面的优势，所以当增长客户基数变得越来越难的时候，企业在获取新客户上的成本通常是唤醒一位老客户成本的三倍。可见，虽然获取新客户是必要的，但就资本效率来看，不是增长客户基数最有效率的选择。其实，如果唤醒方法选择得当，赢回流失客户更应该被重视。

现在有个普遍现象，下载企业客户端的用户或者关注企业店铺的客户，并不一定会去使用或者光顾你的产品，虽然还停留在客户的手机里，但很可能已经被遗忘在了角落。那么怎么去赢回客户呢？如果只是简单地通过通知或者是邮件发给客户说："请记得来使用 / 店铺逛逛"之类的，是不会有效果的，甚至还可能反向提醒了客户把你从手机里面彻底删除。所以在赢回客户的方法上就需要斟酌一下，必须是让客户觉得，我回来使用可以得到更有价值的东西，这才是他们愿意再回头的原动力。

举个例子，企业可以通过发送大折扣的优惠券或满额现金券，来鼓励客户进行消费，体验优质产品。也可以通过本地活跃用户的推荐和好评邀请加入。总之，如果针对性强并有吸引的力度，那么这些赢回措施是会大有成效的。

三、粉丝分析

粉丝已经被运用到了各商业领域，它是指对于一家店铺、一个品牌、一个产品黏性极高的群体。粉丝对于一个店铺、一个品牌、一个产品所带来的收益比普通客户要大得多。因此，对于粉丝进行单独的、有针对性的分析是一个非常有必要的过程。

1. 粉丝趋势分析

对店铺、品牌或商品进行粉丝趋势分析，即想要通过店铺、品牌或商品的发展趋势去发现、衡量、调整店铺、品牌或商品的投入情况以及实际发展情况，如图 4-3-57 所示。在进行粉丝趋势分析的时候，应该尽量使时间跨度放大，因为短时间的粉丝数据变化大部分时候是不会特别明显的。

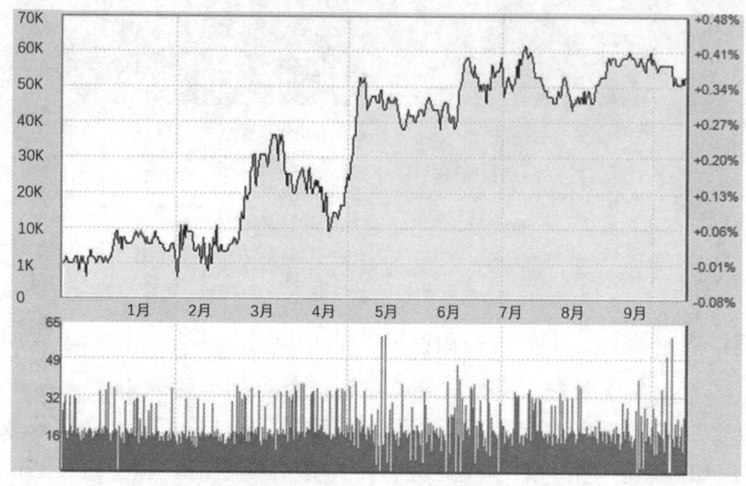

图 4-3-57 粉丝趋势分析

2. 粉丝来源分析

在客户分析中，来源分析是非常重要的一个环节，那么同样，粉丝来源分析可以有效提高店铺或者企业转化粉丝的效率，同时找到影响粉丝转化率的重要原因。不同的渠道可能对应不同的粉丝转化诱因，这对于提高客户黏性起着非常关键的作用。一般店铺的粉丝来源渠道可能是：

（1）搜索。一般是指通过百度、360、必应等搜索引擎带来的流量。

（2）社交。通过微博、微信、论坛等方式带来的流量，例如，微博热搜就是一个非常有效的渠道。

（3）引荐。引荐是指通过第三方导入的流量，可以是明星代言，其他网站推荐，亲戚朋友推荐等。

（4）直接流量。客户非常有针对性地通过直接输入网址，或在收藏夹中打开的流量等，例如线下实体店带来的客户。

3. 粉丝属性分析

如同分析客户一样，可以有针对性地去分析粉丝的特征，如年龄、性别、地域等。相对于整体性的客户分析来说，粉丝属性分析有时候更能指导产品或服务的发展大方向。因为粉丝相对于一般客户来说，客户黏性非常大，更具有产品销售对象的代表性类别特征。在粉丝分析结束后，可以根据得到的结论，有针对性地结合粉丝偏好去改良产品与服务。

接下来我们对店铺新增的粉丝数量和该店铺粉丝主要人群的性别年龄进行分析：

（1）数据预处理：把日期和时间分成两列。

Step01：打开“表 3.3.3- 新增粉丝情况表”工作簿“原始数据”工作表。

Step02：对 C 栏进行数据处理，把日期和时间分开，选中 D 列，右击，在弹出的快捷菜单中选择“插入”命令，如图 4-3-58 所示，在 C 列右侧生成一列空白列。选中 C 列，单击“数据”→“数据工具”→“分列”按钮，如图 4-3-59 所示。

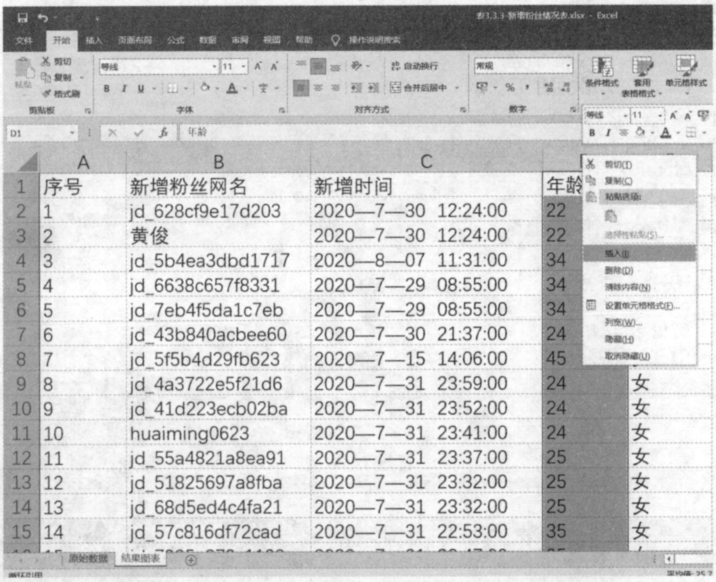

■ 图 4-3-58　“插入”命令

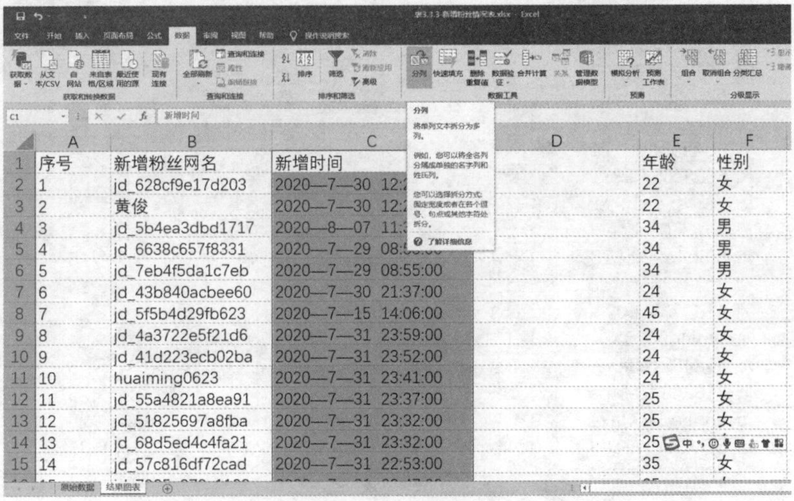

■ 图 4-3-59　“分列”按钮

Step03：在“文本分列向导”对话框中选择“分隔符号”单选按钮，单击“下一步”按钮，如图 4-3-60 所示。

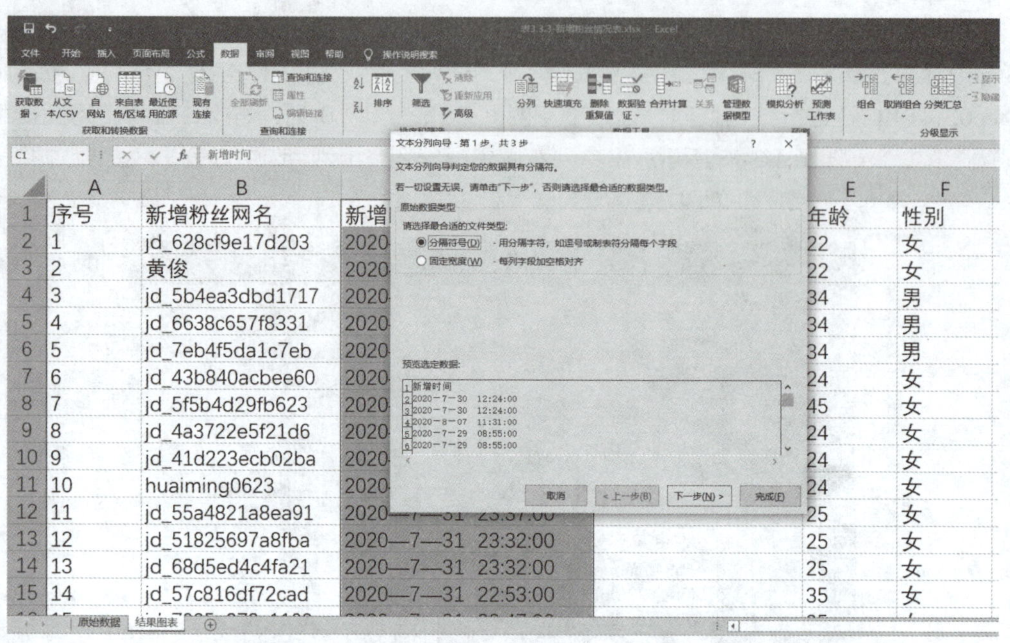

■ 图 4-3-60　“文本分列向导”对话框（1）

Step04：选择“空格”复选框，其他不要勾选，单击“下一步”按钮，如图 4-3-61 所示。

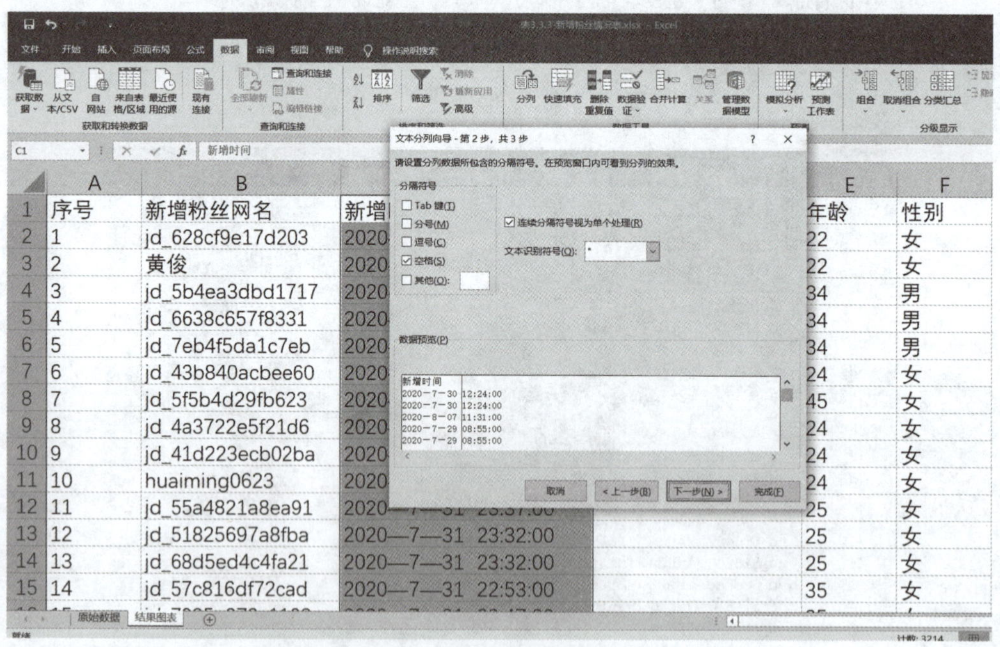

■ 图 4-3-61　“文本分列向导”对话框（2）

Step05：在“列数据格式”中选择“常规”单选按钮，单击“完成”按钮，如图 4-3-62 所示。

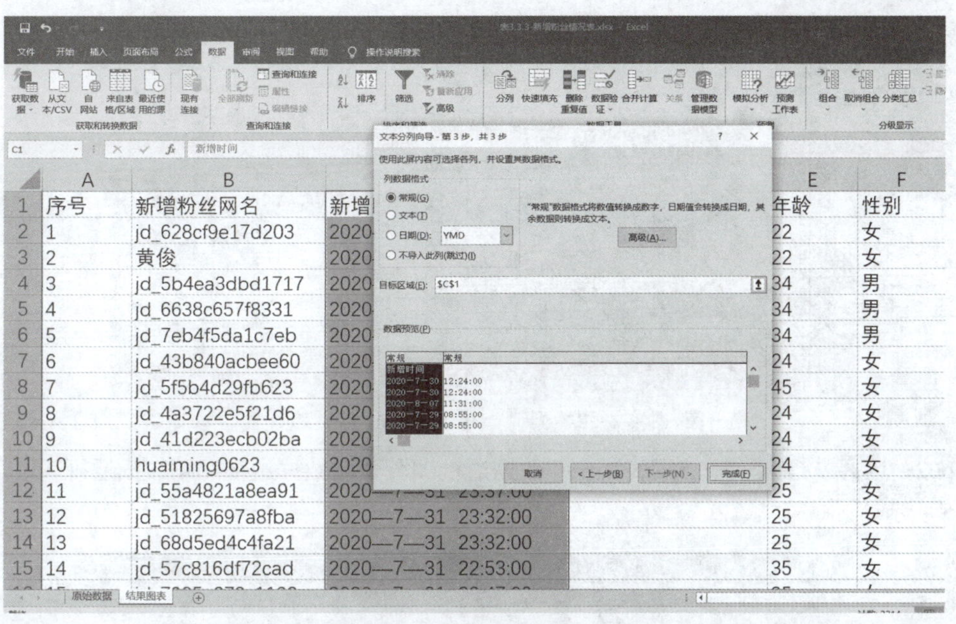

■ 图 4-3-62　“文本分列向导”对话框（3）

Step06：这样就把日期和时间分成两列了，把 C 列的表头更改为“新增日期”，把 D 列的表头更改为“新增时间”，如图 4-3-63 所示。

	A	B	C	D	E	F
1	序号	新增粉丝网名	新增日期	新增时间	年龄	性别
2	1	jd_628cf9e17d203	2020—7—30	12:24:00	22	女
3	2	黄俊	2020—7—30	12:24:00	22	女
4	3	jd_5b4ea3dbd1717	2020—8—07	11:31:00	34	男
5	4	jd_6638c657f8331	2020—7—29	8:55:00	34	男
6	5	jd_7eb4f5da1c7eb	2020—7—29	8:55:00	34	男
7	6	jd_43b840acbee60	2020—7—30	21:37:00	24	女
8	7	jd_5f5b4d29fb623	2020—7—15	14:06:00	45	女
9	8	jd_4a3722e5f21d6	2020—7—31	23:59:00	24	女
10	9	jd_41d223ecb02ba	2020—7—31	23:52:00	24	女
11	10	huaiming0623	2020—7—31	23:41:00	24	女
12	11	jd_55a4821a8ea91	2020—7—31	23:37:00	25	女
13	12	jd_51825697a8fba	2020—7—31	23:32:00	25	女
14	13	jd_68d5ed4c4fa21	2020—7—31	23:32:00	25	
15	14	jd_57c816df72cad	2020—7—31	22:53:00	35	女

■ 图 4-3-63　设置效果

（2）对每日新增粉丝数量制作数据透视表。

Step01：按住鼠标左键，同时选中 B 列、C 列两列数据，如图 4-3-64 所示。

	A	B	C	D	E	F
1	序号	新增粉丝网名	新增日期	新增时间	年龄	性别
2	1	jd_628cf9e17d203	2020—7—30	12:24:00	22	女
3	2	黄俊	2020—7—30	12:24:00	22	女
4	3	jd_5b4ea3dbd1717	2020—8—07	11:31:00	34	男
5	4	jd_6638c657f8331	2020—7—29	8:55:00	34	男
6	5	jd_7eb4f5da1c7eb	2020—7—29	8:55:00	34	男
7	6	jd_43b840acbee60	2020—7—30	21:37:00	24	女
8	7	jd_5f5b4d29fb623	2020—7—15	14:06:00	45	女
9	8	jd_4a3722e5f21d6	2020—7—31	23:59:00	24	女
10	9	jd_41d223ecb02ba	2020—7—31	23:52:00	24	女
11	10	huaiming0623	2020—7—31	23:41:00	24	女
12	11	jd_55a4821a8ea91	2020—7—31	23:37:00		女
13	12	jd_51825697a8fba	2020—7—31	23:32:00	25	女

图 4-3-64　同时选中 B 列、C 列两列数据

Step02：选择“插入”→“图表”→“数据透视图”→“数据透视图和数据透视表”命令，如图 4-3-65 所示。

	A	B	C	D	E	F
1	序号	新增粉丝网名	新增日期	新增	年龄	性别
2	1	jd_628cf9e17d203	2020—7—30	12:24:00	22	女
3	2	黄俊	2020—7—30	12:24:00	22	女
4	3	jd_5b4ea3dbd1717	2020—8—07	11:31:00	34	男
5	4	jd_6638c657f8331	2020—7—29	8:55:00	34	男
6	5	jd_7eb4f5da1c7eb	2020—7—29	8:55:00	34	男
7	6	jd_43b840acbee60	2020—7—30	21:37:00	24	女
8	7	jd_5f5b4d29fb623	2020—7—15	14:06:00	45	女
9	8	jd_4a3722e5f21d6	2020—7—31	23:59:00	24	女
10	9	jd_41d223ecb02ba	2020—7—31	23:52:00	24	女
11	10	huaiming0623	2020—7—31	23:41:00	24	女
12	11	jd_55a4821a8ea91	2020—7—31	23:37:00	25	女
13	12	jd_51825697a8fba	2020—7—31	23:32:00	25	女

图 4-3-65　“数据透视图和数据透视表”命令

Step03：在跳出的“创建数据透视表”对话框中，确认所选区域为 B、C 两列数据，并确认在“选择放置数据透视表的位置”栏中选择“新工作表”单选按钮，单击“确认”按钮，如图 4-3-66 所示。

A	B		
序号	新增粉丝网名	新增	时间
1	jd_628cf9e17d203	202	00
2	黄俊	202	00
3	jd_5b4ea3dbd1717	202	00
4	jd_6638c657f8331	202	0
5	jd_7eb4f5da1c7eb	202	0
6	jd_43b840acbee60	202	00
7	jd_5f5b4d29fb623	202	00
8	jd_4a3722e5f21d6	202	00
9	jd_41d223ecb02ba	2020—7—31	23:52:00
10	huaiming0623	2020—7—31	23:41:00
11	jd_55a4821a8ea91	2020—7—31	23:37:00
12	jd_51825697a8fba	2020—7—31	23:32:00

图 4-3-66　“创建数据透视表”对话框

Step04: 打开图 4-3-67 所示窗格，把“新增粉丝网名”拖到“值”区域，把“新增日期”拖到“轴（类别）”区域。

Step05: 选中“计数项：新增粉丝网名”，右击，在弹出的快捷菜单中选择“值字段设置”命令，如图 4-3-68 所示。

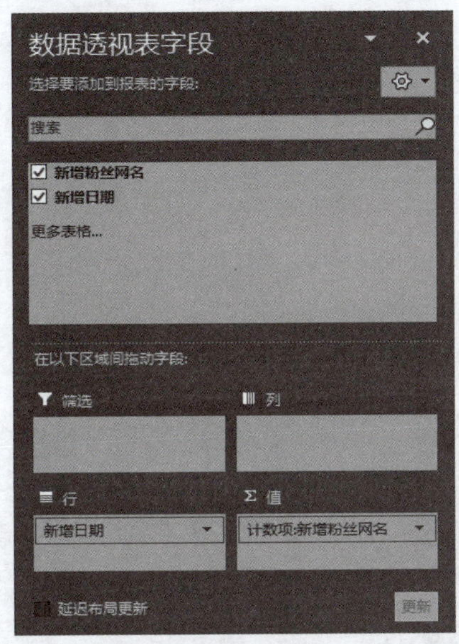

图 4-3-67　“数据透视表字段”窗格

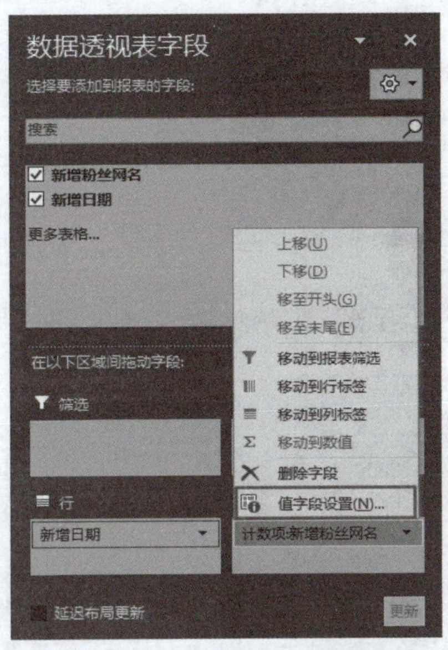

图 4-3-68　“值字段设置”命令

Step06: 确认“值字段设置”中选择的汇总方式为“计数”，因为要计算每天新增的粉丝数量，所以必须确保数据透视表自动选择的计算类型是正确的，如图 4-3-69 所示。

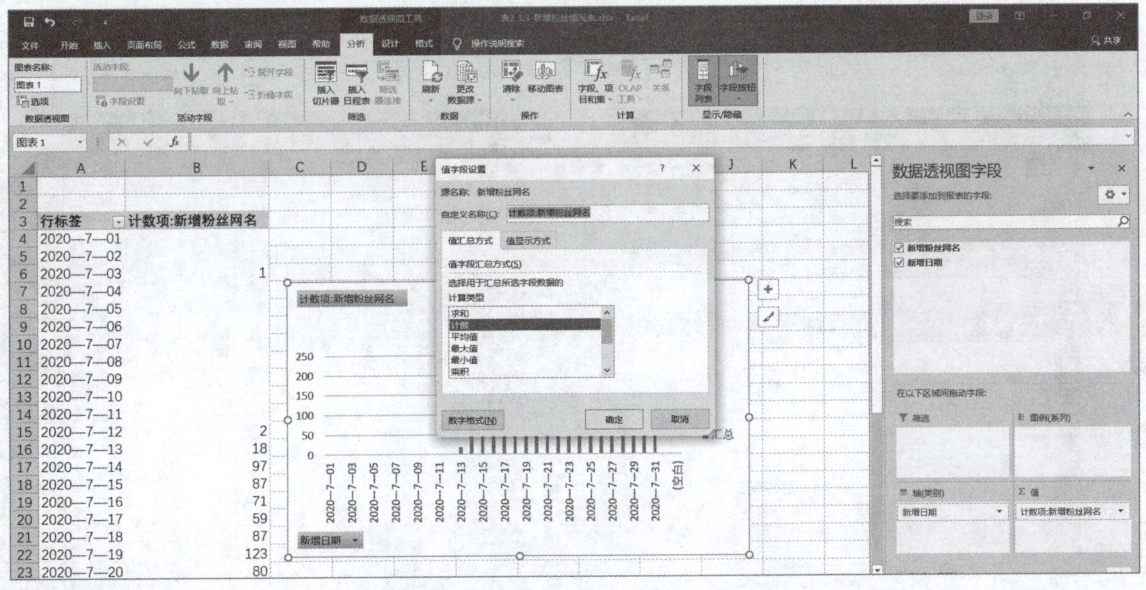

图 4-3-69　选择汇总方式为“计数”

Step07：复制新生成的数据透视表，粘贴到此表下面空白处生成新表，选中新表的表头，按住【Ctrl+Shift+L】组合键（“筛选”功能的快捷方式），单击“计数项”单元格右侧筛选按钮，在下拉列表中只勾选“空白”复选框，单击“确定”按钮，如图 4-3-70 所示。

Step08：选中所有新增粉丝空白的数据，右击，在弹出的快捷菜单中选择“删除行”命令，如图 4-3-71 所示。

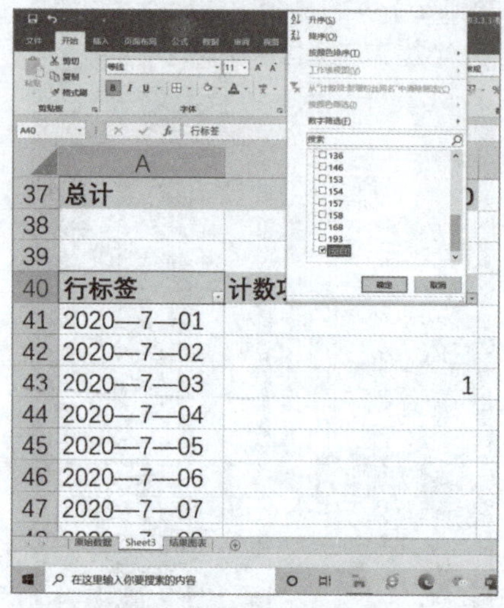

■ 图 4-3-70　筛选设置

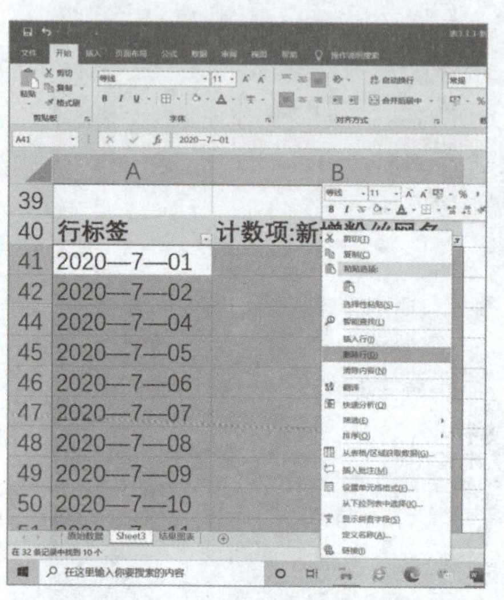

■ 图 4-3-71　“删除行”命令

Step09：单击“计算项：新增粉丝网名”单元格右侧筛选按钮，在下拉列表中勾选“全选”复选框，单击“确定”按钮，如图 4-3-72 所示。

Step10：选择此表格最后一行，在 A 列数据下（此表格中为 A63 单元格）填入“总计”，在 B 列数据下（此表格中为单元格 B63）填入公式“=SUM(B41:B62)”（选择求和区域时，用鼠标按住直接选择，不用输入选择区域），按【Enter】键生成总计新增粉丝数，如图 4-3-73 所示。

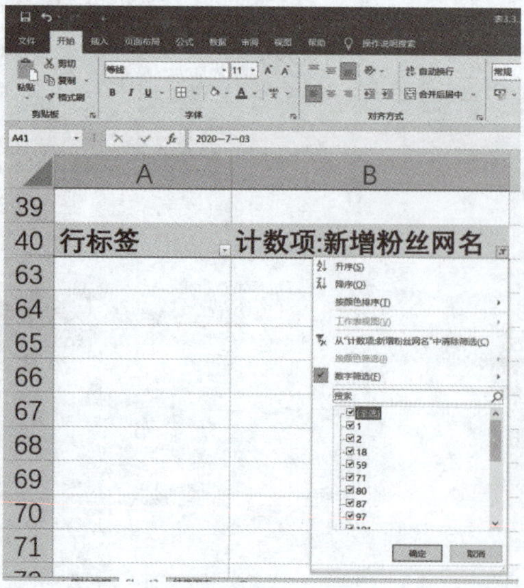

■ 图 4-3-72　全选

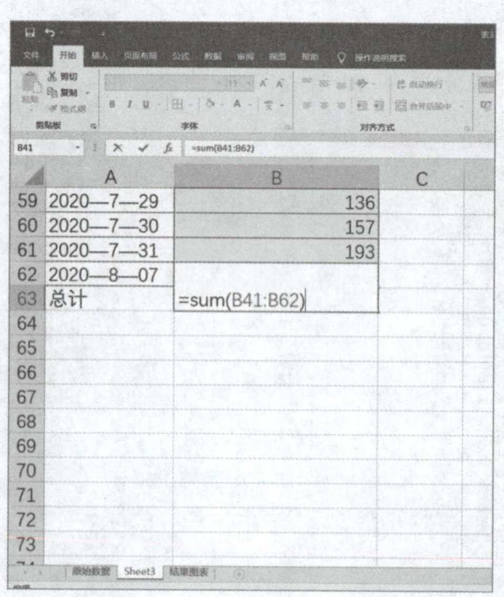

■ 图 4-3-73　生成总计新增粉丝数

Step11：选择“行标签”单元格改成“新增日期”，选择“计数项：新增粉丝网名”单元格改成“新增分数数量”，此时就完成了此店铺在一段时间内，每日新增粉丝数量的数据表，如图 4-3-74 所示。

（3）对店铺一段时间内新增粉丝数量进行可视化图表分析。

Step01：选择时期段的 A、B 列所有数据，注意不要选中总计的数量值（此表格中是 2230），如图 4-3-75 所示。

	A	B
40	新增日期	新增粉丝数量
41	2020—7—03	1
42	2020—7—12	2
43	2020—7—13	18
44	2020—7—14	97
45	2020—7—15	87
46	2020—7—16	71
47	2020—7—17	59
48	2020—7—18	87
49	2020—7—19	123
50	2020—7—20	80

图 4-3-74　每日新增粉丝数量的数据表

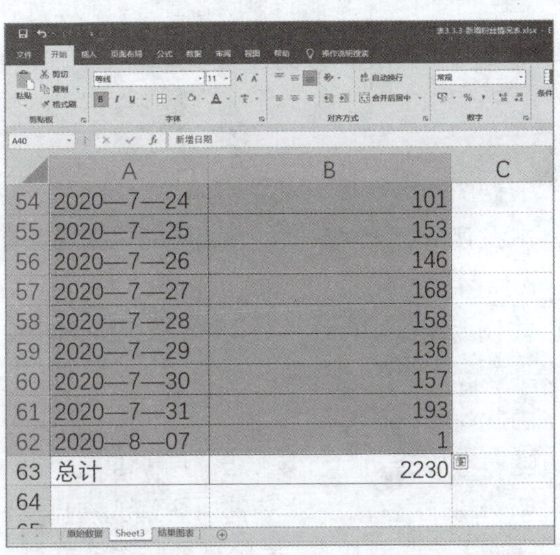

	A	B
54	2020—7—24	101
55	2020—7—25	153
56	2020—7—26	146
57	2020—7—27	168
58	2020—7—28	158
59	2020—7—29	136
60	2020—7—30	157
61	2020—7—31	193
62	2020—8—07	1
63	总计	2230
64		

图 4-3-75　选择时间段的 A、B 列所有数据

Step02：选择“插入”选项卡“图表”组“插入柱形图”下拉列表中的“三维柱状图”，如图 4-3-76 所示。最终生成的“新增粉丝数量”的三维柱状图如图 4-3-77 所示。

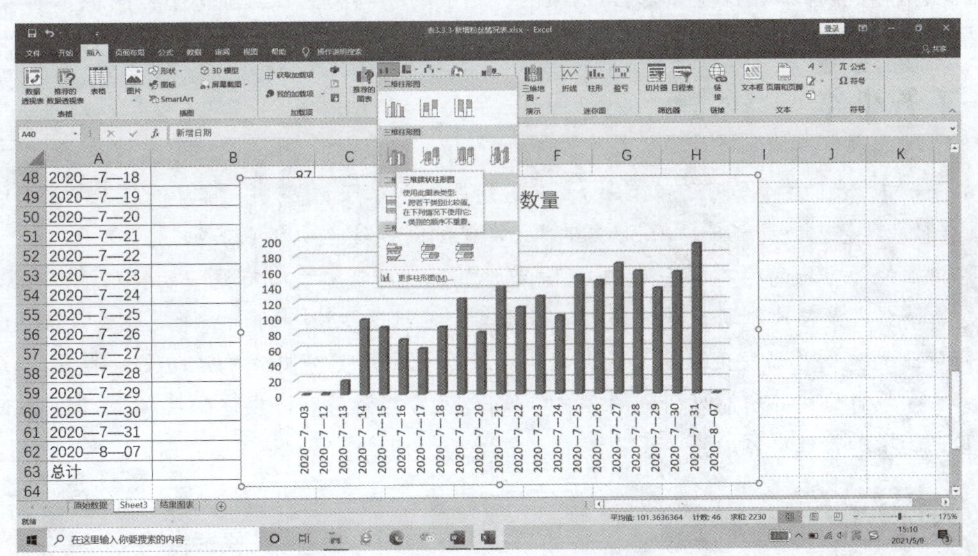

图 4-3-76　选择“三维柱状图”

此线上店铺的背景是：经营多年的某线下店铺，终于准备打造其同名线上店铺进行售卖产品。

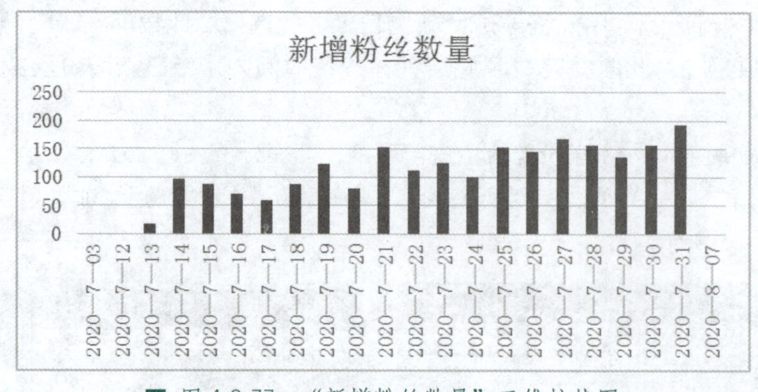

图 4-3-77 “新增粉丝数量”三维柱状图

根据图 4-3-77 所示的“新增粉丝数量”三维柱状图可知，此店铺在 7 月 3 日至 7 月 13 日之间基本没有新增粉丝数量，原因可能是新店还在整理货品上架中，并未得到关注，在 7 月 14 日当天，粉丝数量激增近 100 名，原因是此店铺正式上线开张，进行了一系列线上、线下的引流活动，根据此柱形图可知，在 7 月 13 日至 7 月 31 日，此店铺每日新增的粉丝数量相对稳定，而到 8 月开始基本无新增粉丝数量。

由此可知，在 7 月 13 日至 7 月 31 日期间，此店铺线下的粉丝已基本吸引到线上进行消费，所以随着宣传活动的结束，店铺后期要着力考虑如何新增线上粉丝数量，就目前情况来看，并未在吸引新粉丝上有成效，还需对店铺的产品宣传、口碑定位等方面进行调研，也可考虑采用参加大促活动、主播推荐、已有粉丝推荐产品等方式去拓展客户。

除了分析每日新增粉丝数量，了解店铺的粉丝情况外，还可通过数据透视表分析粉丝的年龄段、粉丝的性别，该店铺的主要消费群体为哪些年龄段，主要是女性消费还是男性，此分析将有助于帮助店铺决策店铺装修风格、店铺文案的风格、店铺商品售卖主要渠道等重要信息。那么，同学们能够根据数据独立制作出相应的可视化表格进行分析吗？

任务小结

在本任务中，我们主要学习了新客户分析（访问量、访问率、销售额、客单价、获客成本）、老客户分析（老客户数量、黏性、活跃、产出、复购率、唤醒成本）和粉丝分析（粉丝趋势、来源、属性分析）。

随着中国经济市场的稳定发展，相似客户群体的购买行为愈发带有统一的特征，如消费能力、文化理念、消费年龄层次，甚至是地域表现等元素。基于这些统一的特征慢慢形成，从 2018 年开始，电商行业的竞争开始发生巨变，企业之间的竞争已由垂直分类竞争转向圈地消费人群竞争，各企业都在寻找自己商品所能吸引到的客户群体，以及分析清楚客户群体的特征，以期拓展新客户、留住老客户和增加粉丝群体。

实操演练

目标：筛选重点客户数据与图形分析

1. 打开工作簿“训练 4.3”，绘制一季度新老客户访问量以及销售额的堆积柱状图，把每月消费额排名第一的客户通过记录单添加至“重点客户历史名单”。

2. 绘制三个商品的复购率面积图，要求面积图对比显示清晰。

任务评价表

任务评价表					
评价内容		分值等级（评分）			
内容	分值（比重）	优秀	良好	合格	不合格
知道新客户分析的指标及其内涵	5 分（5%）	5（　　）	3~4（　　）	2~2（　　）	0~1（　　）
知道老客户数量分析	5 分（5%）	5（　　）	3~4（　　）	2~2（　　）	0~1（　　）
知道客户黏性、活跃、产出分析	10 分（10%）	9~10（　　）	6~8（　　）	4~5（　　）	0~3（　　）
知道客户复购率、唤醒成本	10 分（10%）	9~10（　　）	6~8（　　）	4~5（　　）	0~3（　　）
知道粉丝趋势分析、来源分析、属性分析	10 分（10%）	9~10（　　）	6~8（　　）	4~5（　　）	0~3（　　）
会用堆积柱形图分析新客户数量	15 分（15%）	13~15（　　）	10~12(　　)	5~9（　　）	0~4（　　）
会用百分比堆积柱形图分析新客户销售额	15 分（15%）	13~15（　　）	10~12(　　)	5~9（　　）	0~4（　　）
会用散点趋势图进行分析老客户数量	15 分（15%）	13~15（　　）	10~12(　　)	5~9（　　）	0~4（　　）
会用二维面积图进行分析两商品复购率	15 分（15%）	13~15（　　）	10~12(　　)	5~9（　　）	0~4（　　）
综合分数（满分 100 分）					

注：括号内填写具体分值。

项目五

商务运营分析

项目目标

数据分析：

- 掌握进行关键词选择。
- 掌握进行流量数据分析。
- 掌握进行三种主要的转化率分析。
- 掌握进行商品 SKU 分析。
- 掌握进行供应链分析。

项目描述

在此前项目中，我们已了解到如何对客户进行分析，在企业了解到自己定位的客户群体后，企业会对自己的运营模式进行相对分析，对比自己现在的运营情况是否有需要优化的区块，而优化的方向是依据此前对客户的了解，结合流量数据、商品数据、供应链情况进行综合分析后决定的。

注意：数据在处理前应先建立副本并保留原始数据，以下项目中的数据皆已建立工作簿副本，因此不再在工作表中另行建立工作表副本。

任务一　流量数据分析

学习目标

数据深入分析：

- 学会使用数据透视表统计关键词出现比例。
- 学会制作关键词特殊格式排序表。
- 学会使用折线图以及组合图以同比和环比的形式分析流量发展情况。
- 熟悉转化分析的内容以及公式。

任务导入

小琳和小庄想要改善一下客户的关注量，她们准备在20年的双十一举行一场大型活动来吸引流量，同时运用一下关键词的机制多吸引一些客户。

小琳："小庄，你说我们应该把商品的名称改成什么好呢。是不是设置得越长越好？这样不管查什么的客户都能找到对应内容。"

小庄："这个得分析一下吧，我们来制作一张查询排名表吧。"

任务实施

店铺流量是指店铺的访问量，是用来衡量店铺的用户数量以及用户所浏览的网页数量的。店铺流量统计主要包括独立访问者数量、重复访问者数量、页面流量数、每个访问者的页面浏览数等。

独立访问者数量是衡量店铺客流量最重要的指标之一。在有流量的基础上，店铺经过线上包装及营销推广，尽可能地将流量转化为销售量，才具有实质的意义。

一、关键词选择

关键词是客户想要购买一件商品，到电商平台上搜索时使用的词语。例如，当客户想要购买一件毛衣时，会搜索毛衣、毛线衣、厚上衣等，甚至有些客户想要在教师节买礼物，会直接搜索教师节礼物。这些词就是关键词，在各大电商平台的索引规则中，关键词匹配都是非常重要的考量标准。

企业都希望自己售卖的商品能够涵盖尽可能多的目标客户群体，以获得更多的流量。那么，考虑到对同一件商品的描述方式同时会有多种，而商品描述的标题字数有限，这时候企业必须做出选择，使用哪些关键词来描述商品，就需要对关键词进行分析，这样才能选择出能带来更多流量的关键词来使用，如图 5-1-1 所示。

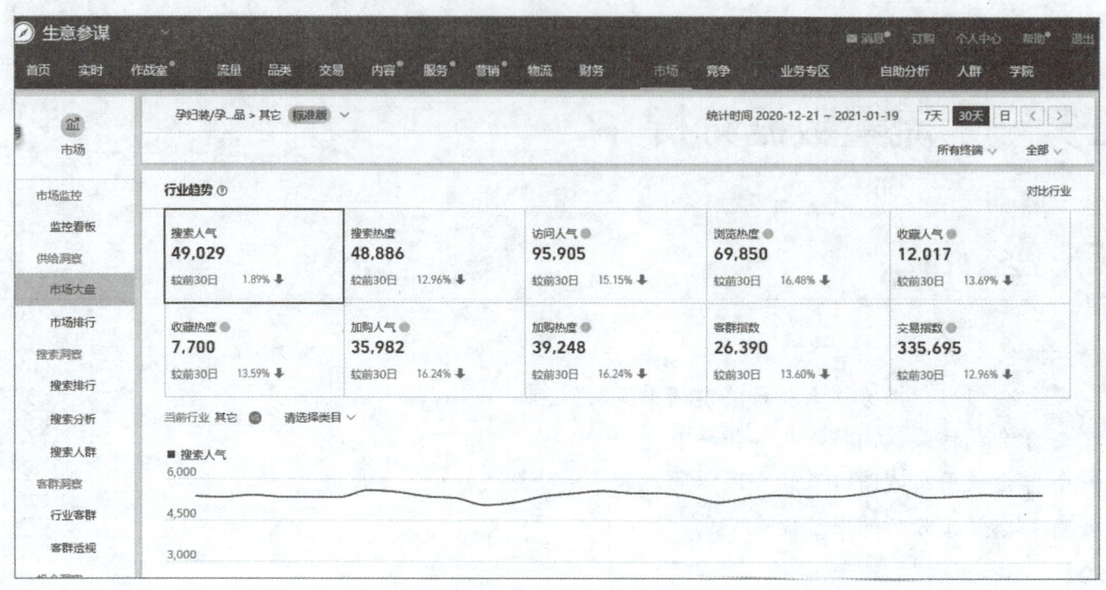

图 5-1-1　关键词选择

1. 分析目的

对关键词的分析，主要是分析通过搜索这些关键词会带来的流量、影响的订单情况，具体指标包括：访客数量、订单数、订单金额、商品数量、客单价（单笔订单平均成交金额）、人均支付件数（平均每个订单购买的件数）。

2. 选择步骤

在对关键词进行选择时，主要分为以下几步：

列举与商品相关的关键词。列举的时候，企业需要考虑商品的官方名称，同时还要考虑不同地域不同习惯方式对商品的不同叫法，例如，粉丝在一些地方会叫细粉，还有土豆会叫马铃薯，青菜会叫白菜，等等。还要考虑产品的特性，例如，如馒头叫白馒头，包子叫肉包子，卫衣有时候也会有人叫连帽衫等。

在网站上查找其他与商品相关的关键词，加到所列举的关键词里。

对所有关键词进行上节提到的相关指标的大盘数据搜索，如访客数量、订单数量、订单金额、成交订单的商品数量以及客单价等。

在以上指标中分别进行排序（建议考虑的重点次序为订单金额、访客数量、订单数量、商品数量、客单价、人均支付件数），选出排名靠前的关键词，通常选取 10 个左右。

接下来，打开“关键词统计”工作簿，先对不同词类的搜索指数进行百分比汇总，然后建立一份排名表，对关键词进行分析。

（1）搜索指数汇总

Step01：如图 5-1-2 所示，打开“关键词统计”工作簿，在“关键词”工作表中选中 A1:D26 单元格区域，选择“插入”选项卡“表格”组“数据透视表”下拉列表中的“数据透视图和数据透视表”选项。

关键词	搜索人数	搜索指数	上升幅度
夏季连衣裙	12,670	42,470	0.20%
连衣裙显瘦夏	13,444	34,705	0.75%
巧克力味奶片	392,032	502,930	24.17%
连衣裙女2020新款	22,131	44,170	4.90%
夏季女装2020新款	31,155	61,470	10.90%
草莓味奶片	221,038	296,137	15.76%
大码半身裙	12,330	15,785	4.53%
连衣裙2020新款夏	20,135	35,590	5.80%
夏季套装两件套时尚	27,240	39,177	3.65%
奶片	410,295	590,387	18.76%
夏季套装	30,740	40,956	3.70%
T恤女	45,602	70,980	15.20%
大码女上衣夏	17,270	22,966	12.40%
大码女装	16,503	19,574	16.00%
T恤女夏	39,105	51,800	9.50%
短袖大码女	21,670	40,978	0.30%
牛奶片	80,783	90,892	2.18%
原味奶片	39,125	47,893	0.78%

■ 图 5-1-2　“关键词统计”工作簿

Step02：如图 5-1-3 所示，在弹出的“创建数据透视图”对话框中，选中“现有工作表”单选按钮，然后单击“位置”文本框右侧的“折叠”按钮“![折叠]”，在工作表中选择 E1 单元格，单击“展开”按钮“![展开]”，返回“创建数据透视图”对话框，单击“确定”按钮。

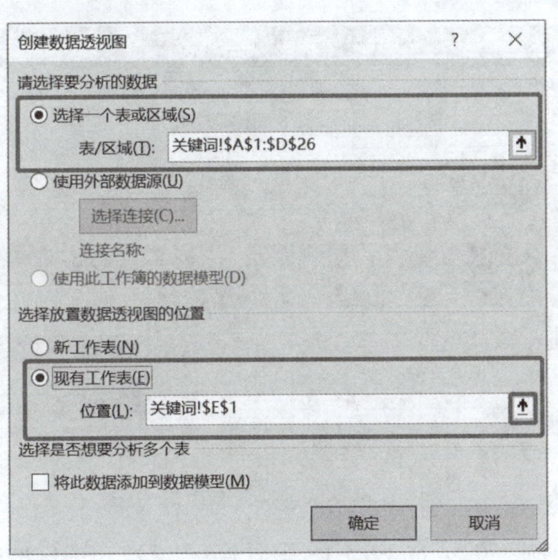

■ 图 5-1-3　“创建数据透视图”对话框

Step03：如图 5-1-4 所示，打开“数据透视图字段”窗格，将“关键词”字段拖至“轴（类别）”区域，将“搜索指数”字段拖至“值”区域。

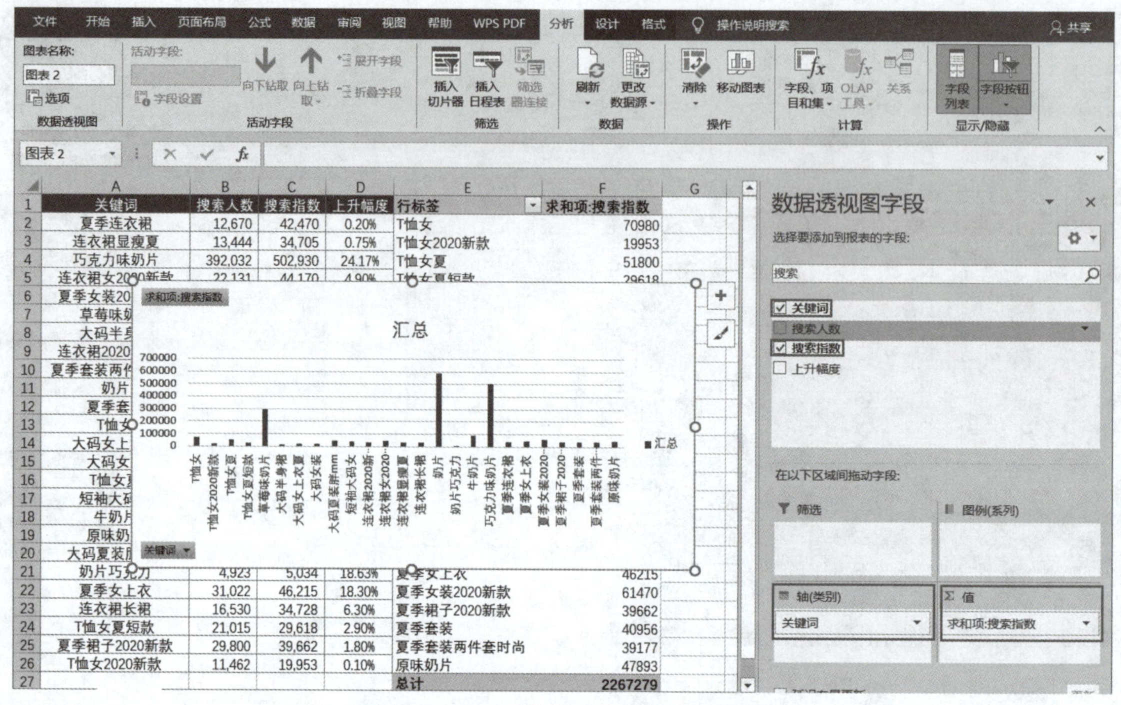

■ 图 5-1-4 “数据透视图字段”窗格

Step04：如图 5-1-5 所示，选择 E2:E5 单元格区域，选择“数据透视图工具 - 分析”选项卡，在“组合”组中单击“分组选择”按钮，将所选内容分组。

文件 开始 插入 页面布局 公式 数据 审阅 视图 帮助 WPS PDF 分析 设计

数据透视表 | 活动字段: 关键词 字段设置 向下钻取 向上钻取 | 活动字段 | 分组选择 取消组合 分组字段 | 组合 | 插入切片器 插入日程表 筛选器连接 | 筛选 | 刷新 更改数据源 | 数据

E2 | T恤女

	A	B	C	D	E	F
1	关键词	搜索人数	搜索指数	上升幅度	行标签	求和项:搜索指数
2	夏季连衣裙	12,670	42,470	0.20%	T恤女	70980
3	连衣裙显瘦夏	13,444	34,705	0.75%	T恤女2020新款	19953
4	巧克力味奶片	392,032	502,930	24.17%	T恤女夏	51800
5	连衣裙女2020新款	22,131	44,170	4.90%	T恤女夏短款	29618
6	夏季女装2020新款	31,155	61,470	10.90%	草莓味奶片	296137
7	草莓味奶片	221,038	296,137	15.76%	大码半身裙	15785

■ 图 5-1-5 将所选内容分组

Step05：采用同样的方法（如选择 E9:E18 单元格区域），将其他内容比较相似的关键词进行分组，并更改分组名称。

Step06：选择数据透视表中的任意一个单元格，选择“数据透视图工具 - 设计”选项卡，在“数据透视表样式”列表中选择需要的样式，如图 5-1-6 所示。

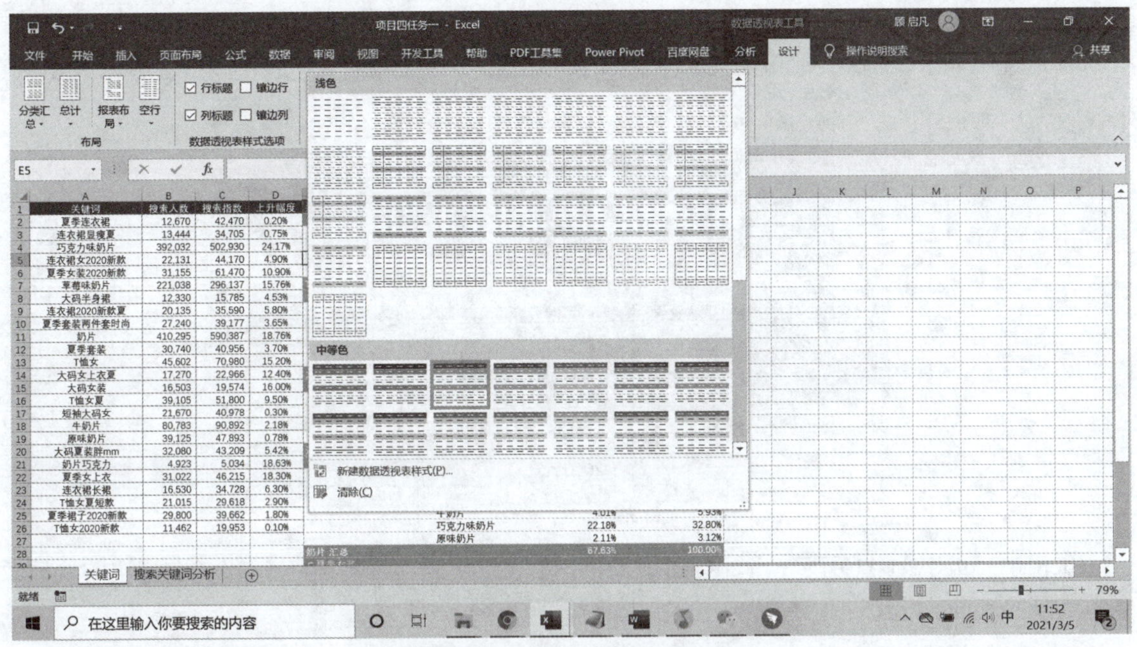

图 5-1-6 选择数据透视表样式

Step07：在“布局”组中单击“报表布局”下拉按钮，选择“以大纲形式显示”选项，如图 5-1-7 所示。在“布局”组中单击“分类汇总”下拉按钮，选择“在组的底部显示所有分类汇总”选项，如图 5-1-8 所示。

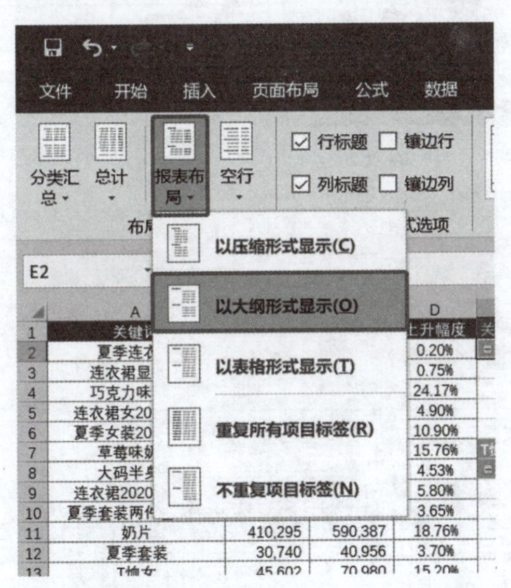

图 5-1-7 “以大纲形式显示”选项

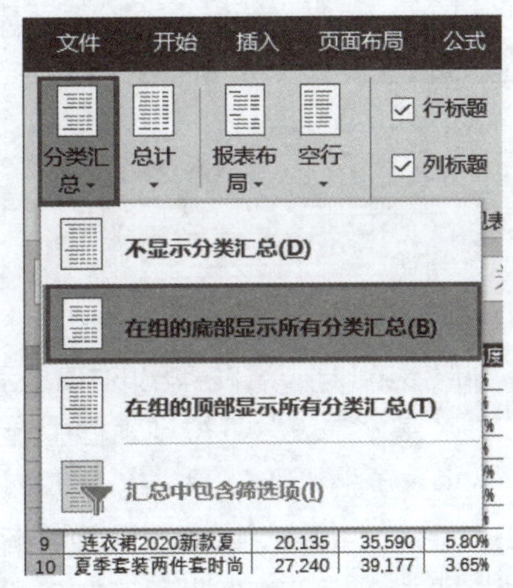

图 5-1-8 “在组的底部显示所有分类汇总”选项

Step08：如图 5-1-9 所示，选择 E1 单元格，在编辑区域更改行标签名称为“关键词汇总”，并确认；选择“数据透视图工具 - 分析”选项卡，在“计算”组中单击“字段、项目和集”下拉按钮，选择“计算字段”选项。

Step09：如图 5-1-10 所示，在弹出的“插入计算字段”对话框中，在“名称”文本框中输入“同类名称比重”，在“字段”列表中选择“搜索指数”选项，单击“插入字段”按钮，然后单击“确定”按钮。

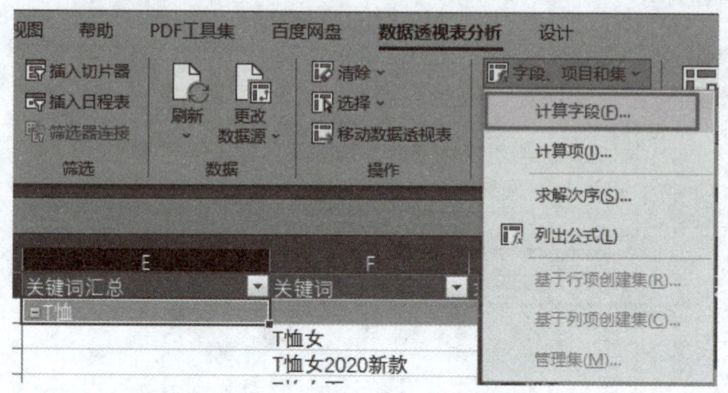

■ 图 5-1-9 “计算字段”选项

Step10：如图 5-1-11 所示，选中 H1 单元格，右击“同类名称比重”字段，在弹出的快捷菜单中选择“值显示方式”中的“父级汇总的百分比”命令。

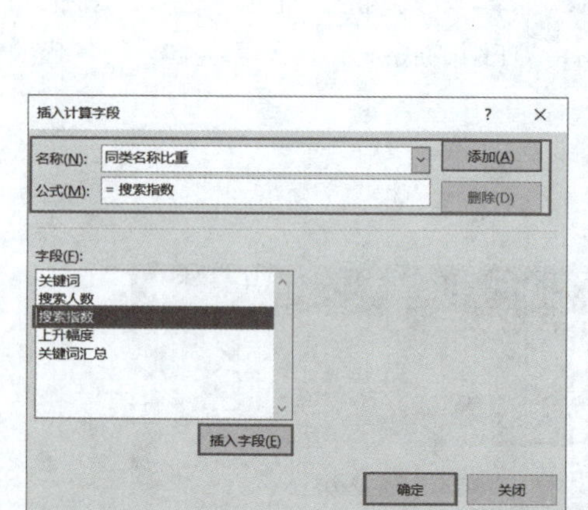

■ 图 5-1-10 “插入计算字段”对话框

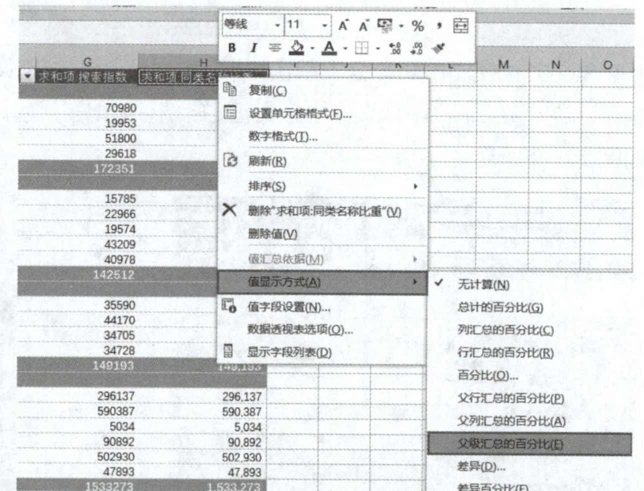

■ 图 5-1-11 “父级汇总百分比”命令

Step11：如图 5-1-12 所示，在弹出的“值显示方式”对话框中，在“基本字段”下拉列表框中选择“关键词汇总”选项，单击“确定”按钮。

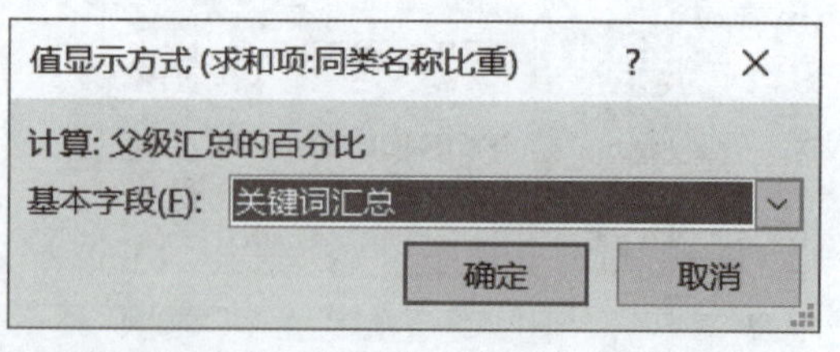

■ 图 5-1-12 “值显示方式”对话框

Step12：如图 5-1-13 所示，选择“搜索指数”字段，右击该字段，在弹出的快捷菜单中选择“值显示方式”中的“总计的百分比”命令，此时“搜索指数”字段数据以百分比方式显示。得到的数据透视表如图 5-1-14 所示。

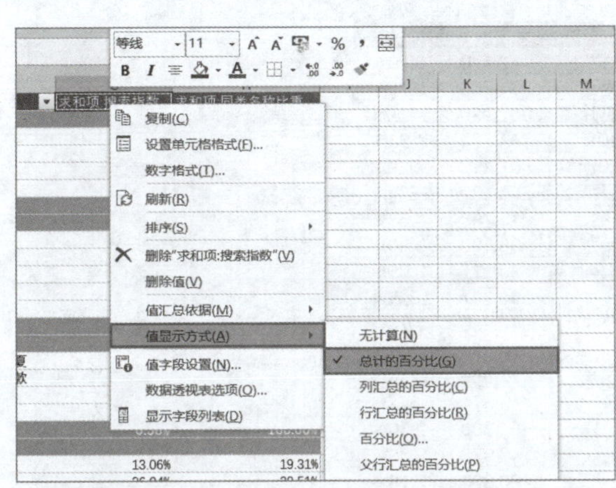

■ 图 5-1-13　“总计的百分比”命令

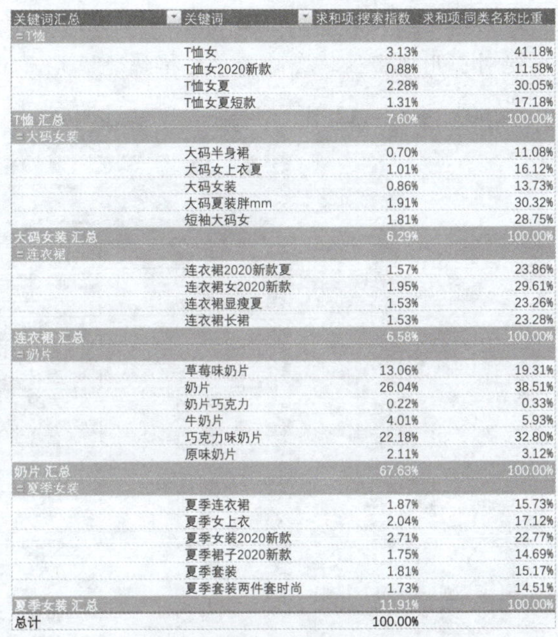

关键词汇总	关键词	求和项:搜索指数	求和项:同类名称比重
=T恤			
	T恤女	3.13%	41.18%
	T恤女2020新款	0.88%	11.58%
	T恤女夏	2.28%	30.05%
	T恤女夏短款	1.31%	17.18%
T恤 汇总		7.60%	100.00%
=大码女装			
	大码半身裙	0.70%	11.08%
	大码女上衣夏	1.01%	16.12%
	大码女装	0.86%	13.73%
	大码夏装胖mm	1.91%	30.32%
	短袖大码女	1.81%	28.75%
大码女装 汇总		6.29%	100.00%
=连衣裙			
	连衣裙2020新款夏	1.57%	23.86%
	连衣裙女2020新款	1.95%	29.61%
	连衣裙显瘦夏	1.53%	23.26%
	连衣裙长裙	1.53%	23.28%
连衣裙 汇总		6.58%	100.00%
=奶片			
	草莓味奶片	13.06%	19.31%
	奶片	26.04%	38.51%
	奶片巧克力	0.22%	0.33%
	牛奶片	4.01%	5.93%
	巧克力味奶片	22.18%	32.80%
	原味奶片	2.11%	3.12%
奶片 汇总		67.63%	100.00%
=夏季女装			
	夏季连衣裙	1.87%	15.73%
	夏季女上衣	2.04%	17.12%
	夏季女装2020新款	2.71%	22.77%
	夏季裙子2020新款	1.75%	14.69%
	夏季套装	1.81%	15.17%
	夏季套装两件套时尚	1.73%	14.51%
夏季女装 汇总		11.91%	100.00%
总计		100.00%	

■ 图 5-1-14　数据透视表

（2）商品搜索关键词分析

Step01：如图 5-1-15 所示，我们对原工作表 A1:D26 单元格区域进行复制，粘贴在建立的“关键词分析”新工作表中，选中 A 列，将其复制粘贴，覆盖在 B 列。

	A	B	C	D
1	关键词	关键词	搜索指数	上升幅度
2	夏季连衣裙	夏季连衣裙	42,470	0.20%
3	连衣裙显瘦夏	连衣裙显瘦夏	34,705	0.75%
4	巧克力味奶片	巧克力味奶片	502,930	24.17%
5	连衣裙女2020新款	连衣裙女2020新款	44,170	4.90%
6	夏季女装2020新款	夏季女装2020新款	61,470	10.90%
7	草莓味奶片	草莓味奶片	296,137	15.76%
8	大码半身裙	大码半身裙	15,785	4.53%
9	连衣裙2020新款夏	连衣裙2020新款夏	35,590	5.80%
10	夏季套装两件套时尚	夏季套装两件套时尚	39,177	3.65%
11	奶片	奶片	590,387	18.76%
12	夏季套装	夏季套装	40,956	3.70%
13	T恤女	T恤女	70,980	15.20%
14	大码女上衣夏	大码女上衣夏	22,966	12.40%
15	大码女装	大码女装	19,574	16.00%
16	T恤女夏	T恤女夏	51,800	9.50%
17	短袖大码女	短袖大码女	40,978	0.30%
18	牛奶片	牛奶片	90,892	2.18%
19	原味奶片	原味奶片	47,893	0.78%

关键词　关键词分析

■ 图 5-1-15　“关键词分析”新工作表

Step02：如图 5-1-16 所示，在 A2 单元格输入公式：=RANK.EQ(C2,$C$2:$C$26,0)，按【Enter】键，得到关键词的排名。

注意： 1.RANK.EQ 函数的作用是返回该数值在区域中的最佳排名。

2. 需注意的是这里的区域必须输入"$"或使用快捷键 F4，使其成为绝对引用区域。如果不输入绝对引用值，区域会随着单元格快速填充而下移，致使最终结果出现错误。

Step03：双击 A2 单元格右下角的快速填充柄，得到当前数据排名，并将 A1 改成"排名"。

A2 =RANK.EQ(C2,$C$2:$C$26,0)

	A	B	C	D
1	排名	关键词	搜索指数	上升幅度
2	12	夏季连衣裙	42,470	0.20%
3	19	连衣裙显瘦夏	34,705	0.75%
4	2	巧克力味奶片	502,930	24.17%
5	10	连衣裙女2020新款	44,170	4.90%
6	6	夏季女装2020新款	61,470	10.90%
7	3	草莓味奶片	296,137	15.76%
8	24	大码半身裙	15,785	4.53%
9	17	连衣裙2020新款夏	35,590	5.80%
10	16	夏季套装两件套时尚	39,177	3.65%
11	1	奶片	590,387	18.76%
12	14	夏季套装	40,956	3.70%
13	5	T恤女	70,980	15.20%
14	21	大码女上衣夏	22,966	12.40%
15	23	大码女装	19,574	16.00%
16	7	T恤女夏	51,800	9.50%
17	13	短袖大码女	40,978	0.30%
18	4	牛奶片	90,892	2.18%
19	8	原味奶片	47,893	0.78%
20	11	大码夏装胖mm	43,209	5.42%
21	25	奶片巧克力	5,034	18.63%
22	9	夏季女上衣	46,215	18.30%

关键词 | 关键词分析

■ 图 5-1-16 关键词的排名

Step04：如图 5-1-17 所示，选择 D 列并右击，在弹出的快捷菜单中选择"插入"命令，则在该列左侧插入一列，然后将 C2:C26 单元格区域内的数据复制粘贴到新插入的 D 列中。

A	B	C	D	E	F	G	H
排名	关键词	搜索指数		上升幅度			
24	夏季连衣裙	42,470	42,470	0.20%			
22	连衣裙显瘦夏	34,705	34,705	0.75%			
1	巧克力味奶片	502,930	502,930	24.17%			
14	连衣裙女2020新款	44,170	44,170	4.90%			
9	夏季女装2020新款	61,470	61,470	10.90%			
6	草莓味奶片	296,137	296,137	15.76%			
15	大码半身裙	15,785	15,785	4.53%			
12	连衣裙2020新款夏	35,590	35,590	5.80%			
17	夏季套装两件套时尚	39,177	39,177	3.65%			
2	奶片	590,387	590,387	18.76%			
16	夏季套装	40,956	40,956	3.70%			
7	T恤女	70,980	70,980	15.20%			
8	大码女上衣夏	22,966	22,966	12.40%			
5	大码女装	19,574	19,574	16.00%			
10	T恤女夏	51,800	51,800	9.50%			
23	短袖大码女	40,978	40,978	0.30%			

■ 图 5-1-17 填充 D 列

Step05：如图 5-1-18 所示，选择 D2:D26 单元格区域，选择"开始"选项卡，在"样式"组中单击"条件格式"下拉按钮，选择"数据条"中的"红色数据条"选项。

Step06：再次单击"条件格式"下拉按钮，选择"管理规则"选项，在弹出的"条件格式规则管理器"对话框中，选择"数据条"选项，如图 5-1-19 所示。单击"编辑规则"按钮，在弹出的"编辑格式规则"对话框中选中"仅显示数据条"复选框，如图 5-1-20 所示，单击"确定"按钮。

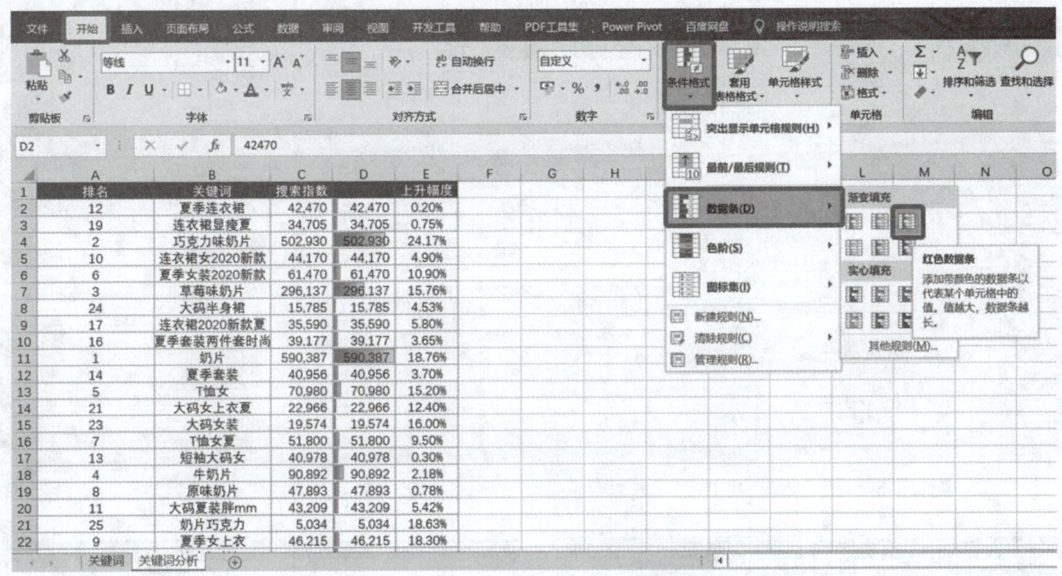

图 5-1-18　选择“数据条”里的“红色数据条”选项

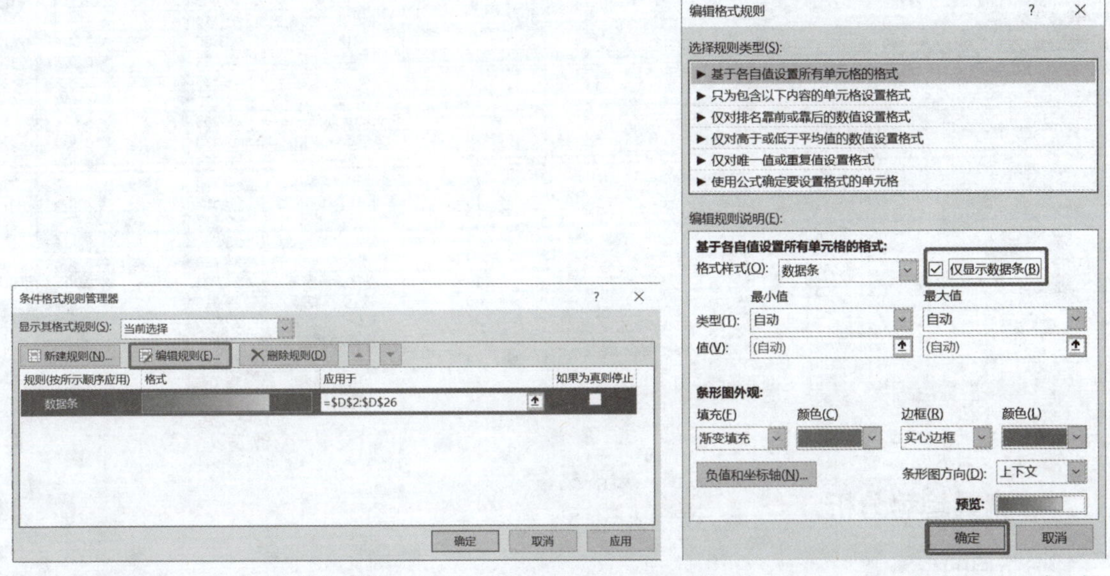

图 5-1-19　“条件格式规则管理器”对话框　　图 5-1-20　“编辑格式规则”对话框

Step07：选择 E2:E26 单元格区域，选择“开始”选项卡，在“样式”组中单击“条件格式”下拉按钮，选择“新建规则”选项，如图 5-1-21 所示。

Step08：如图 5-1-22 所示，在弹出的“新建格式规则”对话框中，单击“格式样式”下拉按钮，选择“图表集”选项，单击“图标样式”下拉按钮，选择图示的选项，分别在第一个图标和第二个图标的“类型”下拉列表框中选择“数字”选项，并在对应的“值”文本框中输入 0.1 和 0.03，单击“确定”按钮。

Step08：如图 5-1-23 所示，选中第 1 行数据，单击“数据”→“排序和筛选”→“筛选”按钮，单击“排名”右侧筛选按钮“▾”，选择“升序”。得到关键词排序效果如图 5-1-24 所示。

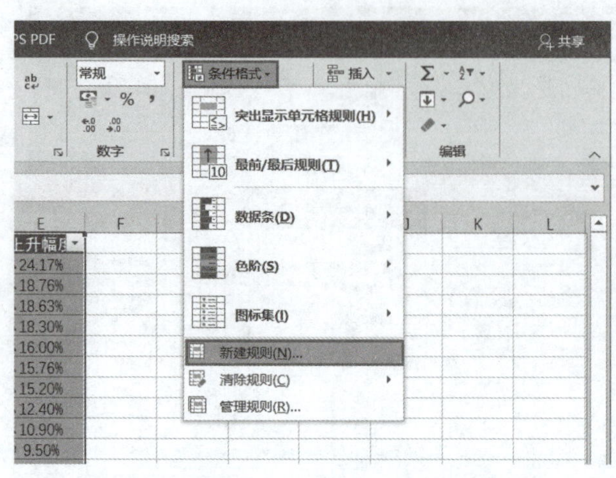

■ 图 5-1-21 “新建规则”选项

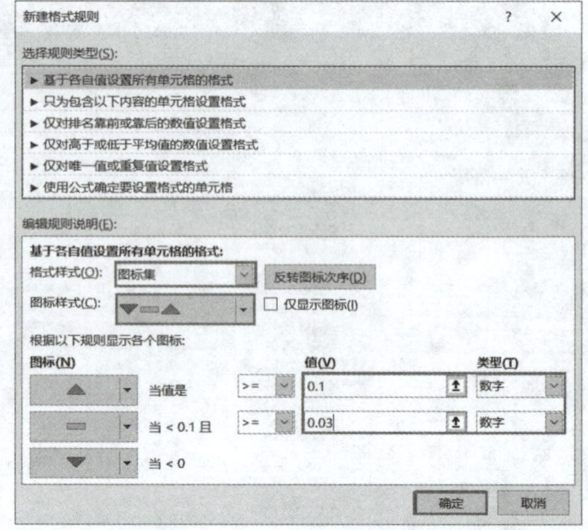

■ 图 5-1-22 “新建格式规则”对话框

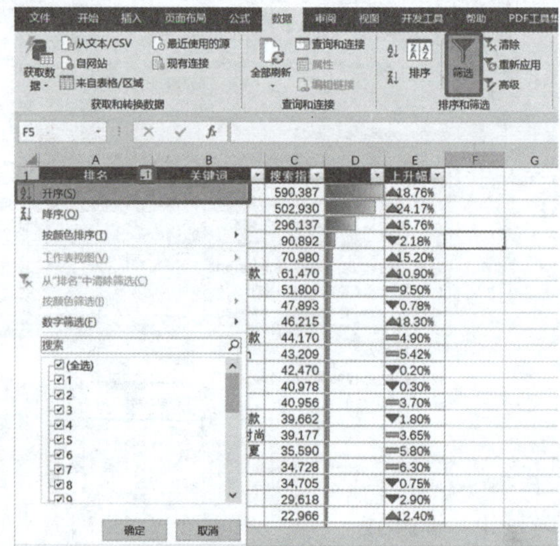

■ 图 5-1-23 选择“升序”

排名	关键词	搜索指		上升幅
1	奶片	590,387		18.76%
2	巧克力味奶片	502,930		24.17%
3	草莓味奶片	296,137		15.76%
4	牛奶片	90,892		2.18%
5	T恤女	70,980		15.20%
6	夏季女装2020新款	61,470		10.90%
7	T恤女夏	51,800		9.50%
8	原味奶片	47,893		0.78%
9	夏季女上衣	46,215		18.30%
10	连衣裙女2020新款	44,170		4.90%
11	大码夏装胖mm	43,209		5.42%
12	夏季连衣裙	42,470		0.20%
13	短袖大码女	40,978		0.30%
14	夏季套装	40,956		3.70%
15	夏季裙子2020新款	39,662		1.80%
16	夏季套装两件套时尚	39,177		3.65%
17	连衣裙2020新款夏	35,590		5.80%
18	连衣裙长裙	34,728		6.30%
19	连衣裙显瘦夏	34,705		0.75%
20	T恤女夏短款	29,618		2.90%
21	大码女上衣夏	22,966		12.40%
22	T恤女2020新款	19,953		0.10%
23	大码女装	19,574		16.00%
24	大码半身裙	15,785		4.53%
25	奶片巧克力	5,034		18.63%

■ 图 5-1-24 关键词排序效果

二、流量趋势分析

1. 分析目的

对一段时间内流量的变化进行统计，通过分析，对影响流量的因素进行验证，然后应用于流量趋势判断。

2. 分析方法

对流量趋势的分析可以先从活动的时间段内进行分析，然后从今年和去年同一个活动时间段内进行分析。例如，店铺双十一大促，对双十一活动时间段内的流量进行分析，可以知道客户的流量走向，客户的大致作息时间，购买的高峰期时段等信息。通过对比往年双十一大促的时间段，可以分析出店铺的运营成效，流量是呈现每年增长趋势还是稳定，亦或是下降？店铺所属行业的情况是怎样的？因为行业的发展也会影响促销活动的流量表现。

接下来，打开“流量趋势”工作簿，通过折线图以及组合图来分析双十一销量的同比与环比发展情况。

注意：同比一般情况下是今年第 *n* 月与去年第 *n* 月比；环比一般表示连续 2 个统计周期（如连续两月）内的量的变化比。

（1）双十一流量同比分析

Step01：如图 5-1-25 所示，打开“历年双十一客户浏览量”工作表，复制 B1:F1 单元格区域，选择 H1 单元格粘贴年份。

Step02：在 H2 单元格输入公式：=SUM(B2:B1519)，按【Enter】键；拖动单元格右下角自动填充柄至 L2 单元格。

H2　=SUM(B2:B1519)

	A	B	C	D	E	F	G	H	I	J	K	L
1	客户网名	16年	17年	18年	19年	20年		16年	17年	18年	19年	20年
2	aljigaulg_l	0	0	0	0	33		687	2083	4340	5259	38823
3	1p小萍	0	0	0	1	41						
4	1是谁的	0	7	0	0	29						
5	luyulua120	0	0	0	0	17						
6	ingmeiren8	0	7	0	0	14						
7	1亮蛋	0	14	0	0	41						

■ 图 5-1-25　“历年双十一客户浏览量”工作表

Step03：选中 H1:L2 单元格区域，单击“插入”→“图表”→“折线图”，修改标题为“双十一流量”，得到图 5-1-26。

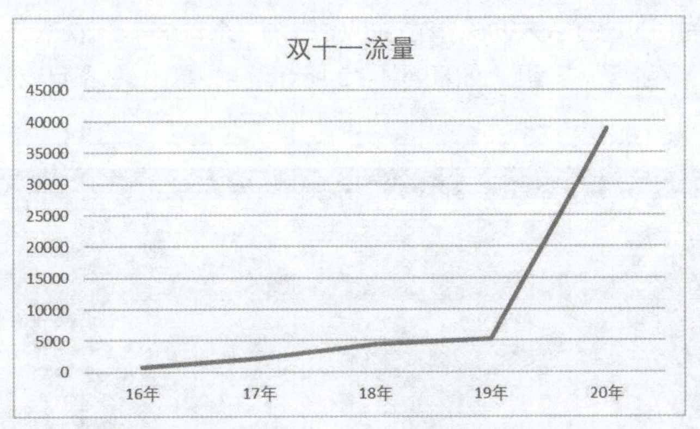

■ 图 5-1-26　“双十一流量”折线图

（2）流量环比分析

Step01：如图 5-1-27 所示，在 H2 单元格输入公式：=SUM(B2:B1519)，按【Enter】键输出结果，然后拖动自动填充柄至 L2 单元格。

H2　=SUM(B2:B1519)

	A	B	C	D	E	F	G	H	I	J	K	L
1	客户网名	8月	9月	10月	11月	12月		8月	9月	10月	11月	12月
2	1戴美瞳的猫	9	7	29	43	27		13621	11277	22414	46674	15619
3	1hygibo	9	3	5	45	0						
4	切随风7837	3	15	23	35	22		20年	20年	20年	20年	20年
5	4785066939	12	6	6	18	13		38823	38823	38823	38823	38823
6	1着的熊	4	11	22	19	5						

■ 图 5-1-27　流量环比分析

Step02：在 H4:L5 单元格区域输入对比数据“2020 年双十一流量”作为参考线。

Step03：如图 5-1-28 所示，选中 H1:L2 单元格区域，然后按【Ctrl】键添加选中 H4:L5 单元格区域，选择“插入”→“图表”→“组合图”→“创建自定义组合图”；如图 5-1-29 所示，在弹出的“插入图表”对话框中，对于有值的图表都选择“折线图”，单击“确定”按钮。

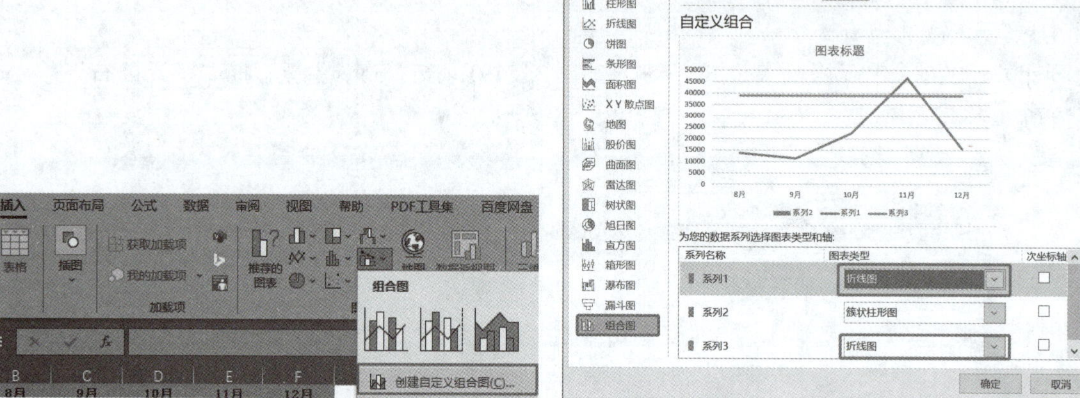

■ 图 5-1-28　选择“创建自定义组合图”　　■ 图 5-1-29　“插入图表”对话框

Step04：如图 5-1-30 所示，右击生成的折线图，在弹出的快捷菜单中选择“选择数据”命令；如图 5-1-31 所示，在弹出的“选择数据源”对话框中取消“系列 2”复选框，分别选中“系列 1”“系列 3”复选框，单击“编辑”按钮；如图 5-1-32 所示，在弹出的“编辑数据系列”对话框中更改系列名称。

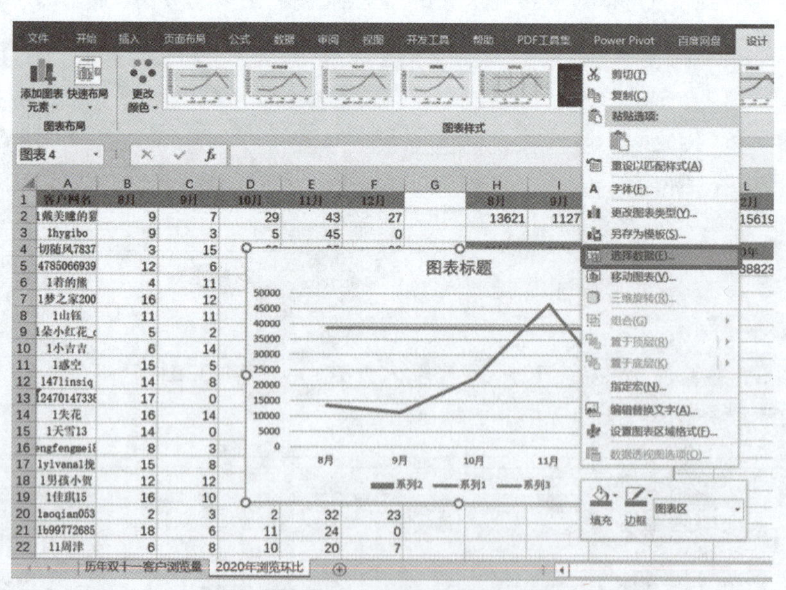

■ 图 5-1-30　选择“选择数据”

Step05：更改图表标题，并调整坐标轴至合适的大小、区域；分别选中其中的图形，右击，在弹出的快捷菜单中选择“添加数据标签”命令，最终得到图 5-1-33 所示效果。

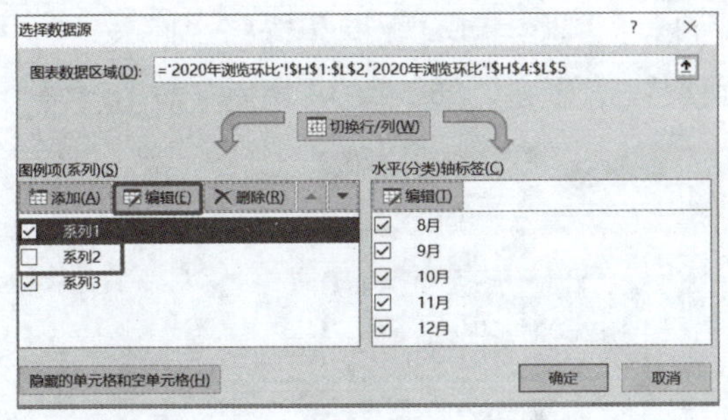

■ 图 5-1-31 "选择数据源"对话框

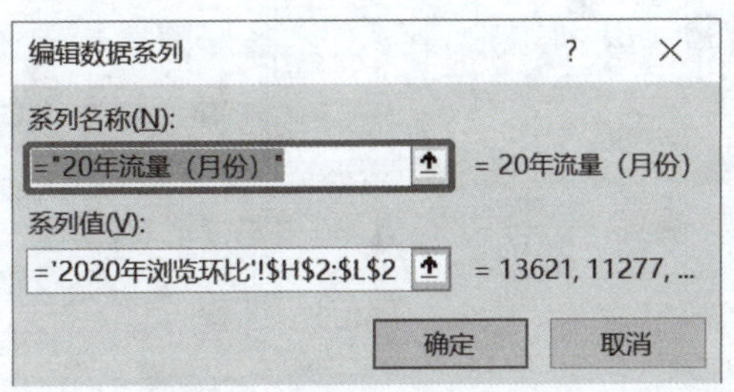

■ 图 5-1-32 "编辑数据系列"对话框

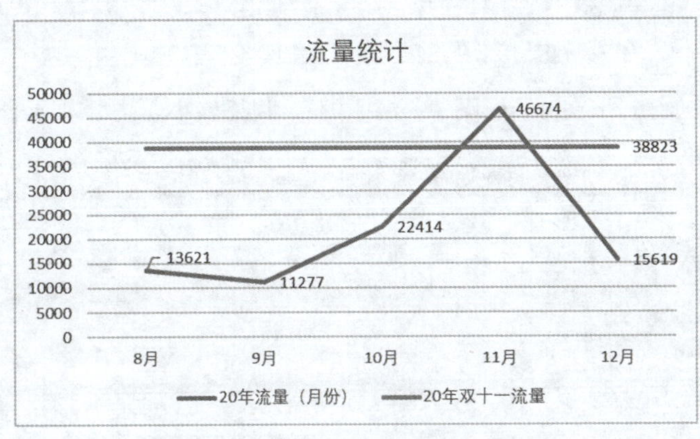

■ 图 5-1-33 "流量统计"效果图

三、转化分析

在线上购物的流程中，客户先是输入关键词进行搜索，找到感兴趣的物品单击进入，通过浏览网页、观看直播了解商品属性，感兴趣会进行收藏和分享，有购买欲望后会加入购物车，多方比价后会进行选择，最终支付。所以获取流量的最终目的就是为了把流量转化为最终支付的订单数。

流量转化主要分析收藏转化率、购物车转化率以及支付转化率。公式分别为：

收藏转化率 = 收藏数 / 总访客数

购物车转化率 = 加购数量 / 总访客数

支付转化率 = 支付数量 / 总访客数

对以上三种转化率的分析是企业运营策略的重点。通过分析影响转化率的因素，对这些因素进行策略优化，进而提高转化率。这些影响因素主要有：流量来源、用户属性、关键词、产品质量、品牌效应、营销推广、客户服务等。

需要注意的是，无论是何种因素对流量转化产生的影响，进行分析时，首先要对其他因素进行控制，然后调节想先分析的因素，找出这些因素的影响方式和方向。

接下来，我们将带领同学们通过数据分析了解确定搜索关键词的重要性：

（1）制作主题商品的购买关键词表格，本书的表格为"表 4.1.4- 关键词分析"（此表格为 2021 年 5 月 10 日通过淘宝官方网站查询与 JK 日系正版校服为主的关键词而得到的信息）。

（2）分析各搜索关键词对应的购买客户数 / 月、收藏总数、评论总数、支付单价（此支付单价取值购买量最高 2~3 个的平均单价）

Step01：打开数据源表格“表 4.1.4- 关键词分析”，选中所有数据，选择“插入”→“图表”→“柱形图”→“三维条形图”，单击“确定”按钮，如图 5-1-34 所示。

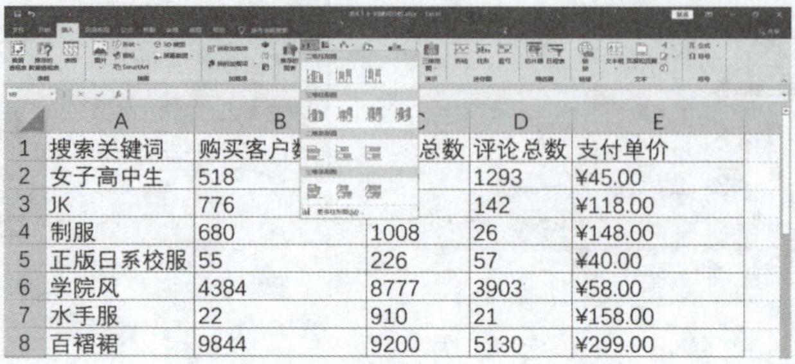

	A	B	C	D	E
1	搜索关键词	购买客户数	总数	评论总数	支付单价
2	女子高中生	518		1293	¥45.00
3	JK	776		142	¥118.00
4	制服	680	1008	26	¥148.00
5	正版日系校服	55	226	57	¥40.00
6	学院风	4384	8777	3903	¥58.00
7	水手服	22	910	21	¥158.00
8	百褶裙	9844	9200	5130	¥299.00

图 5-1-34　选择“三维条形图”

Step02：生成图 5-1-35 所示的条形图，选中图表，调整大小至显示视觉比较舒适。

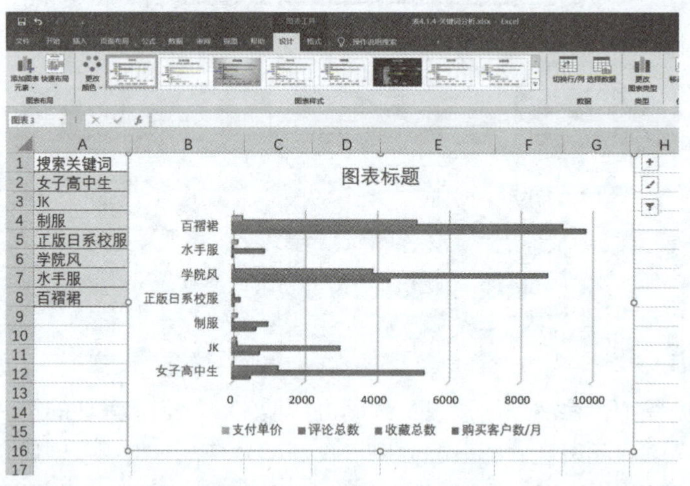

图 5-1-35　生成条形图

Step03：选中条形图，单击右上角的“+”按钮，如图 5-1-36 所示。

Step04：在“+”下拉的选项中，勾选“数据标签”复选框，然后按【Enter】键，如图 5-1-37 所示。

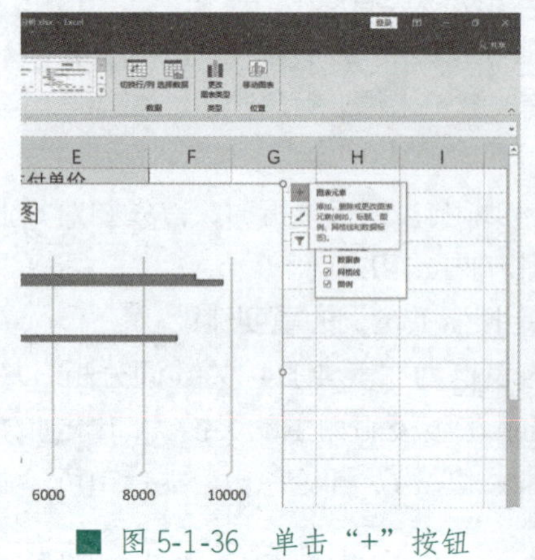

图 5-1-36　单击“+”按钮

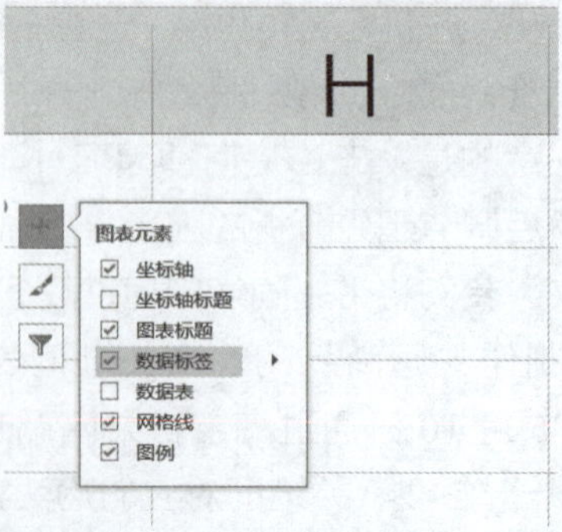

图 5-1-37　“数据标签”复选框

Step05：更新条形图的“图表标题”为“关键词情况图”，选中图表，调整显示数值的大小至视觉舒适，选中单价金额的数据右击，在弹出的快捷菜单中选择“设置数据标签格式”命令，如图 5-1-38 所示。

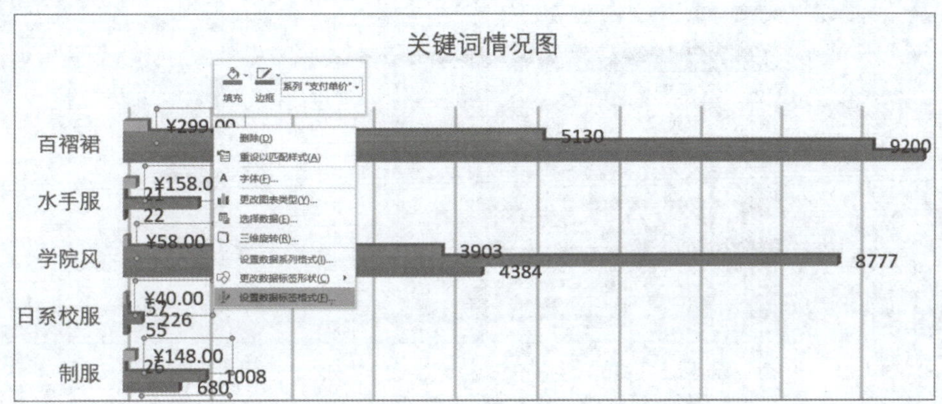

■ 图 5-1-38　“设置数据标签格式”命令

Step06：在右侧显示“设置数据标签格式”窗格，在“数字”区域的“类别”下拉列表中选择“货币”，在“小数位数”中把“2”改成“0”，按【Enter】键，如图 5-1-39 所示。

注：因为表格中的数据都是整数，图表中还显示小数点后两位，太过累赘，因此同意改成整数，小数点后不显示的方式。数据源的表格不用改动，因为数据源的金额显示表示可精确到小数点后两位，如之后还有数据添加，不排除会有小数点后面有数字的可能性。

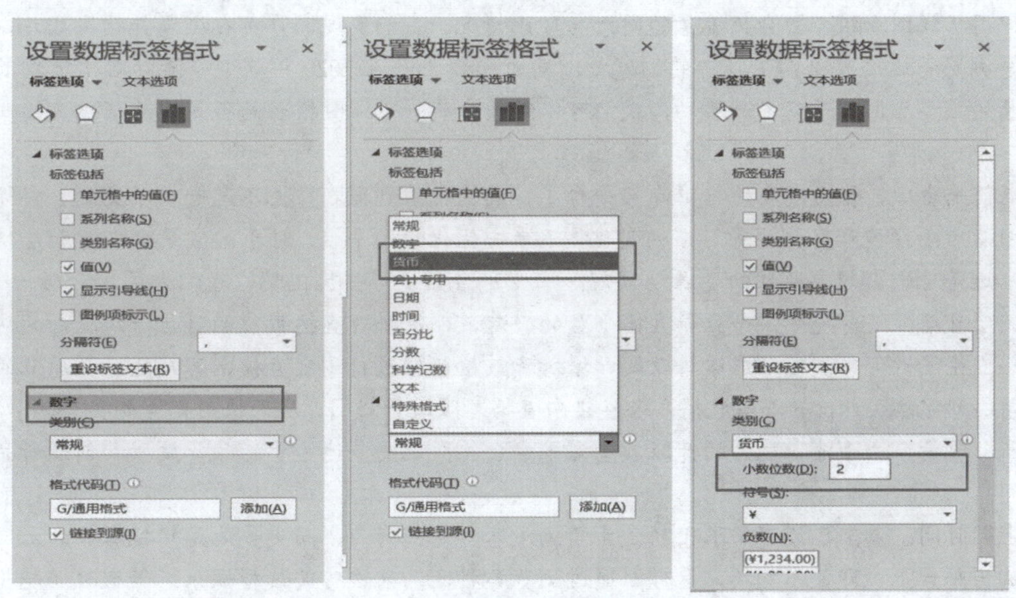

■ 图 5-1-39　“设置数据标签格式”窗格

Step07：如图 5-1-40 所示，绘制完成搜索各关键词的情况图表。

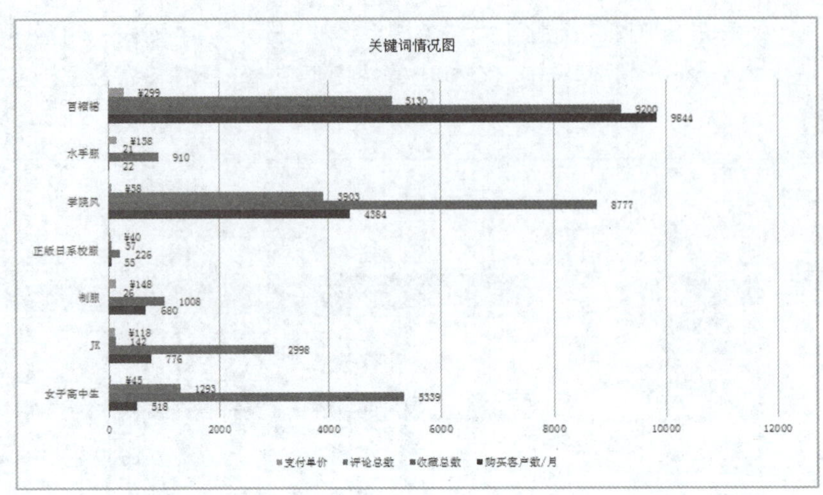

图 5-1-40　绘制完成搜索各关键词的情况图表

可知关键词设置有“百褶裙”“学院风”的商品购买客户居多，其中“百褶裙”虽然单价比“学院风”贵，但是其评论总数、收藏总数、购买客户数都比“学院风”商品要多，所以关键词首选为“百褶裙”，其市场相对较大。分析上图数据可知，“正版日系校服”远低于其他几类关键词，因此建议商家不用采用此类关键词。

任务小结

在本任务中，主要学习了如何利用 RANK 函数及特殊格式分析、建立“关键词统计表”，以及如何用折线图和组合图分析流量的同比与环比情况。我们发现客户都在浏览并购买奶片，这部分客户浏览量远远大于购买服饰的浏览量；同时店铺流量在 2020 年双十一活动后快速增长，流量增长的主要原因就是双十一活动，我们可以继续分析一下流量增长是否是因为店铺直播等活动原因。

电商平台中，长盛不衰的首推淘宝平台了。淘宝发展到现在，也不是一成不变的，实际上，它会随着市场环境和客户消费习惯的变化，不断去优化它的平台。对于淘宝平台本身和店铺们，流量永远是他们都想要留住的资源。目前，淘宝平台做了哪些优化呢？我们来简单分析一下：

淘宝直播。随着虎牙、斗鱼等直播平台的兴起，以及抖音直播带货的盛行，消费者的购买习惯已经发生了改变，淘宝顺应这种改变，增加和鼓励店铺进行淘宝直播，客户已经从原来的看商品详情，研究购买评价转而看直播，来直接向直播客服进行提问，从而决定是否购买。

新品流量。由于消费能力的升级，淘宝平台会把引流更多地给予新品，鼓励和创造新品的培育空间。

上网时间。淘宝已经不局限于只是为了满足客户购买行为，而更多地是想把客户的上网时间留在淘宝平台上，即便不购物，也可以通过浏览各种商品来进行阅读型娱乐。停留时间越长影响购买行为越大，某种程度上等同于广告效应。淘宝会通过客户近期下单的种类和偏好，对客户进行智能归类，那么，在客户下次进入淘宝首页的时候，在首页上出现的商品就是客户生活中可能感兴趣或者有需求的物品，这样会极大程度地留住客户在淘宝上浏览的时间，增加淘宝用户的黏度。

实操演练

目标：流量数据分析

1. 打开工作簿“5.1”，制作包含“关键词”和“搜索人数”的数据透视表，对关键词进行分组，新建列用于统计关键词在组中的占比；制作“搜索人数”以及“搜索指数”实心填充条，按教材制作上升幅度格式，最后把数据按搜索人数进行排序。

2. 打开工作簿“5.2”绘制双十一流量同比折线图，按教材绘制2020年流量环比组合图。

任务评价表

任务评价表					
评 价 内 容		分值等级（评分）			
内容	分值（比重）	优秀	良好	合格	不合格
会使用数据透视表分析如何选择关键词	20分（20%）	17~20（　）	12~16（　）	8~11（　）	0~7（　）
会使用特殊格式和公式制作关键词排序表	20分（20%）	17~20（　）	12~16（　）	8~11（　）	0~7（　）
会使用折线图分析流量同比趋势	15分（15%）	13~15（　）	10~12（　）	5~9（　）	0~4（　）
会使用组合图分析流量环比情况	15分（15%）	13~15（　）	10~12（　）	5~9（　）	0~4（　）
知道如何进行转化分析	15分（15%）	13~15（　）	10~12（　）	5~9（　）	0~4（　）
知道转化分析的公式	15分（15%）	13~15（　）	10~12（　）	5~9（　）	0~4（　）
综合分数（满分100分）					

注：括号内填写具体分值。

任务二　商品数据分析

学习目标

- 学会进行商品类目分析。
- 学会进行商品SKU分析。

任务导入

小琳：“小庄，我们把这些商品都上架吧”

小庄：“那么我们上架到哪个品类去呢？”

小琳：“这个也有讲究的吗？”

小庄：“当然了，商品放在哪个品类进行销售，将会影响它的转化率，而且每个商品所对应的SKU，我们也需要好好管控的。”

任务实施

一、商品类目分析

1. 商品类目划分的方式

按照消费者的衣食住行用划分，主要有食品类、服装类、日用品类、家电类、鞋帽类、纺织品类、五金类、厨具餐具类等。

按照消费者的需要层次划分，主要可分为：生活基本品类、生活发展品类、生活享受品类等。

按照消费者的购买行为划分，主要有日用品类、非日用品类等。

按照消费者年龄和性别划分，主要可分为：老年人用品、中年人用品、青少年用品、婴童用品，以及女士用品和男士用品等。

商品在平台上归属在哪个目录下，将影响该商品的流量，随即影响流量的转化率、资源获取情况等诸多运营要素。

2. 分析目的

对商品类目进行分析，主要是了解同一个商品或者是同一家店铺的几种商品，在不同类目下所反映的流量情况、转化率情况等重点指标。通过对这些指标进行分析比较，以选择对引流更为有利的类目。

3. 分析同种商品（如奶粉）在不同类目下的流量和转化率情况

Step01：打开表格："表 5.2.1- 奶粉在不同类目情况表"，选取表中数据，选择"插入"→"图表"→"组合图"→"簇状组合图 - 次坐标轴上的折线图"选项，生成图表，如图 5-2-1 所示。

Step02：单击图表右上角"+"按钮，勾选"数据标签"复选框，给折线图和柱状图都分别加上数据显示，如图 5-2-2 所示。

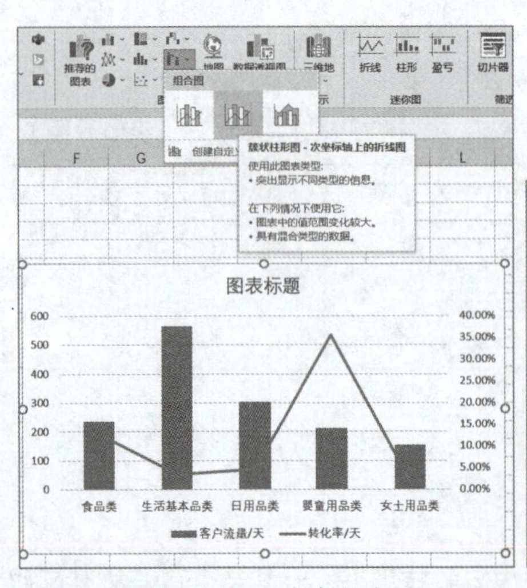

图 5-2-1　生成组合图

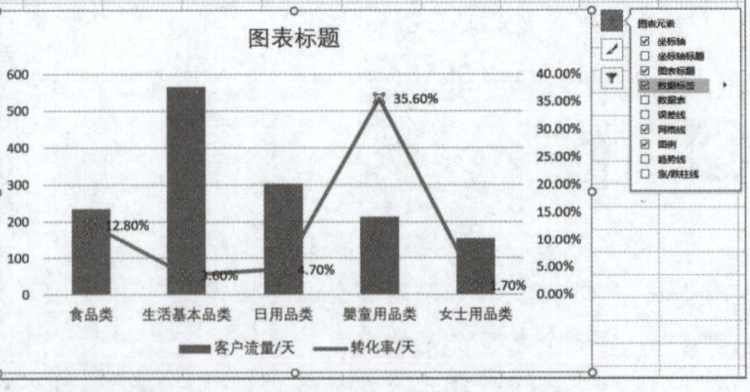

图 5-2-2　给折线图和柱状图都分别加上数据显示

Step03：把"图表标题"名称更改为"奶粉类目情况图"，整张图表绘制完成，如图 5-2-3 所示。

分析上图信息可知，同为奶粉商品，放在“生活基本品类”下被浏览的量是最大，为 565 人 / 天，但是转化率很低，为 3.6%。但放在“婴童用品类”下，虽然浏览量没有放在“生活基本品类”的高，为 212 人 / 天，但是转化率很高，为 35.6%，总体来看，奶粉类的商品放在“婴童用品类”下将更有利于产品的销售。

当然奶粉这个商品举例比较明显，一般是放在“婴童用品类”下，那还有很多商品没有这么有明显特征的类别区分，就需要对数据进行分析后，才能判断放在哪个类目下可以让转化率最大化，因为放错了类别的商品，可能会产生很多无效数据，哪些不是商品目标客户的浏览数据还需要进行大量人工的甄别，放对了类别的商品，后台的数据价值将更高。

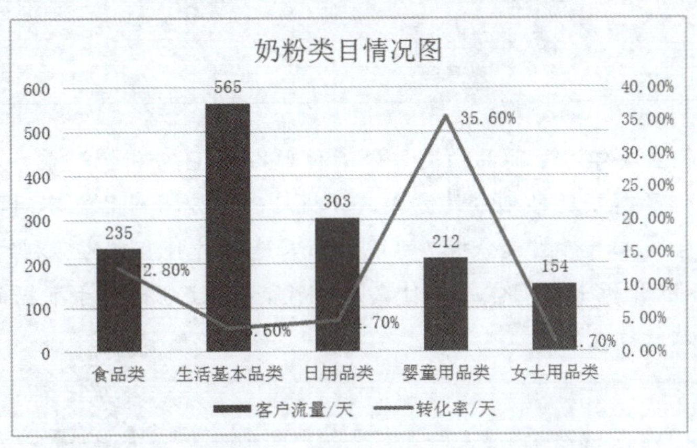

■ 图 5-2-3　奶粉类目情况图

二、了解商品 SKU

SKU（Stock Keeping Unit，存货单元），即库存进出计量的基本单元，可以是以件、盒、托盘等为单位。现在 SKU 已经被引申为品项，SKU 号即为品项编码，意即为不同属性的商品提供的统一编号，方便物流管理。

对一种商品而言，当其品牌、型号、配置、等级、花色、生产日期、保质期、用途、价格、产地、包装容量、单位、生产日期、保质期、用途、价格、产地等属性中任一属性与其他商品存在不同时，其对应的 SKU 号便不同。

即便是同样的产品，只要在人们对其进行保存、管理、销售、服务时有不同的方式，那么 SKU 编码就不再相同。例如：一件衣服，有红色、白色、蓝色，则 SKU 编码都不一样；同一品牌的红酒，一些是存储在指定温度与指定湿度地窖中的，一些是在阳光下露天存储的，那么 SKU 编码就应该不同。如果 SKU 编码相同则会出现混淆，会找错货。

因此 SKU 分析即是商品的单品分析。商品类目分析只能分析出此类商品的销售情况，而 SKU 分析主要针对的是特定情况下单一品项商品的销售情况。我们可以通过商品 SKU 分析来调整产品生产比例与优化方向等。例如，通过 SKU 物流存储信息分析，我们可以分析出红色，L 号的此类衣物最容易出售，相反黑色的衣物已经滞销，那么我们进货的时候就多进红色，L 号衣物。

商品销售无论线上线下，在商品销售策略上都推荐按照“两高一短”原则进行卖货，开季争取高销量，季中实行高折扣，将销量高峰往前施行，缩短销售周期。为保证“两高一短”原则的顺利实行，相关管理人员需对每一款新上市的产品，采用上市控制模型的六种方法全天候洞察和控制 SKU 运行状态，实现商品效益最大化，如图 5-2-4 所示。

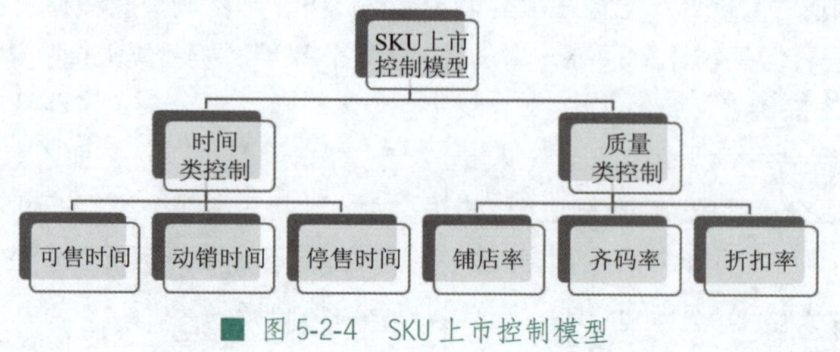

图 5-2-4　SKU 上市控制模型

任务小结

在本任务中，我们主要学习了商品的类目分析和商品 SKU 分析。

在类目分析中我们了解了类目划分的方式、分析目的、分析商品在不同类目下的流量和转化率情况。运用簇状组合图来进行图表分析，可以让商家选择对引流更为有利的类目进行销售。

另外，在商品 SKU 分析中我们学习了什么是 SKU，SKU 分析对于数据的作用。通过数据的分析可以让商品实现效益最大化。

实操演练

目标：搜索状况统计分析

打开工作簿“5.1”，制作簇状组合图，显示数据并把标题改为“关键词搜索情况统计”。

任务评价表

任务评价表					
评 价 内 容		分值等级（评分）			
内容	分值（比重）	优秀	良好	合格	不合格
会制作簇状组合图进行分析	20 分（20%）	17~20（　　）	12~16（　　）	8~11（　　）	0~7（　　）
会在图表添加数据显示	30 分（30%）	26~30（　　）	18~25（　　）	11~17（　　）	0~10（　　）
会通过图表分析数据的销售价值	30 分（30%）	26~30（　　）	18~25（　　）	11~17（　　）	0~10（　　）
了解 SKU 的作用	20 分（20%）	17~20（　　）	12~16（　　）	8~11（　　）	0~7（　　）
综合分数（满分 100 分）					

注：括号内填写具体分值。

任务三　供应链分析

学习目标

- ◆ 了解商品的生命周期与供应链策略。
- ◆ 学习供应链的分析方向与方法。

任务导入

小琳："小庄，我们上架一些之前销售火爆的商品吧"

小庄："那知道我们有多少库存和市场的需求吗？"

小琳："这个也要分析吗？"

小庄："这是肯定的，商品是有生命周期的，一般需要看市场是否饱和，也就是说一种商品的热度有没有冷却，也要看商品是否是季节或有规律性的。"

任务实施

生命周期（Product Life Cycle，PLC）是商品的市场寿命，即一种新产品从开始进入市场到被市场淘汰的整个过程。

一、生命周期与供应链策略

商品确定进入市场后，开始了它的生命周期，一般可经历四个时期：启动期（另一种说法又分为开发期和引入期）、成长期、成熟期、衰退期。

1. 启动期

启动期是商品的初创时期，先有了一个集合的概念和各板块的初步构想，所有的更新改进都是围绕这个主题概念，在构想出来的板块中进行内容的充实和创新，前期就要考虑盈利模式和可拓展的领域。在这个时期，是考验这个商品是否适应和满足市场，是否能够进行可持续的商业运作和发展的关键时期。在启动期，市场的反应存在诸多的不确定性，这个阶段的特点是订单量不稳定，企业不敢有太多的存货，如果没有一系列合适的供应链策略配合商品发行，则新商品在引入期夭折的可能性会很高。在启动期，供应链各个环节的信息要及时共享，这样才能快速有效地应对市场变化。二级渠道商要对市场情况做出迅速反应，预留给供应商充分的调整策略的时间。

2. 成长期

经历了启动期，商品会迎来成长期，这是商品发展的黄金时期，市场需求已较为稳定，营销渠道的通路也已基本打通，虽然竞品在陆续进入市场，但还未构成威胁。在供应链策略上，商品开始大批量抢占市场的曝光率，进一步提升品牌知名度。同时较大批量的生产和发货，会相应降低商品的供应链成本。企业在管控成本的前提下，也会提高服务质量，以保证商品在行业中的口碑和可持续发展的竞争力。

3. 成熟期

在成熟期，行业中竞品之间的竞争加剧，商品数据分析中应加大对竞品销售情况的分析，商品的销售市场需求相对稳定，市场预测较为准确。

商品的销售量除活动促销期外，已不会有太大的变化，在此阶段，供应链策略上主要考虑两点，一是如何进一步减少成品库存。可通过销售量的预测、布局城市的促销活动等方式盘活资金。二是建立线上销售渠道。传统行业应结合市场发展趋势，在商品的销售思路和展现形式上做必要的变通。企业为了增加营收，打通线上销售渠道，在天猫店上开设品牌店铺，根据商品特性做线上销售。

4. 衰退期

进入衰退期，并不代表这个商品没有吸引力，即将被替代，优秀的商品有机会让行业重新焕发生机，新的细分可以重新创造用户需求点。例如，企业可以通过对行业市场客户的细分，重新定位目标客户，整合供应链资源，进行目标客户的定制化商品服务，最大程度地满足客户的商品预期，这样虽然在产量上缩减了，但是商品适应了市场情况的转型，适应了发展，得以争取到稳定的客户群体，利润的稳定可以带来企业发展的相对稳定。这时，企业需考虑，是否要进入另一个朝阳市场中去？或者趁其他公司另辟战场时占领主场，增加市场占有率。

二、供应链分析

一般而言，供应链主要解决的是供求关系的问题，只要和商品供求有关系的，都属于它的分析范围，其中包含需求分析、库存分析、供应分析、分仓分析、成本分析和订单时效分析等，下面我们来分别解释：

1. 需求分析

需求分析是通过以往的实际销售数据通过某些处理方法，去预测未来销售过程中的需求量。需注意的是，并不是产品研发过程中的需求分析，此处的需求分析不是针对商品的客户需求，而主要是为了应对店铺商品的及时供货以及避免滞销。

例如：我们通过数据分析出这种款式的鞋子，在下一季度可能会因为某些已知或未知原因导致销售量急速下降，就不应该再大量进货，以免滞销。与此同时我们可以替换成一些新品或者下季度爆款。

2. 库存分析

我们在管理库存与分析库存时，主要是考虑周期库存、安全库存、在途库存、预期库存、不良库存、冻结库存等内容。其中安全库存是指为防止未来物资供应或需求的不确定性因素（如大量突发性订货、交货意外中断或突然延期等）而准备的缓冲库存。

库存管理不当可能导致大量的库存积压，占用现金流，半成品库存的缺失导致生产计划延后，成品库存的缺失导致销售订单的延误等问题。因此应当结合需求分析，指定合理的库存管理制度，对现有的库存体系进行优化。例如，在保障企业采购、生产、销售的前提下，如何提高库存周转率，节约成本，增加现金流，避免不必要的损失。

3. 供应分析

此处的供应分析即指生产或者采购过程的分析，因此供应也影响着库存、销售情况以及现金流。衡量供应的指标是供应效率，即在供应的过程中是否能如期、如质、如量地完成供应。如果供应效率不够，即意味着要在前期有一个大量的存储数量，不然会影响销售或者客户体验。例如，供应渠道因为各种因素每天只能提供 10 辆车，预计在促销活动的三天内，实体店每天会被买走 15 辆车，那么我们得在活动前先囤积 25 辆车才能保证客户能直接提车，不影响消费体验。在这个例子中需要先进行需求分析，提前预估供应量。

“喜茶 HEYTEA”就是供应效率无法满足客流量的另一个典型例子，尽管工作人员动作迅捷，在实体店经常得排上 1 个多小时的队才能取到商品。此时，线上预约系统应运而生，这能有效避免因为供应效率原因导致客户体验急速下降的现象，同时也不用因为过早囤积商品导致商品质量下降。

4. 分仓分析

分仓是公司规模变大后必然要经历的事情，合理地分仓能有效提高物流效率，降低商品存储风险。例如，现在菜鸟、京东等涉及物流的公司在全国各地设立仓库，提前存储热销商品，在客户下单后，能直接在客户的所在地发货，极大地提高了物流效率。但与此同时，分仓对于商品管理的要求会更高，得益于管理的数字信息化，通过上文中提到的 SKU 商品编码，能够快速、精准、有效地管理这些商品的信息，避免出错。

下面通过圆环图来进行分仓情况分析（通过筛选商品编号，可以得知每种商品订单在每个省份的占比）。

Step01：打开文件“4.3.2- 销售分仓分析表”，按【Ctrl+A】组合键全选数据，单击“插入”→“表格”→“数据透视表”按钮，在弹出的“创建数据透视表”对话框中进行设置后单击“确定”按钮，如图 5-3-1 所示。

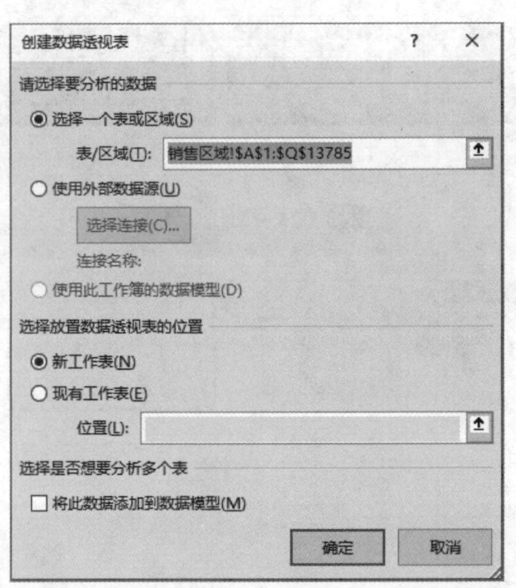

■ 图 5-3-1　“创建数据透视表”对话框

Step02：拖动“商品编号”到“列”，拖动“直辖市 / 省 / 自治区”到“行”，拖动“订单数”到“值”，并“值”区域的“求和项：订单数”，在弹出的快捷菜单中选择“值字段设置”命令，将“计算类型”设置为“求和”，如图5-3-2、图5-3-3所示。

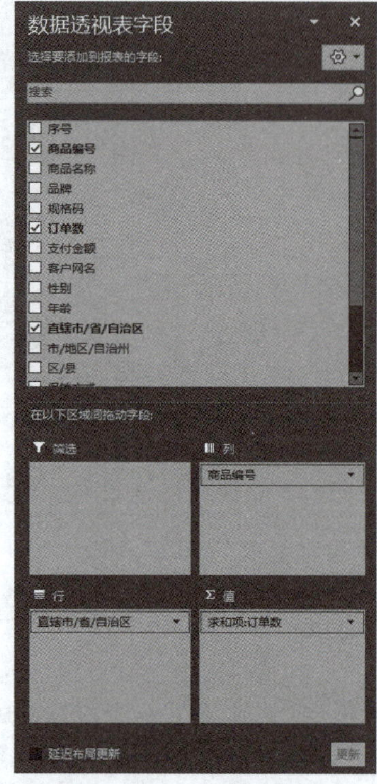

■ 图5-3-2　设置字段

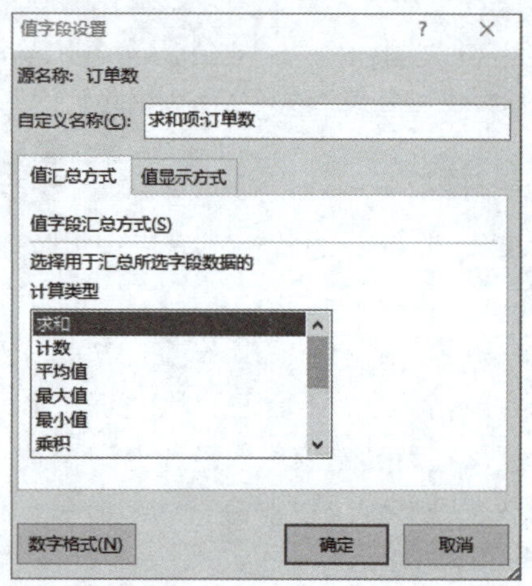

■ 图5-3-3　“值字段设置”对话框

Step03：选择A4:J34单元格区域，单击“插入”选项卡“图表”组的对话框启动器按钮，在打开的“插入图表”对话框“所有图表”选项卡中选择“饼图”中的“圆环图”，如图5-3-4所示。

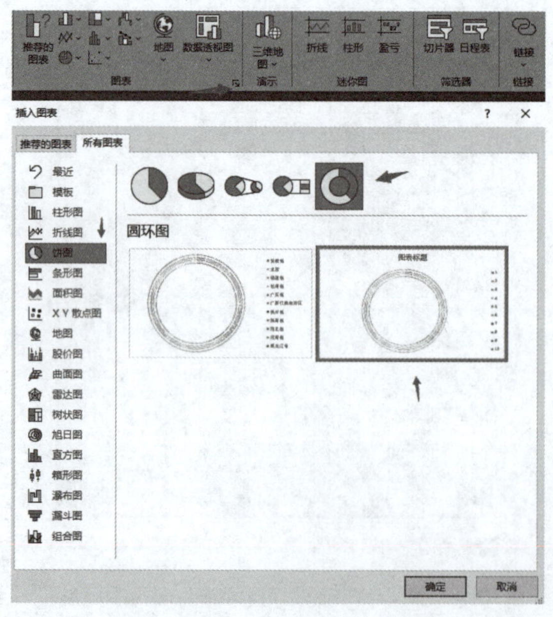

■ 图5-3-4　选择“圆环图”

Step04：在图表左下角可以进行筛选，筛选其中一个商品编码，如图 5-3-9 所示。

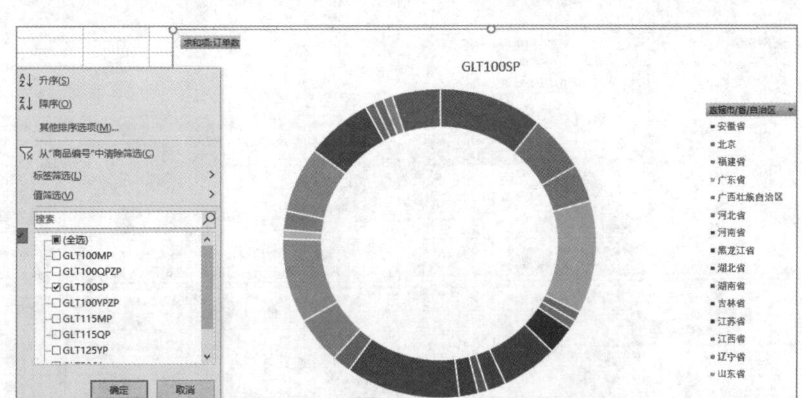

图 5-3-5　筛选其中一个商品编码

Step05：单击“+”按钮，选择“数据标签”→“更多选项”，在打开的“设置数据标签格式”窗格中选择“类别名称”“百分比”复选框，如图 5-3-6、图 5-3-7 所示。

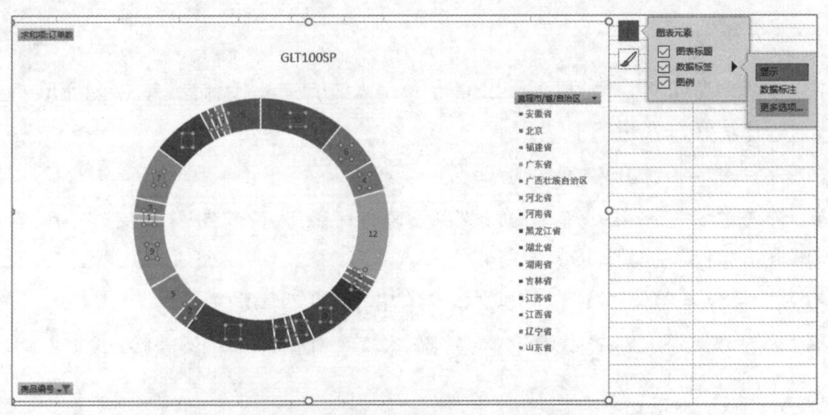

图 5-3-6　选择“数据标签”→“更多选项”

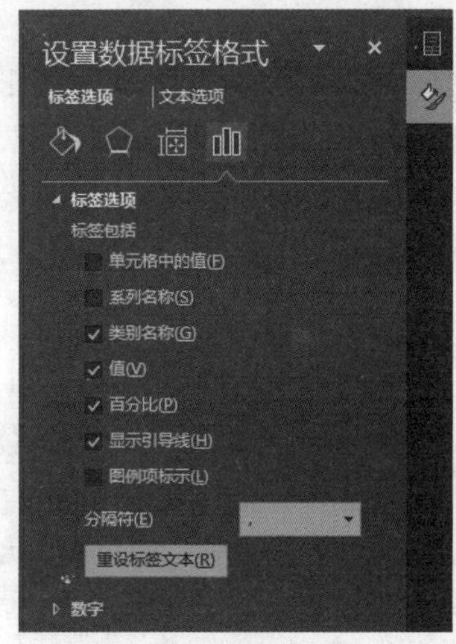

图 5-3-7　选择“类别名称”“百分比”

Step06：最后把圆环上的数据拖动到合适的位置即可，如图 5-3-8 所示。

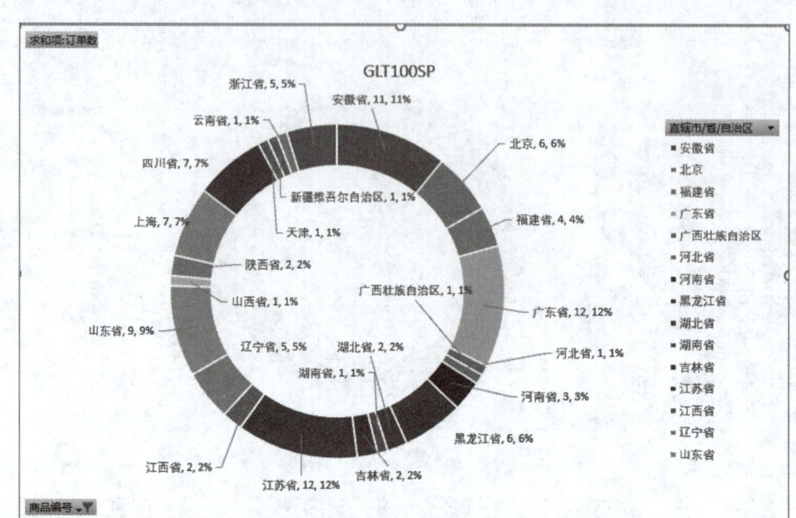

图 5-3-8 圆环最终效果

5. 供应链成本分析

在供应链流程中，成本主要包括以下四个方面：人力成本、包材成本、物流成本、仓储成本。成本的计算可以按照以下方式进行：

人力成本单价 = 人力成本 / 发货单数

包材成本单价 =（纸箱成本 + 填充物成本 + 封条成本 + 面单、发货单成本）/ 单数

物流成本 = 首重 + 续重（+ 提货费）

仓储成本单价 = 单位时间仓储成本 / 单位时间总销售数量

在市场比较稳定的情况下，成本单价也会比较稳定。因此，可以直接通过成本单价 × 数量来估算总成本。

6. 订单时效分析

订单时效是指消费者从下单的那一刻开始，到商品送达消费者的那一刻结束的时间跨度，跨度越短，时效性越高。在客户体验至上的今天，订单时效性是影响用户体验最重要的指标之一。为了给客户更高的客户体验，现在的物流已经做到了物品的实时追踪，让心急的客户了解商品物流动态。订单时效分析的第一步就是要找出时效性低的订单，然后再去分析原因，找出共性，最后做出改善。

任务小结

在本任务中，我们主要学习了：商品的生命周期与供应链策略、供应链的分析方向与方法。

现在越来越多的企业选择在天猫、京东等平台上同步开设网店，销售商品。可随着商家的日益增多，竞争越加激烈，许多转型线上的传统企业并不擅长网店运营所涉及的装修、推广、界面优化以及数据营销等知识技能，这就给就业市场带来了巨大的人才岗位需求。商务数据分析的人才，既可以到企业从事数据分析的工作，也可以创业，自己开设“代运营”的第三方运营外包企业。

代运营的运作模式优点是可以快速、有效提升网店流量、转化率、竞争力等，可以系统地提高店铺的运营能力，缺点是因为是外包，所以在品牌的长远发展上不会有太多涉及，这需要企业自身多用心经营，努力思考求变方向，基于数据层面，量身定制运营解决或优化方案。

当 2020 年初的新冠肺炎席卷全球后，在重大疫情的影响下，供应链发生了较大变化。

第一，由于交通运输受阻，会影响企业的生产运输效率，所以交通物流时间成本控制比疫情前更受重视。

第二，由于国人对进口物件的热情急剧退潮，尤其是进口食品类受到的打击最大，再加上进口件的国际交通受阻，供求分析需重新调研确定。

第三，受新冠肺炎疫情影响，消费场景加速向线上转移，数字化零售迎来了新机遇。供应链也需发挥多渠道优势，开拓线上销售模式。

第四，针对救援物资方面，供应链更要有灵活性和延展性，可以快速调整和供应超大订单的需求。

第五，应急下的快速转型。在疫情形势最严峻的时候，格力电器开始生产护目镜、红外测温仪等医疗器械。供应链实现配合当前形势，实现暂时型快速转型。

第六，以往供应链中，零部件的采购都是以方便和性价比为主要考量的因素，现在也需要考虑分布性，同一零部件应采用几个不同城市、不同国家的供应商，以分散疫情带来的影响。

第七，就供应链销售端的变化而言，外贸订单呈现大量骤减的情势。跨境电商订单相比去年同期下降 50% 左右，我国商务部在当时也提出过，外贸企业要做好在未来 3 ～ 5 个月没有订单的准备，这种情况下，要求企业供应链不光能有外贸的能力，同样也需要有内贸的能力，需要加强这种融通能力。

第八，社区新零售悄然兴起。疫情给很多行业都浇了一桶冰水，但社区零售却是在疫情中少数获得逆势加速发展的行业之一。原本一些外出就餐或者去大型商超采购的人群，改为选择可以送货到家的社区新零售。所以，供应链末端也相应地发生了改变，需要熟悉社区新零售的配送和销售策略。

实操演练

目标：省份客户数据对比

打开工作薄“5.3”，制作包含客户网名与省份的数据透视表，对客户求和并制作圆环图，显示出每个省的客户数量占比。

任务评价表

任务评价表					
评 价 内 容		分值等级（评分）			
内容	分值（比重）	优秀	良好	合格	不合格
了解生命周期概念	30 分（30%）	26~30（　　）	18~25（　　）	11~17（　　）	0~10（　　）
了解供应链策略概念	30 分（30%）	26~30（　　）	18~25（　　）	11~17（　　）	0~10（　　）
会通过圆环图进行供应链分析	40 分（40%）	34~40（　　）	26~33（　　）	16~25（　　）	0~15（　　）
综合分数（满分 100 分）					

注：括号内填写具体分值。

项目六

市场环境情况分析

项目目标

◆ 掌握进行行业数据采集。
◆ 掌握进行市场需求调研。
◆ 掌握进行产业链分析。
◆ 掌握进行市场细分分析。
◆ 掌握进行渠道数据分析。
◆ 掌握进行竞争环境分析。

项目描述

商业环境千变万化，企业要在这些变化中争得一席之地，就需要对企业所属的行业情况、渠道情况以及竞争对手的情况有个较为清晰的认识。在调研的基础上，了解行业的发展、渠道的现状，不断进行维护工作。在研究竞争对手的商品营销策略的情况下，随时更新动态，保持危机意识，制订战略目标，引导企业不断赢得市场，壮大生产规模。

注意：数据在处理前应先建立副本并保留原始数据，以下项目中的数据皆已建立工作簿副本，因此不再在工作表中另行建立工作表副本。

任务一　行业环境分析

学习目标

- 了解如何采集行业数据。
- 了解市场需求的内容及调研方法。
- 学会分析产业链。
- 学会使用复合条饼图进行市场细分。

任务导入

小琳和小庄在此之前已经对流量数据、商品数据及供应链进行了分析，她们想更进一步了解店铺的经营情况，提高商品的销售额。

小琳：“小庄，为什么同样类型的商品，别的商家的销售额却比我们高？”

小庄：“是吗？看来我们需要先分析一下行业的环境了。”

任务实施

行业环境的分析是企业在进行投资项目、制订市场营销策略和开展调研活动的基础环境。进行行业环境分析的主要流程是：通过对市场需求的调研，进行行业数据的采集，根据采集得到的数据进行分析，得出当前市场细分分析结论，并结合企业商品所属的产业链分析，给出决策者制订策略的参考依据。

一、市场需求调研

1. 调研的目的

市场需求调研是为了对市场需求状况进行调查和分析，作为制订商品营销策略的依据。市场需求主要是指客户对商品的需求，包括对商品品种、质量、价格、供货期间和服务等多方面。市场需求反映了在一段时间内，客户群体购买该商品的情况。商品若适应市场需求，就能做到供求平衡或者供不应求，若商品不能迎合市场需求，很可能会滞销。因此，科学地进行市场需求调研分析，是关系到企业商品销售情况的决定因素。

2. 调研的内容和方法

（1）市场需求调研的主要内容

市场需求调研的内容主要包括市场需求量、需求比例和需求时间。

① 市场需求量是指商品在某区域、某段时间内的客户群体总数。影响市场需求量的主要有商品

使用范围、商品需求总量（商品数量、金额）、商品客户群、商品销售区域、销售周期、销售环境、营销策略等。

其中，商品需求总量通常是指需求的规模。例如，全国自行车的市场需求可能会被描述为3 000万台，而上海地区的自行车市场需求占全国总需求的10%（此处为假设，并非真实数据）。

同时，市场需求量还受到商品自身价格、竞品价格、客户定位和收入水平、客户整体偏好等因素的影响。

② 需求比例是指客户在各类型消费中的占比。主要是指客户在吃穿用度中的需求占比。主要考量的是客户在消费过程中，消费的各种不同类型商品之间的比例关系，在生活中具体表现为各种生活开支的分配情况。

调研需求比例，可以了解到客户的生活习惯，从客户的生活习惯入手，商品的制造和营销策略可以着重放在解决客户生活上的痛难点上，这样的商品才能打动客户，供不应求。

③ 需求时间是指客户需求的时间段以及需求时间段内的品种和数量等信息。尤其是季节性的商品，例如，防蚊液在夏季畅销，羽绒被在冬季畅销。所以，调研需求时间，可以使企业在生产制造上早做规划，避免积压商品。另外，企业也可利用销售淡季，研发新商品适应其他季节的市场，或者做反季营销活动，这些都是在最开始准确的需求时间调研的基础上来决定的。

（2）市场需求调研的方法

调研方法主要可分为观察法、实验法、访问法、问卷法。

① 观察法是由调研人员用直接观察的方式进行考察并收集的资料。例如，市场调研人员到销售场所去观察商品的售卖流程和情况并进行总结汇报。

② 实验法主要用于市场销售实验和客户使用实验，指用实验的方式确定商品的价格、品质、包装等，去观察调研客户的反应，来预判市场反应。

③ 访问法主要指以访谈会的形式进行集体访问。调研人员按照事先准备的调查表或者访问提纲进行访问，调研市场需求。

④ 问卷法是指通过设计调研问卷，让被调研者填写调研表来获取信息，现在也有在线制作问卷的平台，制作好问卷后，被调研者只需在移动端填写就能提交，提交的数据还能进行简单的数据统计与分析，非常实用，所以问卷法也是采用最为广泛的方法之一。

二、行业数据采集

1. 行业数据采集的目的

行业数据采集的目的是根据行业特性来确定数据指标的筛选范围，制作出符合业务需求的数据报表。运用科学的数据采集方式，得到相对可靠的一手或二手数据来源，完成本行业的数据报表，为后续行业市场分析提供基础数据。

2. 行业数据指标

行业数据指标一般至少应包含行业规模、龙头企业、行业动向、行业政策等行业信息。进行采集时需要根据企业的类型、规模以及企业的发展目标等实际情况进行选择，数据指标的范围取决于这次分析的目的，如果只是为了了解行业的基底环境，需要的数据一般会比较大量而宽泛，如果是为了某个商品的某项计划（如新出商品投入市场的范围和营销策略），就需要采集的数据相对具有针对性。进行数据采集也会产生一定的时间成本和费用成本（人工费、调研平台使用费等），所以需在前期确定好本次数据采集的范围，尽可能地节约前期成本，进行有效的数据采集。行业规模信息采集表如表 6-1-1 所示。

表 6-1-1　行业规模信息采集表

市场总营业额	平均利润	平均成本	企业数量	企业类型	企业资产总规模	企业融资渠道	企业地理分布	……

行业内龙头企业的信息采集，一般包含企业名称、企业主营业务、企业类型（是否为上市公司？企业是否跨多个行业？企业规模如何？）、总资产、净资产、主要销售区域、市场增长率和占有率等。龙头企业信息采集表如表 6-1-2 所示。

表 6-1-2　龙头企业信息采集表

企业名称	企业主营业务	企业类型	总 资 产	净 资 产	主要销售区域	市场占有率	市场增长率	……

3. 行业数据采集的步骤

进行行业数据采集时，可首先查找相关行业协会网站或者权威的专业网站，获得对行业较为全面的了解。通过网络查询数据，变换关键词进行多方位的信息收集。

另外，遇到某些数据较难获得的情况，可考虑电话咨询、问卷调研、上门走访等方式。以上采集的方式中，通过调研直接获得的数据，称为一手数据，一手数据的特点是耗时较长但准确度和真实性高。通过网络查询或其他渠道获得的数据，称为二手数据，二手数据的特点是快速获得但需要科学地甄别其真实性，以确保采集数据的有效性。

行业数据采集的步骤如下：

① 根据几种变换的关键词，对整个行业概况进行多方位的信息采集。

② 按照不同的指标，对采集得到的数据进行分类。

③ 分析采集的数据，按照重要性或其他要求划分等级，进行标记。

④ 根据指标的要求和已确定好的数据来做下一步的信息采集工作。

⑤ 进行数据挖掘，并对原始数据进行预处理。

⑥ 将预处理完成的数据制作成相应的分析图表。

4. 行业数据采集渠道

行业数据采集的渠道多种多样，在做行业研究时，最苦恼的就是数据搜寻太困难，一方面是数据源太少，一方面是很多数据源的数据质量没有保障，以下列举了一些常用行业的数据采集渠道，如表 6-1-3 所示。

表 6-1-3　常用行业数据采集渠道一览表

数据来源	数据种类
金融机构	金融机构公开发布的各类数据
行业协会	行业运行数据，行业企业数据
政府部门	宏观经济数据、产量数据、进出口贸易数据
公司公告	公司发布的定期年报、公司公告
中商调研	研究人员通过实地调研、行业访谈获取的一手数据

三、产业链分析

1. 供应链和产业链的区别

产业链是某个企业或一个产业中的各相关产业的集成，而供应链是在物流的基础上发展起来的，是供应商的供应商，是由供应商、制造商、分销商、零售商等集成在一起形成的，能使得商品的生产和销售更加快捷高效和低成本，从而使得各利益集体的利益最大化。

2. 为什么要分析产业链

上游产业和下游产业之间存在着大量的信息、物质方面的交换，上游向下游输送商品或服务，下游向上游反馈商品售卖情况。总体来说，产业链分析主要是用于不同行业或不同业务间的价值差异分析，帮助企业找到更有价值和发展前景的业务空间。

3. 产业链分析的步骤

传统的分析方式较为复杂，分析内容涉及供需关系、价值内容、空间关系等。考虑到是作为行业分析的一部分，只要把握住产业链在行业中的上中下游关系和运作模式即可。在进行产业链分析时，可采用以下步骤：

① 确定产业链上下游主体；

② 分析产业链各环节的市场规模；

③ 分析产业链各环节的主流龙头企业；

④ 分析产业各环节之间的竞争合作关系；

⑤ 分析产业链各环节的运作模式。

四、市场细分分析

市场细分是企业根据消费者需求的不同，把整个市场划分成不同的消费者群的过程。对于企业的发展具有重要的促进作用。进行市场细分的主要依据是异质市场中需求一致的顾客群，实质就是在异质市场中求同质。其中可按客户的年龄、人口、地理位置、行为等各方面来进行分析。接下来讲解如何使用复合条饼图来分析 A 商品在女性市场中，在哪种年龄段受欢迎的程度最高。

1. 创建复合条饼图

Step 01：选中 B2:C6 单元格区域，单击“插入”→“图表”→“插入饼图或圆环图”按钮，如图 6-1-1 所示。

Step 02：在下拉列表中选择“复合条饼图”选项，即可生成复合条饼图，如图 6-1-2 所示。

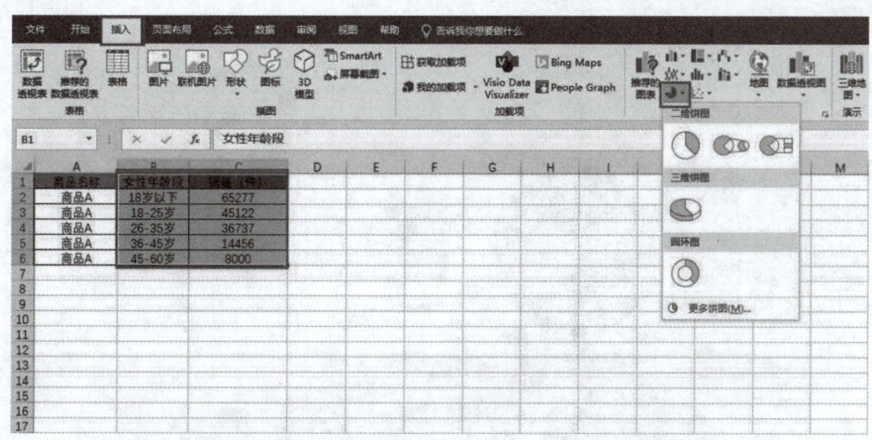

■ 图 6-1-1　“插入饼图或圆环图”按钮

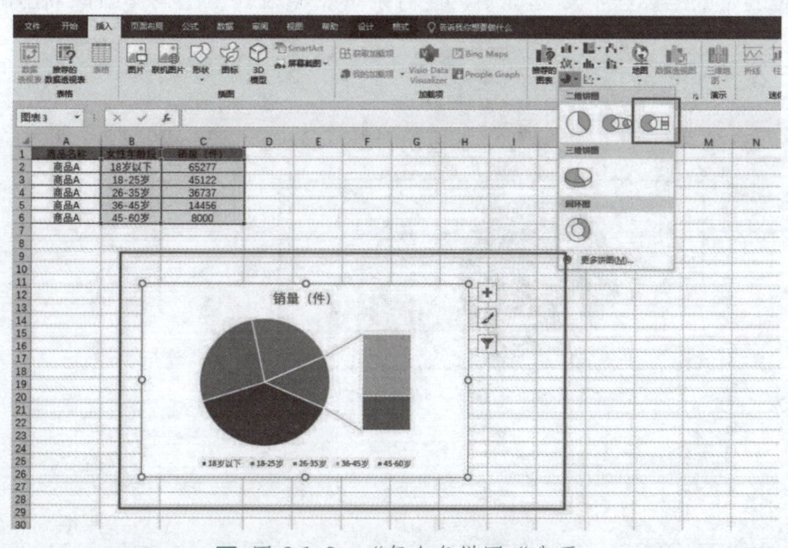

■ 图 6-1-2　“复合条饼图“选项

Step 03：单击最上方标题“销量”，编辑文字为“女性市场年龄段分析”，如图 6-1-3 所示。

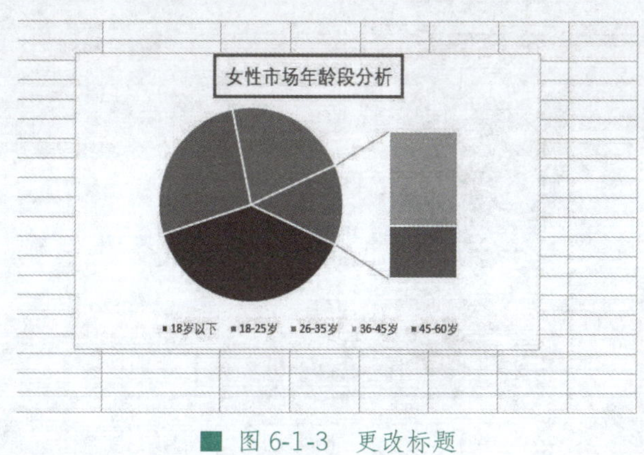

■ 图 6-1-3　更改标题

Step 04：单击复合条饼图任意空白处，右侧方会显示出三个按钮，单击“+”按钮后会出现“图表元素”，如图 6-1-4 所示。

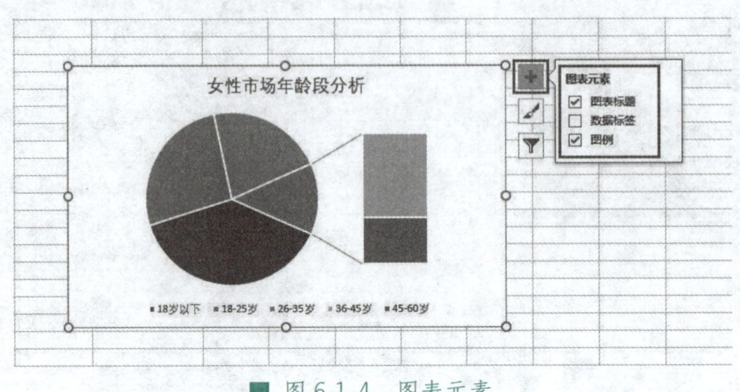

图 6-1-4　图表元素

Step 05：勾选“数据标签”复选框后，复合条饼图随之显示出与年龄段对应的相关数值，如图 6-1-5 所示。

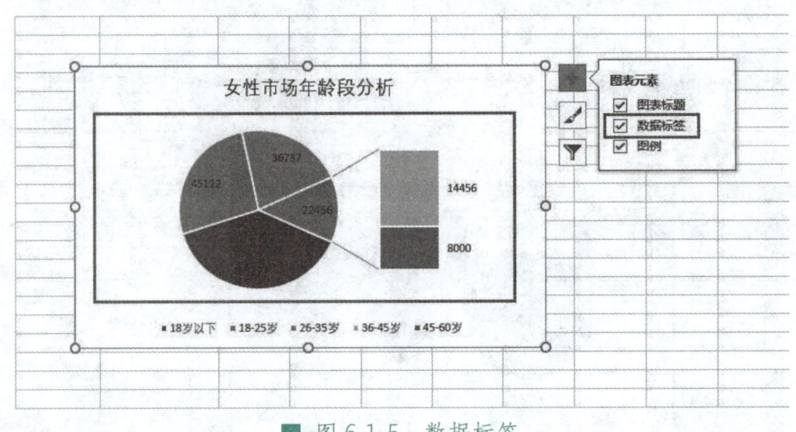

图 6-1-5　数据标签

Step 06：右击饼图，在弹出的快捷菜单中选择“设置数据标签格式”命令，如图 6-1-6 所示。

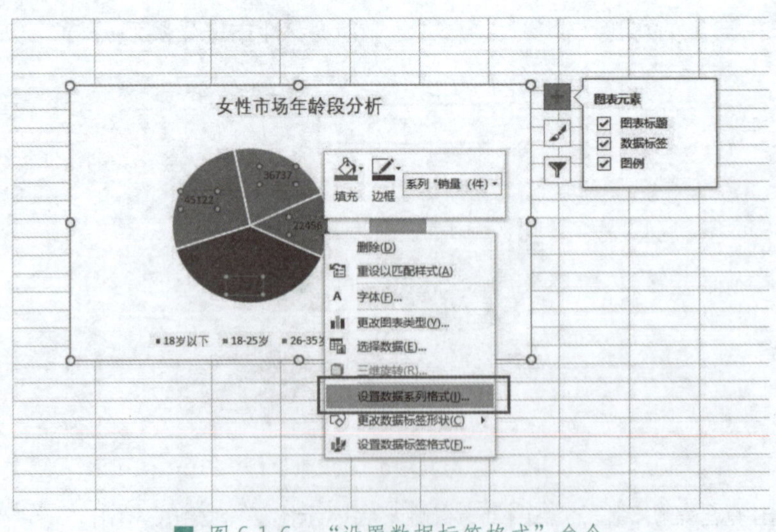

图 6-1-6　“设置数据标签格式”命令

Step 07：　在打开的“设置数据标签格式”窗格“标签选项”选项组中勾选“类别名称”“百分比”复选框，复合条饼图上的数值开头即会显示相对应的年龄段，如图 6-1-7 所示。

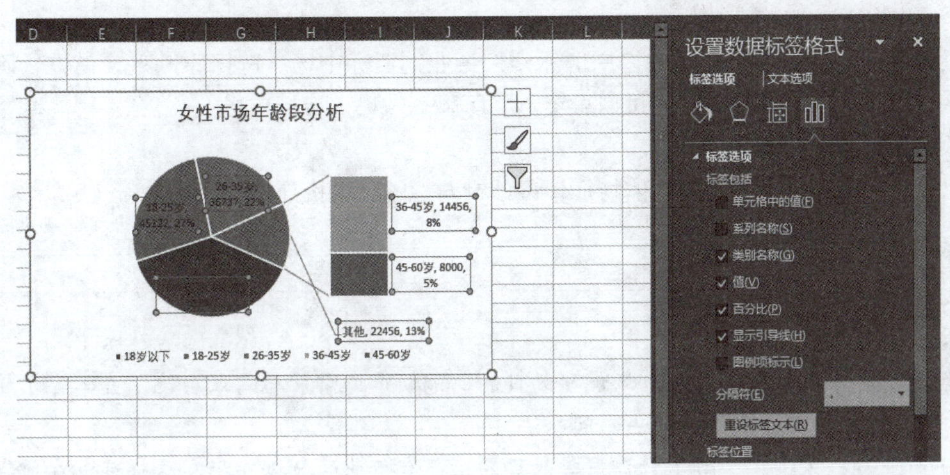

图 6-1-7　标签格式设置

2. 图表分析

结合图表可以得知，其中 A 商品的销量在 18 岁以下年龄段的女性占比最高，达 38%。而在 36~45 岁以及 45~60 岁这两个年龄段中占比偏低，分别为 8%、5%。由此数据可见，商品 A 在女性市场中比较受年轻女性的欢迎。根据女性市场年龄段的分析，商家应主攻年轻女性，并且也可在 36~45 岁及 45~60 岁这两个年龄段的女性中对商品 A 进行适当推广营销，由此提升商品在这两个年龄段女性的销售。

综合以上结论，当商家或企业运营店铺时，可对客户的年龄、性别、行为等各方面进行市场的分析。最终根据分析结果对客户进行针对性服务。

（1）市场细分的目的。

市场细分是指企业根据企业实际现况和营销推广的目的，区分具有不同需求、不同特征的客户群体。市场细分有利于发掘市场潜在机会，开拓新商品市场等方面的策略制订。

（2）市场细分的方法

① 选定商品市场范围。企业应明确商品的市场范围，来确定市场细分分析的边界。

② 确定市场细分方向，主要有三个方向：

• 人口属性：年龄、性别、收入、职业、教育、婚姻等。

• 地理属性：居住地、城市规模、经济水平、气候等。

• 消费属性：消费心理（生活方式、社会阶层等）、行为特征（使用率、品牌文化熏陶等）。

③ 评估细分市场。

获得细分市场后，需要对细分的有效性进行评估。主要需考虑足量、稳定、可衡量和可行动，足量是指细分市场的量可以带来利润；稳定是指在某段时间内相对稳定，不会发生较大的改变；可衡量是指用来细分市场的标准和变数及细分后的市场是可以识别和衡量的，即有明显的区别，有合理的范围；可行动是指企业能够进入所选定的市场部分，能进行有效的促销和分销，实际上就是考虑营销活动的可行性，一是企业能够通过一定的广告媒体把产品的信息传递到该市场众多的消费者中去，二是产品能通过一定的销售渠道抵达该市场。

④ 确定最终目标市场（群）。

企业需选择一个或多个细分的客户群体作为企业的目标市场。选择原则是：首先，确定细分市场足够大，有利可图；其次，通过自身经营，可以高效进入目标市场。

⑤ 设计营销推广策略。

企业根据目标市场细分后的具体特征，设计针对性的营销推广方案。

任务小结

在本任务中，我们主要学习了：

（1）市场需求调研。了解了市场调研的目的、调研市场需求与需求占比。并学习了相关的调研方法，如观察法、实验法、访问法、问卷法。

（2）行业数据采集。了解了数据采集的目的，还有行业的数据指标，这样可以在前期确定好本次数据采集的范围，进行有效的数据采集。之后了解采集的方法，进而通过数据采集渠道，进行采集。

（3）产业链分析。先了解了供应链和产业链的区别和需要分析的方向。

（4）细分市场分析。在这里通过复合条饼图学习了怎样进行细分分析、细分的目的与方法。

实操演练

目标：商品种类销售分析

打开工作簿“6.1”，制作包含商品编号、支付金额与订单数的数据透视表，支付金额为行，商品编号为列，再把支付金额进行组合，制作每个商品的复合条饼图。

任务评价表

任务评价表					
评价内容		分值等级（评分）			
内容	分值（比重）	优秀	良好	合格	不合格
了解数据采集的目的与方法	20 分（20%）	17~20（　）	12~16（　）	8~11（　）	0~7（　）
了解市场需求调研的方法	30 分（30%）	26~30（　）	18~25（　）	11~17（　）	0~10（　）
学会产业链与市场细分分析	30 分（30%）	26~30（　）	18~25（　）	11~17（　）	0~10（　）
学会通过复合条饼图进行分析	20 分（20%）	17~20（　）	12~16（　）	8~11（　）	0~7（　）
综合分数（满分 100 分）					

注：括号内填写具体分值。

任务二　渠道环境分析

学习目标

- ◆ 了解主流电商平台。
- ◆ 了解入驻电商平台的条件。
- ◆ 学会制作折线图、柱形图及条形图。

任务导入

小琳和小庄在此之前已经对行业环境的各项数据进行了分析，可店铺的运营情况并没有得到明显提升。

小琳："小庄，为什么我们店铺商品的销售额并没有提升多少啊？"

小庄："看来我们不仅仅是需要对市场环境进行分析，还要去了解一下渠道环境。"

任务实施

一、主流电商平台介绍

1. 阿里巴巴

阿里巴巴（官网：https://www.1688.com）是一家多业态的互联网公司，几亿规模的用户（如商家、消费者、商业组织等）在平台上从事商业、消费、娱乐等活动。主要特点是大品牌、知名度高、店铺多、货源充足等。其主页如图 6-2-1 所示。阿里巴巴是一家多业态的互联网公司，几亿规模的用户（如商家、消费者、商业组织等）在平台上从事商业、消费、娱乐等活动，每时每刻都在产生海量的数据，数据采集作为阿里大数据系统体系的第一环尤为重要。

2. 淘宝

淘宝（官网：https://www.taobao.com）目前是中国购物网站中成交量最高的一个网站。淘宝网拥有过亿用户，而且开通了海外淘等一系列便民购物服务。淘宝的主要特点是便捷、自由、丰富，这些特点使它成为电商平台中的佼佼者。但由于准入门槛较低，店家质量参差不齐，鱼龙混杂，导致商品质量无法保证，商品特色不明显。其主页如图 6-2-2 所示。

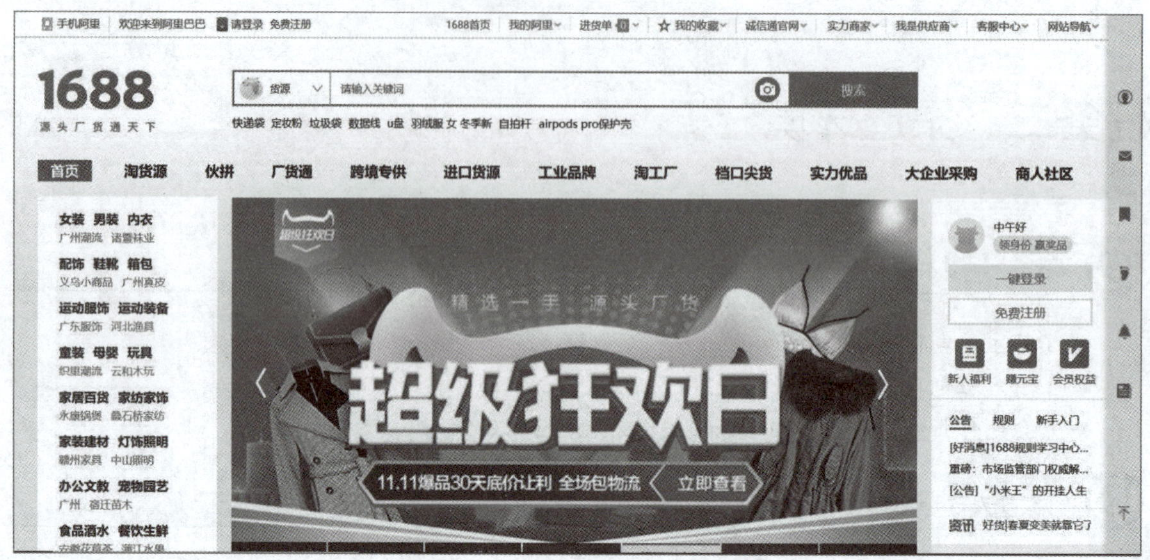

■ 图 6-2-1 阿里巴巴官网界面

■ 图 6-2-2 淘宝官网界面

3. 拼多多

拼多多（官网：https://www.pinduoduo.com）是国内主流的手机购物 App，成立于 2015 年 9 月，用户通过发起和朋友、家人、邻居等的拼团，以更低的价格，拼团购买商品，以低价产品吸引、留住客户。主要特点是价格优惠力度大、准入门槛底，需拼团购买，物流速度慢。其主页如图 6-2-3 所示。

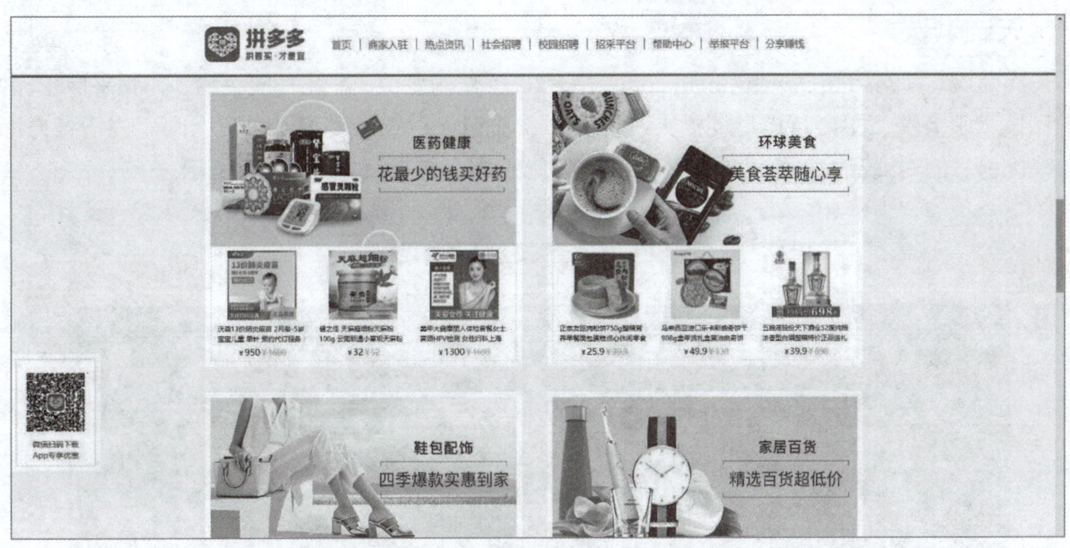

■ 图 6-2-3　拼多多官网界面

4. 京东

京东（官网：http://www.jd.com）是一个典型的 B2C 电商平台，是企业和个人之间的交易。京东以家电产品为主，拥有独立的物流。主要特点是价格优势、正品保障、优质的售后服务。目前京东逐渐从家电领域突围，涉足服装、图书、农产品等。其主页如图 6-2-4 所示。

■ 图 6-2-4　京东官网及界面

5. 天猫商城

天猫商城（官网：http://www.tmall.com）是B2C领域的龙头，是纯开放平台，利润来自于流量、广告和技术服务费。主要特点是规模大、种类多、流量大、知名度高，以及有阿里巴巴各方面的支持等优势。但对商品控制能力有限，物流依靠第三方。其主页如图6-2-5所示。

■ 图6-2-5　天猫官网界面

6. 唯品会

唯品会（官网：http://www.vip.com）是垂直B2C电商，它的定位是线上的二、三、四线品牌折扣零售商，为品牌商在线上做库存的清理。唯品会采取的是闪购模式，即限时折扣，因此商品价格有一定优势，主要消费群体是城市白领女性。其主页如图6-2-6所示。

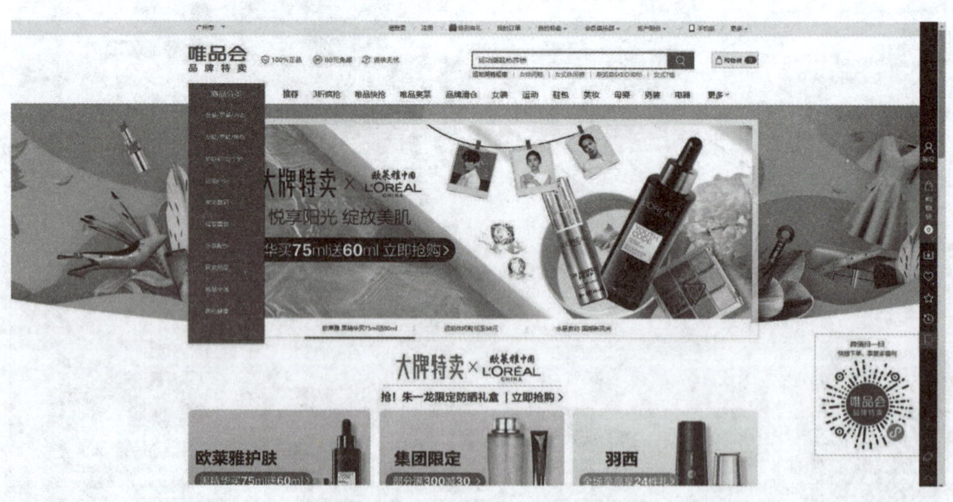

■ 图6-2-6　唯品会官网界面

二、入驻条件要求

值得注意的是，在选择平台时，不同的平台对入驻企业的资质和资金要求不同，需要根据企业自身的实际情况进行匹配和甄选。

1. 了解准备入驻平台的资质要求

依据国家相关法律法规以及平台自身定位和发展，电商平台都会设置入驻店铺的注册门槛，企业可以通过电商平台的官网进入相应的网页进行查看。以京东的查看路径为例：登陆京东官网（http://www.jd.com），如图 6-2-7 所示，在上面的“网站导航”栏目中单击“合作招商”，来到 6-2-8 所示页面。

上海　你好，请登录 免费注册 | 我的订单 | 我的京东 | 京东会员 | 企业采购 | 客户服务 | 网站导航 | 手机京东

特色主题				行业频道			生活服务			更多精选		
新品首发	京东金融	全球售	国际站	手机	智能数码	玩3C	京东众筹	白条	京东金融App	合作招商	京东通信	京东E卡
京东会员	京东预售	台湾售	俄语站	电脑办公	家用电器	京鱼座智能	京东小金库	理财	话费	企业采购	服务市场	办公生活馆
装机大师	0元评测	港澳售	优惠券	京东服饰	京东生鲜	家装城	水电煤	彩票	旅行	校园加盟	京东社区	游戏社区
秒杀	闪购	印尼站	京东金融科技	母婴	食品	农资频道	机票酒店	电影票	京东到家	知识产权维权		
陪伴计划	出海招商	拍拍二手	买什么	整车	图书	劳动防护	游戏	拍拍回收				

图 6-2-7　京东“网站导航”栏目

图 6-2-8　京东入驻路径 - 合作招商

目前京东商城的合作模式较为丰富，不同的企业或者个人可以根据自身情况选择入驻方式，包括“POP 商家”“自营合作”“京喜合作”等。POP 商家即第三方商家借助京东平台开的店铺，卖自己的产品，给京东一定的抽成；京东自营是一种商品直接到买家的模式。货物由京东采购并负责配送和售后，可提供发票，货品质量由京东保障；京喜是京东旗下的社交电商平台，以全面升级的拼购业务为核心，以微信为主要载体。京喜基于京东商家，利用拼购营销工具，通过拼购价及社群营销，实现商家低成本引流及用户转化，其理念是“低价不低质”。

单击“立即入驻”，进入图 6-2-9 所示界面。可单击“商家入驻指导”，通过看视频来了解入驻步骤。

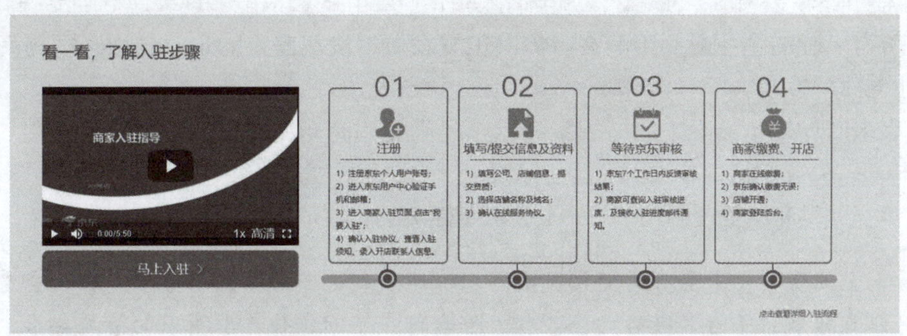

图 6-2-9　POP 商家入驻步骤

了解清楚入驻步骤之后，将图 6-2-9 所示界面下拉，单击“查询”按钮（见图 6-2-10），查看入驻所需要的材料和费用，如图 6-2-11 所示。

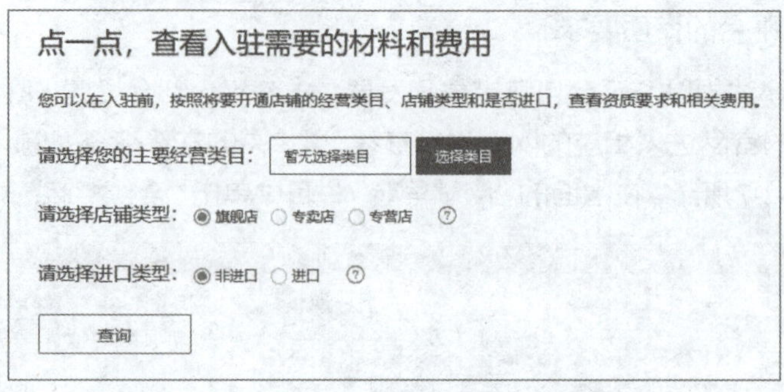

■ 图 6-2-10　入驻所需材料和费用查看入口

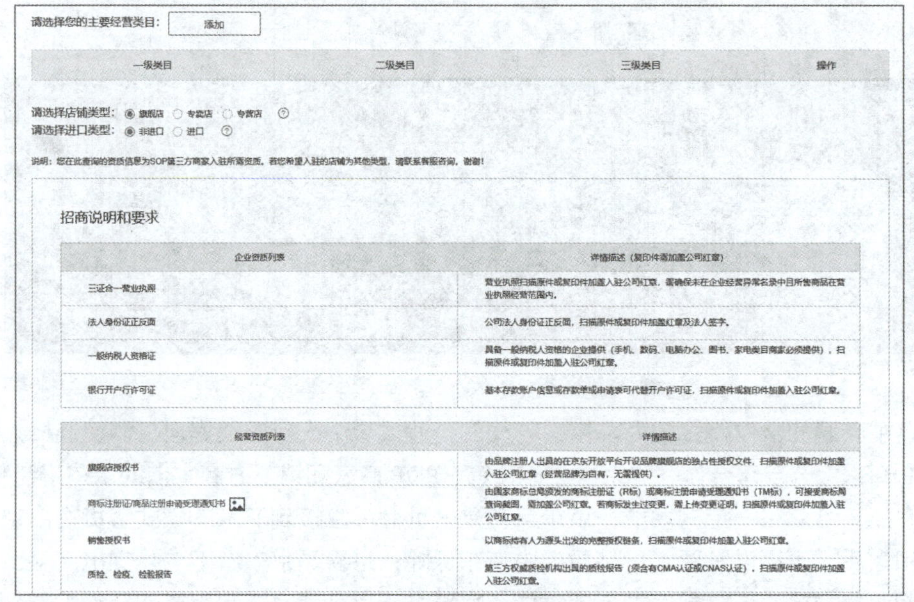

■ 图 6-2-11　入驻需要的材料和费用明细

对于企业来说，入驻京东商城一般需要满足以下基本条件：

（1）企业注册资金大于等于 50 万元。

（2）需要确保授权链条的完整，即申请入驻企业拿到的授权能够逐级逆推回品牌商。

（3）所有入驻的企业必须给消费者提供正规发票，发票盖章的企业名称必须与商家与京东合作的企业名称一致。

（4）京东商城暂不接受未取得国家商标总局颁发的商标注册证或商标受理通知书的境外品牌的开店申请。

（5）卖家提供商标受理通知书（TM 状态商标）的，注册申请时间需满六个月。

注意：①企业资质要求会有所变化，实际以官网最新公布为准；②每个平台的查看路径大同小异，也可以直接联系平台客服咨询；③各大平台都在不断细化入驻商家的资质要求，需要根据企业商品特点确定对应项目的资质需求。

2. 了解准备入驻平台的费用

平台通过收取店家相应的费用来支撑平台运作，为店家提供良好的服务。各电商平台入驻费用如表 6-2-1 所示。

表 6-2-1 九大电商平台入驻费用表

平台	保证金 / 元	平台年使用费用 / 元	初期费用 / 元	扣点	是否返佣金
天猫	100000	60000	160000	5%	返
淘宝	1000	0	1000	0	不返
京东	10000	6000	16000	8%	返
苏宁易购	10000	0	10000	5%	返
当当	10000	0	16000	0	返
1 号店	10000	6000	16000	6%	返
亚马逊	0	0	0	10%	不返
唯品会	0	0	0	30%	不返
聚美优品	10000	0	10000	20%	返

各大平台特点不同，费用不一（入驻费用可能会因为平台经营要求有所变动，以企业申请时的金额为准），店家需要货比三家，根据店铺商品情况、成本预算、企业发展、产品定位、市场细分等因素综合考虑，选取最适合商品销售的电商渠道。

三、渠道数据分析

渠道分为线下以及线上两种形式，线下的形式一般是直营或加盟的企业团队，而线上的形式一般来说是互联网，如网络广告或下载商店之类的 App，也可以是像电话短信这种较为传统的形式。

接下来讲解如何使用折线图、柱形图及条形图对渠道数据进行数据分析。

1. 渠道访问用户量折线图

Step 01：选中 A1:B10 单元格区域，单击“插入”→“图表”→“折线图或面积图”按钮，如图 6-2-12 所示。

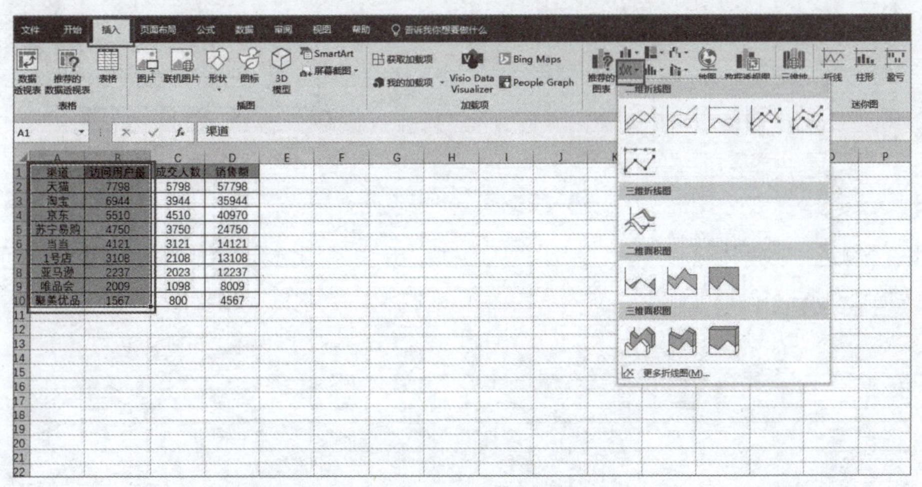

图 6-2-12 “折线图或面积图”按钮

Step 02：在下拉列表中选择“折线图”选项，即可生成折线图，如图 6-2-13 所示。

渠道	访问用户量	成交人数	销售额
天猫	7798	5798	57798
淘宝	6944	3944	35944
京东	5510	4510	40970
苏宁易购	4750	3750	24750
当当	4121	3121	14121
1号店	3108	2108	13108
亚马逊	2237	2023	12237
唯品会	2009	1098	8009
聚美优品	1567	800	4567

图 6-2-13　折线图

Step 03：单击折线图任意空白处，右侧方会显示出三个按钮，单击 “+”按钮后会出现“图表元素”，如图 6-2-14 所示。

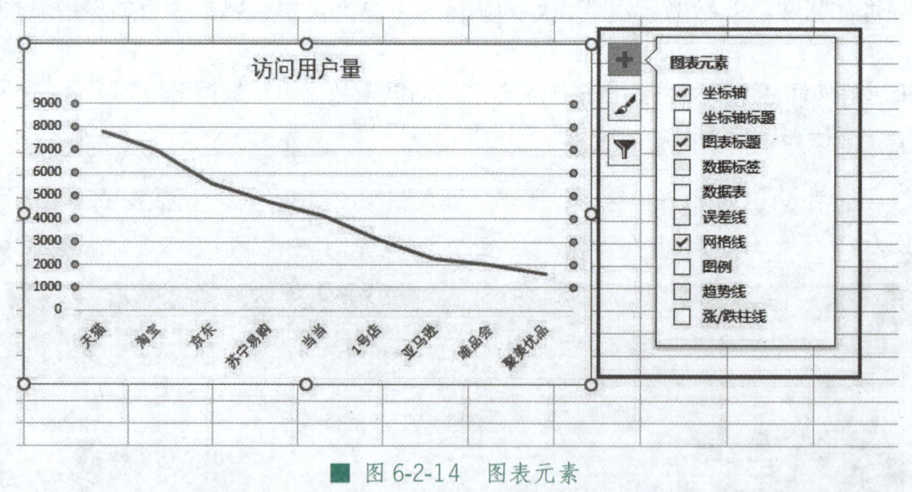

图 6-2-14　图表元素

Step 04：勾选“数据标签”与“图例”复选框，折线图随之显示出与各大渠道访问用户量对应的相关数值，如图 6-2-15 所示。

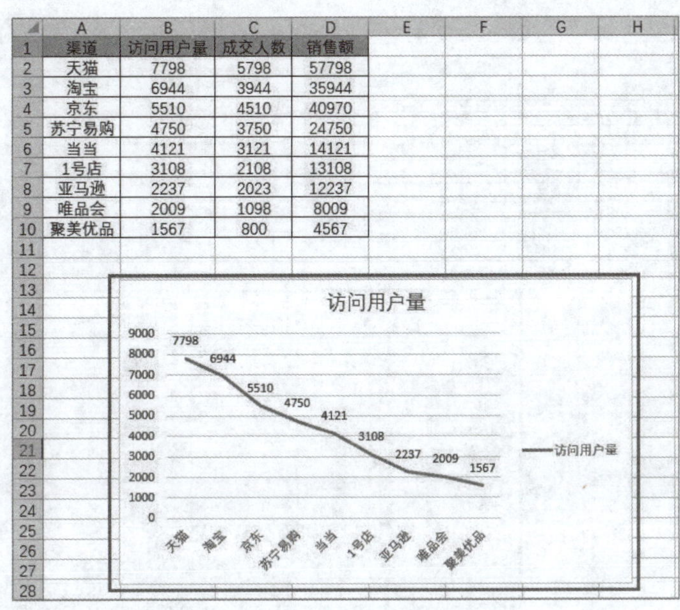

渠道	访问用户量	成交人数	销售额
天猫	7798	5798	57798
淘宝	6944	3944	35944
京东	5510	4510	40970
苏宁易购	4750	3750	24750
当当	4121	3121	14121
1号店	3108	2108	13108
亚马逊	2237	2023	12237
唯品会	2009	1098	8009
聚美优品	1567	800	4567

■ 图 6-2-15　渠道访问用户量折线图

2. 复合渠道销售额柱形图

Step 01：同时选中 A1:A10 及 D1:D10 单元格区域，单击“插入”→“图表”→“插入柱形图或条形图”按钮，如图 6-2-16 所示。

渠道	访问用户量	成交人数	销售额
天猫	7798	5798	57798
淘宝	6944	3944	35944
京东	5510	4510	40970
苏宁易购	4750	3750	24750
当当	4121	3121	14121
1号店	3108	2108	13108
亚马逊	2237	2023	12237
唯品会	2009	1098	8009
聚美优品	1567	800	4567

■ 图 6-2-16　“插入柱形图或条形图”按钮

Step 02：在下拉列表中选择“柱形图”选项，即可生成柱形图，如图 6-2-17 所示。

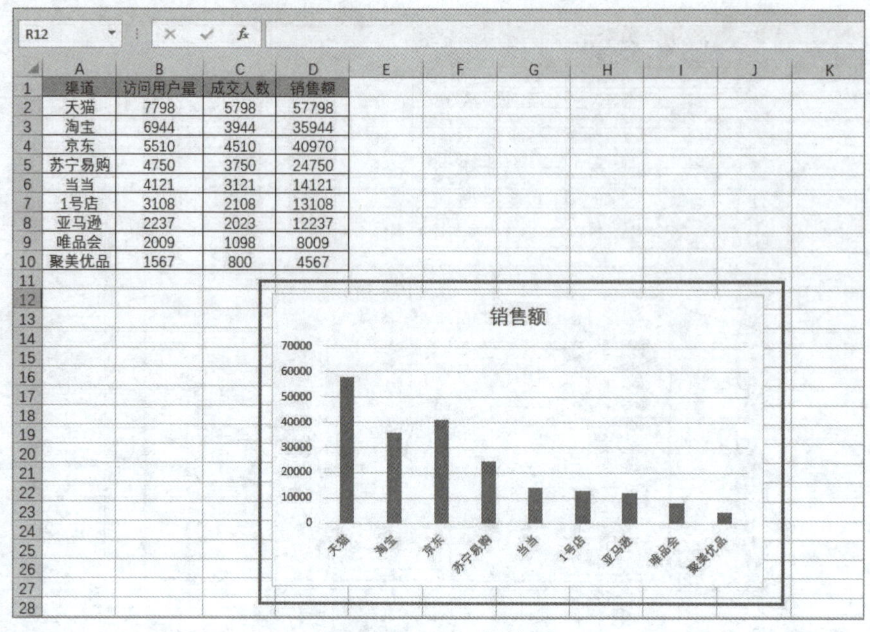

渠道	访问用户量	成交人数	销售额
天猫	7798	5798	57798
淘宝	6944	3944	35944
京东	5510	4510	40970
苏宁易购	4750	3750	24750
当当	4121	3121	14121
1号店	3108	2108	13108
亚马逊	2237	2023	12237
唯品会	2009	1098	8009
聚美优品	1567	800	4567

图 6-2-17　柱形图

Step 03：单击柱形图任意空白处，右侧方会显示出三个按钮，单击 “+” 按钮后会出现“图表元素”。勾选“数据标签”与“图例”复选框，柱形图随之显示出与各大渠道销售额对应的相关数值，如图 6-2-18 所示。

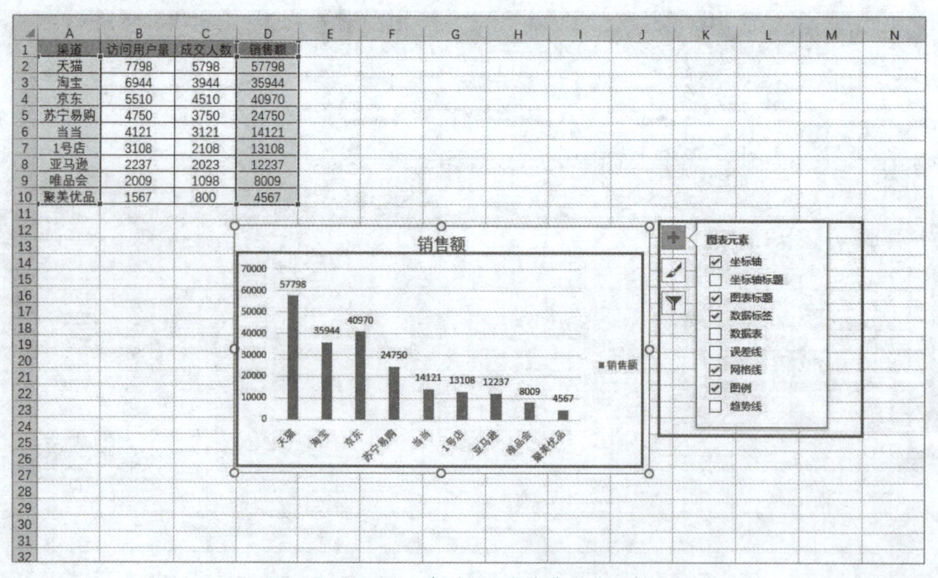

渠道	访问用户量	成交人数	销售额
天猫	7798	5798	57798
淘宝	6944	3944	35944
京东	5510	4510	40970
苏宁易购	4750	3750	24750
当当	4121	3121	14121
1号店	3108	2108	13108
亚马逊	2237	2023	12237
唯品会	2009	1098	8009
聚美优品	1567	800	4567

图 6-2-18　复合渠道销售额柱形图

3. 复合成交人数条形图

Step 01：选中 A1:A10 及 C1:C10 单元格区域，单击“插入”→“图标”→“插入柱形图或条形图”按钮，如图 6-2-19 所示。

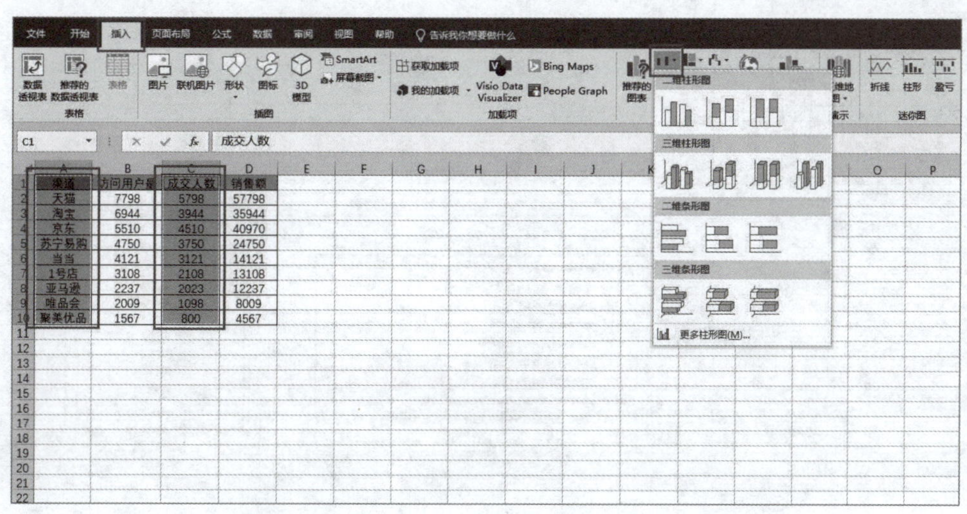

渠道	访问用户量	成交人数	销售额
天猫	7798	5798	57798
淘宝	6944	3944	35944
京东	5510	4510	40970
苏宁易购	4750	3750	24750
当当	4121	3121	14121
1号店	3108	2108	13108
亚马逊	2237	2023	12237
唯品会	2009	1098	8009
聚美优品	1567	800	4567

■ 图 6-2-19　“插入柱形图或条形图”按钮

Step 02：在下拉列表中选择“簇状条形图”选项，即可生成簇状条形图，如图 6-2-20 所示。

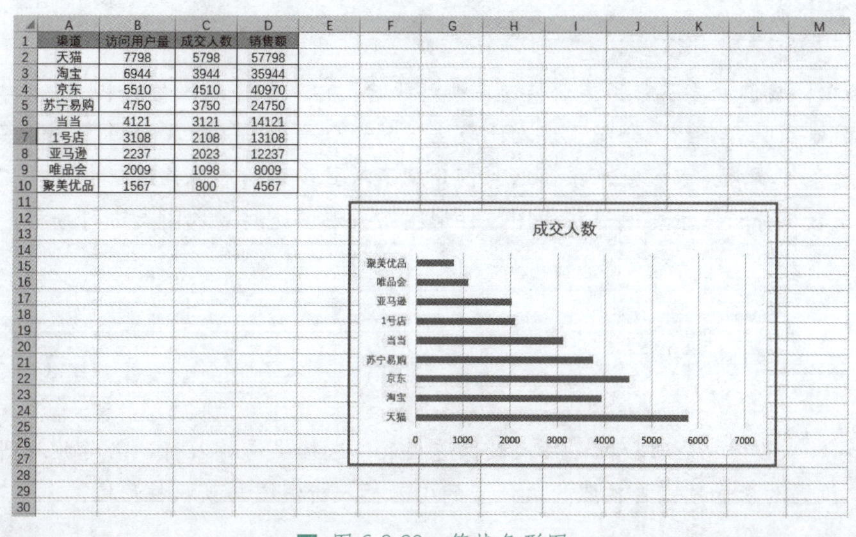

渠道	访问用户量	成交人数	销售额
天猫	7798	5798	57798
淘宝	6944	3944	35944
京东	5510	4510	40970
苏宁易购	4750	3750	24750
当当	4121	3121	14121
1号店	3108	2108	13108
亚马逊	2237	2023	12237
唯品会	2009	1098	8009
聚美优品	1567	800	4567

■ 图 6-2-20　簇状条形图

Step 03：单击簇状条形图任意空白处，右侧方会显示出三个按钮，单击“+”按钮后会出现图表元素。勾选“数据标签”与“图例”复选框，簇状条形图随之显示出与各大渠道成交人数对应的相关数值，如图 6-2-21 所示。

综合以上三种操作结果，可以看出在天猫、淘宝、京东、苏宁易购、当当、1 号店、亚马逊、唯品会及聚美优品这九种渠道里，天猫的访问用户量、渠道销售额及成交人数三项数据均遥遥领先位居第一，其中天猫访问用户量为 7798、销售额为 57798 以及成交人数为 5798 人。京东与淘宝则紧跟其后，而聚美优品则位于最后。由此数据可知，相比起其他网站，天猫的各项流量处于最高位。

由以上结论可以得出，对于企业或者商家来说，在各大线上渠道中，天猫是一个很好的渠道选择。

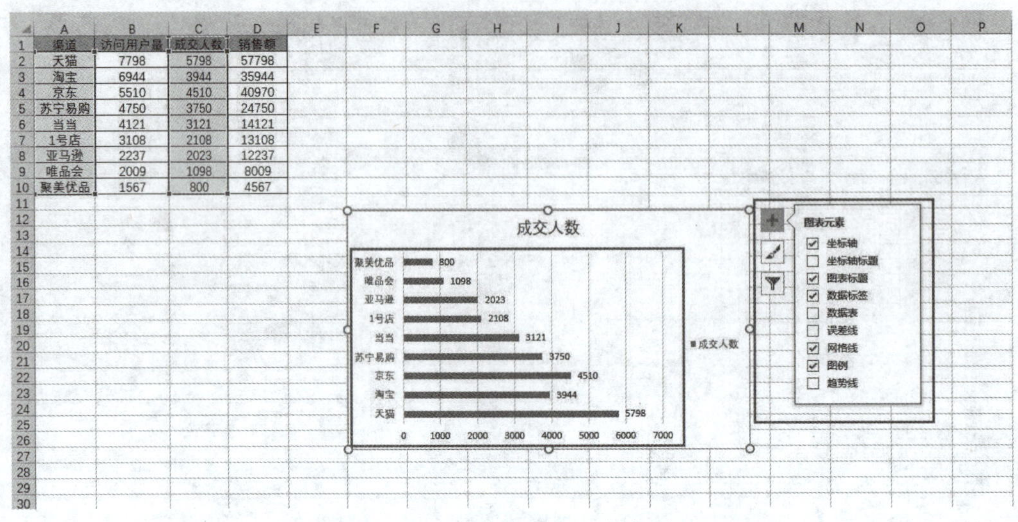

图 6-2-21　复合成交人数条形图

任务小结

在本任务中，我们主要了解了市场渠道有哪些平台，以及渠道的数据分析。

（1）主流电商平台介绍。介绍了现在比较主流的六个平台，并依次分析了它们不同的特点。

（2）入驻条件要求。以入驻京东商城为例介绍了入驻平台的基本条件。

（3）渠道数据分析。主要通过折线图、柱形图及条形图这些基本图表进行分析。

实操演练

目标：渠道筛选分析

打开工作簿“6.2”，全选数据，插入数据透视表，选择渠道放入行，名称放入列，订单成本均值放入值，设置为求和项。再按照此次任务的内容插入折线图与簇状柱形图。

任务评价表

任务评价表					
评价内容		分值等级（评分）			
内容	分值（比重）	优秀	良好	合格	不合格
了解有哪些渠道与平台	20 分（20%）	17~20（　　）	12~16（　　）	8~11（　　）	0~7（　　）
了解平台的入驻条件	20 分（20%）	17~20（　　）	12~16（　　）	8~11（　　）	0~7（　　）
学会制作折线图分析数据	30 分（30%）	26~30（　　）	18~25（　　）	11~17（　　）	0~10（　　）
学会通过柱状图分析平台的优劣势	30 分（30%）	26~30（　　）	18~25（　　）	11~17（　　）	0~10（　　）
综合分数（满分 100 分）					

注：括号内填写具体分值。

任务三　竞争环境分析

学习目标

商品竞争分析：

- 学会运用簇状条形图对商品价格进行分析对比。
- 学会制作簇状柱形图对商品净含量进行分析对比。

任务导入

小琳和小庄在运营店铺时发现同样是卖同种类型的商品时，有一家店铺的商品销售额远远超过别的店铺。

小琳："为什么这家店铺和我们卖的是同类型的商品，可我们没却没有这家卖得好呢？"

小庄："知己知彼，百战百胜嘛，我们应该分析一下整体的竞争环境，看看他们和我们的区别在哪里。"

任务实施

一、整体环境分析

企业必须清醒地认识到，市场的竞争是无处不在的，企业要准确地判断自己在行业中的地位，随时了解竞争对手的动态，制订竞争策略。整体环境分析的目的在于了解自身企业的机遇与挑战，从而更好地发挥市场的价值与竞争优势，进而赢得更多的客户群体。

我们可以使用分析模型来进行整体环境的分析。图 6-3-1 所示为使用波特五力分析模型分析整体环境的图例。

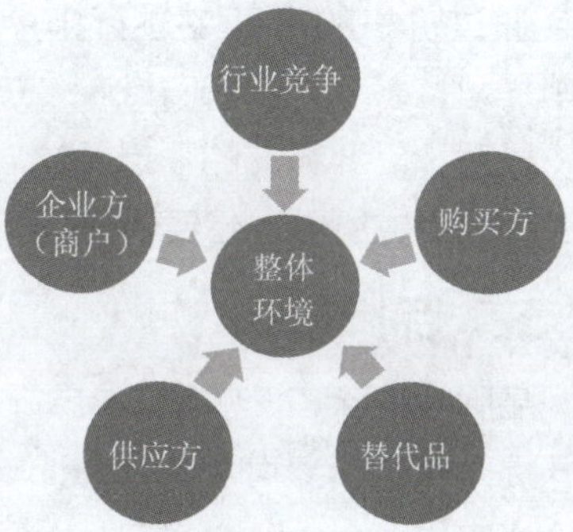

行业竞争
企业方（商户）
购买方
整体环境
供应方
替代品

■ 图 6-3-1　波特五力分析模型分析整体环境

市场的整体环境由供应方、企业方、购买方组成。

其中供应方可以是直接商品的提供（如水果、粮食），也可以是商品原材料的提供。供应方的供货价格如果太高，企业方可以选择其他供应方来供货，如果供货价格太低，则影响营收。当供应方的供应物在市场上的稀缺程度有绝对优势时，供应方的议价空间就越大。

企业方是整个大环境的中心，通过对商品的包装、营销推广，售卖给购买方。企业方会遇到竞争对手在市场占有率上的挤压，也会遭遇商品可能替代品的销售威胁。所以企业方需分析市场环境，实时了解动向，针对目标客户，制订营销策略，优化商品，这后续的一系列动作都是基于分析整体环境的基础上做出的。

二、店铺排名

店铺排名是指当客户搜索关键词时，跳转的页面中店铺的排名，所有企业都希望自己的店铺能够排到尽量靠前的位置，要做到这样，需要考虑店铺权重和商品权重两个因素。

1. 店铺权重

店铺的违规行为、退款和投诉、好评率及旺旺回复情况等都将影响店铺权重。

违规行为一般普遍是指虚假交易行为。店铺每年可以扣 12 分，分数越低，排名越靠后，当分数扣完后，店铺会被平台强制关闭。

客户退款的主要原因有迟迟不发货、物流缓慢、商品质量等原因，店铺应根据现有问题优化流程和提高商品质量，减少退款和投诉，以便提高排名。

好评率一直是店铺最为重视的因素之一，客户的服务质量将直接影响客服对商品的评价。

2. 商品权重

商品的销售量、店铺的收藏率、商品的价格等都将影响商品权重。

一般情况，商品的销售量会对客户的购买行为产生很大影响，客户在搜索到相关商品后，会按照商品的销量进行排序，因为正常情况下，客户会认为商品的销量越高，该商品的质量就越有口碑，信任度会相应提升。

店铺的收藏率提高了，相应的，店铺的排名也会提高。客户收藏了该店铺，有可能是对该店铺的商品的综合评价比较高并且有回购的意愿。当其他客户进入该店铺时，观察到店铺有很高的收藏率，那么会对该店铺的品牌信誉产生良好的印象。

当然，最重要的决定客户是否购买的因素，还是商品的价格，而且客户在进行搜索时，也会通过价格的高低来进行排序，并选择能接受的价格区间内的商品进行其他方面的比对后下单。

最后，需要补充的一点是，店铺的消费者保障服务是非常重要的，若没有开通，就只能发布二手的商品，所以，想要快速提升店铺的排名，就一定要给店铺开通消费者保障服务。

三、品牌形象

品牌效应除了一些线下知名的品牌外，知名店铺也在塑造自己的品牌形象。

提升品牌形象可从几个方面着手：网店的装修风格、引流力度和方法、优质的客户服务、商品价格定位（太贵吓跑客户，太便宜客户容易质疑商品质量）、靠谱供货商等。

四、竞品分析

竞品分析可从竞争对手的营销策略和商品本身分析。营销策略分析可考虑从竞争对手的市场规模、产品种类、上架时间、热卖区域、客服意识上研究。商品本身分析可从竞争对手的商品价格、商品包装、商品质量、商品评价等对比研究。

接下来，讲解如何使用簇状条形图及簇状柱形图分别对九个商家的洁面产品的价格及商品净含量进行分析对比。

Step 01：选中 E2:E10 单元格区域，右击，在弹出的快捷菜单中选择“排序”→“降序”命令，如图 6-3-2 所示。此时，图表的销售额从高到低依次排列，如图 6-3-3 所示。

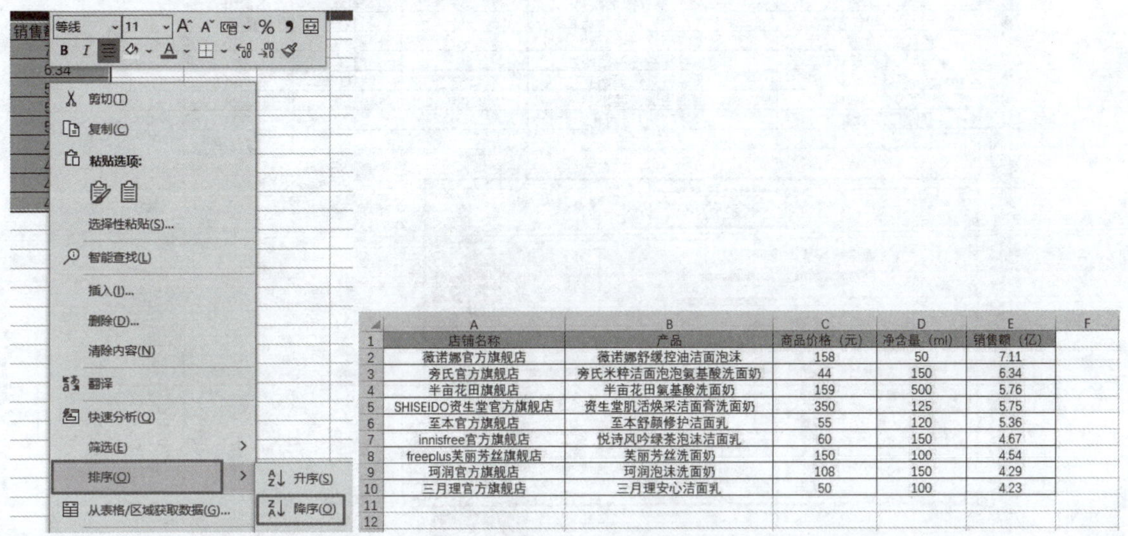

	A	B	C	D	E
1	店铺名称	产品	商品价格（元）	净含量（ml）	销售额（亿）
2	薇诺娜官方旗舰店	薇诺娜舒缓控油洁面泡沫	158	50	7.11
3	旁氏官方旗舰店	旁氏米粹洁面泡泡氨基酸洗面奶	44	150	6.34
4	半亩花田旗舰店	半亩花田氨基酸洗面奶	159	500	5.76
5	SHISEIDO资生堂官方旗舰店	资生堂肌活焕采洁面膏洗面奶	350	125	5.75
6	至本官方旗舰店	至本舒颜修护洁面乳	55	120	5.36
7	innisfree官方旗舰店	悦诗风吟绿茶泡沫洁面乳	60	150	4.67
8	freeplus芙丽芳丝旗舰店	芙丽芳丝洗面奶	150	100	4.54
9	珂润官方旗舰店	珂润泡沫洗面奶	108	150	4.29
10	三月理官方旗舰店	三月理安心洁面乳	50	100	4.23

■ 图 6-3-2　“降序”命令　　■ 图 6-3-3　图表的销售额从高到低依次排列

Step 02：选中 B2:B10 及 C2:C10 单元格区域，单击“插入”→“图表”→“插入柱形图或条形图”按钮，如图 6-3-4 所示。

■ 图 6-3-4　“插入柱形图或条形图”按钮

Step 03：在下拉列表中选择“簇状条形图”选项，即可生成簇状条形图。将图表标题改为“商品价格”，如图 6-3-5 所示。

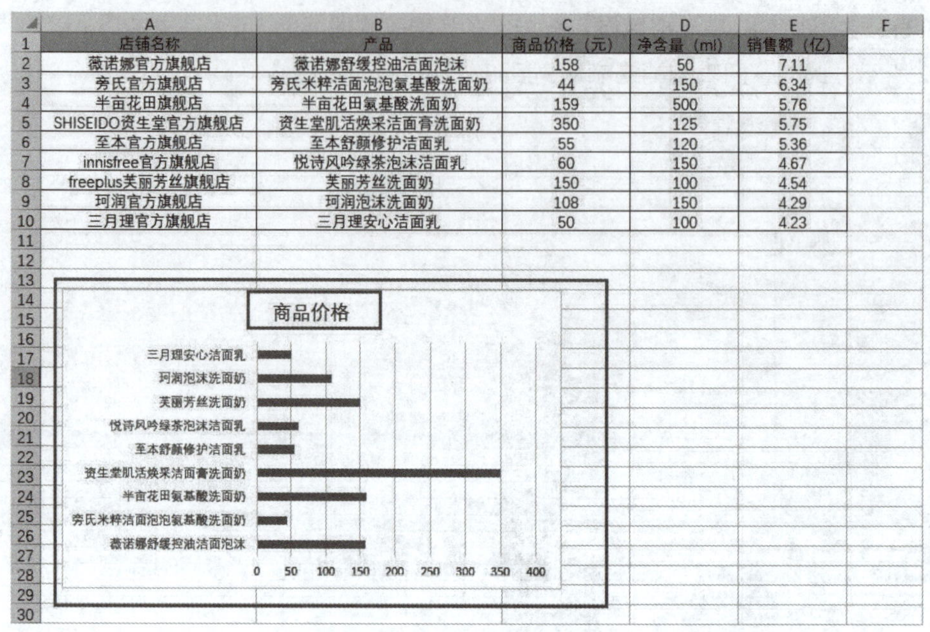

店铺名称	产品	商品价格（元）	净含量（ml）	销售额（亿）
薇诺娜官方旗舰店	薇诺娜舒缓控油洁面泡沫	158	50	7.11
旁氏官方旗舰店	旁氏米粹洁面泡泡氨基酸洗面奶	44	150	6.34
半亩花田旗舰店	半亩花田氨基酸洗面奶	159	500	5.76
SHISEIDO资生堂官方旗舰店	资生堂肌活焕采洁面膏洗面奶	350	125	5.75
至本官方旗舰店	至本舒颜修护洁面乳	55	120	5.36
innisfree官方旗舰店	悦诗风吟绿茶泡沫洁面乳	60	150	4.67
freeplus芙丽芳丝旗舰店	芙丽芳丝洗面奶	150	100	4.54
珂润官方旗舰店	珂润泡沫洗面奶	108	150	4.29
三月理官方旗舰店	三月理安心洁面乳	50	100	4.23

■ 图 6-3-5 修改图表标题

Step 04：单击簇状条形图任意空白处，右侧方会显示出三个按钮，单击“+”按钮后会出现“图表元素”。勾选“数据标签”复选框，簇状条形图随之显示出与各个洁面产品对应的相关商品价格，如图 6-3-6 所示。

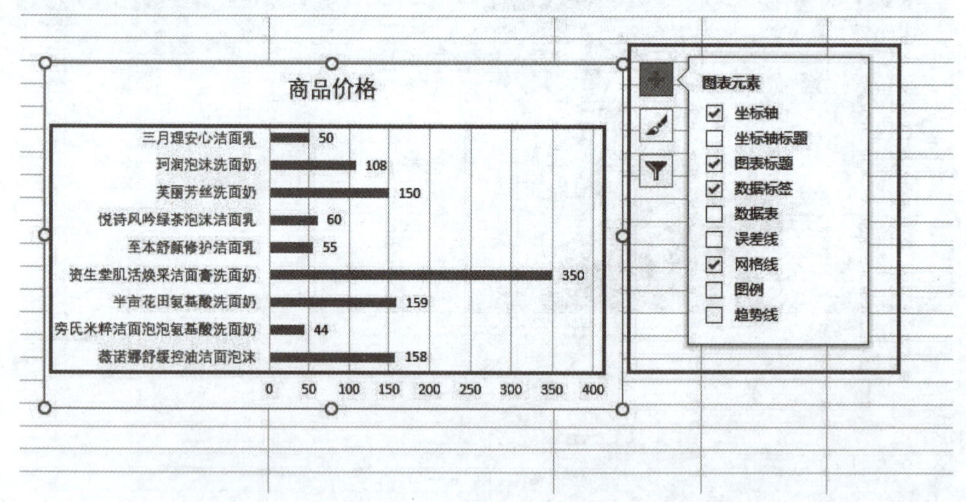

■ 图 6-3-6 显示与各个洁面产品对应的相关商品价格

Step 05：选中 B2:B10 及 D2:D10 单元格区域内容，单击“插入”→“图表”→“插入柱形图或条形图”按钮，如图 6-3-7 所示。

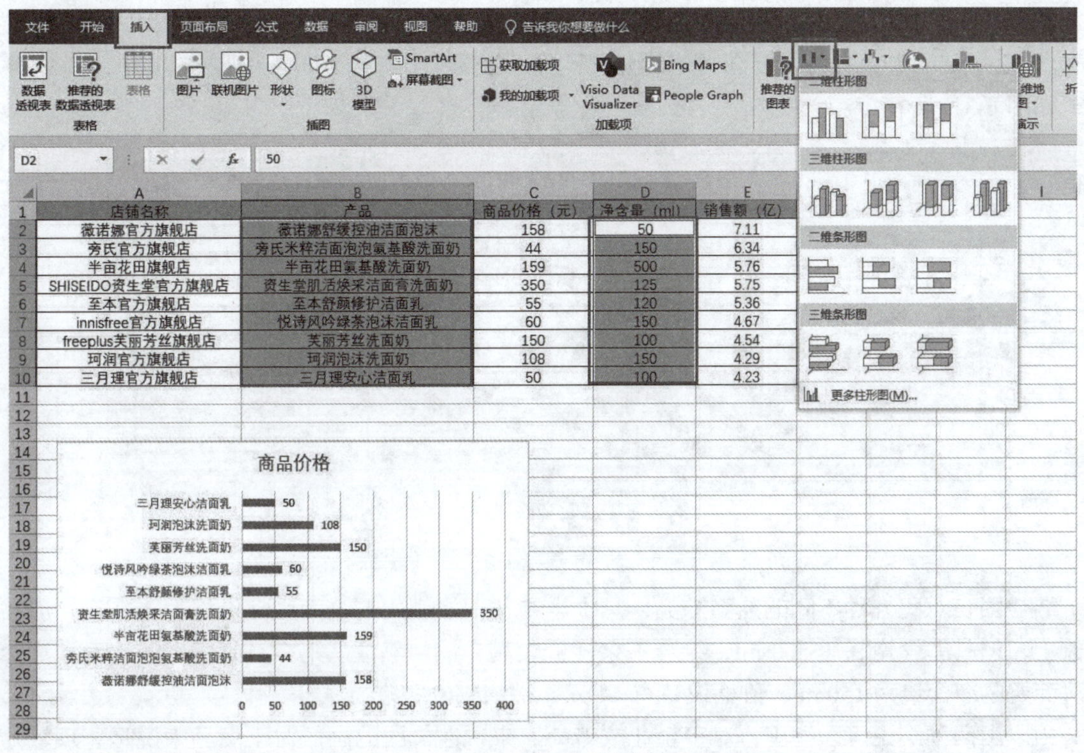

店铺名称	产品	商品价格（元）	净含量（ml）	销售额（亿）
薇诺娜官方旗舰店	薇诺娜舒缓控油洁面泡沫	158	50	7.11
旁氏官方旗舰店	旁氏米粹洁面泡泡氨基酸洗面奶	44	150	6.34
半亩花田旗舰店	半亩花田氨基酸洗面奶	159	500	5.76
SHISEIDO资生堂官方旗舰店	资生堂肌活焕采洁面膏洗面奶	350	125	5.75
至本官方旗舰店	至本舒颜修护洁面乳	55	120	5.36
innisfree官方旗舰店	悦诗风吟绿茶泡沫洁面乳	60	150	4.67
freeplus芙丽芳丝旗舰店	芙丽芳丝洗面奶	150	100	4.54
珂润官方旗舰店	珂润泡沫洗面奶	108	150	4.29
三月理官方旗舰店	三月理安心洁面乳	50	100	4.23

图 6-3-7　“插入柱形图或条形图”按钮

Step 06：在下拉列表中选择“簇状柱形图”选项，即可生成簇状柱形图。将图表标题改为“商品净含量”，如图 6-3-8 所示。

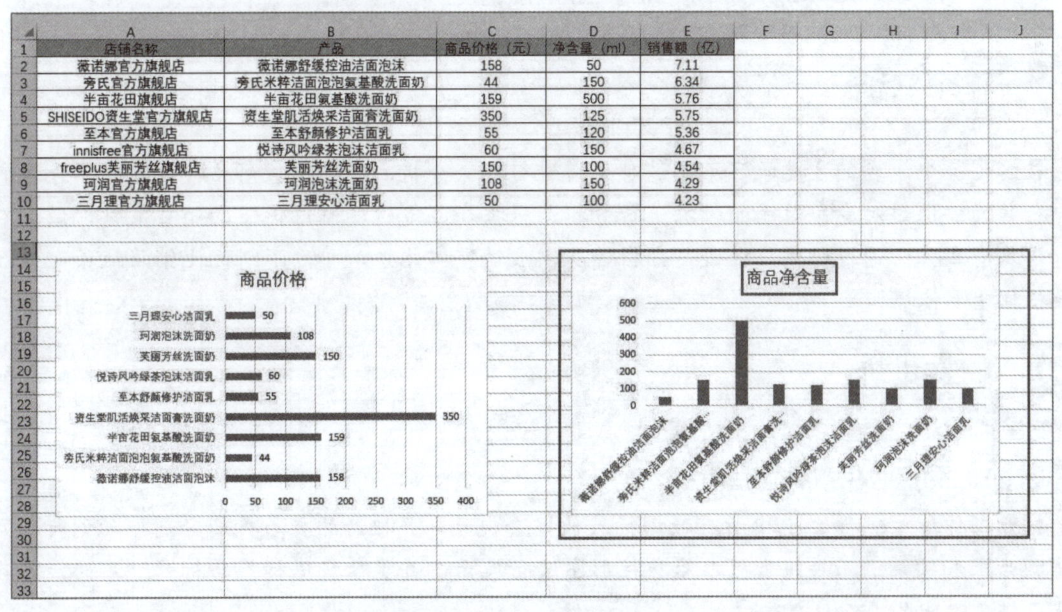

店铺名称	产品	商品价格（元）	净含量（ml）	销售额（亿）
薇诺娜官方旗舰店	薇诺娜舒缓控油洁面泡沫	158	50	7.11
旁氏官方旗舰店	旁氏米粹洁面泡泡氨基酸洗面奶	44	150	6.34
半亩花田旗舰店	半亩花田氨基酸洗面奶	159	500	5.76
SHISEIDO资生堂官方旗舰店	资生堂肌活焕采洁面膏洗面奶	350	125	5.75
至本官方旗舰店	至本舒颜修护洁面乳	55	120	5.36
innisfree官方旗舰店	悦诗风吟绿茶泡沫洁面乳	60	150	4.67
freeplus芙丽芳丝旗舰店	芙丽芳丝洗面奶	150	100	4.54
珂润官方旗舰店	珂润泡沫洗面奶	108	150	4.29
三月理官方旗舰店	三月理安心洁面乳	50	100	4.23

图 6-3-8　修改图表标题

Step 07：单击簇状柱形图任意空白处，右侧方会显示出三个按钮，单击“+”按钮后会出现“图表元素”。勾选“数据标签”复选框，簇状柱形图随之显示出与各个洁面产品对应的相关商品净含量，如图 6-3-9 所示。

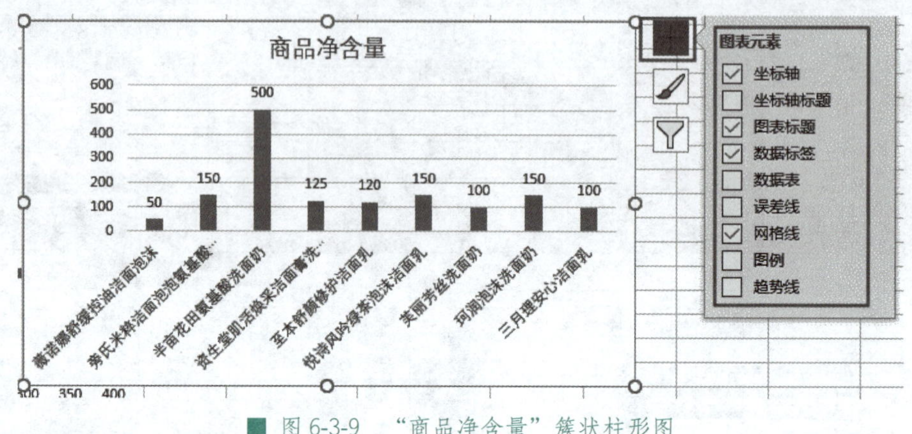

■ 图 6-3-9 “商品净含量”簇状柱形图

结合图表对比九种不同的洁面产品，其中半亩花田旗舰店的洁面产品价格为 159 元，价格中等偏上，但其净含量高达 500 ml，综合下来性价较高，销售额位居第三。旁氏米粹洁面泡泡氨基酸洗面奶的净含量为 150 ml，价格仅只有 44 元，销售额位居第二。

由以上两种结论可以得出，对于企业或者商家来说性价比的高低对于商品来说是一项较为重要的指标。但观察图表中的三月理安心洁面乳的各项数据，价格 50 元，净含量为 100 ml，性价比也较高，但销售额在这九种洁面产品中位于最后，以此猜测，对于客户来说商品的性价比固然重要，但其他方面（如使用感、清洁程度等）也是客户考量的重要指标。所以商家需要对不同店铺或者企业进行综合分析。

任务小结

在本任务中，我们主要学习了通过对渠道进行数据分析，针对销售商品特性，选择合适的渠道进行售卖；通过对竞争对手的数据进行分析，根据商品定位，制订优化的销售策略，做到人无我有，人有我强；通过对供应链进行分析，从供应链整体体系入手，不断优化销售链条，为经营决策提供重要依据。

实操演练

目标：商品阶段状态销售分析

打开工作簿“6.3”，选中所有数据插入数据透视表，并把产品类与类别分别拖动到行与列，销售额为求和项，进而再将数据以簇状柱形图进行展示，并显示数据标签与标题“不同产品各加工状态销售对比”。

任务评价表

任务评价表					
评 价 内 容		分值等级（评分）			
内容	分值（比重）	优秀	良好	合格	不合格
学会判断市场的环境组成	20 分（20%）	17~20（　）	12~16（　）	8~11（　）	0~7（　）
学会分析店铺的客户售后的行为数据	30 分（30%）	26~30（　）	18~25（　）	11~17(　）	0~10（　）
了解商品的销售数据分析	20 分（20%）	17~20（　）	12~16（　）	8~11（　）	0~7（　）
通过数据图表判断优化产品架构	30 分（30%）	26~30（　）	18~25（　）	11~17(　）	0~10（　）
综合分数（满分 100 分）					

注：括号内填写具体分值。

项目七

运营活动分析

项目目标

◆ 掌握进行活动流量、转化、拉新、留存分析。
◆ 掌握进行渠道策略分析。
◆ 掌握进行内容运营分析。

项目描述

营销活动若制订的方向和策略都正确的话，会对企业的经营和商品销售带来直接的利好。营销活动的目的一定要明确，没有目的的营销活动本身就是一种资源的浪费，这个目的可以是企业品牌建设、促销推广等。做完一系列的活动后需要对活动的效果进行评价，了解此次活动的价值体现在哪里？体现了多少？此数据对于开展下次营销活动有直接的指导作用。

注意：数据在处理前应先建立副本并保留原始数据，以下项目中的数据皆已建立工作簿副本，因此不再在工作表中另行建立工作表副本。

任务一　营销活动分析

学习目标

◆ 学会分析表格。

◆ 学会分析饼图。
◆ 学会分析折线图。
◆ 学会依据数据进行决策分析。

任务导入

小琳一脸迷茫地看着店铺双 11 的店铺数据。

小琳："双 11 期间数据是有了，但是这些数据有什么意义呢？"

小庄："这些数据可有用啦！我们可以利用它们得到很多信息，辅助我们进行一些决策呀。"

任务实施

营销活动是指出于企业的某个目的（例如提高销量、提高品牌知名度等）进行的活动推广。营销活动主要聚焦于消费市场、商品卖点和售卖渠道，可进行多维度营销，包括市场营销、活动营销和网络营销。

主要可从活动流量、活动转化、活动拉新、活动留存四个方面进行营销活动分析。

一、活动流量

活动流量是指由于营销活动的推广，给店铺带来的流量的增加量（对比常规流量而言）。针对活动带来的流量进行分析，常用的方法有两种：

第一种方法是根据流量来源的平台提供的数据进行分析，这种分析能够更为准确地比较各个渠道的活动引流效果。但是，并不是所有平台都能获取对应的流量数据，而且也有可能是有偿获取，这样相应地又给营销活动后续增加了成本。

第二种方法是根据流量拆分方法来进行分析，可以根据经验和逻辑推理，将某个时间段的流量拆分开，然后对每部分流量进行分析比较，最终得出引流的效果分析。例如，说店铺聘请了当红主播进行直播带货，那么店铺在主播直播时间段激增的流量，就可以粗略判断为是直播带货的营销推广活动所带来的效果。当然，这种流量的拆分是人为判断的，虽然不用额外付费了，节约了分析成本，但也存在一定的误差。例如，直播带货期间的流量，人为判断给了请主播讲解的这个时间段，但这其中也包含正常搜索关键词，或是逛到相关推荐而进入到店铺，甚至是好友推荐、店铺品牌因素等原因，而人为拆分的时候，没有把这些具体的因素科学地拆开。

下面我们以某店铺在双 11 期间的店铺流量数据与平日店铺流量的数据进行数据分析。制作表格与图表，针对不同的入口进行分析、对比双 11 活动期间与平日的流量，最终以表格与图表为依据，帮助该店铺进行策略分析。

1. 分别计算双 11 期间不同入口的流量与每日的流量

打开文件"双 11 期间店铺数据 1"，打开工作表"双 11 期间店铺流量"，进行以下操作。

Step 01：在 A11 单元格输入"入口总流量"，如图 7-1-1 所示。

Step 02: 对"直接点击入口流量"进行求和计算。

A11 入口总流量

	A	B	C	D	E	F	G
1	日期	直接点击入口流量	店铺直播间入口流量	某带货主播直播间入口流量	活动推荐入口流量	分享链接入口流量	直通车入口流量
2	11月3日	8521	721	0	2972	121	19621
3	11月4日	6045	241	0	3776	42	34124
4	11月5日	6767	842	72511	4672	15	55377
5	11月6日	8867	571	102	5514	26	37211
6	11月7日	2822	573	120	2753	68	45371
7	11月8日	1003	657	61212	3713	23	31217
8	11月9日	4272	772	210	3478	45	53216
9	11月10日	20416	1903	5	6721	62	82170
10	11月11日	31385	2053	31	8212	78	89321
11	入口总流量						

图 7-1-1 输入“入口总流量”

选择 B11 单元格，单击“公式”→“函数库”→“自动求和”按钮，如图 7-1-2 所示选择“求和”命令，按【Enter】键即可。或在单元格内输入 “=SUM(B2:B10)” 按【Enter】键，将求和结果居中。则可得到双 11 期间直接单击入口的流量。结果如图 7-1-3 所示。

双11期间店铺数据.xlsx - Excel

文件 开始 插入 页面布局 公式 数据 审阅 视图 帮助 PDF工具 模板 Acrobat 百度网盘 操作说明搜索

插入函数 自动求和 最近使用的函数 财务 逻辑 文本 日期和时间 查找与引用 数学和三角函数 其他函数 名称管理器 定义名称 用于公式 根据所选内容创建 定义的名称 追踪引用单元格 追踪从属单元格 删除箭头 显示公式 错误检查 公式求值 公式审核 监视窗口

求和(S) 平均值(A) 计数(C) 最大值(M) 最小值(I) 其他函数(F)...

求和 (Alt+=) 自动相加。您的总计将显示在所选单元格之后。 =SUM(J2:J5)

	A	B	C	D	E	F	G
1	日			货主播直播间入口流量	活动推荐入口流量	分享链接入口流量	直通车入口流量
2	11月3日	8521		0	2972	121	19621
3	11月4日	6045	241	0	3776	42	34124
4	11月5日	6767	842	72511	4672	15	55377
5	11月6日	8867	571	102	5514	26	37211
6	11月7日	2822	573	120	2753	68	45371
7	11月8日	1003	657	61212	3713	23	31217
8	11月9日	4272	772	210	3478	45	53216
9	11月10日	20416	1903	5	6721	62	82170
10	11月11日	31385	2053	31	8212	78	89321
11	入口总流量						

图 7-1-2 “求和”命令

B11 =SUM(B2:B10)

	A	B	C	D	E	F	G
1	日期	直接点击入口流量	店铺直播间入口流量	某带货主播直播间入口流量	活动推荐入口流量	分享链接入口流量	直通车入口流量
2	11月3日	8521	721	0	2972	121	19621
3	11月4日	6045	241	0	3776	42	34124
4	11月5日	6767	842	72511	4672	15	55377
5	11月6日	8867	571	102	5514	26	37211
6	11月7日	2822	573	120	2753	68	45371
7	11月8日	1003	657	61212	3713	23	31217
8	11月9日	4272	772	210	3478	45	53216
9	11月10日	20416	1903	5	6721	62	82170
10	11月11日	31385	2053	31	8212	78	89321
11	入口总流量	90098					

图 7-1-3 双 11 期间直接单击入口的流量

Step 03：计算剩余入口在双 11 期间的流量。

单击 B11 单元格，按住单元格右下角的自动填充柄，如图 7-1-4 所示，拖动至 G11 单元格，则可得到不同入口在双 11 期间的流量。结果如图 7-1-5 所示。

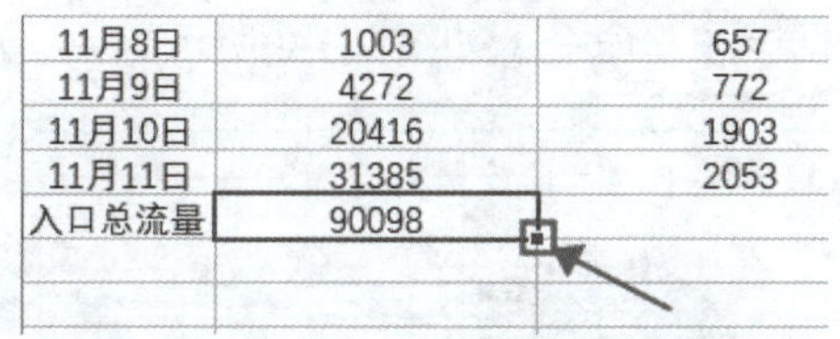

11月8日	1003	657
11月9日	4272	772
11月10日	20416	1903
11月11日	31385	2053
入口总流量	90098	

■ 图 7-1-4　自动填充柄

日期	直接点击入口流量	店铺直播间入口流量	某带货主播直播间入口流量	活动推荐入口流量	分享链接入口流量	直通车入口流量
11月3日	8521	721	0	2972	121	19621
11月4日	6045	241	0	3776	42	34124
11月5日	6767	842	72511	4672	15	55377
11月6日	8867	571	102	5514	26	37211
11月7日	2822	573	120	2753	68	45371
11月8日	1003	657	61212	3713	23	31217
11月9日	4272	772	210	3478	45	53216
11月10日	20416	1903	5	6721	62	82170
11月11日	31385	2053	31	8212	78	89321
入口总流量	90098	8333	134191	41811	480	447628

■ 图 7-1-5　不同入口在双 11 期间的流量

Step 04：与上述操作同理，对双 11 期间每日的总流量进行计算。结果如图 7-1-6 所示。

日期	直接点击入口流量	店铺直播间入口流量	某带货主播直播间入口流量	活动推荐入口流量	分享链接入口流量	直通车入口流量	总流量
11月3日	8521	721	0	2972	121	19621	31956
11月4日	6045	241	0	3776	42	34124	44228
11月5日	6767	842	72511	4672	15	55377	140184
11月6日	8867	571	102	5514	26	37211	52291
11月7日	2822	573	120	2753	68	45371	51707
11月8日	1003	657	61212	3713	23	31217	97825
11月9日	4272	772	210	3478	45	53216	61993
11月10日	20416	1903	5	6721	62	82170	111277
11月11日	31385	2053	31	8212	78	89321	131080
入口总流量	90098	8333	134191	41811	480	447628	722541

■ 图 7-1-6　双 11 期间每日的总流量结果

2. 制作饼图，对不同入口的流量进行分析

Step 01：按住【Ctrl】键，选择 B1 单元格 :G1、B11:G11 单元格区域。选择“插入”→“图表”→“插入饼图或圆环图”→“饼图”，如图 7-1-7 所示。

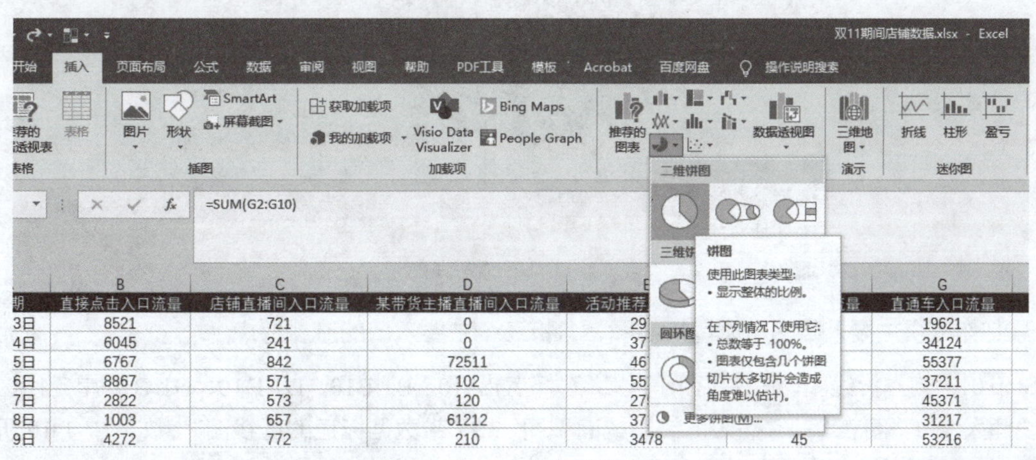

■ 图 7-1-7　选择“饼图”

Step 02: 添加饼图数据标签

将图表标题修改为“双 11 期间不同入口流量占比图”，右击圆环，在弹出的快捷菜单中选择

“添加数据标签”→“添加数据标注”命令，如图 7-1-8 所示。

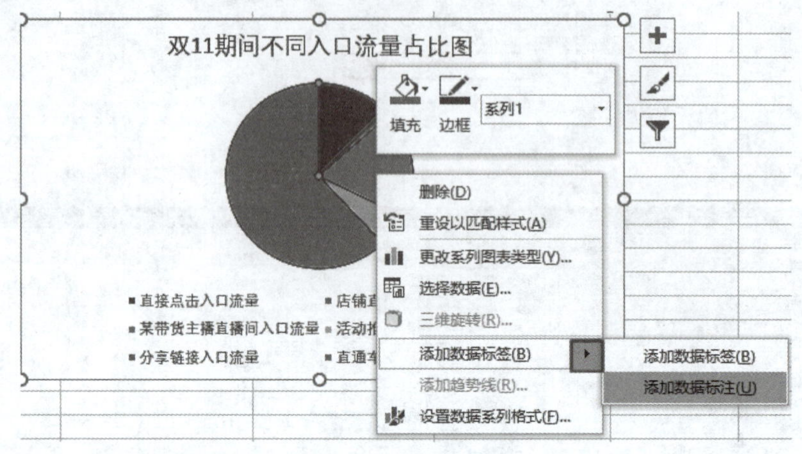

图 7-1-8 “添加数据标注”命令

Step 03：修饰并分析饼图

对数据标签的位置进行调整，调整饼图中的字体、字号等内容，使图表更美观。结果如图 7-1-9 所示。

观察图表可见，双 11 期间店铺流量的三个主要入口为：直播车入口（占总流量的 62%）、某带货主播直播间入口（占总流量的 19%）和直接点击入口流量（占总流量的 12%）。

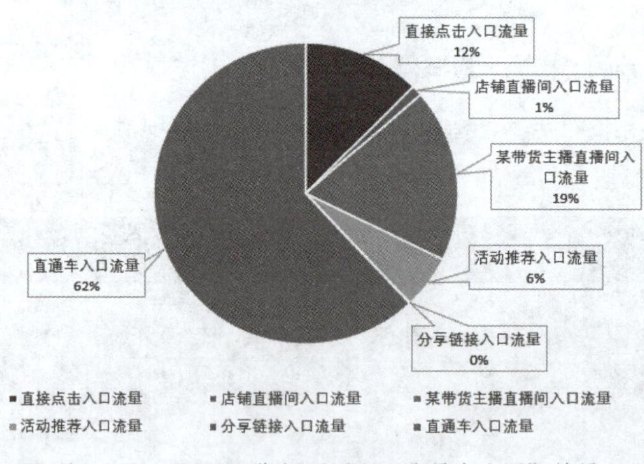

图 7-1-9 “双 11 期间不同入口流量占比图”效果

3. 制作三个主要入口的日流量折线图，分析三个主要入口的流量特点

Step 01：制作折线图。按住【Ctrl】键，选择 A1:A10、B1:B10、D1:D10、G1:G10 单元格区域。单击“插入”→“图表”→“插入折线图或面积图”→“带数据标记的折线图”，如图 7-1-10 所示。

Step 02：为折线图添加数据标签、对折线图进行修饰。

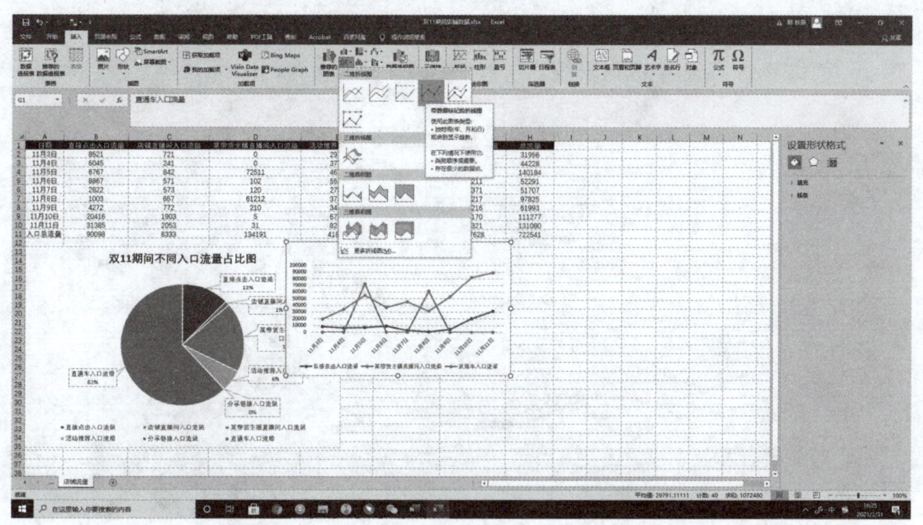

■ 图 7-1-10　选择“带数据标记的折线图”

将图表标题修改为“三个主要入口日流量折线图”。右击折线，在弹出的快捷菜单中选择“添加数据标签”命令。结果如图 7-1-11 所示。

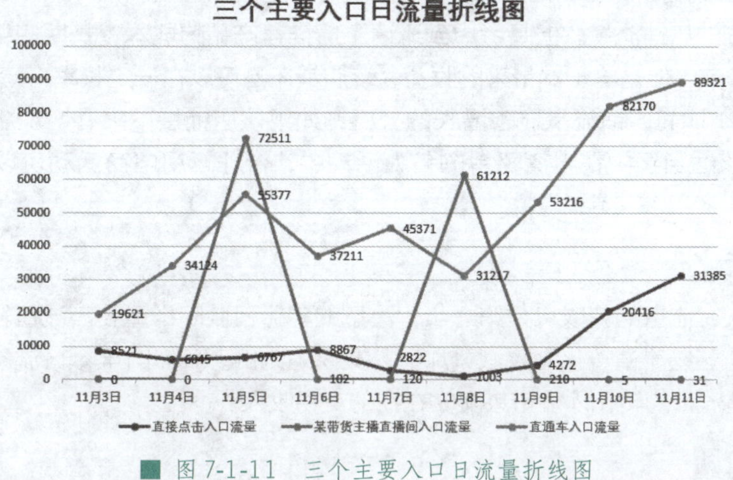

■ 图 7-1-11　三个主要入口日流量折线图

Step 03：打开工作表“平日店铺流量数据”，使用“直接单击入口流量”“某带货主播直播间入口流量”“直播车入口流量”这三列数据制作日流量折线图，将图表标题修改为“日常流量折线图”，其他操作流程同上。得到图 7-1-12 所示图表。

Step 04：对所得图表进行对比分析。

在之前制作的饼图中（见图 7-1-9），我们已经得知了直接单击入口、某带货主播直播间入口、直通车入口这三种入口流量是店铺流量的主要来源，所以该企业应当重点关注这三种入口的分析与运用。

观察图 7-1-10 可得，直接单击入口的流量较为稳定，而直播车入口在双 11 期间每天都能招揽大量流量。某带货主播直播间入口的流量则较为特殊，只有 11 月 5 日及 11 月 8 日这两天带来了大量流量。结合该入口特性可以猜测 11 月 5 日及 8 日该主播在直播间内推荐了该店铺的商品。

将图 7-1-10 与图 7-1-11 对比可得，双 11 期间的店铺流量数值显著高于日常流量，但是三种入口的特性与双 11 期间表现仍旧一致，说明这三种入口的流量吸引方式长期可用，也说明了双 11 活动确实大幅度地带动了该店铺的流量。

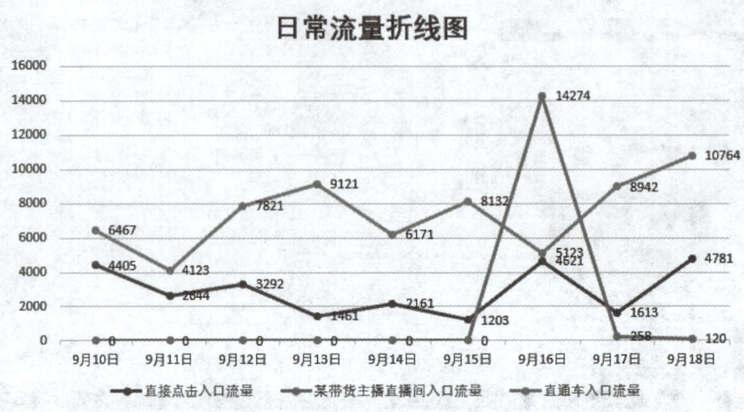

图 7-1-12　日常流量折线图

但是不论是双 11 活动期间还是平日，直通车入口的流量都明显稳定或者高于其他入口。所以如果该店铺想要长期稳步提升店铺流量，应当特别注意直通车这一入口的资金投入。

再看某带货主播直播间入口的流量，我们发现每当主播在直播间推荐该产品时，都会给店铺带来一波较为夸张的店铺流量。但是考虑到邀请主播推荐产品的成本，长期使用该入口提升店铺流量的方法并不现实。但是鉴于其带来的收益，该店铺还是可以在一定频率下运用该策略。

最后结合双 11 期间店铺流量显著增长的分析，如果该店铺接下来有增加店铺流量的计划，那么运营资金应该适当集中在电商平台的各大活动中，合理运用电商活动可以更好地带动店铺流量。

二、活动转化

对于商家来说，流量的获取只是第一步，流量的转化程度同样重要。流量转化率是指，通过活动进入店铺后，这些流量转化为收藏、加购、交易的比例。虽然时至今日流量 = 隐形资产已经达成了共识，但是流量的转化才能带来实实在在的交易收入。

三、活动拉新

就如在项目三新客户分析中所述，找寻新客户是商品市场发展非常重要的一环。

四、活动留存

活动留存指经过营销活动后，持续留存在店铺的消费者，可以理解为活动引流后新客户留存，老客户被唤醒，进行长期重复消费行为。不同于前三者的地方是，活动流量、活动转化、活动拉新研究的都是活动过程中的客户数据，活动留存研究的是客户活动过后的行为。但是整体分析框架思路不变：

（1）将活动带来的流量、收藏、架构、交易进行有理论和数据支撑的有效转化。

（2）统计活动过后的复购率。

（3）研究复购率、转化率背后的原因。

任务小结

在本任务中，我们主要学习了营销活动的重点。首先是关注营销的活动流量，可以分析流量的目的与原因，进而选择更好的推广方式。然后在得到活动流量后，再进行活动的转化，这一方面是要引导客户形成的流量转化为具体的销售数据，在营销活动中的消费者只是一种热度，在营销后留存的消费者才是较为固定的销售人群。在拥有固定的销售人群后需要再寻找新的商品发展人群。

实操演练

目标：分析浏览方式每月的差别数据

打开“7.1”，插入数据透视表，日期与浏览方式分别为行和列，单击次数为求和项。再根据数据绘制带数据标记的折线图和饼图。

任务评价表

任务评价表					
评 价 内 容		分值等级（评分）			
内容	分值（比重）	优秀	良好	合格	不合格
学会分析流量的	20 分（20%）	17~20（　）	12~16（　）	8~11（　）	0~7（　）
学会分析店铺的客户售后的行为数据	30 分（30%）	26~30（　）	18~25（　）	11~17（　）	0~10（　）
了解商品的销售数据分析	20 分（20%）	17~20（　）	12~16（　）	8~11（　）	0~7（　）
通过数据图表判断优化产品架构	30 分（30%）	26~30（　）	18~25（　）	11~17（　）	0~10（　）
综合分数（满分 100 分）					

注：括号内填写具体分值。

任务二　竞争对手排行分析

学习目标

◆ 了解渠道的概念与渠道的优缺点。

◆ 学会对竞争对于进行分析，通过数据制订竞争方案。

◆ 学会分析在竞争的商品的数据，通过分析数据，考虑商品对于市场的需求，决策商品的定位与产品的更替。

任务导入

小琳："怎么这样，这一段时间突然这么多店铺，卖和我们相同的商品。"

小庄："看来我们遇到了市场中的竞争对手了。"

小琳："那要怎么办呢？"

小庄："看来我们需要分析一下对手了。"

任务实施

在市场经济条件下，企业竞争是不可避免的，尤其在热门行业、需求量大的产品和服务、门槛低的产品中，竞争尤为激烈。企业在确定业务领域时，必须对行业和竞争对手进行深入的分析，正所谓"知己知彼，百战不殆"。

分析竞争对手的目的是为了了解对手，通过竞争对手分析可以更敏锐地了解市场动向，不断提升企业在行业中的竞争力。竞争对手分析可以通过五个层次来说明，从低到高分别为：确定对手名单、分析对手状况、掌握对手方向、洞悉对手策略、引导对手行为，如图 7-2-1 所示。

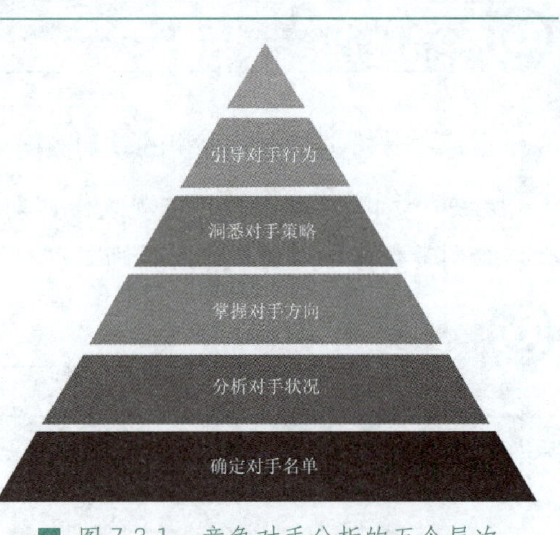

图 7-2-1　竞争对手分析的五个层次

一、渠道策略分析方法

在竞争中要突出自身产品，要在生产销售中做到针对性和差异化。通过渠道策略分析，标注出各个层面的核心竞争对手、潜在竞争对手，进而施行相关的策略。在渠道策略分析中需要量化竞争对手，主要从渠道长度、渠道宽度、渠道广度和渠道深度四个方面来量化。

1. 渠道长度

渠道长度是指渠道层次的数量，即产品在渠道的流通过程中，经过多少中间环节，有多少层的中间商参与其销售的全过程。中间环节是指同一产品的买卖方和实现转移商品所有权的机构和个人。商品在分销过程中经过的环节越多，渠道就越长；反之，渠道就越短。

一般来说，渠道的长度可以划分为五种基本类型。即零层渠道、一层渠道、二层渠道、三层渠道和多层渠道。

零层渠道是指企业直接把产品或服务销售给消费者或用户的渠道模式。一般适用于大型或贵重产品以及技术复杂、需要提供专门服务的产品。

一层渠道是指只有一个中间环节的渠道模式。在消费品的营销中，这个中间环节就是零售商，而在生产资料的营销中，则可能是批发商或代理商。

二层渠道是指经过两个中间环节的渠道模式。在消费品的营销中，通常由批发商和零售商组成，也可以由代理商和零售商组成；在生产资料的营销中，则由代理商和批发商组成。

多层渠道是指经过三个中间环节或以上的渠道模式。这种渠道模式是进出口商品常采用的模式。另外，在一些顾客较为分散的消费品零售市场中，也会适当采用这种渠道模式。如一级批发商、二级批发商和零售商，或代理商、批发商和零售商等。

零层渠道称为短渠道，也称直接渠道。一层、二层、多层渠道称为长渠道，也称间接渠道。

（1）短渠道的优缺点

企业采用短渠道的优点在于：渠道越短，成本越低，越能控制最终零售价格，越容易给顾客提供全面的服务，可以及时获取消费信息，有利于提高企业的服务质量。而缺点在于：网络分散，市场覆盖面较小。通常来说，短渠道要求企业要有雄厚的资金实力、经营管理能力和资源实力。要能够大量存货；要具备相应的物流能力；要能够高效率地承担起批发和零售的职能；要对产品的销售、流通具有很强的控制与管理能力等。并具备相应专业知识和相应的人力资源来有效地执行上述活动。

（2）长渠道的优缺点

企业采用长渠道的优点在于：渠道越长，产品覆盖面越大，越有利于生产企业通过控制中间商来增强自己的竞争优势，例如减轻仓储运输费用、销售人员费用和管理费用压力等。而缺点在于：渠道越长，渠道成本越高，速度较慢，生产企业对产品最终零售价格的控制能力就越小，对产品流程和运输的控制能力也就越小。另外，渠道越长，越容易出现服务水平参差不齐的现象，就越需要渠道成员之间的相互协调和合作，对生产企业管理水平的要求也就越高。

2. 渠道宽度

渠道宽度是指销售渠道的每个层次使用同种类型中间商数目的多少。一般来说，产品从生产者转移到消费者手中经过两个及以上的同类中间商，称为宽渠道；如果只选择一个中间商，称为窄渠道。在实际运用中要根据商品属性来进行渠道宽度的选择，一般有如下四种策略：

（1）宽渠道

又称普遍性分销策略或密集性分销策略，指生产者尽可能通过许多批发商和零售商推销自己的产品。由于使用的中间商比较多，往往是面宽路广，大量销售，方便消费者随时随地购买产品。因此，适用于消费者经常购买的日用消费品和工业品中的标准化、通用化程度比较高的小件用品。

（2）宽窄渠道结合

指生产者在某一地区仅通过少数几个中间商来推销产品。这种销售渠道策略应用范围广，尤其适用选购品、特殊品和工业用品中的零部件，因为这些商品的使用者比较注重产品的品牌和商标。由于各个企业的具体情况不同，所选择销售渠道的宽窄长短也不一样，有的选择“短而宽”的销售渠道，有的选择“长而窄”的销售渠道。

（3）窄渠道

指生产者在一定地区、一定时期内的一种产品只选择一家批发商（或代理商）或零售商为自己推销产品。采用独家专营性销售渠道，生产者和中间商签有书面合同，规定中间商不得再销售其他竞争性的同类商品。独家专营性销售渠道适用于工业机械等消费者特别重视品牌但使用面比较窄的特殊产品，需要加强售后服务的高档耐用品，如奢侈品等。

（4）多渠道

指生产者通过多渠道将相同的产品销售给不同市场和相同市场。如生产者将同一种产品通过不同的销售渠道送到不同市场上，或者生产者通过两条以上的销售渠道将同一产品送到同一市场上。如门锁制造商通过杂货批发商、小五金批发商等渠道，将产品卖给家庭用户。同时，企业还通过家居卖场、建材商店、代理商等不同的销售渠道将产品分别送到广大消费者、各企事业单位、大中小公司等。制造商采用多渠道策略，比使用单渠道更有竞争力。

3. 渠道广度

是宽度的一种扩展和延伸，指厂商选择经销某产品的渠道数目，主要有单渠道和多渠道两种类型。单渠道是指生产商仅利用一条渠道进行某种产品分销。多渠道是指生产商利用多条不同的渠道进行某种产品的分销。

在实际的分销渠道中，大多数生产商采用多渠道系统。多渠道的优势有很多，例如可以为企业增加市场覆盖面、降低渠道成本、更好地满足顾客需求、提高产品的交易量等。采用多渠道也有很多不利的方面，例如在一个细分市场，多渠道容易产生渠道冲突。当新渠道独立性很强时合作困难，不容易控制等。因此需要根据企业目前的阶段、产品特性、市场范围等多种因素综合考量渠道广度。

4. 渠道深度

是生产商在对自身及其所在行业进行系统思考的基础上，精心构造的、以自身为核心，包括代理商、经销商和最终用户在内的深度营销价值链。渠道的深度分销可以加强产品的稳定产出。

渠道深度挖掘是企业拓展渠道、挖掘市场潜力、做透做精做深的关键，是营销的目标，对从事消费品生产销售的企业尤为重要。例如，你可以在偏远乡镇和村庄购买到娃哈哈的矿泉水、八宝粥，却买不到可口可乐，这和地推的渠道有关系。

我国目前仍然存在地区收入差异较大的问题，市场高度复杂，企业应针对不同地区的用户，采取不同的营销策略和市场策略。对于消费水平较高的人群，大多是在细分市场和头部城市进行布局，例如奢侈品的渠道大多是品牌店；而对于大众消费群体，尤其是食品、纸巾等高消耗品，渠道深度挖掘和保持良好的运营，是企业产品销售的重点之一。

二、竞争对手排行分析

适用于对单个指标的若干个对象强弱分析时使用。例如，对渠道广度这个指标进行分析时，可以对竞争对手进行排行，从而看出竞争对手渠道广度强弱。

Step 01: 打开素材中“7.2 企业推广指数”，在表格中已经提供了事先收集的 10 个企业的产品覆盖的城市数量，即“渠道推广指数”，这个数量表示企业渠道发展的规模，如图 7-2-2 所示。

注意：要同时考察多个变量间的相关关系，若一一绘制它们之间的简单散点图，十分麻烦。此时可利用散点图矩阵来同时绘制各个变量的散点图，这样可以快速发现多个变量间的主要相关性。

Step 02: 选中“厂家”和“渠道推广指数”两列数据，单击“插入”选项卡“图表”组的对话框启动器按钮，在打开的“插入图表”对话框“所有图表”选项卡中选择“XY 散点图”，得到图 7-2-3 所示散点图。

厂家	渠道推广指数
企1	184
企2	264
企3	160
企4	262
企5	143
企6	100
企7	273
企8	94
企9（自）	223
企10	244
平均值	194.7

■ 图 7-2-2　企业推广指数

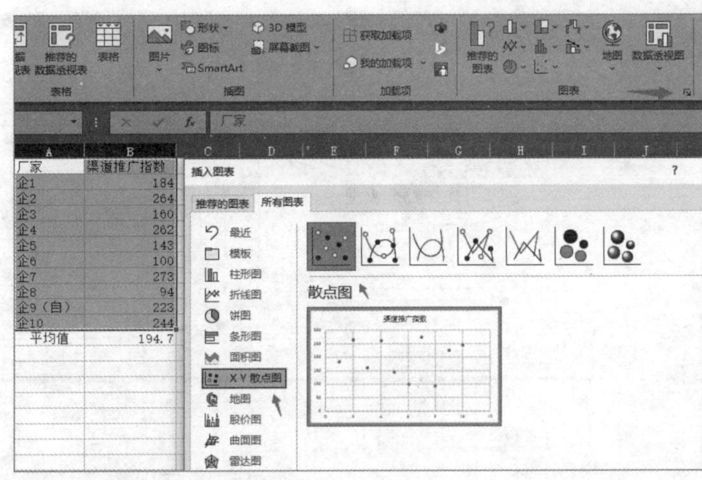

■ 图 7-2-3　XY 散点图

Step 03: 由于散点图上的点比较小，不能明显地查看到数据的分布情况，为了更清晰地查看数据之间的关系，可以选择气泡图的方式来美化图表。选择气泡图后，制作出的气泡图气泡面积较大，如图 7-2-4 所示。可以通过右击气泡，选择“设置数据系列格式”命令，在右侧的窗格中修改气泡的面积、颜色等，具体如图 7-2-5 所示。最终得到便于观察的渠道推广指数图，如图 7-2-6 所示。

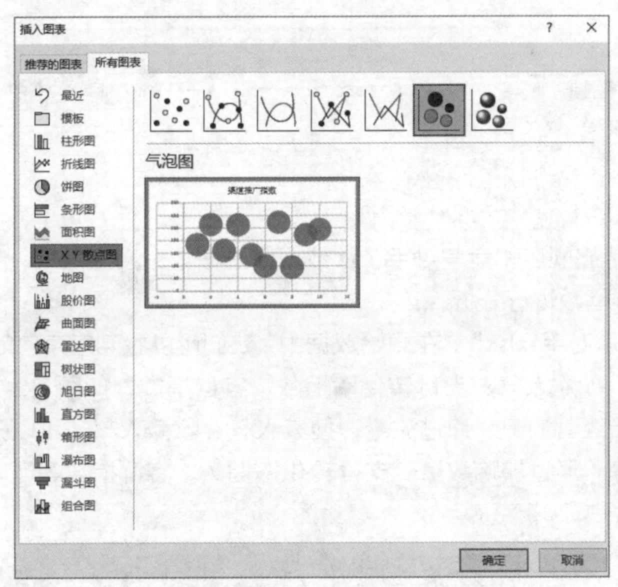

■ 图 7-2-4　调整气泡图

从图 7-2-6 中可以明显看到，本企业在整个行业中，渠道广度处于第二梯队位置。与竞争对手企业 7 存在一定差距，与对手企业 10 差距不大，同时也可以看到对手企业 1 紧随其后。说明本企业商品在市场具有一定的竞争力，短期需要针对企 2、4、7、10 制订相应的营销策略，扩大优势，减小差距，并分析第一梯队的竞争优势，制订长期市场品牌方案。

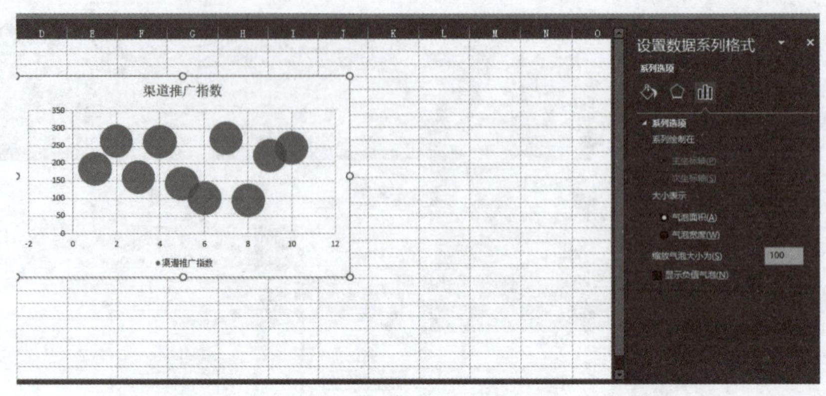

图 7-2-5 设置气泡图

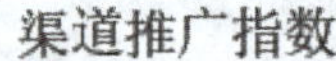

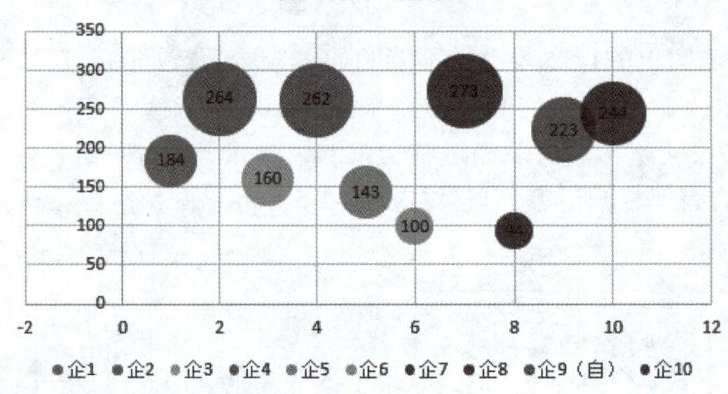

图 7-2-6 渠道推广指数图

三、竞品数据分析

下面针对 GLT 奶片旗舰店和竞争对手，从数据流量指数、搜索人气、收藏人气、加购人气、支付转化率指数和客群指数进行分析。

Step 01：打开“竞争对手 .xlsx”，在原始数据中，我们可以看到三家店的数据，包括流量指数、搜索人气、收藏人气、加购人气、支付转化率指数、客群指数，如图 7-2-7 所示。这些指标常被电商店铺用来分析网店经营情况。通过流量、搜索人气、收藏人气，可以分析网店的定位，页面是否满足客户的需求等。通过加购数量、支付转化率指数、客群指数等可以分析店铺的产品和服务是否能很好地服务客户。

	A	B	C	D	E	F	G
1	店名	流量指数	搜索人气	收藏人气	加购人气	支付转化率指数	客群指数
2	GLT旗舰店	29532	12889	4744	11976	1003	7829
3	XNH旗舰店	74009	38306	14597	24004	704	13684
4	HH旗舰店	25611	11543	3947	8563	758	4901

图 7-2-7 GLT 奶片旗舰店和竞争对手数据指标

Step 02：选中“店名”“流量指数”两列数据，选择“插入”→“图表”→“插入条形图或柱形图”→“簇状柱形图”，结果如图 7-2-8 所示。

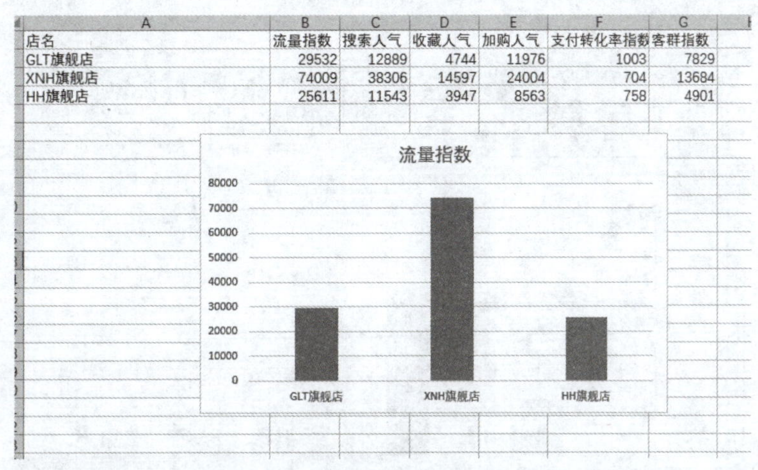

店名	流量指数	搜索人气	收藏人气	加购人气	支付转化率指数	客群指数
GLT旗舰店	29532	12889	4744	11976	1003	7829
XNH旗舰店	74009	38306	14597	24004	704	13684
HH旗舰店	25611	11543	3947	8563	758	4901

图 7-2-8　流量指数簇状柱形图

可以看出，流量最大的是“XNH 旗舰店”，是 GLT 旗舰店的两倍多，是 HH 旗舰店流量的将近三倍。流量指数低应考虑以下原因：

（1）看店铺首页的主图是否突出了产品主要卖点，是否能够吸引买家。

（2）看价格跟同行相比是否高了，价格不但会影响转化率，对点击率也会有影响。

（3）看标题是否有吸引客户的关键词（如厂家定制、厂家直销，还有一些打折促销类的营销性关键词等）。

近 30 天成交金额的高低也会一定程度上影响点击率，很多人都喜欢看近期销量比较好的产品。

那么如何提高店铺流量呢？一般可以从以下八个方面着手改进：

（1）做好店铺定位和商品定位。只有定位准确了，商品优势才会被展现出来，面向的客户群才会精准，才能提高转化率，从而提升商品排名。

（2）优化主图。客户在网购的时候是看不到实物的，一般只能通过图片去大致判定商品的信息，所以商家在优化主图的时候一定要保证主图简洁明了，突出商品特点。

（3）优化标题。标题可以说是吸引点击率的一个基础门槛。标题关键词要精准地把握客户需求，有自己的特色和恰当的产品描述。

（4）优化商品详情页。细致全面的详情页能够让客户对商品有全面的了解，不仅能减轻客服的工作量，还能避免一些不必要的纠纷。

（5）优化商品关键词。切忌盲目选择热点关键词，要选择符合自身产品的定位以及优势的关键词，这样才能够在获得流量的同时，匹配到精准的客户，才能够在提高流量的同时提升转化率。

（6）主题营销。可以利用节假日进行有针对性的营销，例如，临近母亲节时，文案可以换成“买的不是产品，而是对母亲的爱”。用这种营销方式引起客户共情心理，提高商品购买率。

（7）低价引流。在商品分类中引入低价商品，如“9.9 包邮”，当买家按价格进行排序时，商品排序就会比较靠前。但这个方法的前提是物超所值，否则被投诉、扣分，反而会把信用做差，得不偿失。

（8）巧用赠品。与竞争对手所送的赠品区别化并附加情感功能（如打印给客户的一封短信或贺卡）；赠品与店铺产品有关联，可给产品带来最直接的价值感；赠品的品质需要严格把关。

Step 03：与 Step 02 同样操作，选中“店名”“搜索人气”两列数据，插入簇状柱形图，结果如图 7-2-9 所示。

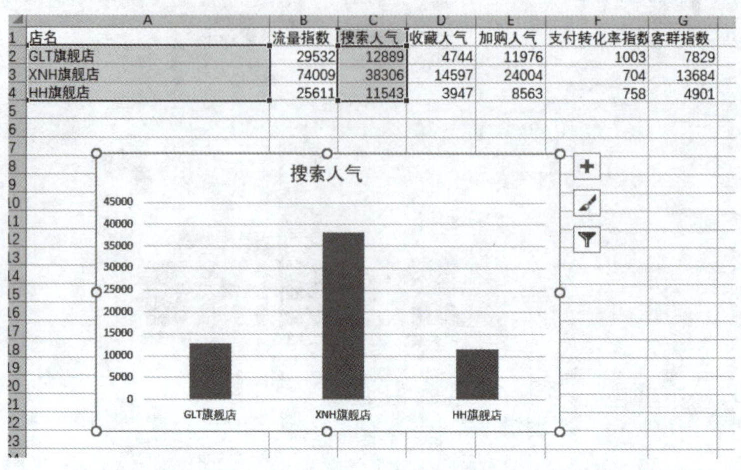

■ 图 7-2-9 “搜索人气”簇状柱形图

从“搜索人气”簇状柱形图可以看出，搜索人气最高的是 XNH 旗舰店。其次是 GLT 旗舰店，略高于 HH 旗舰店的搜索人气。

Step 04：选中“店名”“收藏人气”两列数据，插入簇状柱形图，结果如图 7-2-10 所示。

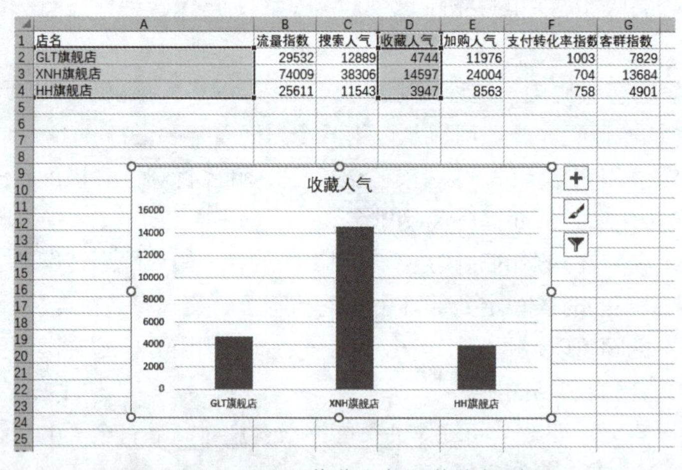

■ 图 7-2-10 “收藏人气”簇状柱形图

由上图可以看出，XNH 旗舰店的收藏人气高达 14 597；其次是 GLT 旗舰店，达到 4 744；最后是 HH 旗舰店，达到了 3 947，只有 XNH 旗舰店的 27%。

Step 05：选中“店名”“加购人气”两列数据，插入簇状柱形图，结果如图 7-2-11 所示。

可以看出，HH 旗舰店的加购人气为 8 563；GLT 旗舰店的加购人气为 11 976；XNH 旗舰店的最高，是 HH 旗舰店的 2.8 倍，GLT 旗舰店的 2 倍。

若加购人气相对可观，而支付转化率指数较低，可考虑是否是因为基础销量低，客户评价少，加购的客户处于犹豫观望的状态。若加购人气和支付转化率指数都较低，可从以下几方面着手改进：

（1）搜索关键词。主要看搜索结果页商品是否跟店铺商品品种相近。若搜索结果页商品与店铺商品品种差异较大，说明关键词不够精准，客户无法通过搜索关键词引导，进入店铺挑选商品。

（2）详情页。首先了解评论区是否有明显差评，及时沟通差评处理情况；其次与热销竞品详情页进行比较，找到详情页优化的方向。

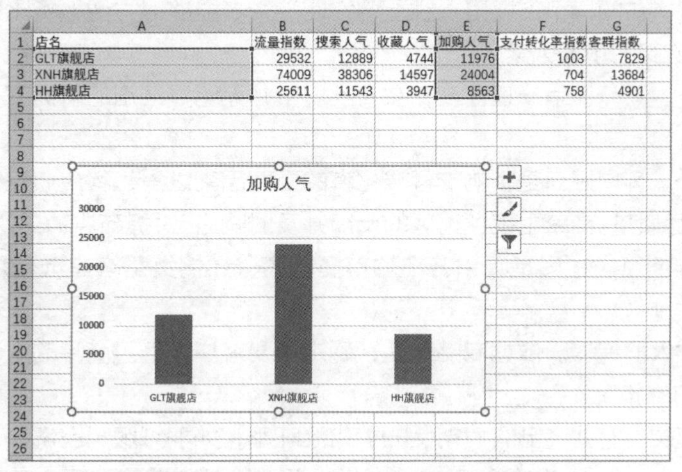

店名	流量指数	搜索人气	收藏人气	加购人气	支付转化率指数	客群指数
GLT旗舰店	29532	12889	4744	11976	1003	7829
XNH旗舰店	74009	38306	14597	24004	704	13684
HH旗舰店	25611	11543	3947	8563	758	4901

■ 图 7-2-11　“加购人气”簇状柱形图

（3）同类商品价格。搜索同类商品，了解店铺商品在价格上是否有竞争优势。

Step 06：选中“店名”“支付转化率指数”两列数据，插入簇状柱形图，结果如图 7-2-12 所示。

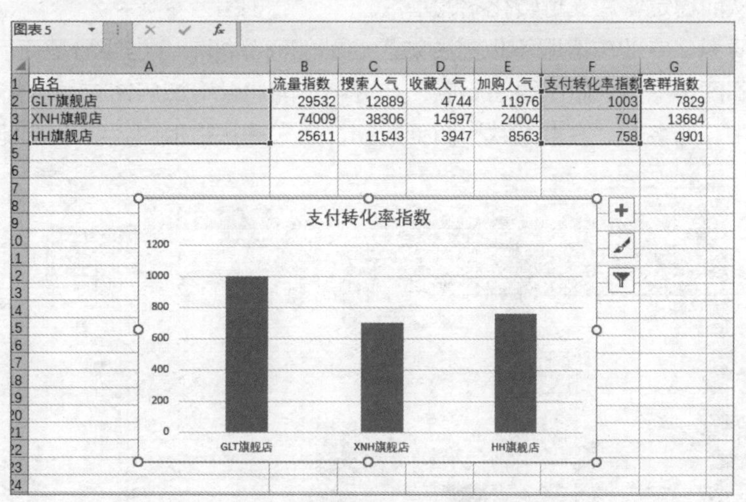

店名	流量指数	搜索人气	收藏人气	加购人气	支付转化率指数	客群指数
GLT旗舰店	29532	12889	4744	11976	1003	7829
XNH旗舰店	74009	38306	14597	24004	704	13684
HH旗舰店	25611	11543	3947	8563	758	4901

■ 图 7-2-12　“支付转化率指数”簇状柱形图

支付转化率是指统计时间内，支付买家数除以访客数，即来访客户转化为支付买家的比例。由上图可见，三家旗舰店中支付转化率最高的是 GLT 旗舰店。支付转化率指数越高说明商品定位越准确，对客户吸引力越大。影响支付转化率的因素主要有：商品描述、销售目标、商品评价、客户服务。若店铺支付转化率较低应考虑以下几个原因：

（1）标题与商品属性不匹配。这是引起跳失率最大的一个问题，也是导致店铺支付转化率下降的重要原因。

跳失率 = 商品详情页跳出访客数 / 商品详情页访客数

简单地说，就是访客只访问了一个页面就离开了，较高的跳失率不利于店铺支付转化率的提升。

（2）销量低。人们倾向于购买销量高的商品，以降低购物风险。在消费心理上，销量高的商品质量会更有保证。

（3）价格因素。在同一个市场里，线上购物使消费者能够很方便地货比三家，因此同一类商品的价格优势成为购买的重要因素。

（4）同行竞争。同行竞争一直存在，在商品质量并无明显区别的前提下，竞品营销策略尤为重要。

（5）客户评价。客户好评是影响支付转化率的重要因素之一，客户通过好评率以及评论区的具体评价来判定商品质量。商家重视评论区的反馈并及时响应，对提高店铺支付转化率有明显作用。

（6）主图和详情页。主图是吸引客户的首要因素，详情页是客户选择是否购买商品的重要依据。

（7）商品定位人群偏差。依据商品特性，确定主要客户人群。商品的定价和营销策略，都应依据商品的客户群来制订。

（8）周期性影响。有些商品有周期性的销售淡旺季，如羽绒服、空调等。在销售旺季时应考虑相应增加临时客服人员，在销售淡季时可通过反季清仓销售或开发适合本季节的产品来增加店铺的支付转化率。

（9）品牌影响。店铺应建立适合商品定位的品牌文化，树立相应的品牌形象。这样可以有效提升客户黏度，从而稳定客户支付转化率的基数。

（10）客服质量。专业的客服不仅需要熟悉店铺的商品细节，也要清楚商品上新情况和店铺促销活动，针对不同客户需求做出快速反应，并进一步沟通以增加店铺支付转化率。

Step 07：选中“店名”“客群指数”两列数据，插入簇状柱形图，结果如图 7-2-13 所示。

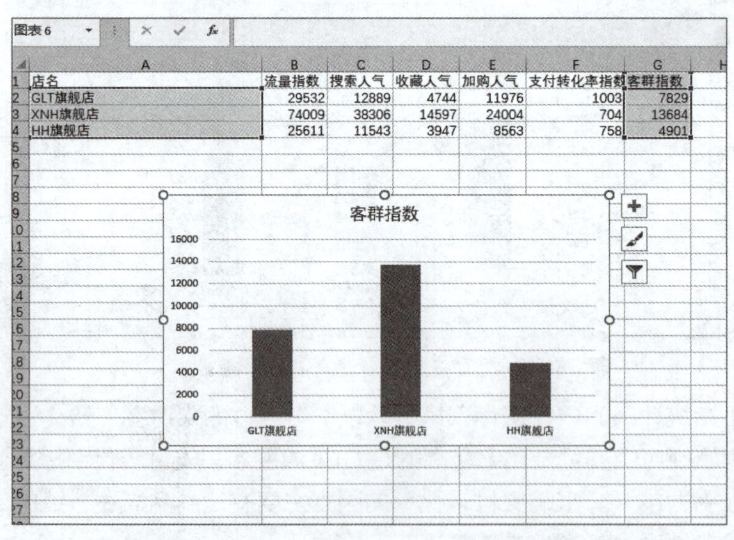

店名	流量指数	搜索人气	收藏人气	加购人气	支付转化率指数	客群指数
GLT旗舰店	29532	12889	4744	11976	1003	7829
XNH旗舰店	74009	38306	14597	24004	704	13684
HH旗舰店	25611	11543	3947	8563	758	4901

图 7-2-13 “客群指数”簇状柱形图

客群指数是指在一个选定的周期内，支付成交用户数指数化后的指标。这个指标越高，代表支付用户数越大。由图 7-2-13 可见，国内品牌 XNH 旗舰店的客群指数最高，GLT 旗舰店的客群指数大约是同为国外品牌的 HH 旗舰店的 2 倍。

Step 08：当需要将所有指标同时进行对比时，可选中店名、流量指数、搜索人气、收藏人气、加购人气、支付转化率指数、客群指数等全部数据，插入簇状柱形图，结果如图 7-2-14 所示。

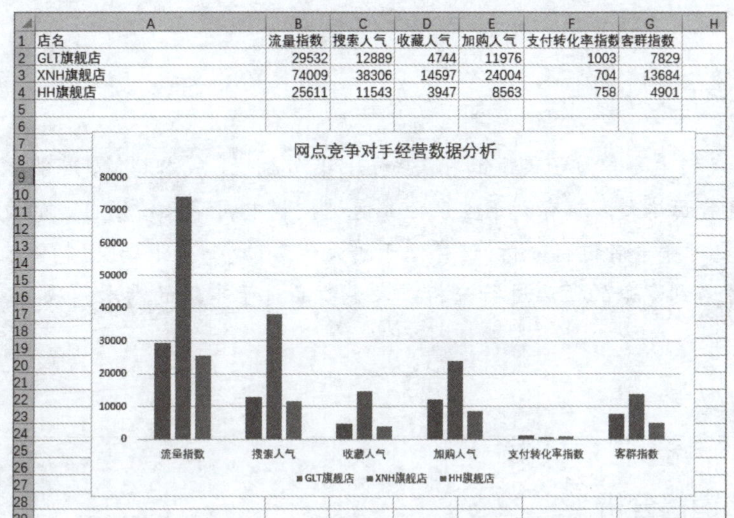

店名	流量指数	搜索人气	收藏人气	加购人气	支付转化率指数	客群指数
GLT旗舰店	29532	12889	4744	11976	1003	7829
XNH旗舰店	74009	38306	14597	24004	704	13684
HH旗舰店	25611	11543	3947	8563	758	4901

■ 图 7-2-14　网点竞争对手经营数据分析

Step 09：因为所有指标在同一个维度下衡量，“支付转化率”的数值太小，不太明显。这时可选中图表，在“图表工具 - 设计”选项卡“图表样式”组中选择不同的样式，或者选择“图表布局”组中的“添加图表元素”→“数据标签”中的相应样式，可以将数值标记在每个柱形上，这样就很清楚了，结果如图 7-2-15 所示。

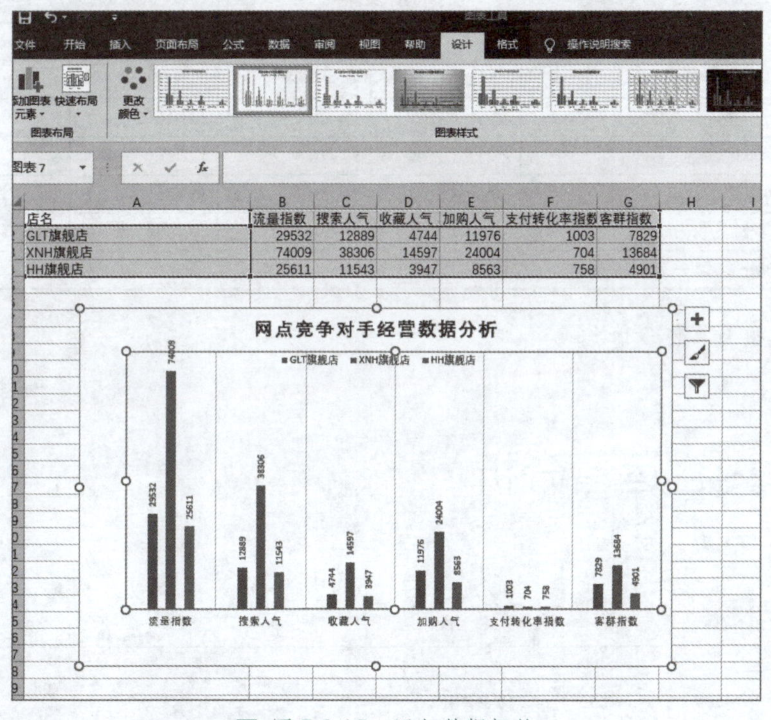

店名	流量指数	搜索人气	收藏人气	加购人气	支付转化率指数	客群指数
GLT旗舰店	29532	12889	4744	11976	1003	7829
XNH旗舰店	74009	38306	14597	24004	704	13684
HH旗舰店	25611	11543	3947	8563	758	4901

■ 图 7-2-15　添加数据标签

按照以上步骤进行全面分析后，如果没有明显需要提升的地方，则需考虑商品是否符合市场需要，店铺商品是否已经因时代更替而被更好的商品所替代，这时需要考虑重新进行店铺定位和商品选择。

任务小结

在本任务中，我们主要学习了渠道的相关知识，渠道越短，成本越低，越能控制最终零售价格；渠道越长，产品覆盖面越大，越有利于生产企业通过控制中间商来增强自己的竞争优势。

除了渠道，还要对竞争者进行分析，这样便于扩大优势，减小差距，利于制订长期市场品牌方案。

最后还需要对遇到竞争的商品进行分析，考虑商品对于市场的需求，决策商品的定位与产品的更替。

实操演练

目标：品牌销售分析

打开工作簿“7.2”，插入数据透视表，品牌为行，销售额为求和项。再使用散点图 - 气泡图展示数据。

任务评价表

任务评价表					
评 价 内 容		分值等级（评分）			
内容	分值（比重）	优秀	良好	合格	不合格
学会对产品渠道进行分析	20 分（20%）	17~20（ ）	12~16（ ）	8~11（ ）	0~7（ ）
学会分析与了解相竞争的企业	20 分（20%）	17~20（ ）	12~16（ ）	8~11（ ）	0~7（ ）
通过制作散点图 - 气泡图了解竞争差距	30 分（30%）	26~30（ ）	18~25（ ）	11~17（ ）	0-10（ ）
通过产品销售与其他数据进行商品优缺点分析	30 分（30%）	26~30（ ）	18~25（ ）	11~17（ ）	0~10（ ）
综合分数（满分 100 分）					

注：括号内填写具体分值。

任务三　内容运营分析

学习目标

◆ 学会选择合适的单元格格式进行分析。

◆ 学会选择合适的数据进行对应的分析。

◆ 学会不同表格之间的数据关系。

任务导入

小琳："我们花这么多精力运营这些公众平台，真的会给我们带来更多的收益吗？看着这些表格中的数字我无法直观地感受到收益哎。"

小庄："那就让我们来对数据进行一些处理，看看运营这些平台是不是真的有用吧！"

任务实施

现在较为普遍的内容运营平台主要有微信、微博、抖音等，本任务我们主要分析微信内容运营。微信内容运营最重要的载体是微信公众号，客户对于企业微信公众号的黏性和好感度，将决定该公众号推广的效果。同时，也需要保证内容运营的文案做到言之有物、图文并茂、生动有趣，这样才能吸引客户的关注，甚至收藏和分享转发。

企业除了可以用自己的官微进行内容运营外，也可借助流量高的热门微信号进行内容运营（类型投放软广），所以分析内容运营的效果可分为内外：对内，可分析官微的内容运营能力；对外，可横向比较几个同时进行内容运营的公众号的引流效果。以下为分析指标：

1. 阅读量

是指有多少用户浏览了微信发布的内容。

（1）制作阅读量图表。

打开文件"微信公众号数据"，打开工作表"阅读情况"，进行以下操作。

Step 01：选中单元格 A3:A9 单元格区域，右击，在弹出的快捷菜单中选择"设置单元格格式"命令，如图 7-3-1 所示。在弹出的"设置单元格格式"对话框中选择"数字"选项卡，选择"日期"分类，将单元格数字类型设置为"周三"，单击"确定"按钮，如图 7-3-2 所示。

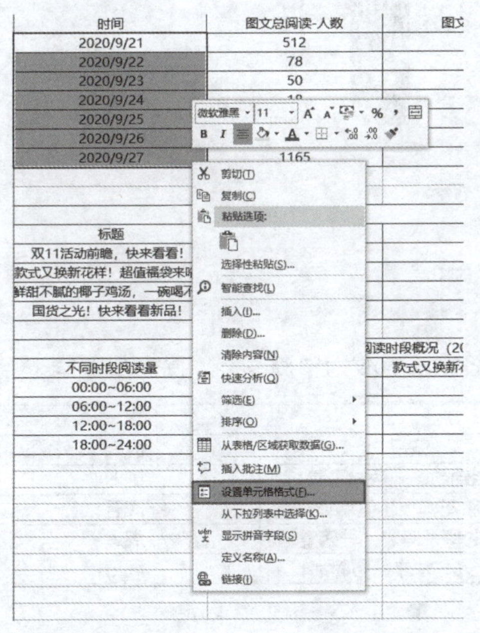

■ 图 7-3-1　"设置单元格格式"命令

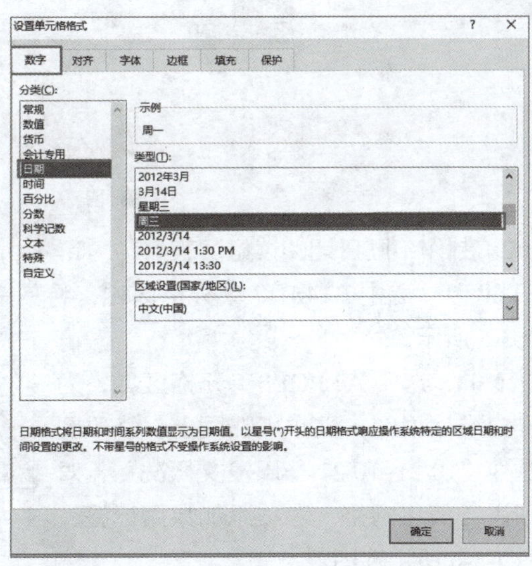

■ 图 7-3-2　"设置单元格格式"对话框

Step 02：选中 A2:D9 单元格区域，选择“插入”→“图表”→“插入条形图或柱形图”中的“三维柱形图”，如图 7-3-3 所示。

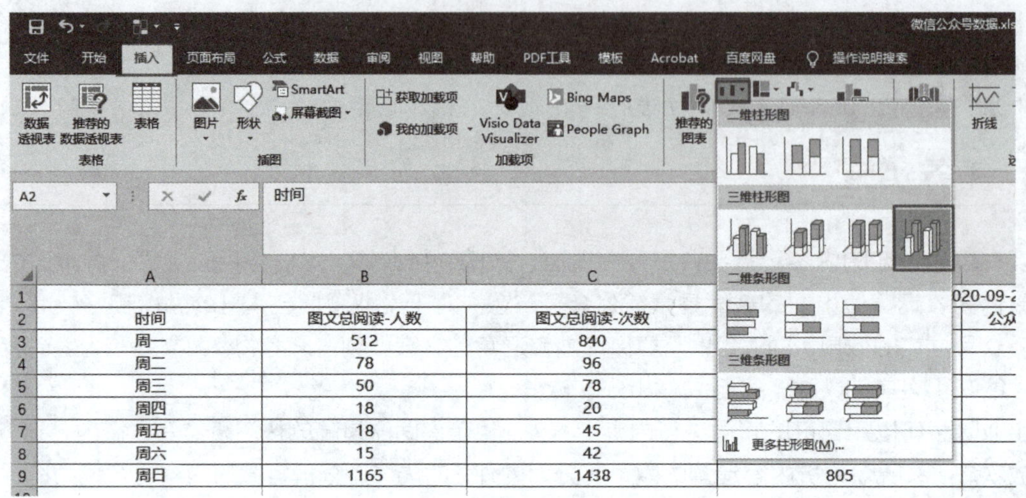

图 7-3-3 选择“三维柱形图”

Step 03：修改图表标题为“9/21~9/27 所属周阅读量详情”，并为柱状图添加数据标签。调整图表大小、字号、位置，得到图 7-3-4 所示的图表。

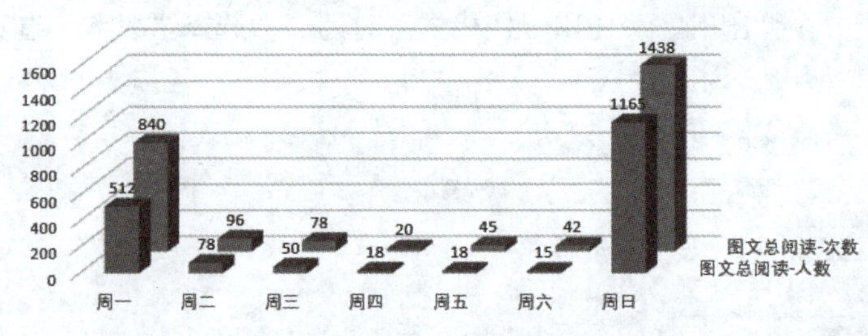

图 7-3-4 阅读量图表

（2）制作不同日期阅读量图表。

STEP 01：选中 B14:B17 单元格区域，将其单元格格式更改为“周三”，操作步骤同上。结果如 7-3-5 所示。

Step 02：选中 A13:C17 单元格区域，为其制作三维柱形图，操作步骤同上。修改图表标题为“10/21~10/21 一周发文概况”，对柱状图进行美化调整，为其添加数据标签，得到图 7-3-6 所示的图表。

标题	时间
双11活动前瞻，快来看看！	周四
款式又换新花样！超值福袋来咯~	周五
鲜甜不腻的椰子鸡汤，一碗喝不够	周六
国货之光！快来看看新品！	周日

图 7-3-5 更改单元格格式

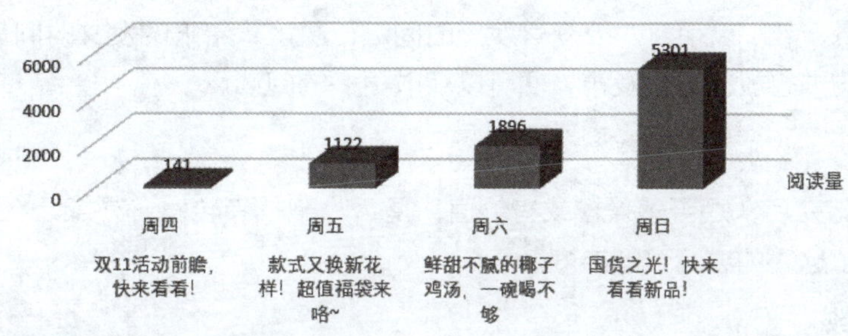

图 7-3-6　不同日期阅读量图表

（3）制作不同时段阅读量图表。

Step 01: 选中单元格 A20 至 E24，为其制作三维柱形图，操作步骤同上。修改图表标题为“10/21~10/21一周发文详细概况”，对柱状图进行美化调整，为其添加数据标签，得到如图 7-3-7 所示的图表。

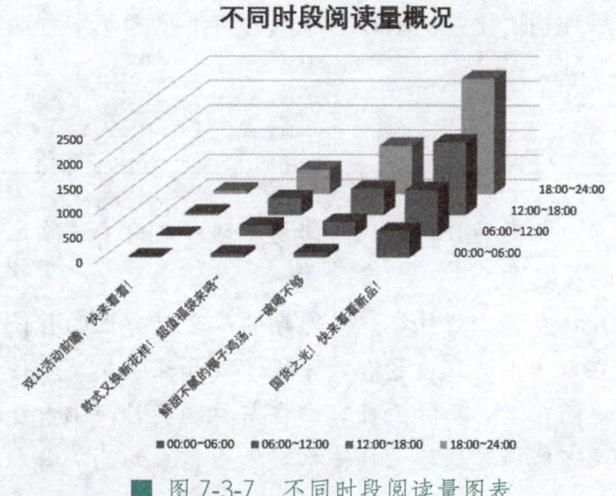

图 7-3-7　不同时段阅读量图表

（4）对比分析数据图表

Step 01: 调整图 7-3-4、图 7-3-6、图 7-3-7 三张图表的大小位置，将其并列排序，方便观察其中的信息，如图 7-3-8 所示。

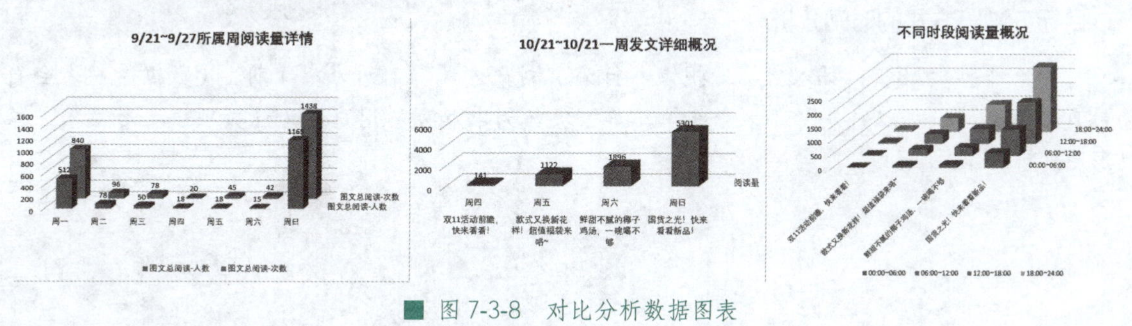

图 7-3-8　对比分析数据图表

结合观察左侧两张图表，经过对比可得：不论是 9 月与 10 月的阅读量数据对比，又或者是同类型公众号文章（产品推荐类）的阅读量对比，该微信公众号的阅读量高点都集中在周日这一天。再观察右侧的不同时段阅读量概况表，可以得知不论是周四、周五、周六又或者是周日，阅读量高点都集中在 18:00~24:00 之间。

得到了以上信息，我们就可以对公众号发文时间进行决策，每天的发文时间都调整至 18:00，并将重点营销文章的内容放在周日发布，便可以获取更多的阅读量。

2. 转发评论量

是指用户在浏览完后，是否感兴趣或有价值，是否收藏或者转发，亦或是在微信文章下面进行评论，这都代表了这篇内容运营的热度。

3. 店铺引流人数

是指内容运营文案的引导流量的效果。微信内容运营上对展览、活动等的宣传上有优势，可以图文并茂地介绍亮点,基本能够引起用户兴趣。购买商品上的优势没有抖音的内容运营来得强劲。内容运营的初步目的就是为了引流，引导用户变成企业的店铺流量。

4. 转化量

内容运营的最终目的是为了转化量，引导的流量最终都是为了引导消费，产生的订单数才是最重要的衡量标准。

任务小结

本任务介绍了媒体内容运营类的分析，从阅读量开始，使用了三维柱形图来进行分析。通过分析再制订引流与转化的运营决策。

企业的商品要想一直开拓市场、留住客户，定期的、有针对性的营销、推广和内容运营都是必不可少的，是增加商品在市场中活跃度的有效手段，就和让明星“不过气”一样，商品也需要“不过气”，要一直在客户面前“露脸”，让客户在需要购买时，脑中能浮现出商品，那么这些营销策略就是有效的。如果还能通过这些营销策略激发出客户的购买需求，这些营销策略就是成功的。

实操演练

目标：浏览方式的时间分析

打开工作簿“7.3”，插入数据透视表，行为“浏览方式”，列为“日期”（数据透视表会自动对日期类型的数据以月或者年来分组），单击次数为求和项，用户名为计数项。之后插入三维柱形图即可。

任务评价表

任务评价表					
评价内容		分值等级（评分）			
内容	分值（比重）	优秀	良好	合格	不合格
学会对阅读（浏览）数据进行分析	50分（50%）	42~50（　　）	31~41（　　）	16~30（　　）	0~15（　　）
了解与学会引流转化潜在客户	50分（50%）	42~50（　　）	31~41（　　）	16~30（　　）	0~15（　　）
综合分数（满分100分）					

注：括号内填写具体分值。

项目八 商务数据分析报告

项目目标

- 熟悉商务数据分析报告的概念、类型、结构等。
- 掌握数据预处理。
- 掌握撰写完整的商务数据分析报告。

项目描述

在前面的项目学习中，我们已经学会了通过订单数据了解企业经营情况；通过渠道分析、竞争对手数据，了解商品的市场占有情况；通过营销数据，制订推广策略等对企业经营有决定性作用的分析。那么，我们要汇聚之前学到的本领，用力使出“降龙十八掌”的最后一掌，写出一份有理有据的数据分析报告。

任务一 了解报告

学习目标

- 熟悉商务数据分析报告的类型及目标。
- 熟悉撰写报告前的准备工作。
- 学会进行数据清洗、数据预处理。
- 熟悉撰写报告的原则。
- 熟悉报告的结构框架。

任务导入

小琳和小庄渐渐地把网店越做越大，变成了某知名公司，同时成功引入了一些知名品牌。如今某客户对其中一家网店比较感兴趣，希望了解情况然后注资。

小琳："小庄，我们需要做一份网店具体的数据分析报告给我们的注资人。我最近比较忙，你帮我盯一下这件事。"

小庄："好的，我会盯着他们出一份报告的。再不济，经过前些年的锻炼，我对于商务数据分析已经得心应手了，没问题的。"

任务实施

一、报告的类型及目标

商务数据分析报告，顾名思义是根据商务数据，利用数据分析方法来进行分析后产出的报告，如图 8-1-1 所示。报告既然扎根数据，那么重点在于报告中的每一条分析都要有数据支撑，从而显得有理有据。本教材主要是运用 Excel，同样当使用 R 语言、SPSS、Python 等数据处理工具时，最重要的还是可视化图表的制作。在数据处理过后，当想要展示具体结果的时候，图表是最简单、直观展示分析结果的方法。在撰写报告的过程中，我们还要注意自己想要书写的报告的类型以及风格。

2020年
中国网络安全产业
统计报告

中国网络空间安全协会
2020年6月

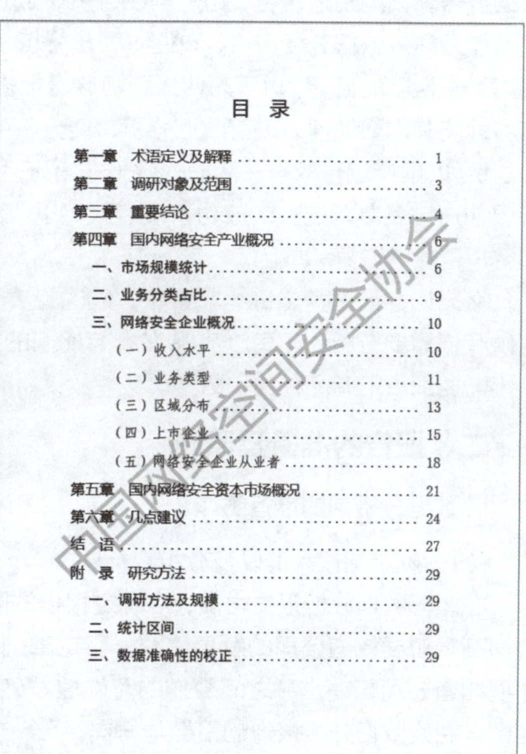

目 录

第一章　术语定义及解释 1
第二章　调研对象及范围 3
第三章　重要结论 4
第四章　国内网络安全产业概况 6
一、市场规模统计 6
二、业务分类占比 9
三、网络安全企业概况 10
（一）收入水平 10
（二）业务类型 11
（三）区域分布 13
（四）上市企业 15
（五）网络安全企业从业者 18
第五章　国内网络安全资本市场概况 21
第六章　几点建议 24
结　语 27
附　录　研究方法 29
一、调研方法及规模 29
二、统计区间 29
三、数据准确性的校正 29

图 8-1-1　商务数据分析报告案例

报告类型可以分为：

（1）说明型。说明型报告既是对统计数据进行说明，方便领导以及读者快速读懂数据分析的数据源以及背后的意义。

（2）快报型。快报型报告一般是一种期限短、反应快的报告，可能是按日、周、月的例行报告或者突发性事件的报告。通常是关于生产进度、工程进度等的报告，通过粗略的分析，让读者快速掌握事件进程或者了解情况。

（3）计划型。计划型报告是一种检查计划执行情况的报告。报告以检查计划为中心，主要显示计划的总体进程。

（4）总结型。总结型报告是对于一定时期内的情况进行总结分析的统计分析报告，总结型报告的特点是比较全面、内容比较成熟，并且以总结为主。通过总结分析报告，可以比较全面地了解一件事情、一个部门、一个地区的发展情况。

（5）调查型。调查型报告是一种针对性非常强的报告，可以是针对一个具体原因的调查，也可以是针对一个具体商品的调查，一般时效性非常强，需要获得一手资料进行分析。

（6）分析型。分析型报告一般是为了反映某种社会经济现象，它和调查型报告的区别是，分析型报告一般包含的面比较广，更加全面，是多方面调查的总结。

（7）研究型。研究型报告是一种着重研究解决问题的报告，它和分析型报告的区别是，分析型报告一般停留在具体现象，研究型报告需要上升到理论高度。

（8）预测型。预测型报告主要是通过对已有数据的研究，去推测未来预期数据的一种分析方法的报告。预测型报告更看重趋势的分析，通过寻找规律，估算发展前景。

作为商务数据分析报告，我们主要是分析、研究、预测型的报告。那么其实在书写报告之前，我们对于自己的目标，对于为什么要写这份报告要有个明确的认识。在有一个非常明确的目标下，接着才能确定要如何去进行数据分析，要分析哪些内容。

例如，网店最近双十一活动的效果非常好。那么我们希望知道为什么这次双十一活动非常成功，想要在这之后复制这次的成功。接着就可以收集历年来的双十一数据，分析几次双十一网店条件和客户群体的差异和成因。

又比如，最近资金链比较紧张，同时，春节促销活动快开始了，需要提前进货、囤货。这个时候我们需要分析一下每个商品在春节期间的销售情况，决定此次促销的商品绑定及促销组合，给出需要囤货的商品种类和数量。

二、报告的准备及原则

1. 数据分析前的准备工作

（1）确定阅读人群以及分析目标

在撰写数据分析报告之前，应确定报告的阅读人群。不同的人群对于报告会有不一样的需求：公司高管想要知道公司的发展情况；特定部门想要知道公司的资金流动状况与违规率；合作伙伴想要知道公司畅销产品之间合作的可能性。确定报告的阅读人群，将有助于我们确定数据采集的范围，明确数据分析报告的目标与方向。

（2）获取数据

在确定数据采集范围的基础上，通过现有的工具和手段获取数据。数据的获取渠道比较多样，可以通过专业网站收集、下载，可以通过专业的工具从店铺后台下载，也可以线下采集，等等。

通常，我们可以把这些数据分为两类，一手数据和二手数据。一手数据也称为原始数据，一般通过访谈、问卷、后台下载等方式直截了当地获得；二手数据则需要通过第三方来进行采集，如国家统计局、专业机构等。一手数据和二手数据的优缺点比较明显，一手数据可以保证数据的准确性、合法性且经济成本较低；二手数据获取省力省时，但是特定的数据可能经济成本会比较高。

（3）数据预处理

获取数据后，需要对数据进行预处理。一手收集到的数据一般量大且散乱，我们在保证数据的有效性的前提下，需要补全、修改一些数据，保证数据的一致性。同样的，我们对于一些冗余、缺失严重、不在有效范围内或个别过于极端的数据进行删除处理，以保证数据分析结果的准确性。

2. 商务数据分析报告的撰写原则

（1）规范性

在撰写商务数据分析报告时，需要注意：①使用书面用语，避免口语表达；②使用统一、规范的名词术语；③标明使用文献、资料的出处。

（2）严谨性

在撰写商务数据分析报告的过程中，必须保证：①数据必须真实、有效；②分析过程必须科学、合理；③分析结果的撰写要实事求是。

（3）重要性

在撰写商务数据分析报告时，需要紧贴分析目标，避免过多无关分析的出现，一切分析图表都为分析结果服务。

（4）逻辑性

商务数据分析报告的撰写过程中，应该保证前后的逻辑严谨性。

（5）图文并茂

图表相对于数据能使读者更形象、直观地看清问题和结论。同时，图表也可以保证报告的美观性。

三、报告的结构框架

通过图 8-1-1 所示的报告以及其他类型的报告，比如《2019 年中国互联网网络安全报告》《2020 年电子商务行业报告》等，我们可以发现报告大体上都是由标题、目录、正文 1（分析背景、分析动机、分析方法等）、正文 2（分析过程与结果）、正文 3（结论与建议）、附录（专业词汇、分析方法、引用来源等）组成的，具体细节可进行一些变动。

1. 正文 1

① 项目产生的背景与意义（可以阐述为什么需要进行分析）。

② 运用的分析方法。

③ 通过数据分析希望得到的预期成果。

2. 正文 2、正文 3

我们可以跟着本书，在正文部分通过商品销售情况分析、客户情况分析、商务运营分析、市场环境分析、营销活动分析等来对店铺发展情况做一个总体性的现状分析。当一份报告不知道从哪里着手的时候，我们也可以先从现象与具体数据本身出发，去逼近我们的目标，最后再去分析现状背后的原因，提出建议。

3. 附录

附录包括引用说明和专业词汇等，其中引用需要标明来源，例如：

[1] 王博人，郑启宗 . 商务数据分析方法 [J]. 科技创新周刊 ,2019,16(26):223-225、227.

上述“文献”表示分析报告引用了王博人和郑启宗写的商务数据分析方法，其中 [J] 表示引用的为期刊，期刊名为“科技创新周刊”，期刊编号是“2019,16(26)”，页码 223-225 和 227。

任务小结

本任务我们主要学习了报告的类型、目标、撰写报告前的清洗以及撰写报告时的原则和框架。在撰写报告前要明确自己的目标，撰写报告时要严谨，撰写报告后要复查。商务数据分析的报告离不开数据，报告应以数据分析为主导，一切的总结、推论与建议只有建立在数据分析的基础上才能站得住脚。

实操演练

打开工作簿“8.1”，撰写一份商务数据分析框架、进行数据预处理并撰写部分内容。

任务评价表

任务评价表					
评 价 内 容		分值等级（评分）			
内容	分值（比重）	优秀	良好	合格	不合格
知道商务数据分析报告的类型及目标	30 分（30%）	26~30（ ）	18~25（ ）	11~17（ ）	0~10（ ）
知道撰写报告前的准备工作	20 分（20%）	17~20（ ）	12~16（ ）	8~11（ ）	0~7（ ）
知道撰写报告的原则	20 分（20%）	17~20（ ）	12~16（ ）	8~11（ ）	0~7（ ）
知道报告的结构框架	30 分（30%）	26~30（ ）	18~25（ ）	11~17（ ）	0~10（ ）
综合分数（满分 100 分）					

注：括号内填写具体分值。

任务二 撰写报告

学习目标

◆ 学会预处理数据。
◆ 学会撰写数据分析报告。

任务导入

某品牌巧克力可可香浓郁，没有甜味和奶香的掩盖，能感受到木制的香气，和果香融为一体，回甘明显。由于中国消费者越来越注重食品安全、食品品质，居民人均收入增长迅速，客户有能力通过各大电商平台购买知名的优质产品，为该巧克力打开市场提供了机会。

任务实施

一、报告前的准备工作

1. 目标

应投资人的要求，本报告以汇报网店销售现状为主。

2. 数据获取

本报告所使用的数据属于一手数据，属于公司从后台数据库中直接提取的数据，时间跨度从2020年12月20日至2021年1月19日，为元旦的订单情况表和销售情况表。数据包括店铺、货品编号、品牌、分类、货品名称、货品简称、均价、发货总量、退货总量、实际销售量、发货总金额、未知成本销售总额、佣金成本、货品总成本、货品总利润、退货总金额、退货总成本、实际销售额、实际总成本、实际总利润、未发货退款数量、未发货退款金额、赠品数量等。

3. 数据清洗与预处理

打开“项目八”工作簿，对预先收集到的该品牌销售数据进行清洗和整理：

（1）在两个数据表中，存在很多空值以及无意义的数据，通过筛选功能把空列删除。

Step01：选中表的第一行，单击“数据”→“排序和筛选”→“筛选”按钮。

Step02：如图8-2-1所示，单击每一列列名旁的“筛选”按钮，如果只有“空白”，删除列。

Step03：由于有些列属于保密内容，只有形如“***”的内容，意义不大，也可以删除。

Step04：删除诸如“发票抬头”“发票内容”等对于数据分析意义不大的数据。

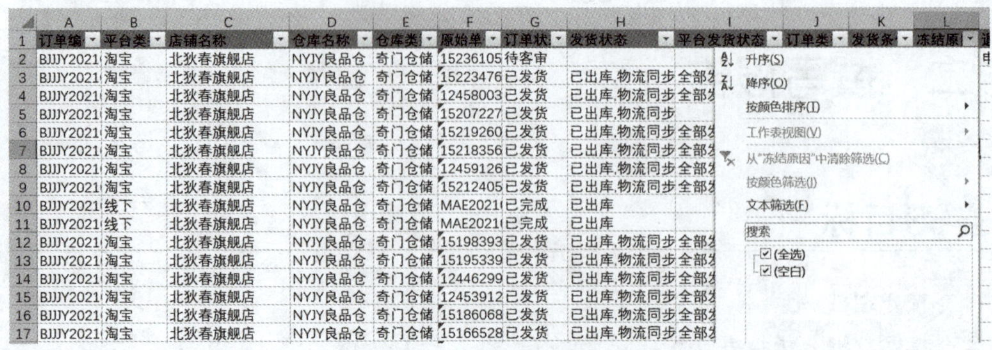

图 8-2-1 “筛选”按钮

（2）在“销售数据”表中，有些数据有缺失，需要补齐，例如发货状态和平台发货状态，我们发现除了退款原因还可能有未知原因出现，需要标出处理。

Step01：在发货状态 G 列右边插入一列，在 H2 单元格中输入公式“=IF(L2<>"",L2,G2)”，然后双击右下自动填充柄自动填充。

Step02：将值粘贴至原列，并删除 H 列。

Step03：对 H 列做同样的处理，我们通过筛选很容易发现 H 列发货状态依然有空值，原因未知，需要一条一条进行处理。

Step04：选中 H1:H350 单元格区域，选择“开始”→“样式”→“条件格式”→“突出显示单元格规则”→“其他规则”命令，在弹出的“新建格式规则”对话框左侧下拉列表框中选择“空值”，然后单击“格式”按钮，选择突出显示的格式。

Step05：同样的，补全其他数据。

（3）我们希望把一些文本数据，例如省市县进行分列，方便后续统计。

Step01：在“省市县”列后插入两行。

Step02：选中“省市县”列，单击“数据”→“数据工具”→“分列”按钮，在弹出的“文本分别向导”对话框中，分隔符号选择“空格”，完成后把三列的表头分别设置为“省份”“市区”“区县”。

（4）填写、修改一些特定的数据。

在给定的销售数据中，存在一些客户网名一样，但性别、年龄不一致的现象，采用 IF 函数嵌套，将性别不一致的记录标记出来，手动订正性别。这时应遵循“就多”原则，例如同一客户网名的性别为女的有两条，性别为男的有一条，则该客户的性别改为女。

还有先前标出的几个特殊数据，如找到了原因，可以把数据补全。

（5）我们对所有的敏感信息进行加密等处理，避免在分析的过程与结果中客户的敏感信息泄露。

在进行上述步骤之前根据本报告的数据分析目标，创建工作簿副本，将原始数据保留。同时，数据预处理的方法与流程并不只限于上述 5 种。在提取整理对应数据之后，得到商品销售数据表、订单情况表。由于一些敏感信息的原因，这里已经完成了一些数据的预处理工作，经过整理后，数据集共包含 349 条用户购买记录、19 条商品统计记录。

二、报告正文

（一）项目的背景和意义

市场上拥有各种各样的巧克力品牌，但是每个人都有自己不同的口味。本产品主打高浓度黑巧克力，给喜爱高浓度黑巧克力且不喜欢奶味的消费者更多的选择。同时，由于先前本品牌未进军国内市场，喜爱此品牌的客户只能花上几个月和巨额代购，或者与此品牌失之交臂。

另外，根据研究标明黑巧克力的脂肪要低于牛奶巧克力（黑巧克力每 100 g 含 24 g 脂肪，而牛奶巧克力含 33 g），而且黑巧克力所含的盐分少（12 μg 对 84 μg）、糖分多（64 g 对 55 g），可以起到降血压的作用。意大利的专家在权威的科学杂志《自然》上发表过一篇论文：比较黑巧克力和牛奶巧克力的区别。实验发现吃了黑巧克力的志愿者血液中抗氧化剂活性增强，而吃牛奶巧克力或吃了黑巧克力又喝了牛奶的人血液中抗氧化剂活性在原来的水平上下浮动。这说明，牛奶可能影响巧克力中类固酮的吸收。本产品也进行了类似的检测，发现对于个人身心有一定的助益作用。

因此，本品牌希望通过浓郁的果香和高浓度黑巧的特点冲击国内市场，把国外优质的老品牌推入国内市场，让更多的人享用到本品牌。本次报告将就商品销售与网店现状做一次分析与改进工作，为接下来的网店改革打好基础。

（二）数据分析

※1. 客户情况分析

（1）男女比例非常均衡。

由图 8-2-2 可见，根据近期的男女销售量统计显示，两者的日均波动比较接近。可见近期的促销活动并没有使男女消费情况出现两级分化的情况，性别对于类似商品促销并没有非常显著的影响。

由图 8-2-3 可见，男女总销售比例非常均衡，女性占比 52%，男性占比 48%。暂认为，性别对于本巧克力产品的销售情况没有显著影响。

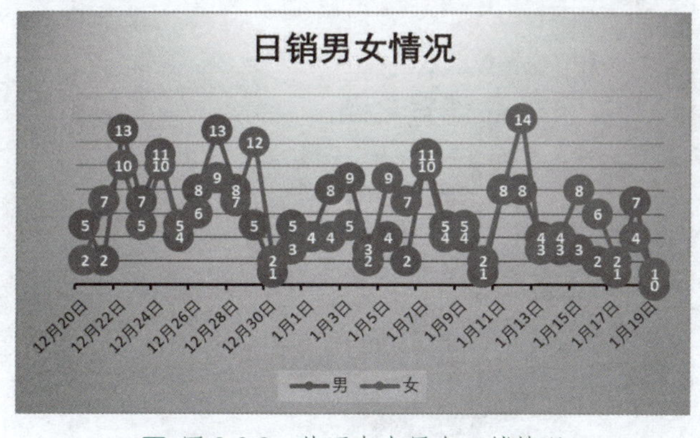

■ 图 8-2-2　某巧克力男女日销情况

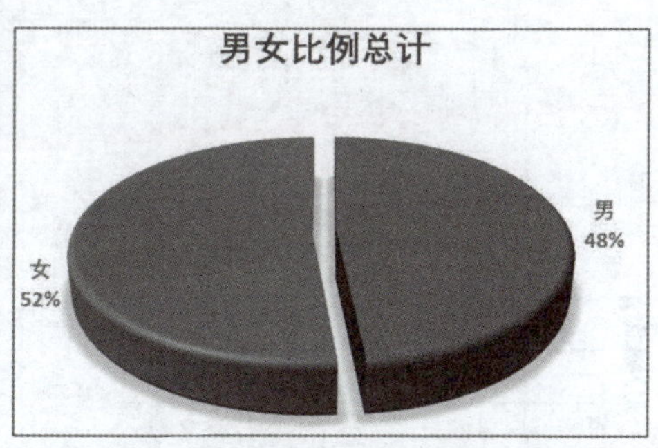

■ 图 8-2-3　某巧克力男女总日销比例

（2）客户地域分布统计。

由图 8-2-4 可见，本产品的客户主要分布在上海市、江苏省、北京市、浙江省、广东省。其中上海市遥遥领先，这可能是由于公司坐落在上海市，一些线下活动集中在上海市展开的原因。然而，这依然可以说明本产品在江浙沪地区比较受欢迎。这一方面可能是由于南方地区的人口味偏甜，喜欢吃巧克力的比较多，另一方面可能是由于上海等地的人对于新事物与国外产品的接受度比较高。因此，本品牌需要在逐步开拓外地市场的同时，抓紧优势地区，继续在上海等地提高品牌知名度，进一步拓宽市场。

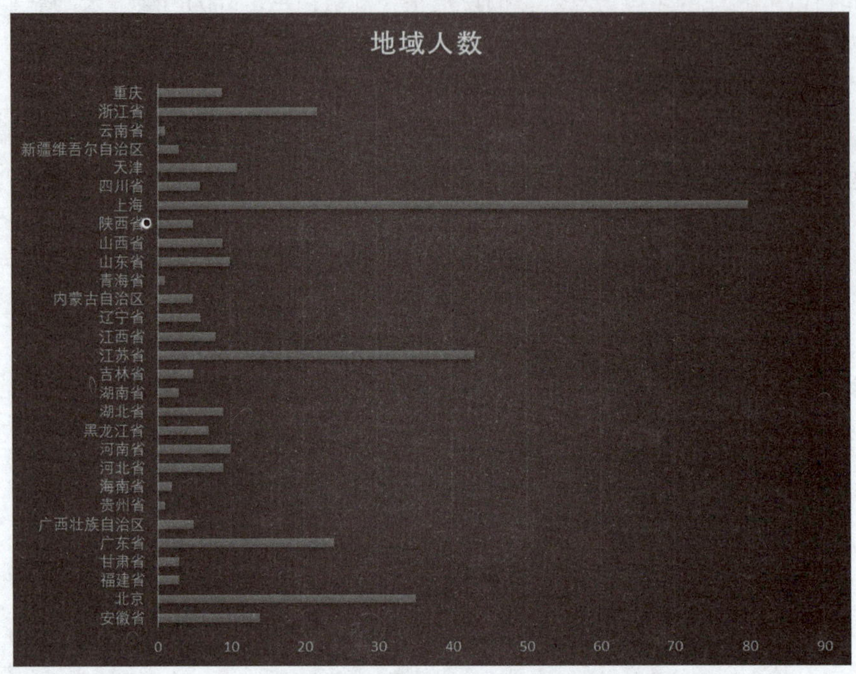

■ 图 8-2-4　地域人数统计

（3）复购客户分析。

由表 8-2-1、图 8-2-5 可见，就单月内复购客户情况来看，复购率达到了 7.64%，客户复购金额占比达到了 11.25%。鉴于这是单月内的复购率，说明客户对于产品的认可度还是比较高的。但作为接下来的网店主推产品，可以在客服和推广上继续增加投入，开通 VIP 用户通道，提升客户的复购率。

表 8-2-1　复购客户情况

复购客户数：	24
复购率：	7.64%
复购客户总消费额：	7783.2
复购客户总金额占比：	11.25%

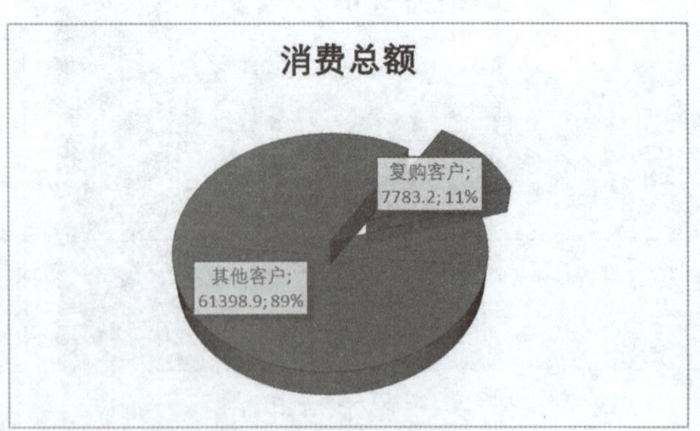

■ 图 8-2-5　复购客户消费总额占比

2. 商品情况分析

（1）商品销售量。

由图 8-2-6 所示发货总量图和表 8-2-2 所示商品名称对照表，我们可以发现除了赠品占比 33%，销售量最大的是商品“北狄春松露型巧克力浓郁黑森林 516 克”，其次是商品“北狄夏松露型巧克力巴黎罗曼史 516 克”，而作为商品折扣力度最大的“北狄春松露型巧克力浓郁黑森林 1 032 克”却只有 1 人购买。与此同时，作为赠品北狄秋小熊的赠送数量最多，是否是赠品本身的原因需要进一步对比分析。最后，通过上述商品销量分析，已确定下期主打商品应改为“北狄夏松露型巧克力巴黎罗曼史”，“北狄春松露型巧克力浓郁黑森林”中“516 克”与“1032 克”商品折扣力度可略作调整。

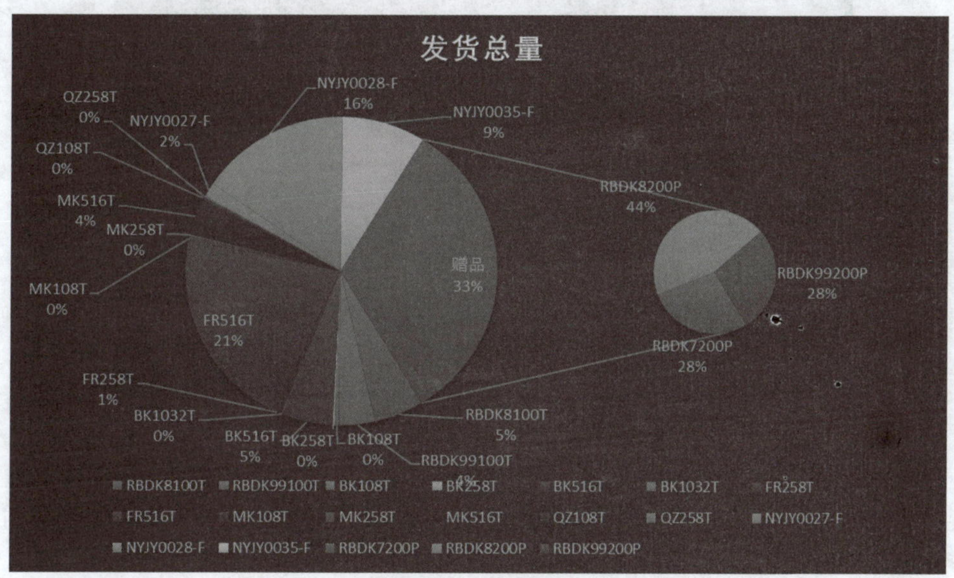

■ 图 8-2-6　发货总量图

表 8-2-2　商品名称对照表

货品名称	货品编号	货品名称	货品编号
北狄春排块装 85% 可可黑巧克力	RBDK8100T	北狄夏松露型巧克力雪域轻牛乳 516 克	MK516T
北狄春排块装 99% 可可黑巧克力	RBDK99100T	北狄夏松露型巧克力奇趣巧乐脆 108 克	QZ108T
北狄春松露型巧克力浓郁黑森林 108 克	BK108T	北狄夏松露型巧克力奇趣巧乐脆 258 克	QZ258T
北狄春松露型巧克力浓郁黑森林 258 克	BK258T	北狄冬 70% 可可黑巧克力薄片 200g	NYJY0027-F
北狄春松露型巧克力浓郁黑森林 516 克	BK516T	北狄冬迷你排块装 85% 可可黑巧克力	NYJY0028-F
北狄春松露型巧克力浓郁黑森林 1032 克	BK1032T	北狄冬迷你排块装 99% 可可黑巧克力	NYJY0035-F
北狄夏松露型巧克力巴黎罗曼史 258 克	FR258T	北狄秋金色拎袋	RBDK7200P
北狄夏松露型巧克力巴黎罗曼史 516 克	FR516T	北狄秋小熊	RBDK8200P
北狄夏松露型巧克力雪域轻牛乳 108 克	MK108T	北狄秋徽章	RBDK99200P
北狄夏松露型巧克力雪域轻牛乳 258 克	MK258T		

（2）商品销售利润。

根据实际总利润图 8-2-7 以及商品名称对照表 8.2.2，总利润前三排名和商品销售量一样，分别为“北狄夏松露型巧克力巴黎罗曼史 516 克”“北狄冬迷你排块装 85% 可可黑巧克力”“北狄冬迷你排块装 99% 可可黑巧克力”。同时，根据图 8-2-7~ 图 8-2-9，商品“北狄春松露型巧克力浓郁黑森林 1 032 克”由于存在协议上的问题，商品设置存在重大缺陷，偏离预期，导致商品重大亏损，亏损占原正值总利润 18%，需要重新修改新一期的协议内容。就商品销售量和销售总利润，客户可能更希望购买迷你排块装的巧克力，下一期可以就巧克力的包装问题进行一次调研与改进工作。

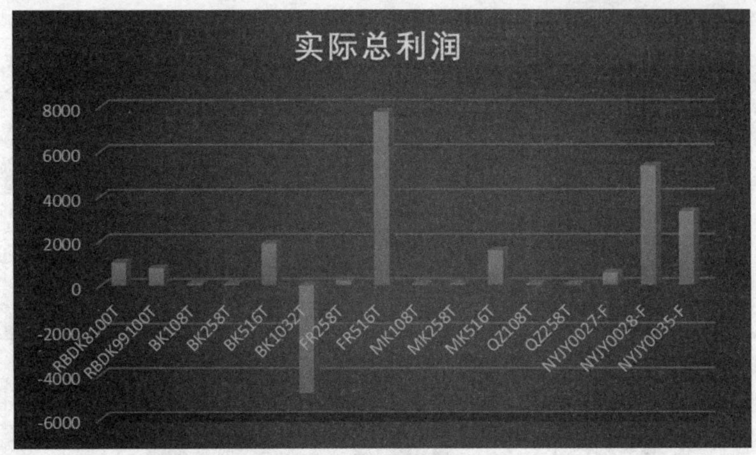

■ 图 8-2-7　实际总利润

根据图 8-2-8，除了“北狄春松露型巧克力浓郁黑森林 1 032 克”商品平均利润存在重大问题，其他商品的利润相差不大，建议同本节第 1 小点，对商品“北狄夏松露型巧克力巴黎罗曼史 516 克”进行一期专题活动。

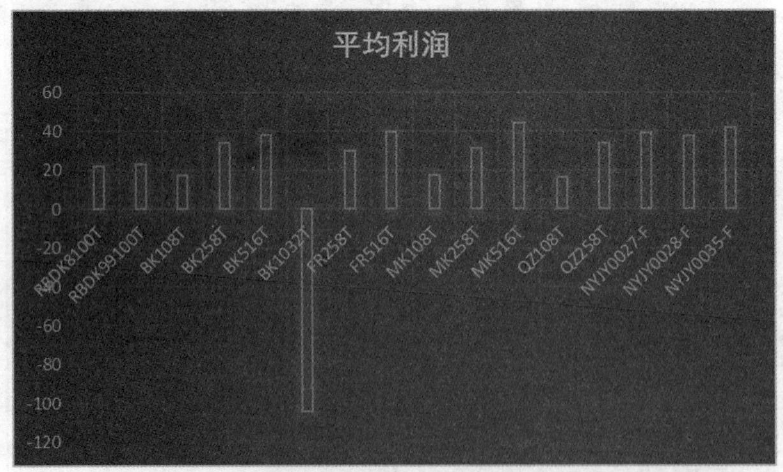

■ 图 8-2-8　平均利润

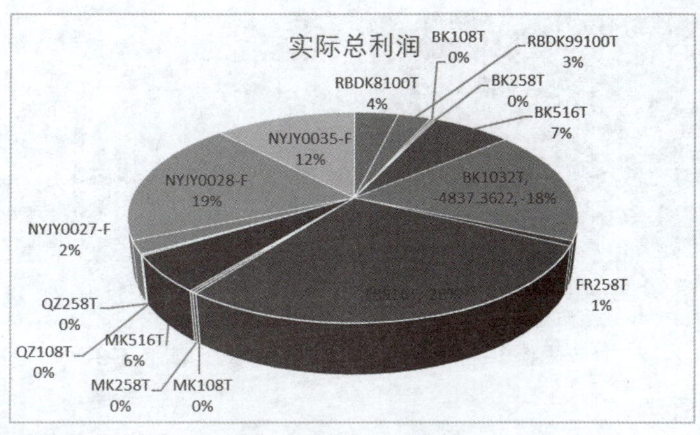

■ 图 8-2-9　实际总利润

（3）商品销售时段。

由图 8-2-10 可知下单人数随着日期变化波动很大。然而，由图 8-2-11 可知，下单人数周期性分布较为均衡，得出波动的小部分原因是由于每周天数的影响，周三人数跌到了谷底。由图 8-2-12 和图 8-2-13 可知，除了 0~7 时段，消费群体在休息，8~24 时段，消费人数分布较为均衡，相对来说，18~24 时段人数最多。

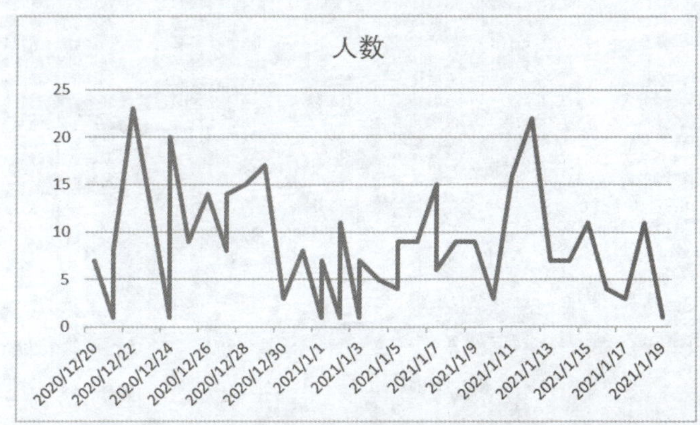

■ 图 8-2-10　下单人数随着日期变化波动很大

网店可以尝试在周二 18~24 时段进行一些优惠活动来刺激顾客消费。

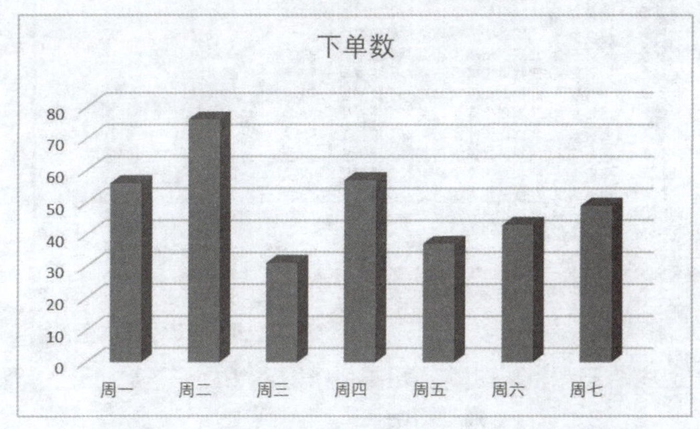

■ 图 8-2-11　下单人数周期性分布较为均衡

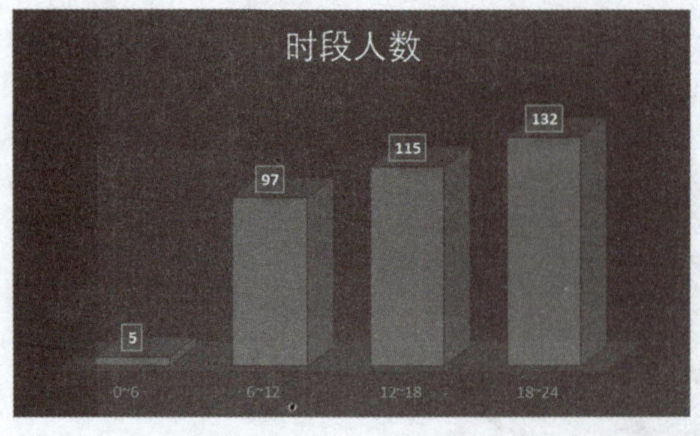

■ 图 8-2-12　时段人数 1

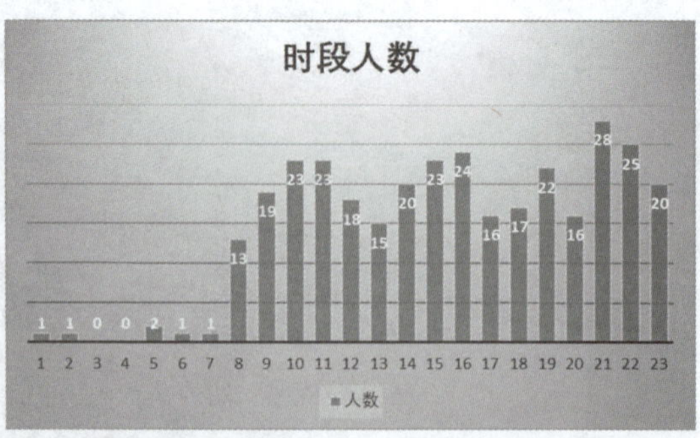

■ 图 8-2-13　时段人数 2

（4）商品退货情况。

由图 8-2-14、图 8-2-15 可见，商品销售情况存在后台统计故障，原因未知。另外，订单情况中的后续表单都被清零，需要重新获取数据。与此同时，客服对于商品退货未进行原因统计，对于后续商品推广存在一定影响。

	A	B	C	D	E	F	G	H	I	J	K	L
1	订单编	平台类	店铺名称	仓库名称	仓库类	订单状	发货状态	平台发货状态	订单类	发货条	退款状	下单时间
2	BJJJY2021	淘宝	北狄春旗舰店	NYJY良品仓	奇门仓储	待客审	申请退款	申请退款	网店销售	款到发货	申请退款	2021-01
33	BJJJY2021	淘宝	北狄春旗舰店	NYJY良品仓	奇门仓储	已取消	全部退款	全部退款	网店销售	款到发货	全部退款	2021-01
47	BJJJY2021	淘宝	北狄春旗舰店	NYJY良品仓	奇门仓储	已取消	全部退款	全部退款	网店销售	款到发货	全部退款	2021-01
57	BJJJY2021	淘宝	北狄春旗舰店	NYJY良品仓	奇门仓储	已取消	全部退款	全部退款	网店销售	款到发货	全部退款	2021-01
133	BJJJY2021	淘宝	北狄春旗舰店	NYJY良品仓	奇门仓储	已取消	全部退款	全部退款	网店销售	款到发货	全部退款	2021-01
134	BJJJY2021	淘宝	北狄春旗舰店	NYJY良品仓	奇门仓储	已取消	全部退款	全部退款	网店销售	款到发货	全部退款	2021-01
135	BJJJY2021	淘宝	北狄春旗舰店	NYJY良品仓	奇门仓储	已取消	全部退款	全部退款	网店销售	款到发货	全部退款	2021-01
138	BJJJY2021	淘宝	北狄春旗舰店	NYJY良品仓	奇门仓储	已取消	全部退款	全部退款	网店销售	款到发货	全部退款	2021-01
168	BJJJY2021	淘宝	北狄春旗舰店	NYJY良品仓	奇门仓储	已取消	全部退款	全部退款	网店销售	款到发货	全部退款	2021-01
183	BJJJY2021	淘宝	北狄春旗舰店	NYJY良品仓	奇门仓储	已取消	全部退款	全部退款	网店销售	款到发货	全部退款	2021-01
230	BJJJY2020	淘宝	北狄春旗舰店	NYJY良品仓	奇门仓储	已取消	全部退款	全部退款	网店销售	款到发货	全部退款	2020-12
239	BJJJY2020	淘宝	北狄春旗舰店	NYJY良品仓	奇门仓储	已取消	全部退款	全部退款	网店销售	款到发货	全部退款	2020-12
277	BJJJY2020	淘宝	北狄春旗舰店	NYJY良品仓	奇门仓储	已取消	全部退款	全部退款	网店销售	款到发货	全部退款	2020-12
302	BJJJY2020	淘宝	北狄春旗舰店	NYJY良品仓	奇门仓储	已取消	全部退款	全部退款	网店销售	款到发货	全部退款	2020-12
351												
352												
353												
354												
355												
356												
357												

订单情况　商品销售情况　商品销售情况分析　销售量　男女比例　地域1　…

■ 图 8-2-14　退款情况

	A	B	C	D	E	F	G	H	I	J	
1	店铺	货品编号	品牌	分类	货品名称	均价	发货总量	退货总量	实际销售	发货总金额	未知
2	北狄春旗舰店	RBDK8100	北狄春	南有嘉春	北狄春排块装85%可可黑巧克力	22.0247	47	0	47	1035.1600	0
3	北狄春旗舰店	RBDK9910	北狄春	南有嘉春	北狄春排块装99%可可黑巧克力	22.7403	34	0	34	773.1700	0
4	北狄春旗舰店	BK108T	北狄春	南有嘉春	北狄春松露型巧克力浓郁黑森林108克	17.2500	4	0	4	69.0000	0
5	北狄春旗舰店	BK258T	北狄春	南有嘉春	北狄春松露型巧克力浓郁黑森林258克	33.7500	2	0	2	67.5000	0
6	北狄春旗舰店	BK516T	北狄春	南有嘉春	北狄春松露型巧克力浓郁黑森林516克	38.1276	49	0	49	1868.2500	0
7	北狄春旗舰店	BK1032T	北狄春	南有嘉春	北狄春松露型巧克力浓郁黑森林1032克	103.5000	1	0	1	103.5000	0
8	北狄春旗舰店	FR258T	北狄夏	南有嘉夏	北狄夏松露型巧克力巴黎罗曼史258克	29.8186	7	0	7	208.7300	0
9	北狄春旗舰店	FR516T	北狄夏	南有嘉夏	北狄夏松露型巧克力巴黎罗曼史516克	39.7443	195	0	195	7750.1400	0
10	北狄春旗舰店	MK108T	北狄夏	南有嘉夏	北狄夏松露型巧克力雪域轻牛乳108克	17.2500	4	0	4	69.0000	0
11	北狄春旗舰店	MK258T	北狄夏	南有嘉夏	北狄夏松露型巧克力雪域轻牛乳258克	31.2500	2	0	2	62.5000	0
12	北狄春旗舰店	MK516T	北狄夏	南有嘉夏	北狄夏松露型巧克力雪域轻牛乳516克	44.1071	35	0	35	1543.7500	0
13	北狄春旗舰店	QZ108T	北狄夏	南有嘉夏	北狄夏松露型巧克力奇趣巧乐脆108克	16.0000	3	0	3	48.0000	0
14	北狄春旗舰店	QZ258T	北狄夏	南有嘉夏	北狄夏松露型巧克力奇趣巧乐脆258克	33.7500	1	0	1	33.7500	0
15	北狄春旗舰店	NYJY0027	北狄秋	南有嘉秋	北狄秋金色拎袋	0.0000	83	0	83	0.0000	0
16	北狄春旗舰店	NYJY0028	北狄秋	南有嘉秋	北狄秋小熊	0.0000	133	0	133	0.0000	0
17	北狄春旗舰店	NYJY0035	北狄秋	南有嘉秋	北狄秋徽章	0.0000	83	0	83	0.0000	0
18	北狄春旗舰店	RBDK7200	北狄冬	南有嘉冬	北狄冬70%可可黑巧克力薄片200g	38.9028	14	0	14	544.6389	0
19	北狄春旗舰店	RBDK8200	北狄冬	南有嘉冬	北狄冬迷你排块装85%可可黑巧克力	37.3411	143	0	143	5339.7798	0
20	北狄春旗舰店	RBDK9920	北狄冬	南有嘉冬	北狄冬迷你排块装99%可可黑巧克力	41.7653	79	0	79	3299.4613	0
21	合计:	NA	NA	NA	NA	29.8590	919	0	919	22816.3300	0
22											

订单情况　商品销售情况　商品销售情况分析　销售量　男女比例　地域1　…

■ 图 8-2-15　退货总量

通过图 8-2-16，大致分析得出 12/20~1/20 退货人数占比 4%，网店客服部需要重视此条进行整改。网店客服部需要问清退换货原因，原因大致为：换货原因（“包装破损”“临近保质期”“赠品临近保质期”）；退款原因（“不想要了”“找到替代品”“商品与描述不符”）。

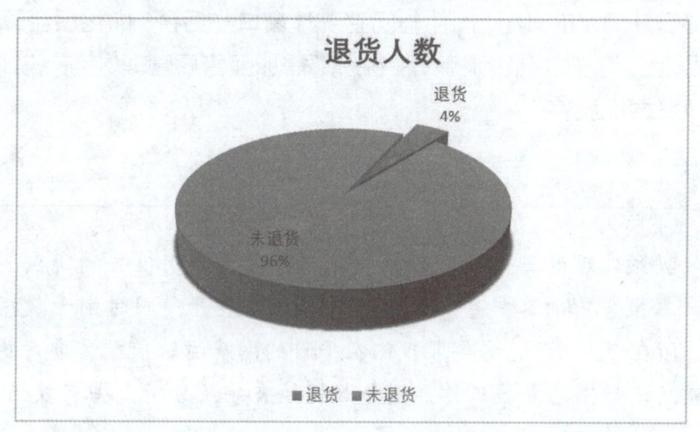

图 8-2-16　退货人数饼图

3. 市场分析

由于信息不全，没有顾客的年龄段等信息。同时，除淘宝外的其他销售平台本月刚开放试运行，因此以下报告只是对本月顾客购买渠道的初步分析，可能不具有统计意义。

由图 8-2-17 可知，在本月的销售平台中，淘宝网销售占比 97%，线下占比 3%，其余 0%。由此可知，相对于较为成熟的淘宝网来说，其他平台投入尚未得到有效的客户反响。

建议技术部门在后续平台改进中，加入外部网站来源渠道分析插件以及客户来源问卷统计表。

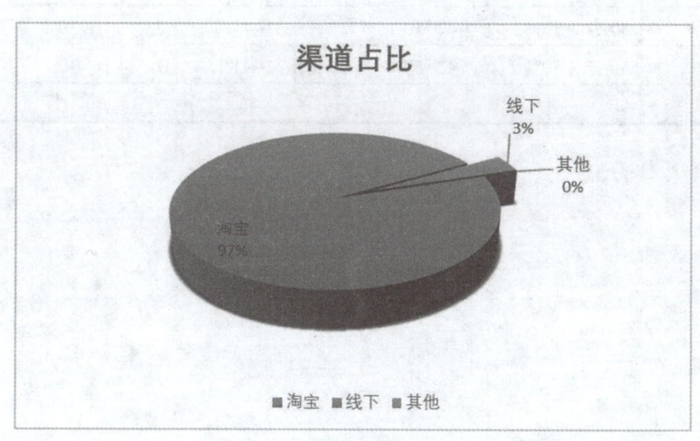

图 8-2-17　渠道占比饼图

（三）结论

综上所述，本品牌对于男女比例与销售时段没有较大的偏好，在其他方面客户群体暂集中在上海等地且主要通过淘宝网进行购买。接下来应以现有的几大城市为核心向外扩张，在上海等地建立起物流仓储系统，统一发货调度。

下期产品应以“北狄夏松露型巧克力巴黎罗曼史”“北狄冬迷你排块装可可黑巧克力”为本期主打产品，再辐射至其他巧克力。可以通过捆绑销售以及样品、赠品的模式推广品牌相关的其他商品，而不只是用不相关产品进行赠送。

客服部与技术部需开通 VIP、统计插件与问卷统计窗口与后台，优化后台算法，增加统计项目，如年龄段、搜索来源词汇、第三方跳转来源等。客户部需加强售后管理、客户统计、客户管理等内容，留住老客户的同时多发掘优质客户。

任务小结

本任务学习了数据预处理的具体处理方法以及商务数据分析报告的实例，由于平台抽取数据的不完整与不完善，本报告中的客户年龄分析等内容无法展开。同时由于数据样本量过小，数据分析结果暂时只能作用在近几个月。这要求我们在平日的网店运维前就需要考虑需要采集的数据，在网店的运营中不能忘记数据的采集工作，避免数据缺失导致分析失去有效性。

实操演练

根据上述报告实例，对本项目任务一实操演练中的数据分析报告框架进行填充与修改。

任务评价表

任务评价表					
评 价 内 容		分值等级（评分）			
内容	分值（比重）	优秀	良好	合格	不合格
会进行数据预处理	50 分（50%）	42~50（　）	31~41（　）	16~30（　）	0~15（　）
会撰写数据分析报告	50 分（50%）	42~50（　）	31~41（　）	16~30（　）	0~15（　）
综合分数（满分 100 分）					

注：括号内填写具体分值。